本书获“上海市－上海外国语大学关键语种人才早期培养项目”资助
本书得到上海市教育委员会、上海外国语大学、上海市教师教育学院（上海市教育委员会教学研究室）的指导与支持

中学多语种教育

Multilingual Education in Secondary Schools

第1辑

总主编 谭晶华

主 编 葛忆翔 郭侃亮

副主编 张新彬 江 露

指导专家（按姓氏笔画排序）

于 漫 王海洲 汤 青 许 宏
杜越华 陈壮鹰 赵 珂 高 洁

编辑组成员（按姓氏笔画排序）

马艳红 王乐飞 王 俊 任倬群
李志力 张瑞文 陈妍宏 陈知之
陈 懋 幸丹丹 胡怡纯 曹 艺

上海外语教育出版社
外教社 SHANGHAI FOREIGN LANGUAGE EDUCATION PRESS

图书在版编目(CIP)数据

中学多语种教育.第1辑/谭晶华总主编;郭侃亮,葛忆翔主编.-- 上海:上海外语教育出版社,2024
ISBN 978-7-5446-8041-7

Ⅰ.①中… Ⅱ.①谭… ②郭… ③葛… Ⅲ.①外语教学—教学研究—中学—文集 Ⅳ.①G633.402-49

中国国家版本馆CIP数据核字(2024)第046737号

出版发行:上海外语教育出版社
（上海外国语大学内）邮编:200083
电　　话:021-65425300(总机)
电子邮箱:bookinfo@sflep.com.cn
网　　址:http://www.sflep.com
责任编辑:王　俊

印　　刷:上海新华印刷有限公司
开　　本:787×1092　1/16　印张 20　字数 401 千字
版　　次:2024年5月第1版　2024年5月第1次印刷

书　　号:ISBN 978-7-5446-8041-7
定　　价:78.00元

序

习近平总书记在党的二十大报告中指出，“中国积极参与全球治理体系改革和建设，践行共商共建共享的全球治理观，坚持真正的多边主义，推进国际关系民主化，推动全球治理朝着更加公正合理的方向发展”。中国，作为世界上最大的发展中国家，正积极参与全球治理，推动构建人类命运共同体。在这个过程中，语言不仅是沟通的工具，更是文化传承和国际交流的重要桥梁。因此，多语种复合型人才的早期培养显得尤为重要。

上海市基础教育阶段关键语种课程的开设起步于20世纪60年代，多年来已逐渐成为上海市基础教育发展的亮点和特色之一。近年来，上海市加大力度推动基础教育阶段关键语种学科建设和管理。截至2022年的统计数据显示，全市基础教育阶段除英语以外开设有俄语、日语、德语、法语、西班牙语、意大利语等17个外语语种的课程，开设相关课程的学校共85所，覆盖全市所有辖区。全市担任关键语种学科教学的专职中小学教师人数约300人，在校期间履修关键语种学科的中小学生人数约为1.5万人。

上海市教育委员会历来重视基础教育阶段多语种学科的战略规划，特别是在市教委国际交流处的大力推动下，近年来上海中学多语种教育蓬勃发展。上海市教师教育学院（上海市教育委员会教学研究室）自2019年起设立专职关键语种教研员岗位，负责全市多语种教学活动的统筹管理。通过开展“多语种联合教研”“多语种学科竞赛”“多语种教师青教赛”“中学和高校共建多语种第二课堂”等各类活动提升基础教育阶段多语种学科的综合水平。2021年起，在上海市教育委员会的牵头下，上海外国语大学与上海市教师教育学院（上海市教育委员会教学研究室）、上海市教育科学研究院共同推进“关键语种人才早期培养项目”的研究工作。《2024年上海市教育委员会工作要点》中指出，将“启动实施基础教育阶段关键语种人才早期培养，发布《本市推进多语种人才早期培养工作指导意见》，构建多语种复合型人才大中小学贯通培养模式”。

《中学多语种教育》这本论文集的出版，是对当前多语种教育发展趋势的积极响应，也是对教育改革实践的深入探索。本书集结了众多一线教师和专家学者的智慧结晶，涵盖了上海市、长三角乃至全国基础教育阶段多语种教育的最新研究成果。从学科建设、课程教学、教学方法等多个角度，对中学多语种教育进行了全面而深入的研究和讨论。

在阅读这些精彩的论文时，我被教师们对于教育的热情、对于教学的创新以及对于学生发展的深切关怀所感动。这些研究成果不仅为我们提供了宝贵的经验和启示，更为中学多语种教育的发展指明了方向。同时，我也看到了中学多语种教育在实践中遇到的挑战和困难，如教材和教学资源的匮乏、教师专业发展的需求以及如何更好地与大学教育相衔接等问题。这些都是我们需要在未来的工作中重点关注和解决的课题。

加强基础教育阶段多语种的学科建设，不仅能够推动基础教育与高等教育的有效衔接，为我国的外语教育注入新的活力，更能为培养具有全球视野和跨文化理解能力的复合型人才做出应有的贡献。在此，感谢所有参与本书编写的作者们，是他们的辛勤工作和无私奉献，让这本论文集得以呈现在读者面前。同时，我也期待未来能有更多关于中学多语种教育的研究和讨论，共同推动我国教育事业的繁荣发展。

最后，我衷心希望《中学多语种教育》能够成为广大教育工作者和语言学习者的良师益友，激发更多人对多语种教育的关注和热情，共同为构建人类命运共同体贡献力量。

上海市教师教育学院（上海市教育委员会教学研究室）

院长　王洋

2024 年 4 月

前　　言

为更好服务国家参与全球治理、推动构建人类命运共同体、推动共建“一带一路”高质量发展等重大战略需求，上海市于2021年启动“关键语种人才早期培养项目”，聚焦对国家安全和利益、经济和社会发展、参与全球治理具有战略意义的语种，探索将相关语种人才培养的时间前移至基础教育阶段，推动构建“多语种、高质量、一条龙”的外语人才培养体系。项目由上海外国语大学、上海市教师教育学院（上海市教育委员会教学研究室）、上海市教育科学院等单位共同推进落实，经过两年多时间的调研、论证和探索，在教学资源建设、教师队伍发展、教研活动组织、辐射带动全市多语种教育发展等方面取得了显著成效，推动了高等教育与基础教育、教育行政部门和人才培养单位的交流互动，也推动了基础教育阶段多语种学科建设与发展。

回顾改革开放以来中国外语教育发展历程，外语教育规模不断扩大，但也逐渐形成基础教育外语学科以英语为单一主体的局面，英语在基础教育阶段具有其他语种无可比拟的地位优势，在对外开放、国际交往、科技进步中的重要性不言而喻，但其他语种人才的匮乏，已经在推进“一带一路”建设、深度参与全球治理、实施全方位对外开放过程中，造成很多因语言不通而带来的痛点、堵点问题。我国目前在对外交往、国际传播、国家安全与利益维护等领域面临的严峻挑战，首先反映为语言能力不足。

党的十八大以来，尤其是“一带一路”倡议提出以来，国家加快推进战略语言能力建设，大力推进多语种人才培养，推动外语专业院校增设外语语种，目前语种专业已超过100种。与此同时，基础教育阶段外语规划语种也逐步增加，根据最新的课程标准，中考外语科目包括英语、日语、俄语三个语种，高考外语科目包括英语、日语、俄语、德语、法语、西班牙语六个语种。中学多语种教育正在迎来新的机遇与挑战。《中学多语种教育》的出版是对这一机遇和挑战的主动回应，不仅仅是对过往的总结，更是对未来的展望和探索。

为全面推进中国特色大国外交，推动构建人类命运共同体，党的二十大以来，习近平总书记多次围绕加强全球治理人才队伍建设和国际传播能力建设发表重要论述，并就新时代外语人才培养做出重要指示。为顺应时代和国家发展对多语种拔尖人才的需求，推动基础教育阶段多语种学科建设与教育教学改革，促进中学多语种教育高质量发展，进一步加强中学与大学多语种教育衔接贯通，上海外国语大学自2023年5月起筹划编写《中学多语种教育》，面向全国多语种教育与研究领域的一线教师和专家学者征集稿件。作为全国第一本专门聚焦中学多语种教育的论文集，本书填补了中学多语种教育研究的空白，建立了中学多语种教育交流平台，增强了中学多语种学科意识，也为高校了解中学多语种教育，从而与中学形成合力，更好地培养多语种人才提供了重要平台。

本书共收录 38 篇论文，从“学科建设与发展”“新课标与核心素养”“课程教学与教材”“教学设计与活动案例”“数字化教学研究与实践”“语言学习与教学方法”“学生学习与教学评价”等七个方面对中学多语种教育展开讨论和研究，覆盖日语、俄语、德语、法语、西班牙语、阿拉伯语、韩语、泰语、希腊语等语种。从研究内容来看，既有宏观层面对区域内多语种教学现状的调查与分析，也有微观层面对中学多语种教学实践的探索与思考。从文章分布来看，本书更加贴近教学一线，重点聚焦中学多语种课堂教学研究，涉及学习方法、教学策略、课堂设计和教学评价等方方面面，展现了中学多语种教师对课堂教学的反思与总结，为中学多语种教育改革与发展提供了参考和借鉴。

目前，中学多语种教育依然存在很多亟待解决的问题，有很多值得研究的课题，比如多语种教材和教学资源建设、多语种教师的专业发展、大学与中学多语种人才贯通培养等，希望今后有更多一线教师和专家学者围绕相关问题开展深入研究。相信随着中学多语种学科的发展与壮大，相关语种教师、教材和教学资源匮乏等问题会得到有效解决，中学多语种教育质量将不断提升，多语种人才培养也必将成为加快建设教育强国的重要支撑。

最后，衷心感谢上海市关键语种人才早期培养项目对本书的资助，感谢所有指导专家对中学多语种教育的关注和支持。本书收录的论文内容涉及多个语种和多个研究主题，从策划、征稿到评审、修改，再到校对、出版，在将近一年的时间里，来自基础教育和高等教育相关领域的专家组全程参与，为审稿和论文修改指导工作倾注了大量时间和精力。在此，向所有参与评审指导工作的专家致以诚挚的谢意！同时，也要特别感谢本书的编写组和上海外语教育出版社多语种编辑团队为本书出版付出的辛苦努力，感谢投稿作者们的热情参与！正是有了大家的共同努力，这本书才能顺利出版。未来，我们将继续加大多语种教育研究成果的宣传和推广力度，努力打造更高水平的多语种教育交流平台。

上海外国语大学 教授

谭晶华

2024 年 4 月

目 录

学科建设与教师发展

新课标与核心素养

课程教学与教材

教学设计与活动案例

数字化教学研究与实践

语言学习与教学方法

学生学习与教学评价

中学与大学共建多语种第二课堂的探索

——分析上海市多语种学科的实践案例

上海市教师教育学院（上海市教委教研室）　郭侃亮

摘要：本文分析了高校外语学科开展第二课堂的成果，指出中学和大学共建多语种第二课堂的必要性和意义。文中阐述了上海市中学与大学多语种教研合作机制的建立过程，分享了开展多语种第二课堂的具体方案，介绍了2022年—2023年期间中学与大学共同举办的"中学生、大学生多语种交流活动"等多项活动的具体案例，并总结了活动中所取得的成果，指出中学与高校共建多语种第二课堂能够实现加强学科德育的渗透、落实综合素养的培育、推进跨学段师生交流的目标。

关键词：多语种教育；第二课堂；中学与大学共建

作者简介：郭侃亮，男，上海市教师教育学院（上海市教委教研室）关键语种教研员。研究方向：中学多语种教育、中学日语课程开发、游戏化教学。电子邮箱：gkl0510@ 126.com

2020年，教育部印发《普通高中课程方案（2017年版2020年修订）》，明确高中阶段可选择开设英语、俄语、日语、德语、法语、西班牙语6个语种作为必修课程。2022年，《义务教育课程方案（2022年版）》发布，明确了初中阶段开设外语，可在英语、日语、俄语等语种中任选一种，并提出要加强一体化设置，促进学段衔接，提升课程科学性和系统性。初高中阶段已经逐渐构成了一体化的多语种课程模式。然而，在郭（2020）的研究中指出，中学和大学的多语种学科依然存在课程衔接的问题，教师和学生都缺乏跨学段的交流。本研究尝试以中学与大学共建多语种"第二课堂"的方式推进跨学段的交流，探索中学与大学共同推动多语种学科课程建设的可能性。

一、中学与大学共建第二课堂的研究基础

（一）第二课堂的定义及相关研究成果

"第二课堂"这个概念是朱九思等（1983：308）在《高等学校管理》一书中最早提出的。书中将第一课堂定义为按照教学计划所进行的教学活动，将第二课堂定义为在教学计划之外，引导和组织学生开展的各种有意义的健康的课外活动。书中指出学校对学生的培养和教育，要通过两大课堂同时进行，相互配合。

近年来，在高校外语学科的教学中有不少研究者积极开展第二课堂的实践研究，并

取得了一定的成果。许(2015)尝试了以行政管理的介入推动上海外国语大学日语学科第二课堂的开展,通过日语短剧、演讲、朗读、口译、合唱的多种类型活动提升学生的语言运用能力,同时促进跨年级学生之间的交流。郭琦等(2018)探讨了大学英语"第二课堂"如何实现"活动"到"教学"的转化问题,并指出可以在发挥第二课堂教学的"人文性"功能的同时,实现学习者母语文化和目的语文化的"文化互促"。胡(2022)从分析"三全育人"与"外语专业第二课堂"的时代背景出发,先后分析了两者的时代蕴意与时代价值,并提出外语专业的第二课堂可以与其他学科教育相结合,特别在思政教育方面有积极意义。

(二)中学大学共建多语种第二课堂的必要性

中学大学共建多语种第二课堂可以推动中学和大学多语种学科的课程改革。本研究尝试在全市中学多语种教研体系的依托下,搭建中学与大学教师的教研平台,通过第二课堂的形式开展中学和大学之间的活动,加强跨学段的学科交流,构建由高校学科专家、中小学教研员、学科骨干教师等组成的教研共同体,为中学与大学多语种课程的改革提供切入点。

此外,共建第二课堂可以加强多语种课程中学科德育的渗透。第二课堂的形式在大学外语专业教学中实现了跨年级的交流,并在提升文化素养、加强学科德育方面取得了一定的成果。郭(2022)分享了在中学日语课程中渗透学科德育的实践案例,同时指出了学科德育的渗透在外语学科中的必要性。然而,在目前的中学多语种教育中,运用第二课堂的形式开展学科德育的研究案例较少。通过学习大学的相关经验和案例,探索中学多语种第二课堂中渗透学科德育有非常重要的意义。

二、中学与大学共建多语种第二课堂的前期准备

(一)中学与大学教研合作机制的建立

近年来,上海市中学阶段已逐渐形成了完整的多语种学科教研体系。2019年上海市教委教研室(2022年更名为上海市教师教育学院)设立专职教研员负责全市多语种学科教学活动的指导与统筹工作。截至2021年10月,上海市各区均设立了负责多语种学科的兼职教研员,并逐渐形成了市、区、校三级的多语种教研体系。同年,在上海市教委教研室的推动下,第一期上海市中小学关键语种中心组团队成立,该团队由11名各语种骨干教师和部分区兼职教研员组成,主要工作是协助开展多语种相关活动,推进多语种学科的建设。

近年来,上海部分高校也自主成立了关注中学多语种教育的研究团体,并与中学教研体系进行对接。2020年上海外国语大学发展规划与综合改革处成立多语种人才早期培

养项目组，开展多语种人才中学与大学贯通培养的探索。2021 年华东师范大学外语学院成立了关键语种教育研究中心，组织开展中学与大学多语种学科师生的交流活动，通过线上、线下多种形式开展教学研讨。上海市中学与大学教研合作机制的建立为跨学段开展多语种第二课堂的探索提供了保障。

（二）中学与大学多语种学科的情况统计

2020 年上海市教委教研室等开展了全市规模的中学和大学多语种学科的情况统计[①]。统计结果显示中学和大学多语种学科的学习人数相近，开设的语种和课程中也有很多共同之处。中学阶段大部分是从高中开始零起点学习多语种，部分外国语学校从初中开始学习多语种。而大学阶段的多语种专业基本都是零起点课程。因此，部分中学生和大学生的外语语言水平较为接近。

1. 中学多语种学科情况

上海市开设多语种课程的中学（含初中、高中、完中、中职）共有 60 所，中学阶段开设的多语种课程以初高中课程标准中所包含的 5 个外语语种（俄语、日语、德语、法语、西班牙语）为主，在校学习以上 5 个语种的中学生约 1.3 万人，其中学习日语、德语、法语的学生人数各 4 000 余人，西班牙语学习者约 1 000 人，俄语学习者约有 100 人。此外还有部分学生在校学习希腊语、希伯来语、土耳其语、泰语、葡萄牙语、阿拉伯语等语种。

2. 大学多语种专业情况

从大学本科阶段的统计数据来看，2020 年上海地区共有 30 所高校开设外语类本科专业。其中开设日语、德语、法语、俄语、西班牙语本科专业的高校分别为 23 所、13 所、8 所、5 所、5 所，学习以上 5 个语种的本科生在校生人数约 1 万人。其中学习日语的本科生约 5 000 人，德语学习者约 2 000 人，法语学习者约 1 500 人，西班牙语学习者约 1 000 人，俄语学习者约 500 人。

（三）中学与大学共建多语种第二课堂的构想

1. 多语种第二课堂的开展形式

朱九思等（1983：322）提出第二课堂的形式可分为“学术性”和“娱乐性”两种。根据外语学科的特点来看，“学术性”的多语种第二课堂的开展形式可以有演讲、辩论、翻译、写作、学术研讨等。此类活动可提升学生语言综合运用能力。“娱乐性”的多语种第二课堂的开展形式有配音、短剧、唱歌、才艺表演等。此类活动可提升学生对语言学习的兴趣，

---

① 2020 年在上海市教委国际交流处的牵头下，上海市教委教研室、上海外国语大学、上海市教育科学研究院联合开展了面向全市大中小学多语种学科的情况调研。针对多语种学科开设情况、课程设置、师生数量等方面进行了统计。

提供学生们展示特长的机会。因此,本研究根据语言学习的特点设计了相关的活动初步方案,通过访谈、座谈等形式听取教师和学生意见。

2. 中学与大学教师对第二课堂的建议

为更好推进中学与大学共建多语种第二课堂的项目,2021—2022 年间笔者面向全市部分开设多语种课程的中学和大学的教师开展了相关访谈。受访教师对联合开展多语种第二课堂有较高的积极性,并提出了相关的建议。在座谈中,大部分中学教师都希望能够与大学多语种专业的教师开展联合教研活动,得到更多的专业指导。中学生也希望能够与大学生开展交流活动,了解专业的发展趋势。很多大学的多语种教师提到了希望本科阶段多语种专业能够招收高起点学生,想了解中学多语种课程设置和学生的能力水平。部分在校的大学生希望毕业以后能够从事中学多语种教育的工作,因此有很高的积极性,愿意与中学学习多语种的学生开展交流活动。

3. 共建多语种第二课堂的运行机制

关于中学与大学如何共同推进和开展多语种第二课堂的建设,2021—2022 年间笔者组织部分中学和大学的教师代表开展了多次线上及线下的座谈。围绕第二课堂的内容形式及运行机制进行了深入的研讨,关于活动的内容形成了以下共识:(1) 各个大学可根据本校多语种专业的特色设计相关活动,为中学生和大学生提供更为丰富的活动形式;(2) 在第二课堂的活动中应积极推动中学和大学师生之间的互动和交流;(3) 可尝试通过第二课堂活动的开展推进跨学段多语种课程建设。

此外,关于运行机制设计,为了能够发挥中学和大学各自的优势,我们设计了策划、主办、实施三个环节并进行了分工。(1) 策划。第二课堂的活动首先由中学关键语种中心组负责整体策划,对接相关大学。(2) 主办。大学作为主办方,其相关院系负责活动通知的发布、学生作品的指导以及对活动成果的评审和认证。(3) 实施。中学和大学的教师代表组成各个项目的联合筹备团队,合作协调,共同推进多语种第二课堂的具体落实。具体内容可参考图 1。

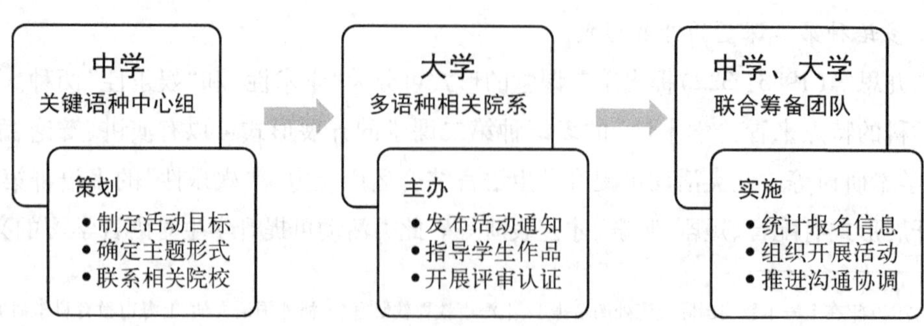

图 1　中学与大学共建多语种第二课堂的运行机制

三、中学与大学共建多语种第二课堂的实践案例与分析

2022 年 9 月至 2023 年 7 月期间，上海市中小学关键语种中心组与上海外国语大学、华东师范大学等多所高校共同开展了形式多样的多语种第二课堂的实践活动，尝试探索中学与大学多语种课程的跨学段贯通与融合。具体活动详见表 1。

表 1　中学与大学共建多语种第二课堂活动一览

举办时间	实践案例	策划	主办
2022 年 10 月	中学生、大学生多语种交流活动	上海市中小学关键语种中心组	华东师范大学
2022 年 12 月	多语种师生才艺展示活动		上海外国语大学
2023 年 2 月	中学生日语商业设计展示活动		上海财经大学等
2023 年 3 月	中学生日语微视频展示活动		东华大学等
2023 年 5 月	青少年多语种微小说展评活动		华东师范大学等
2023 年 7 月	中日高中生研讨交流活动		闵行区教育学院

（一）中学生、大学生多语种交流活动

2022 年 10 月，华东师范大学关键语种教育研究中心主办了“上海市中学、大学多语种交流活动”。该活动为全市开设多语种课程的中学学生与华师大外语学院相关专业的学生提供了线上互动与交流的机会。“互动交流”环节中学生们以 vlog 的形式用外语介绍了校园生活，讲述了身边故事，“才艺展示”环节中学生们用多语种展示了歌舞、诗歌等才艺。该活动在 2022 年开设了法语和德语专场，2023 年开设了日语和西班牙语专场。

（二）多语种师生才艺展示活动

2023 年 1 月，上海外国语大学发展规划与综合改革处举办“上海市中小学多语种师生才艺展示活动”，旨在提供中小学多语种教师与学生展示才华的舞台，在外语教学中融入美育元素，增加跨语种师生之间互相学习交流的契机。该活动面向全市中小学生，总共征集到 49 个多语种作品，含声乐、器乐、舞蹈、演讲、配音、微电影、曲艺、书法、绘画等。所有作品均由教师和学生共同完成。1 月 13 日线上展示活动当天共有 1 000 余名师生收看。计划将扩大作品的征集范围，邀请大学师生共同参与。

（三）中学生日语商业设计展示活动

2022 年 12 月，上海财经大学外国语学院、上海外国语大学日本文化经济学院共同主

办了以“振兴家乡产业的商业设计”为主题的“中学生日语商业设计展示活动”，总计收到37份学生作品。该活动旨在鼓励参赛选手从中学生的视角，思考如何在全球化背景下促进家乡发展，并提出自己的商业规划与设计。上海财经大学日语专业有“商务日语”相关课程，并有丰富的大学生商业设计比赛的成果。在本次面向中学生的展示活动中，上海财经大学日语专业大学生分享了自己的获奖作品，为中学生提供了示范和参考。

（四）中学生日语微视频展示活动

2023年3月，东华大学外语学院、上海外国语大学日本文化经济学院共同主办了以“我眼中的家乡”为主题的“中学生日语微视频展示活动”，总计收到了110份中学生的作品。东华大学从2021年开始举办全国高校日语专业“用日语讲好中国故事”微视频大赛，有丰富的该项活动的组织经验。在本次面向中学生的活动中，东华大学日语专业大学生分享了自己的作品，为中学生提供了示范和参考。学生们用日语介绍了家乡的文化历史、风俗习惯，表达了对家乡的感情。

（五）青少年多语种微小说展评活动

2023年6月，华东师范大学外语学院和上海教育国际交流协会共同主办了“上海市青少年多语种微小说展评活动”。该活动面向全市学习多语种的中学生、大学生，共计收到俄、日、德、法、西五个语种的579篇微小说作品。主办方组织大学专家团队开展评审，整理了优秀作品并制作了《多语种微小说优秀作品选》。作品选中同时收录了中学生和大学生的作品，可供学习多语种的学生互相学习、互相借鉴。在优秀作品展示会上，中学生和大学生代表共同登台朗读了自己的作品。

（六）中日高中生研讨交流活动

2023年7月，闵行区教育学院主办了以“中日文化的传承与交流”为主题的“中日高中生研讨交流活动”。本次活动邀请了学习日语的中国高中生与上海日本人外籍人员子女学校的高中生共同开展线下研讨。在两天的活动中，中日高中生体验了中国茶道、完成了非遗香囊制作，并在高校教师的指导下完成了课题研究和成果展示。上海外国语大学、华东师范大学、东华大学的相关专家全程为学生进行了指导，通过讲座的形式介绍了中国文化对日本的影响，并引导中学生学会用外语讲好中国故事。

四、中学与大学共建多语种第二课堂的成果与反思

（一）成果与经验总结

1. 加强学科德育的渗透

在本次中学与大学共建的多语种第二课堂实践活动中，活动的主题引领贯彻了多语种学科德育的渗透。例如，中学生日语商业设计展示活动以“振兴家乡产业的商业设计”

为主题，引导学生用外语为自己的家乡宣传，围绕城市特点设计了很多初步的商业创意。又如，中学生日语微视频展示活动以“我眼中的家乡”为主题，引导学生用外语介绍家乡的历史文化和变化发展，展示了中国的城市魅力。此类活动潜移默化地融入了学科德育的渗透，实现了学科育人的目标。

2. 落实综合素养的培育

本次中学与大学共建的多语种第二课堂实践活动，也体现了多语种学科对于学生综合素养的培育。在中日高中生研讨交流活动中，学习日语的中国高中生在大学专家的指导下，学会了如何向日本高中生介绍中国茶艺，同日本高中生一起完成了非遗香囊制作，实现了用外语讲好中国故事的目标。在多语种师生才艺展示活动中，师生共同展示了声乐、器乐、舞蹈、绘画等才艺和特长。评价的标准不限于单一的考试成绩，让学生和教师都得到了多维度的发展空间。

3. 推进跨学段师生交流

此外，通过第二课堂的形式，真正让中学生和大学生有了零距离的接触和交流，同时促进了教师之间的沟通。例如，在中学生、大学生多语种交流活动中，中学生和大学生共同拍摄校园 vlog，并制作短视频在线分享，在这个过程中学习到了对方的长处。青少年多语种微小说展评活动为全市学习多语种的中学生、大学生提供了一个交流和分享的平台，在展示会上中学生和大学生能够看到彼此的优秀作品，并互相借鉴学习。中学教师担任活动的指导，大学教师担任活动的评委，能够让彼此更加了解学生的学习情况，对跨学段的课程衔接有了更深入的思考。

（二）反思与展望

1. 关注第二课堂实施的反馈与分析

由于本次第二课堂活动的开展准备周期较短，有很多地方依然存在改进的空间。今后我们将着重关注学生和教师的反馈，用更加客观和具体的数据分析第二课堂实践活动的开展对于学生的学习动机、学习能力以及学习效果等方面的影响。同时也关注师生对于活动的认可度和支持度，根据师生的反馈和建议进行调整。受欢迎度较高、效果较好的活动可长期举办，并打造特色品牌；受欢迎度较低、效果反馈一般的活动可以及时进行调整和变更，从而增强第二课堂的效果和凝聚力。

2. 探索第二课堂推动跨学段课程的衔接

第二课堂活动的开设目标之一是推动中学和大学多语种课程的改革。由于目前大部分大学多语种专业课程均为零起点起步的课程，面对中学阶段已完成多语种课程学习的学生，无法提供合适的衔接课程，造成了人才培养的断层以及教育资源的浪费。通过第二课堂的形式，让中学和大学的多语种教师能够有基本的互相了解，在这一基础上双方积极推动跨学段多语种课程的衔接，是今后的重要课题。多语种人才的培养是一个长期的过程，需要基础教育和高等教育共同的规划和探索。相信在多方的共同努力下，能够更快地推进多语种学科课程的建设。

参考文献：

[1] 郭侃亮.上海市高中小语种课程发展回顾与综合教研的思考[J].上海：上海课程教学研究，2020，(Z1).

[2] 郭侃亮.高中日语课堂教学中的德育渗透——基于"双新"的思考与课堂实践[A].中等日语教育研究（第二辑）[C].上海：华东理工大学出版社，2022.

[3] 郭琦，许春翎.大学英语第二课堂教学的"人文化"构建及其"文化互促"学习心理的实现[J].海外英语，2018，(07)：80－81.

[4] 胡婧.三全育人视角下高校外语专业第二课堂建设路径探析[J].海外英语，2022，(04)：90－92.

[5] 许慈惠.论行政管理视阈下的第二课堂教学实践——以上海外国语大学为例[J].日语学习与研究，2015，(06)：56－62.

[6] 中华人民共和国教育部.普通高中课程方案（2017年版2020年修订）[S].北京：人民教育出版社，2020.

[7] 中华人民共和国教育部.义务教育课程方案（2022年版）[S].北京：北京师范大学出版社，2022.

[8] 朱九思，蔡克勇，姚启和.高等学校管理[M].华中工学院出版社，1983：308－330.

Exploring the Co-construction of Multilingual Second Classrooms between Middle Schools and Universities

——Analysis of practical cases of multilingual disciplines in Shanghai

Shanghai Teacher Institute Guo Kanliang

Abstract: This article analyzes the achievements of developing second classrooms in foreign language disciplines in universities, and points out the necessity and significance of jointly building multilingual second classrooms in middle schools and universities. The article elaborates on the process of establishing a multilingual teaching and research cooperation mechanism between middle schools and universities in Shanghai, sharing specific plans for conducting multilingual second classrooms, introducing specific cases of multiple activities jointly organized by middle schools and universities from 2022 to 2023, such as the "Multilingual Exchange Activity for Middle School Students and College Students", and summarizes the achievements achieved in the activity. It is pointed out that the co-construction of multilingual second classrooms between middle schools and universities can achieve the goals such as strengthening the infiltration of subject moral education, implementing the cultivation of comprehensive literacy, and promoting cross disciplinary communication between teachers and students.

Keywords: multilingual education; second classroom; middle school and university co-construction

中学多语种教师培养及专业发展的路径与策略

——以上海浦东多语种教师为例

上海外国语大学附属浦东外国语学校　花　威

摘要：随着中学多语种教育的发展，教师的专业成长逐渐受到关注。多语种教师的培养与专业发展应通过何种路径与策略？基于该问题，本研究以 Véronique Castellotti 等外语教学专家的教师发展三阶段理论为指导，以上海浦东多语种教师为例，通过文献回顾、教师调研等多种研究方法，深入探讨了教师培训中的核心问题，即系统性匮乏、主体地位被忽视和理论知识缺失。研究结果显示，完善的培训体系有助于教师发展和优化培训项目设计。

关键词：中学多语种教育；教师培养；教师专业发展；教师继续培训

作者简介：花威，男，上海外国语大学附属浦东外国语学校法语教研组组长，上海市浦东教育发展研究院兼职多语种教研员。研究方向：外语教师培训、中学法语教学、信息技术与教育教学融合。电子邮箱：stanley_hua@ hotmail.com。

随着对外交流的加深，我国对非英语语种的人才需求也随之增加。2017 年，教育部在《普通高中课程标准》中正式将俄语、日语、法语、德语、西班牙语纳入课程体系，标志着多语种教育的正式确立。然而，伴随着多语种教育的兴起，多语种教师的职业发展也出现了诸多问题。他们遇到了哪些困难？又该如何为他们排忧解难？鉴于此，在上海市教育委员会教学研究室（以下简称市教委教研室）指导下，"战略语种关键人才早期培养行动研究"项目应运而生。项目组聚焦多语种教师，希望通过一系列的调研，理论结合实践，为他们的培养及专业发展提供参考。

一、研究背景

随着中学多语种教育的发展，多语种教师的队伍已日趋庞大。然而，对于他们的专业成长和发展的关注却存在明显不足。以上海浦东新区为例，尽管多语种教育发展迅猛①，但教师在专业发展上仍面临着挑战。据统计，浦东新区的多语种教师平均教龄长达 11 年，但他们在专业上的表现相对有限。例如，他们在学术论文发表方面共计仅有 9 篇，而

① 据浦东新区教育发展研究院年度调研数据显示，截至 2023 年，浦东新区多语种教师共计 57 人，相比 2021 年增加 39%。

在校级以上的展示经历则完全缺失。

面对这样的现状,如何助力多语种教师突破专业发展瓶颈成为一个迫切需要解决的问题。为此,市教委教研室与浦东教育发展研究院携手,共同发起了"战略语种关键人才早期培养行动研究(多语种)"项目。该项目为期一年,旨在探索多语种教师的专业发展路径和策略。浦东作为全国众多地区的缩影,其实际情况也揭示了广大多语种教师所面临的共同问题。此研究所得出的策略和解决方案,不仅能为各地多语种教育带来新的思考,同时也可为决策者在支持和培训多语种教师方面提供参考,从而对全国多语种教育的进步作出一定贡献。

二、项目实施

(一)问题研究

项目实施之初,为了增进对现象本质的认识,以便为项目实施提供指导,项目组成员首先进行了国内外数据、案例分析及理论研究。

当我们对教师的培训过程进行阶段性划分,即分为初始培训(入职前)与继续培训(入职后)两个阶段时,一个现象引起了我们的注意——对于多语种教师而言,大学提供的初始培训虽然在学术部分相对完善,但在职业能力培养方面却近乎缺失。我国师范院校教师教育的课程体系中,教育学科专业课程仅占总课时的7%—11%(梁庆,2006：17),远低于学科专业课时(89%—93%)。加上教育实践机会较少(史丽萍,2015),我们不难看出,初始培训阶段的课程结构并不理想。这也就意味着,教师非常需要依靠入职后的继续培训来弥补初始阶段职业培训的不足。

在深入研究教师入职后的个人发展过程时,我们借鉴了 Véronique Castellotti(1995：21—23)等法国著名教育学家的观点。他们认为,教师的整个职业生涯(即接受继续培训期间)通常会经历三个阶段:"生存"阶段(survivre)、"如何"阶段(comment)以及"为何"阶段(pourquoi)。

首先是"生存"阶段,这一阶段通常出现在教师刚开始任教时。面对与学生、上级和同事的关系、课堂纪律等多种挑战,教师需要建立适当的策略以确保工作的顺利进行。

随着经验的积累,教师逐渐进入"如何"阶段。此时,他们对自己的职业身份有了更深入的认识,并开始思考如何更有效地实现教学目标。这一阶段不仅标志着教师从基本教学技能向更高级教学策略的过渡,也意味着他们对教学方法和策略有了更深入的探索。

最终,教师会进入"为何"阶段。在这一阶段,尽管他们的教学实践已经相当出色,但仍然持续地反思自己的教学方法并探索其背后的原因。这些教师开始追求更广阔的教育视野,钻研更复杂的教学理论,他们可能会深入学术研究或参与组织培训,以进一步丰富和完善自己的教学。

然而，Castellotti 的理论并未完全符合实际情况，并非所有教师都会完整经历这三个阶段，多数教师在第二阶段就会停滞不前。对此，李方安（2015：95）指出，每一个阶段的跃迁都需要教师的自我发展内生动力。而要提升内生动力，除了教师自身要求，更需要有完善的继续培训。因此，我们基于一手观察数据及文献梳理情况，提出以下假设，以期解释多语种教师在职业发展中普遍停滞不前的根本原因。

1. 系统性缺乏

现有的继续培训常以教学实践观摩为主，即多语种教师参与公开课展示活动的听课评课，并观摩教研员或教师专家指导。其周期不定，主题分散，适切度较低，无法有效满足教师的自我提升需求。

2. 主体忽视

现有的继续培训常将教师视为无经验的对象，或将整个团队视为具有相同需求和特性的群体，忽视了教师的主观能动性。这种状况使教师在参与过程中缺乏内驱力，因而往往态度消极（李方安，2015）。

3. 理论缺失

现有的继续培训往往只关注教学方法的分享，教师知"如何"，而不知"为何"，这种偏重实践而忽视理论的培训方式，限制了教师向更深层次的理论研究进展。在针对新教师的学徒型培养模式中，这种问题尤为突出。在这种模式下，资深教师通过言传身教的方式对新手教师进行指导（于兰，2007）。但由于该方式过于依赖"师傅"的个人特长和风格，很容易导致培训内容缺乏系统的理论支撑。王春晖（2015）指出，这种模式在培养教师的高层次理论能力和思维能力方面存在明显的局限性。此外，黄珊珊（2021）的研究也显示，具有 3 年及以上教学经验的教师对理论研究能力有着迫切的需求。

（二）调查访谈

为了验证假设并从教师的个体经验出发进行规划，项目组成员在项目实施初期进行了全面的问卷调查。这份调查问卷基于实地调查和文献分析而编制，涵盖了"基本信息""专业发展情况""专业发展需求"和"问题与困惑"四个部分，共计 32 个问题。利用腾讯文档作为工具，我们将问卷发放至"浦东关键语种教师群"微信群，覆盖了区内 4 种语种（日语、法语、德语、西班牙语）和 3 个学段（初中、高中、中职）。

为了进一步深化了解，我们还选取了初中德语、高中西班牙语以及中职法语教师各 1 名，进行了约 30 分钟的半结构化访谈。访谈内容围绕问卷的四个部分展开，同时对具体细节进行了深入探讨。

木次调查共收集到 38 名教师的反馈，其中有效反馈为 35 份，有效率达到了 92.1%。

数据分析揭示，教师对于系统性缺乏、主体忽视及理论缺失这三方面都提出了不同程度的反馈。

关于系统性缺乏：31.4%的教师（11名）表示希望能有主题引领的系列教研活动。同时，通过调研访谈，我们进一步了解到，多语种教师在继续培训中常常被纳入英语教师部分，导致培训针对性较低。

关于主体忽视：28.6%的教师（10名）表达了作为多语种教师在各方面（如教研、职称、编制、学科地位等）的被忽视感。

关于理论缺失：20%的教师（7名）明确提出了对理论培训（包括论文写作、研究方法等）的需求。同时，结合访谈，我们也了解到区内仅有2名教师承担带教工作，远未形成体系，且基本以学徒型教师培养模式为主，不利于新教师理论能力的培养。

除此以外，调查还进一步揭示了浦东多语种教师在初始职业培训上的缺乏。尽管其中42.9%（15名）的教师拥有研究生学历，仅有2.9%（1名）真正经历过系统的教师培训。大部分多语种教师在初始培训阶段缺乏职业能力的培养，在继续培训中又欠缺系统性的补足，从而严重阻碍了他们作为外语教师的发展。

（三）确立方针

基于以上研究结果，项目组确立了以下方针：

1. 体系完善的系统培训

针对系统性的缺乏，必须通过组建教研队伍来搭建研修平台，定期开展主题化、序列化的线下教研活动，不定期进行线上交流互动，以培养多语种教师的教学专业发展意识和能力。

2. 需求驱动的分层培训

为解决教师主体被忽视的问题，必须将多语种教师的发展放在首位，重视其经验与动机，关注其需求与期望，考虑其能力与环境（Louveaux F，2019）。在此基础上，采取分层培训策略——新手期教师侧重基本教学理念和方法，成熟期教师侧重实践性技能，而资深教师则侧重领导和管理能力的培养，以指导新手教师实现培训目标（王添淼、尹雪雪，2014）。

3. 结合理论的实践培训

为补足理论的缺失，必须将理论学习融入教师的实际工作中，强化案例学习，建立反思机制。同时，加强合作交流，建立一个交互性强、资源共享且具有良好反馈机制的学习社区。

（四）具体落实

为了实现所确立的方针，我们在项目前、中、后三个主要时期设定并落实了以下措施：

1. 前期

在市教委教研室的大力支持和浦东教育发展研究院的领导下，项目组成功地在浦东新区范围内搭建了一个多校(12 所)、多学段(初中、高中、中职)以及多语种(德、法、日、西)的联合教研平台。这一平台汇集了多语种兼职教研员和中心组构成的核心团队,旨在以点带面,辐射至全区的教师。为了进一步加强教师间的交流与合作,我们还建立了一个多语种教师线上教研群,便于教师随时进行交流和分享教研资源。

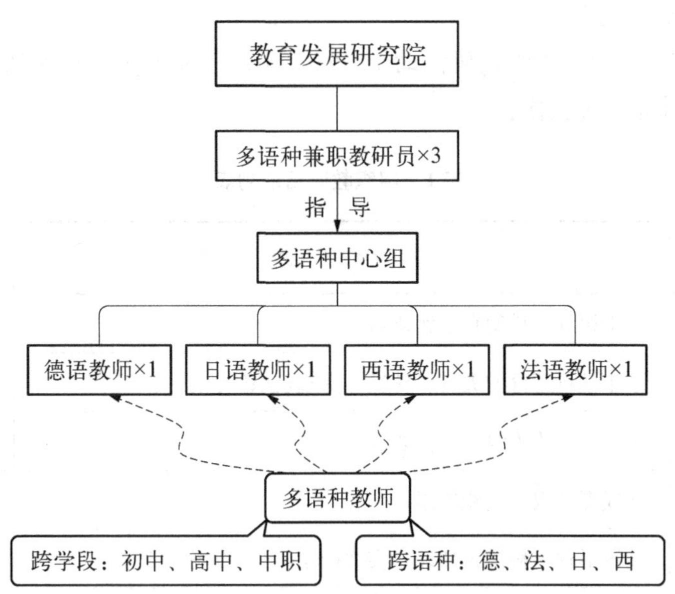

图 1 浦东多语种教研团队结构

在成功搭建平台后,我们进一步确立了教研模式。采取了“跨语种多学段齐头并进”的教研方式,并确定了“多语种学科德育探索”作为学年教研的主题,以每月 1—2 次的频率定期开展线上与线下相结合的教研活动。活动主要分为多语种通识和单语种专场两种形式,以满足不同教师的需求和兴趣。

2. 中期

为了深入了解教师能力提升情况,我们进行了中期调研。通过问卷收集了区内多语种教师的反馈,为后续教研活动的设计和实施提供了实证支持。

同时,我们也开始探索发展带教的可能性,鼓励跨校和跨学段的带教结对,通过公开课展示和经验分享来加强团队合作意识,并促进跨学段、跨语种的融合教研下的共同成长,提升整体教学实施和研究能力。

3. 后期

为了进一步优化教学资源,我们对课程资源进行了梳理和分享。同时,项目组持续跟踪多语种教师在课堂上对这些资源的迁移和应用情况,以确保研究成果能够真正带来实际效益并得到广泛应用。

我们以中心组为核心力量，致力于资源整合，构建以主题为导向的多语种资源库，以期为区内的多语种教师提供学习平台及交流空间。

三、成效说明

（一）教研活动成果

项目期间组织或协助组织教研活动11场，其中教学实践类活动8场，学术论坛类活动3场，邀请专家指导8人次；

表1 组织教研活动列表

时　间	主　题	形　式
2021.11	关键语种学科德育主题研讨	学术论坛
2021.12	基于学科德育的关键语种教学探索（法语专场）	教学实践
2021.12	歌德学院德语线上工作坊	教学实践
2022.03	在线课堂教学实践探索	学术论坛
2022.04	关键语种学科德育的课堂实践探索（日语专场）	教学实践
2022.04	关键语种课例分享	教学实践
2022.05	战略语种关键人才早期培养行动研究成果分享（德语专场）	教学实践
2022.05	关键语种微课展示活动	教学实践
2022.09	新课标、新教材背景下关键语种教师职业规划和专业发展	学术论坛
2022.10	战略语种关键人才早期培养行动研究（法语专场）	教学实践
2022.11	第十二届浦东教学展示周多语种专场（德法专场）	教学实践

形成教学案例18个，涵盖多学段（初中、高中、中职），多语种（日语、法语、德语）；

表2 课例列表

	语　种	学　段	标　题
1	法语	初中	以法语描述我的学校
2	法语	初中	德育在法语歌曲教学中的渗透
3	法语	初中	基于钉钉平台的在线课堂教学经验总结

续 表

	语 种	学 段	标 题
4	法语	高中	以法语描述消费习惯
5	法语	高中	外语教学中的美育项目学习
6	德语	初中	北京冬残奥会——以人为本，科技先行
7	德语	初中	一本书的前世今生
8	法语	高中	新四大发明
9	德语	高中	冬奥会上的高科技
10	德语	高中	情境认知与学习理论下高中德语阅读教学德育渗透例析
11	日语	中职	以日语讲述中国的二十四节气
12	日语	高中	日语学科德育教学案例分析
13	日语	高中	新课标下的德育探索
14	西语	高中	提升课堂互动性，维持学生学习兴趣
15	法语	初中	人物介绍
16	法语	高中	大屏幕，小屏幕
17	德语	初中	义卖开始啦
18	德语	高中	新课标背景下的作业设计

同时，以主题引领，按语种、学段分类，初步完成多语种资源库搭建。目前已创设“饮食、购物”等6个主题，涉及日语、法语、德语、西班牙语4个语种，初中、高中、中职3个学段。以“饮食”主题下的法语语种为例，具体构架如图2。

（二）能力提升实效

项目期间，共计有13名教师进行区级层面交流展示，4名教师职称有所提升。同时，结成5对带教“师徒”，并完成区级公开课展示以及经验交流分享。通过课堂观察等调研，我们发现教师教学理念发生改变，对教材的解读和实施能力也得到了一定程度提升。

（三）教师正向反馈

在项目后期，项目组再次在全区范围进行问卷调查，该调查依旧以同样形式发放至

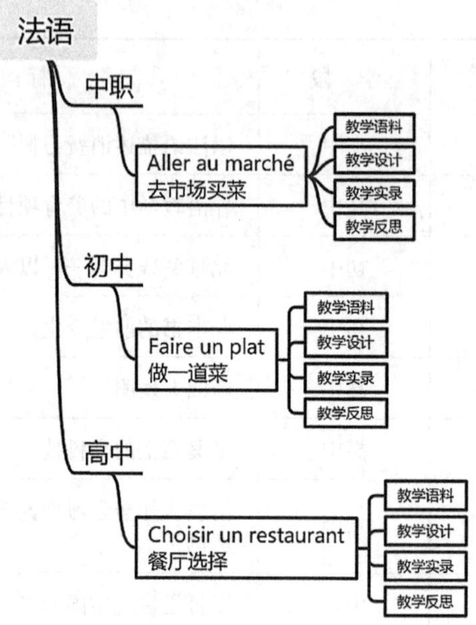

图 2　资源库框架示例①

“浦东关键语种教师群”微信群。问卷共有 43 名多语种教师参与填写②,其中有效问卷 42 份,有效率 97.7%。对于教研活动,所有参与教师都给予了不同程度的正面评价,主要关键词包括“考虑一线教师的需求”“内容丰富”“提供平台”等。在所有活动形式中,听课评课和课堂经验分享获得了最高满意度(分别为 83.3%和 76.2%)。同时,教师的主观能动性也有一定程度提升——21.4%的教师(9 名)主动提出公开课申请,33.3%的教师(14 名)表示有论文交流的意向。

四、启示与展望

本项目于 2022 年 12 月正式结题,结合项目组评审专家点评、教师反馈以及项目实施经验,我们提出以下几点启示与展望:

(一) 联合高校,拓宽平台

通过与高校建立合作关系,拓宽多语种教师培训的平台和资源。可邀请高校教授和研究人员进行专题讲座或研讨会,以增加教师的理论素养和教学视野;同时,亦可组织中学一线教师作为客座讲师进行经验分享,以推动初始培训中的职业培训,提升预备教师的专业能力和实践技能。

① 每个资源包主要由四部分组成:教学语料(包括阅读素材、音视频素材等多媒体语料)、教学设计(包括教案、学案、演示文稿)、教学实录(包括微课、课堂实录)及教学反思(包括应用实践、迁移创新等后续活动)。

② 对象包括项目期间新加入的 9 名教师。

（二）精炼内容，丰富形式

在教师培训的内容和形式上，应进一步提炼，确保其实用性和可操作性。同时，我们可以考虑引入竞赛、跨学段交流等创新形式，以进一步激发多语种教师的积极性。

（三）深入研究，挖掘特色

在已有研究基础上，加强比较研究，分析探究不同学段、不同语种教学的异同，并进一步挖掘浦东新区受众广、语种多的优势特色，加强语种和师资队伍的布局，以在多语种学科建设方面凝练出更多实践范例。

综上所述，现有的多语种教师培训，主要呈现出三大问题，即系统性匮乏、主体地位忽视及理论性知识缺失。基于这一发现，"战略语种关键人才早期培养行动研究"成员进行了实证探索，通过建立平台和组织系列活动，理论指导实践，以需求为驱动，尝试建立了相对完善的分层培训体系，并取得了较为显著的成效，得到了参与教师的积极反馈。当然，由于该研究样本量有限，尚属初步尝试阶段，未来在平台建设、形式多样化及特色发掘等方面，尚需进一步深化和拓展。期待以此研究为基础，与广大专家与教师一同推动我国中学多语种教学的进步与创新。

参考文献：

[1] Castellotti V, De Carlo M. La Formation des enseignants de langue[M], Paris: Cle International, 1999.

[2] Louveaux F. La Refonte de la formation continue des enseignants en France, un outil de qualité? [J]. Revue internationale d'éducation de Sèvres, 2019.

[3] 黄珊珊，王锡文，杨朝青.基于教龄的中学教师专业发展需求研究[J].教师教育论坛，2021，34(02)：79－82.

[4] 李方安.论教师自我发展[J].教育研究，2015，36(04)：94－99.

[5] 史丽萍.中美中小学外语教师培养、培训模式之比较[J].宁波教育学院学报，2015，17(05)：57－59.

[6] 王春晖.名师带徒的教练式培训模式探讨——以英语学科教师培训为例[J].全球教育展望，2015，44(01)：110－118.

[7] 王添淼，尹雪雪.美国"星谈"教师培训项目及其启示[J].外国教育研究，2014，41(07)：63－70.

[8] 于兰，孙启林.解析外语教师发展[J].教育科学，2007，(02)：61－66.

Approaches to and Strategies for Professional Development of Multilingual Teachers in Secondary Schools: A Case Study of Pudong, Shanghai

Pudong Foreign Language School Affiliated to SISU　Hua Wei

Abstract: As multilingual secondary education evolves, the professional growth of teachers is increasingly spotlighted. What pathways and strategies should be adopted for the cultivation and professional advancement of multilingual educators? In light of this query, this study is guided by the three-stage teacher development theory proposed by foreign language education experts like Véronique Castellotti. Taking multilingual teachers in Pudong, Shanghai as a case study and employing methodologies such as literature review and teacher surveys, the research delves into core challenges in teacher training, namely the lack of systematic frameworks, the neglect of the teacher's central role, and the absence of theoretical knowledge. The findings indicate that a comprehensive training system is instrumental in fostering teacher growth and refining the design of training programs.

Keywords: secondary school multilingual education; teacher professional development; teacher training; teacher continuing education

北京市海淀区中学多语种教师研修现状及对策研究

北京外国语大学附属中学　雷甜甜

摘要： 随着国家“一带一路”倡议的提出和推进，越来越多的中小学深入开展多语教育。多语种教师在海淀区的普通中学是一个比较年轻和新兴的群体，在不同层面针对他们的研修和培训活动比较缺乏，急需专业引领。结合研修现状及归因分析，本文提出相关建议以期发挥多语种教师的价值，提升他们的专业素质和能力。

关键词： 多语种教师；研修方式；研修课程；研修需求

作者简介： 雷甜甜，女，北京外国语大学附属中学教学指导中心主任。研究方向：教学管理，多语种教学。电子邮箱：bwfzteaching@ 163.com。

一、研究背景

（一）国家“一带一路”倡议激活多语种教育

随着国家“一带一路”倡议的深入推进，《北京市海淀区教育事业发展十四五规划》提出加强“一带一路”共建国家青少年交流，培养复合型小语种人才。① 加之《普通高中课程方案和英语等学科课程标准（2017 年版）》的正式公布，外语学科所覆盖的语种在原来的英语、日语、俄语的基础上新增了德语、法语、西班牙语，②对多语教学在基础教育阶段的建设和发展提出了新的要求。

（二）新时代多语种教师专业发展面临新的机遇与挑战

从国家层面出台的《中共中央 国务院关于全面深化新时代教师队伍建设改革的意见》《中共中央 国务院关于深化教育教学改革全面提高义务教育质量的意见》等一系列文件和意见可以看出，新时代对于教师的要求越来越高，特别在教师专业发展方面有了更高的标准和更明确的目标。多语种教师在普通中学是一个比较年轻、新兴的群体，由于在不

---

① 北京市海淀区人民政府.海淀区“十四五”时期教育改革和发展规划.［EB/OL］.［2022－01－04］. https：//www.bjhd.gov.cn/ztzx/2021/ghzl/gh145/202203/t20220311_4515148.shtml

② 中华人民共和国教育部.教育部关于印发《普通高中课程方案和语文等学科课程标准（2017 年版）》的通知.［EB/OL］.［2018－01－05］. http：//www.moe.gov.cn/srcsite/A26/s8001/201801/t20180115_324647.html

同层面针对他们的研修和培训活动比较缺乏,使其专业发展面临更多的挑战。

(三)中学多语种教师队伍建设有待加强

近年来,一大批活跃的具有良好语言背景和新知识的年轻多语种教师加入了中学教师队伍,他们的专业发展水平将对今后我国中学多语种教育质量产生重要影响。相较于其他学科,多语种教师缺乏师范专业的背景,在教育教学知识能力方面比较薄弱,对中学生的基本情况和心理特点缺乏深入了解。目前阿拉伯语、意大利语等语种没有对应的中学教师资格证,不少多语种教师只能选择考取其他学科教师资格证走进中学课堂,这和他们从事的教学科目有偏差,会影响到后续教学工作。

二、研究意义

(一)有利于提升基础教育阶段多语种教师专业发展潜力,提升整体教师队伍素质

加强教师研修是全面推进我国素质教育,提升教育教学质量的重要保证。对中学多语种教师而言,有效的研修可以给他们在教学方面提供更加专业的引领和指导。通过研修,中学多语种教师可以提升教育教学智慧,能够有效地解决教育教学中的问题,进而推动自身的专业发展和成长。

(二)有助于市、区、校层面的中学教师研修工作的完善

本研究通过对北京市海淀区中学多语种教师研修现状的分析,发现近年来针对中学多语种教师的研修处于刚起步阶段,在具体实施过程中存在一些问题,通过分析原因,努力提出最适合其发展的建议和对策,为有关部门加强对教师研修实践的指导提供参考,并为北京市其他区县及我国其他地区中学多语种教师研修面临的各种问题提供可操作性强的实践依据,不断完善教师研修工作。

(三)有助于推进多语教育发展,提升学生国际理解力

结合北京市以及海淀区的发展规划,多语种教育成为培养学生国际素养、增强国际竞争力的重要途径,重视多语种教育成为各地区教育改革的普遍趋势。通过海淀区的案例分析得出结论,并将相关经验推而广之,可以制定相关标准,或是出台相关政策,以确保多语种教师研修培训的专业化,从而提高多语种教师的教育教学水平,这是促进我国中学多语种教育发展的重要途径之一。

三、研究方法

由于对中学多语种教师的关注比较少,笔者认为应在教师专业发展理论、成人学习理论、需求层次理论等理论基础的支撑下采用问卷调查法,并通过访谈调查法对问卷数据结果进一步深入分析,针对北京市海淀区中学多语种教师这一群体进行研究,分析其研修现

状和存在的问题,为中学教师研修进一步发展完善提供建议策略,促进教师专业发展。

（一）文献法

通过数据库检索和图书馆文献翻阅,查找与教师研修、教师培训等相关的书籍、期刊、论文等,通过文献资料综述获得相关概念、理论和以往研究成果。在此基础上明确研究方向,在参考相关文献的基础上完成问卷设计。

（二）问卷调查法

问卷设计分为两个阶段：第一,确定问卷基本框架,在参考众多学者对相同变量所设计的问题基础上,结合海淀区中学多语种教师实际情况,确定调查问卷的基础框架(背景资料、研修现状、研修需求、研修满意度);第二,确定问卷正式内容,经过与海淀区中学多语种教师、海淀区教科院领导多次交流,明确信息,确定正式的问卷内容。问卷主体包括25道测试题,采用李克特五点量表法,对多语种教师研修需求和多语种教师研修满意度分别以维度从“非常需要”到“非常不需要”,“很满意”到“很不满意”五个标准,进行调查分析。由于中学多语种教师群体在海淀区数量不大,所以问卷调查样本做到了海淀区中学多语种教师的全面覆盖。本研究问卷发出68份,回收问卷68份,剔除无效问卷3份,有效问卷为65份。

（三）访谈法

本研究选择15名访谈对象进行正式访谈,分为中学多语种教师和教师研修管理者或组织者两个层次。其中,不同语种、学历、教龄的多语种教师为10人,承担教学校长、教学主任、教研组长职责的多语种教师研修管理者或组织者为5人(表1)。教师访谈包括对目前中学多语种教师现状的情况说明、研修的建议等;教师研修管理者或组织者访谈包括学校在多语种教师研修方面所做的工作、组织研修过程中的问题及原因等。

表1　访谈对象信息统计表

编码	性别	身　份	教龄	职　称	备　注
T1	女	日语教师	1	无	
T2	女	日语教师	3	二级教师	
T3	女	德语教师	1	无	
T4	女	德语教师	3	二级教师	
T5	女	西班牙语教师	3	无	

续　表

编码	性别	身　份	教龄	职　称	备　注
T6	女	西班牙语教师	5	二级教师	
T7	女	俄语教师	2	二级教师	
T8	女	俄语教师	4	二级教师	
T9	女	法语教师	4	二级教师	
T10	男	阿拉伯语教师	5	一级教师	
M1	女	教学校长	23	高级教师	
M2	女	教学主任	15	高级教师	
M3	女	教研组长	20	高级教师	兼任英语教师
M4	女	教研组长	12	一级教师	兼任德语教师
M5	女	教研组长	4	一级教师	兼任日语教师

四、研究结果

（一）海淀区中学多语种教师研修现状

1. 中学多语种教师个人基本情况

表2　海淀区中学多语种教师个人自然情况统计表

变　量	分　组	人　数	百分比%
年龄	25岁及以下	6	9.23%
	26—30岁	20	30.77%
	31—35岁	24	36.92%
	36—40岁	11	16.92%
	41—45岁	2	3.08%
	46—50岁	2	3.08%
	51岁及以上	0	0%

续 表

变 量	分 组	人 数	百分比%
教龄	3 年及以下	19	29.23%
	3—5 年	12	18.46%
	6—10 年	24	36.92%
	11 年及以上	10	15.38%
学历	大专及以下	0	0%
	本科	27	41.54%
	硕士研究生	36	55.38%
	博士研究生	2	3.08%
职称	二级	20	30.77%
	一级	16	24.62%
	高级及以上	1	1.54%
	未评定职称	28	43.08%

表 3 海淀区中学多语种教师个人基本教学情况统计表

变 量	分 组	人 数	百分比%
任教的语种	日语	9	13.85%
	德语	19	29.23%
	西班牙语	12	18.46%
	俄语	10	15.38%
	法语	13	20%
	阿拉伯语	1	1.54%
	其他	1	1.54%
教师资格证情况	对应语种的教师资格证	39	60%
	英语教师资格证	9	13.85%

续 表

变 量	分 组	人 数	百分比%
教师资格证情况	其他学科教师资格证	6	9.23%
	目前没有教师资格证	11	16.92%
周课时	5节及以下	9	13.85%
	6—10节	25	38.46%
	11—15节	22	33.85%
	16—20节	7	10.77%
	21节及以上	2	3.08%
职务	班主任	9	13.85%
	任课教师	58	89.23%
	职员	4	6.15%
	中层领导	4	6.15%
	其他	8	12.31%

由数据可知,海淀区中学多语种教师具有学历水平高、职称级别低、年轻化的特点。只有60%的老师拥有对应语种教师资格证,周课时量较多,日常工作以学科教学为主。

2. 中学多语种教师研修状况分析

海淀区中学多语种教师研修次数少,时间不固定。从研修需求来看,多语种教师对各种研修方式的需求都比较高,其中区域研修需求最高;对各类研修活动的需求都比较高,其中需求最高的是交流研讨和课堂观摩;对各类专业知识研修的需求都很高,其中需求较高的是对考级和高考解读的知识。从研修满意度来看,多语种教师对研修方式、研修课程、研修活动比较满意,对专业知识和专业能力的研修满意。

(二)海淀区中学多语种教师研修问题及其原因分析

1. 海淀区中学多语种教师研修存在的问题

(1)研修机会少,缺乏有针对性的研修方式

从数据分析可知,多语种教师近一年参加研修0~5次的占到80%,这和海淀区其他学科教师相比是非常少的。各个学校的校本研修良莠不齐,在没有教研组的情况下,有针

对性的学科研修活动很难开展。目前海淀区在多语种学科的研修方面有所欠缺，没有相应的教研员和团队组织多语种教师的区域研修。

（2）研修内容与形式和教师需求不符

多语种教师对专业知识研修需求比较高的是针对考级和高考解读的知识以及写作知识方面的研修，对专业能力研修需求较高的是与提升教学设计能力、课堂活动设计能力相关的研修。目前多语种教师参加的研修课程内容中，多语学科核心素养占比最高，这就体现了教师需求和目前参加的研修课程内容、形式不相符的特点。

（3）缺乏系统性的研修，多语种教师专业发展受限

目前多语种教师研修缺乏专业的引领，多语种教师研修的系统性和持续性有待提高。教师研修学习是帮助教师专业成长和终身发展的重要途径，具有一定的规律性和不可分割的连贯性，所以在教师研修的过程中要有全局观。从当前的多语种教师研修和培训来看，因为研修资源和机会的匮乏，很多都是没有计划的，产生了一定的盲目性。

2. 海淀区中学多语种教师研修问题的原因分析

（1）海淀区中学多语种教师在专业发展方面存在“短板”

海淀区中学多语种教师年龄在35岁以下的占76.92%，教龄在5年以下的占47.69%，以上数据充分说明了这是一支年轻的教师队伍。年轻教师在专业发展上往往知识储备欠缺，缺乏教学实践经验，存在专业发展缓慢的问题。相较于其他学科老师，不少多语种教师缺乏在中学教学实践的经历，对中学生的基本情况和心理特点缺乏深入了解。

（2）研修管理机制不完善

目前海淀区没有针对多语种教师队伍的明确的研修管理部门和研修制度。在学校层面，部分学校没有专职负责多语种教师研修的管理者和教研组长，没有完善的多语种教师研修考核和评价制度。

（3）对多语种教师群体的关注度偏低

海淀区很多中学陆续增设各种校本多语种课程，多语种教育取得了一定发展。但目前中学多语种教师数量少，仍处于发展的起始阶段。根据北京市教育委员会公布的2019—2020学年度北京教育事业发展统计概况①，目前海淀区普通中学教职工专任教师为11 720人，不足百人的多语种教师在这个庞大的数字中显得尤为“小众”，占比不到1%。近几年随着政策的变化，很多语种加入到了高考科目当中，但大部分中学毕业及高考学生都是选择英语作为外语的考试学科，因此多语种教学在中学经常充当“配角”，多语种教师的专业发展和研修培训不被重视。

---

① 2019—2020学年度北京教育事业发展统计概况.[EB/OL].[2020-03-24]. http://jw.beijing.gov.cn/xxgk/zfxxgkml/zwjyjfzx/202003/t20200325_1734103.html

（三）海淀区中学多语种教师研修对策和建议

1. 完善海淀区中学多语种教师区域研修管理机制

（1）完善组织与管理制度

要明确各类人员职责。明确教师要落实主体责任，主动进行专业知识学习，通过实践提升专业能力等要求。明确海淀区教委师训部、校长及研修组织者的职责。校长及研修组织者对教师的有效指导，会直接影响教师参与的效果。要明确考核和评价的内容，区级层面在考虑教师专业发展阶段特点的基础上，对研修内容、形式、过程以及效果等制定评价的标准，明确考核评价的形式、频次以及相应的奖惩办法，这样既能保证考核评价工作的落实，又能进一步保障研修成果的落实，给教师以督促作用。

（2）发挥教师研修机构优势

海淀区教师进修学校已形成全覆盖、分层次、有重点、多选择的专业培训体系，为不同发展阶段的教师提供各级各类研修培训，助力教师成长发展，是一个相对比较成熟的教师研修机构。可以利用其优势组建多语教师研修团队，开发系统化的有针对性的研修课程。

（3）借助海淀区多语学校联盟，促进区域间的研修交流

海淀区教委和教科院在2018年将海淀区区内开设多语课程的中小学组成了多语学校联盟，在教科院的引导下定期进行多语种教育的深入研究，深入挖掘多语种学习的价值和课程的开发，定期开展多语种教学研讨展示课，提高多语种教师的专业水平，交流多语种教育经验。可以借助多语学校联盟打造和建设区域研修专家团队，研究确定多语种教师研修方案。

2. 以教师发展为动力，实施好校本研修带动区域发展

校本研修可以促进教师素质提升，解决教育教学中的实际问题，是构建学习型组织的关键。学科教研组是开展校本教研的重要阵地，可以以学科教研组为依托，开展形式多样的校本教研。校本研修对整体年轻化的中学多语种教师而言更直观、更易于接受，这种“同伴互助式”学习活动能很好形成互帮互助的研修氛围，促使教师间建立良好的伙伴合作关系，共享经验和成功。

3. 加强对多语种教师的重视程度

各级政府、教育主管部门以及学校要进一步健全有关制度，把重点放在加强中学多语种教师任用制度上，健全中学多语种教师资格证书的考核，解决好多语种教师编制和职称评定问题，积极主动改善中学多语种教师工资待遇。海淀区中学多语种教师数量少，跨年级教学较为普遍，教学任务繁重，因此学校应合理安排多语种教师课堂教学工作量，并在教研培训、工资待遇等方面与其他学科教师同等对待。

4. 加强各方合作，丰富多语种教师研修资源

教委和学校可以和其他省市地区的外语学校、外语出版社、开设多语教学的高校以及

各语种对应国家文化中心和大使馆建立合作关系，进一步丰富多语种教师研修资源。在全国基础教育阶段，很多开设多语课程的学校跨区域成立了语言教学联盟，学校可以和这些机构单位建立友好合作关系，积极推动网络社区研修、跨区域研修、互访等多种研修方式，满足多语种教师个性化发展需求，可以在一定程度上弥补多语种教师研修学习机会少的问题。

5. 在新时代背景下，从教师需求出发，设计研修课程

（1）基于教师的素养发展需求，整体设计课程

基于中学多语种教师特点，从教师的语言专业、所处的专业发展阶段及地处的空间区域来分析研修需求，设计分层、分类研修课程。根据教师素养发展需求，多维度选择课程内容，设计不同特色课程，如通识课程（职业理想与道德、学科教育心理学）、专业课程（专业必修课）、专题课程（传统文化、信息技术等），把“教师特点、工作特点、课程特点”放在一个立体的坐标体系中，组织不同的研修课程（图1），形成精品课程体系，全面服务教师的专业发展[①]。

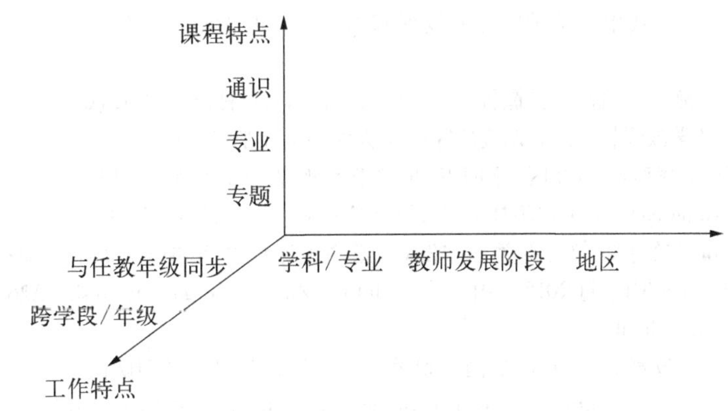

图1　北京市海淀区教师研训三维课程示意图

（2）强化师德研修课程

一直以来，教师队伍的师德师风建设都是重中之重。科学、合理、高质量的中学多语种教师研修必须包含一定比例的理想信念教育和价值观教育。[②] 在以往的多语种教学中，教师往往比较重视对学生进行语言对象国的语言能力培养和文学、文化知识的传授，而忽视了用外语讲述中国文化能力的培养。新时代的中学多语种教师要培养讲好中国故事的外语人才，运用学生的外语优势讲好中国故事、传播好中国声音，群策群力培养更多有家国情怀、有全球视野、有专业本领的复合型外语人才。

---

① 罗滨，申军红.走向“十三五”的区域教师研训——以北京市海淀区为例[J].北京教育学院学报，2016，(1)：38－41.

② 宋德正，苗壮.新时代中小学教师专业发展基本素养提升策略[J].教育实践与研究(C)，2021，(Z1)：25－27.

五、讨论与结语

本研究能够较为准确地反映海淀区中学多语种教师研修现状，并结合相关材料进行原因分析，使提升多语种教师研修的策略建议更有针对性和科学性，为有关部门加强对教师研修实践的指导提供参考，为北京市其他区县和我国其他地区解决中学多语种教师研修面临的诸多问题提供了实践依据，从而不断完善教师研修工作。

本研究是针对一个区域的个案式研究，虽然研究对象和范围相对狭窄，但今后可扩展到北京市或者全国范围内进行研究，从而扩大中学多语种教师的研究样本量，进行更为深入的探讨，以期能够进一步探究出提升中学多语种教师研修的策略，为上级教育部门提供可借鉴的经验和启示。

参考文献：

[1] 罗滨，申军红.走向“十三五”的区域教师研训——以北京市海淀区为例[J].北京教育学院学报，2016，(1)：38-41.

[2] 宋德正，苗壮.新时代中小学教师专业发展基本素养提升策略[J].教育实践与研究(C)，2021，(Z1)：25-27.

[3] 施彩芬.有效实施校本研修　打造教师专业成长平台[J].吉林教育，2015(07)：53+72.

[4] 莫曼婷.中学数学教师教研能力调查研究[D].天津师范大学，2022.

[5] 北京市海淀区人民政府.海淀区“十四五”时期教育改革和发展规划.[EB/OL].[2022-01-04]. https：//www.bjhd.gov.cn/ztzx/2021/ghzl/gh145/202203/t20220311_4515148.shtml

[6] 中华人民共和国教育部.教育部关于印发《普通高中课程方案和语文等学科课程标准(2017年版)》的通知.[EB/OL].[2018-01-05]. http：//www.moe.gov.cn/srcsite/A26/s8001/201801/t20180115_324647.html

[7] 中华人民共和国教育部.中共中央 国务院关于全面深化新时代教师队伍建设改革的意见.[EB/OL].[2018-01-20]. http：//www.moe.gov.cn/jyb_xwfb/moe_1946/fj_2018/201801/t20180131_326148.html

[8] 中华人民共和国教育部.中共中央 国务院关于深化教育教学改革全面提高义务教育质量的意见.[EB/OL].[2019-06-23]. http：//www.moe.gov.cn/jyb_xxgk/moe_1777/moe_1778/201907/t20190708_389416.html

[9] 2019—2020学年度北京教育事业发展统计概况.[EB/OL].[2020-03-24]. http：//jw.beijing.gov.cn/xxgk/zfxxgkml/zwjyjfzx/202003/t20200325_1734103.html

Research on the status quo and countermeasures of multilingual teachers training in middle schools in Haidian District, Beijing

The Affiliated High School of Beijing Foreign Studies University　Lei Tiantian

Abstract: With Belt and Road Initiative and the further development of Haidian District, more and more middle schools have carried out in-depth multilingual education. Multilingual teachers are a relatively young and emerging group in ordinary middle schools. There is a lack of research and teacher training activities for multilingual teachers at different levels. They urgently need professional guidance, so as to give full play to the value of multilingual teachers, mobilize their creativity and practical ability, and cultivate their professionalism.

Keywords: multilingual teachers; training mode; training courses; research needs

安徽省高中日语教师专业发展现状调查与分析

安徽师范大学　赵月娥

安徽省教育招生考试院　储林林

安徽师范大学　陈婷婷

摘要： 基础教育阶段日语学科的蓬勃发展为日语教师带来了机遇和挑战。本文以安徽省高中日语教师为研究对象，结合问卷调查和个人访谈的数据，旨在准确了解该群体的专业发展现状。分析发现，教师自我专业发展意识相对较弱、日语专业基础知识与专业实践能力不足是该群体面临的主要问题。

关键词： 高中日语教师；专业发展；现状分析

作者简介： 赵月娥，女，安徽师范大学讲师。研究方向：日语教育、教师教育。电子邮箱：zhaoyuee@ahnu.edu.cn。储林林，男，安徽省教育招生考试院，中学高级教师。研究方向：教育测量与评价。陈婷婷，女，安徽师范大学副教授。研究方向：日本文学、日语教育。

基金资助： 安徽师范大学 2022 年校级科研项目"教育生态学视角下高中日语教师专业发展路径研究"（项目编号 2022xjxm045）阶段性研究成果。

近年来，我国中学日语学科迎来了新的发展机遇。高考日语考生（指当年高考外语科目为日语的考生）从 2016 年的 9 600 人猛增至 2021 年的逾 24 万人。要实现高质量的基础日语教育，优秀的教师队伍[①]是决定性条件。教育部《教师教育振兴行动计划（2018—2022）》提出要提升教师教育质量，党的二十大报告也提出"要培养高素质教师队伍"，日语教师队伍建设迫在眉睫。此外，国家教育政策的调整、外语教学技术的发展、日语学科知识的更新、多元化学习群体的加入等现实要素，也对日语教师队伍的专业发展提出了要求和挑战。

在华东地区，安徽省基础日语教育起步较晚，但近年来发展迅速。高中日语教师大约 200 人[②]，高考日语考生从 2017 年的 435 人增至 2023 年的 17 025 人[③]，生师比逐年攀升。

① 目前我国高中日语教师可粗分为三类：公立学校教师（专任教师）、私立学校教师和机构派遣教师。教育部教育统计数据显示，2021 年普通高中专任日语教师为 3 559 人。但因后两者并未纳入此数据中，故可判断高中日语教师实际人数远超上述数字。

② 安徽省高中日语教师数量尚无官方公布渠道，此为根据"安徽中学日语教师微信群"人数的初估数据。

③ 安徽省每年高考日语考生数量尚无官方公布渠道，该数据由本文第二作者提供。

教师的专业发展水平一定程度上决定了安徽省基础日语教育的发展水平。本研究拟以该群体为研究对象，结合问卷调查和个人访谈，回答以下研究问题：安徽省高中日语教师的专业发展现状如何？

一、研究设计

关于教师专业发展的研究多见于教育学和英语教育领域。相比英语教师专业发展，日语教师专业发展研究在内容、数量及方法方面均处于滞后状态。近年来，以高中日语教师为研究对象的教师专业发展研究主要包括：(1) 教师生存与发展现状研究；(2) 教师专业素养和能力知识研究；(3) 教师专业发展路径研究。如陶思含(2018)开展了高中日语教师焦虑研究；李杨等(2022)分析了我国高中日语教师群体性特征；王晓丽(2020)开展了高中日语教师专业发展素质结构研究；黄均钧等(2022)阐释并讨论了高中日语教师应具备的专业知识；宋维华等(2021)提出了大学中学共同体这一中学日语教师专业发展路径。

本文根据叶澜等(2001)对教师专业素质分为专业知识、专业情意和专业技能的阐释，参照《中小学教师专业发展标准及指导(英语)》对教师专业发展标准的两个维度(专业基础和专业实践)划分，把高中日语教师专业发展的内容概括为以下三类：(1) 教师自我专业发展意识；(2) 教师专业基础与专业实践；(3) 教师专业发展需求。其中(1)是建立在教师的自我认知和职业认同的基础上，对专业发展起到导向作用；(2)包括日语学科与教育教学知识、促进学生学习与教育教学研究，是提高专业发展的发力点和突破口；(3)是内部专业素养结合外部支持的一种需求，是教师专业发展的基础。

基于上述分类，围绕"基本信息""工作现状""自我专业发展意识""学科与教育教学知识""促进学生学习与教育教学研究""专业发展需求"等六方面，利用问卷星平台工具设计了31个问题(含11道李克特四级量表题)，发放至"安徽中学日语教师微信群"开展调查。自2023年4月实施以来，共收到78份答卷，其中有效答卷数75份，有效率为96%。

此外，本次还对来自合肥和芜湖的两位日语教师进行了半结构化访谈，基本信息见表3。访谈采用微信语音通话的形式进行，在征得被访谈者同意下进行了全程录音，总访谈时间约为20分钟，访谈内容主要围绕上述六方面展开，以期多维度地了解高中日语教师最真实的现状。

二、数据分析

如表1所示，本次问卷收集的样本覆盖了安徽省皖北、皖南、皖中共15座城市，保证了调查对象的广泛性与多样性。75份有效数据中，合肥占27份，这说明安徽省中学日语教师更集中于省会城市。

表 1　问卷对象所属地区、城市及人数

<table>
<tr><th></th><th>地　区</th><th colspan="2">城市(人数)</th><th>人　数</th></tr>
<tr><td rowspan="8">基本信息</td><td rowspan="3">皖北</td><td>淮北(7)</td><td>亳州(4)</td><td rowspan="3">28</td></tr>
<tr><td>淮南(6)</td><td>阜阳(4)</td></tr>
<tr><td>蚌埠(3)</td><td>宿州(4)</td></tr>
<tr><td rowspan="2">皖中</td><td>合肥(27)</td><td>安庆(4)</td><td rowspan="2">34</td></tr>
<tr><td>滁州(2)</td><td>六安(1)</td></tr>
<tr><td rowspan="3">皖南</td><td>芜湖(7)</td><td>池州(2)</td><td rowspan="3">13</td></tr>
<tr><td>宣城(2)</td><td>马鞍山(1)</td></tr>
<tr><td>铜陵(1)</td><td></td></tr>
<tr><td>计</td><td colspan="4">15 城(75 人)</td></tr>
</table>

资料来源：作者依据“安徽省高中日语教师专业发展现状调查”的回答者信息制作。

问卷反映了编制结构、男女比率、年龄学历、教龄、工资收入等基础信息。如表 2 所示，公立中学教师 19 人，3 人有编制；男性教师 16 人，女性 59 人；30 岁以下的教师 63 人，教龄 5 年以下的教师 63 人；本科及以上学历的教师 73 人，其中硕士 14 人，博士 1 人；有留学经验的教师 20 人；有高中日语教师资格证的教师 49 人。在工资月收入上，超 50%教师达到 7 000 元以上，34%的教师表示非常或比较满意。在周课时上，44%的教师达到 18 节以上①。以上表明：安徽省高中日语教师具有在编数量稀缺、性别分布不均、年龄结构轻、学历层级高、教龄相对短、教学任务重等特点。笔者认为，尽管年轻教师普遍教学热情高，可塑性强，易接受新鲜事物，但教学经验的缺乏、教学工作量的繁重，以及编制数量的有限供给等因素无疑会给他们带来职业发展困境。

表 2　问卷对象基本信息

性　别	男(16 人)	女(59 人)
年　龄	30 岁以下(63 人)	30 岁以上(12 人)
教　龄	5 年以下(63 人)	5 年以上(12 人)

① 根据教育部教师工作量标准文件，普通高中教师周课时量为 10—14 节，其中语文、数学、外语为 10 节。

续 表

学　历	专科(2人)　本科(58人)	硕士(14人)　博士(1人)
留日经验	有(20人)	无(55人)
教师资格证	无(26人)	有(49人)
就职单位	机构(36人)　私立(20人)	公立(19人)
编制状态	在编(3人)	非编(72人)
月收入	7 000元以下(47%)	7 000元以上(53%)
收入满意度	不满意(36%)　满意(29%)	比较满意(33%)　非常满意(1%)
周课时	8节以下(4%)　9—13节(32%)	14—18节(20%)　18节以上(44%)

资料来源：作者依据“安徽省高中日语教师专业发展现状调查”的回答者信息制作。

表3　访谈对象基本信息

对　象	性别/年龄	教龄/单位/任职资格	毕业院校/专业	学　历
教师A	女/26岁	4年/机构/有教师资格证	国内某师范类大学/日语	本科
教师B	女/28岁	2年/机构/无教师资格证	国内某外语类大学/日语	硕士

三、研究发现

(一) 教师自我专业发展意识

教师自我专业发展意识是指教师自觉的职业规划意识，是对专业发展的态度、认识、理解和追求，建立在教师的自我认知、职业认同的基础上。如表4所示，仅有4%的教师认为职业很受尊重；69%的教师表示并未受到学校(机构)的重视；44%的教师没有强烈的归属感；78%的教师认为职业压力大，最大压力来自外部评价；18%的教师对3—5年职业发展规划清晰。

表4　问卷对象的自我专业发展意识

	很　好	较　好	一　般	不　好
日语教师的自我职业认知程度	4%	38%	58%	0%
日语教师的自我职业压力大小	28%	50%	20%	2%

续 表

	很 好	较 好	一 般	不 好
教师对学校环境设备的满意度	9%	56%	30%	4%
学校(机构)对教师重视程度	15%	16%	58%	11%
教师对学校(机构)的归属感	10%	45%	27%	17%
未来3—5年职业发展目标清晰度	18%	53%	23%	6%

资料来源:作者依据“安徽省高中日语教师专业发展现状调查”的回答者信息制作。

访问者:你是怎么成为高中日语老师的,对这个职业了解吗?

教师A:很偶然,我家附近机构缺老师,朋友介绍一次就过了,没参加过什么培训,当时也没考教资,对高中生也不太了解。

教师B:主要因为男朋友在这,才转行当高中老师的,因为硕士也不可能进高校。我入职前对高中老师和学生都不了解,印象还停留在我那个年代。

访问者:你对现在的机构和学校满意吗?未来有什么打算?

教师A:没感觉。他们就是希望成绩好。有一次他们临时让我调到另一个高中,不去只能辞职……其实内心也很担忧这个(职业的)稳定性,未来还不知道。

教师B:还好吧。就是一份工作,把学生教好学校就满意……未来的职业发展,没怎么太想。眼前就是把班上几个问题学生搞定,好学生揪一揪,明年高考考出好成绩。

可见,职前对行业的了解缺乏、职后行业的流动性使一些教师的职业认知感不强,职业压力大,缺少归属感。而来自学校(机构)、家长的外部评价压力,使他们的工作重心更偏向于学生的应试,缺乏一种自觉的职业发展规划,整体处于一种按部就班、亦步亦趋的状态。

在上述自我专业发展意识下,其专业基础知识与专业实践能力又处于怎样的水平呢?

(二)教师专业基础与专业实践

1. 教师专业基础

专业基础主要指学科与教育教学专业知识,主要涉及学科、学生、课程、学科教学多方面的知识。其中前者包括如日语语言、学习策略、跨文化比较知识等;后者包括教育学、心理学、日语课程与教学论、班级管理、现代教育技术知识等。调查结果显示(见表5),75份有效数据中,有25位教师认为很好地掌握了日语学科知识,仅有9位教师认为很好掌握了教育教学知识。

表5　问卷对象的日语学科与教育教学知识

	很　好	较　好	一　般	不　好
对日语学科知识的掌握程度	25人	37人	12人	1人
对教育教学知识的掌握程度	9人	39人	26人	1人

资料来源：作者依据“安徽省高中日语教师专业发展现状调查”的回答者信息制作。

高中日语教师接受学科与教育教学知识的途径是什么？以作者任职高校为例，开设的如听、说、读、写、译等日语学科知识课程门数多、内容广。但由于并非日语师范专业①，所以不开设课程与教学论、教育学、心理学等课程，也鲜有提供教育实习机会。学生在进入教师行业前无法系统地学到教育教学知识，只能在入职后通过自学或培训来获取。这一点从访谈也得到了佐证。

访问者：你的日语学科知识和教育教学知识分别掌握得如何？

教师A：嗯，学科知识应该没问题，N1早就过了。教育教学的话，考教资的时候买了书恶补了一下，当时背得很熟，现在忘得差不多了……现在学校也没啥培训……

教师B：学科知识肯定没问题，教育教学……后来我问过我大学老师，她建议我在网上找培训课程，比如人教社、外教社的讲座……平时自己也会买书看看。

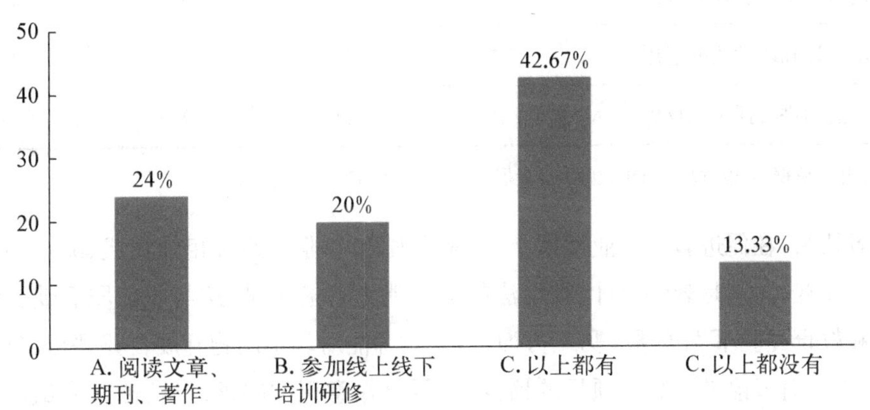

图1　问卷对象获取学科与教育教学知识途径

笔者认为，教师不能很好地掌握教育教学知识的原因有以下几点：(1) 行业聘用和准入标准不够严格。用人单位在招聘时不够注重对应聘者教育教学知识和经验的考查，应聘者往往有日语等级证书和教师资格证书就可以合格；(2) 职前职后培训相对缺乏。教师入职前普遍缺乏教育实习机会，入职后由于单位资源有限或缺乏重视，鲜有充足的培

① 据不完全统计，全国范围内开设日语(师范)专业的高校仅有10所左右。

训机会;(3) 自我专业发展意识的缺乏。教师职业认知和归属感的不足,导致对获取教育教学知识不够积极或热情。

2. 教师专业实践

专业实践包括促进学生的学习和教育教学研究两部分。前者包括教学方案的设计、教学活动的实施、课堂管理的促进等,后者包括教学反思、团结协作、终身学习与持续发展等。

调查结果显示(见表6),仅有13%的教师认为自己在促进学生学习和发展上做得很好。在教学设计和教学法运用上,仅有9%表示熟练掌握;在促进学习上,课后谈心被认为是最有效途径;在课堂管理上,生源素质不理想被认为是最大困难;在对课堂管理最关注上,位列第一的是成绩;在成为优秀教师的影响要素上,位列第一的是班级生源数量与素质。此外,78%的教师认为能够根据教学问题开展自我评价和反思的工作;保持终身学习被认为是提高专业实践最有效的途径;同行教学观摩及合作学习被认为是最受益的方式。

表6　问卷对象的促进学生学习和教育教学研究

	很　好	较　好	一　般	不　好
促进学生学习和发展方面	13%	48%	38%	1%
教学设计和教学法的运用	9%	40%	50%	1%
教学活动进行评价和反思	35%	44%	21%	1%

资料来源:作者依据“安徽省高中日语教师专业发展现状调查”的回答者信息制作。

笔者认为,在促进教师专业发展上,专业基础和专业实践应相辅相成、缺一不可。教师的专业实践,尤其是教学设计、教学法的运用能力普遍不足,这与职前职后缺少专业基础知识和教育经验不无关系。另一方面,尽管教师能对教学问题开展自我评价、反思和优化,但由于针对日语教师教研项目的稀少、团队合作意识的缺乏,以及侧重应试的考核评价内容等因素,教师很难有能力把教学反思转化为研究课题。另外,尽管教师认识到保持终身学习、教学观摩和合作学习是提高专业能力的有效途径,但由于普遍不高的日语生源素质及高考指挥棒等复杂的外部情境,使教师更加渴求获得优质的生源,更期望用学生的“分数”来证明自身的专业能力。

访问者:你觉得自己的教学和研究能力怎么样?遇到困难和同行有过交流吗?

教师A:我觉得整体还是差一点……一个班快50个人,很难教,家长给的压力也大。我们学校就我一个日语老师,没啥交流。有时候会搜文章看怎么解决……我会反思,好的方法也会记录下来，但谈不上研究，也不会写论文，也没有写的压力。

教师B：还行吧。大多数学生学习能力不强，所以上课也不想什么花里胡哨的设计。就想让他们哪怕多考一分……遇到问题我会反思，但不会写论文……我们一共三个老师三个年级，平时交流说实话比较少，一般我会网上找找解决方法。

综上，教师的专业实践更注重"结果"导向，即如何通过有效途径管理好学生，提高学生成绩。教师很难将教学反思、团队合作等认知转化为真实有效的实践活动，这会导致教师忽略学生全面发展，影响教育教学策略，陷入教学的惯性和局限性中，进而妨碍专业发展。

（三）教师专业发展需求

目前国内尚未对教师专业发展需求的概念形成统一界定，但对内部和外部两方面的需求是目前学界的主流观点。本文中的专业发展需求包括对发展意识、专业基础和专业实践的需求。

如图2所示，专业发展内部需求调查结果说明，日语教师期望实现学历的提升、编制的获得，借此提高自身专业素养，位列第一的希望"获得更好工作平台"则反映了他们对工作现实的不满，期望通过自身努力获得更高的专业发展平台。如图3所示，外部需求调查结果说明他们期望通过宏观政策、课标及教材解读、示范教学等外部的培训支持来完善自身的专业基础与实践。

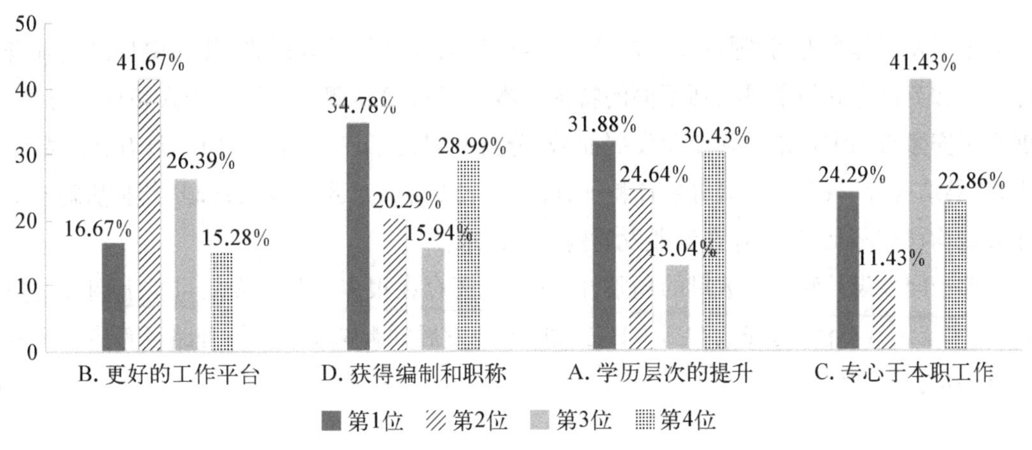

图2　问卷对象专业发展内部需求排序图

访问者：如果有培训或研修的机会，你愿意参加吗？

教师A：愿意。我们现在培训机会少，天天上课，对一些政策什么的了解不多……以后如果有机会很想出去看看，这样不会闭门造车，也能提高自己。

教师B：愿意。我目前参加过线上的讲座培训，但疫情放开了，以后希望学校能提供

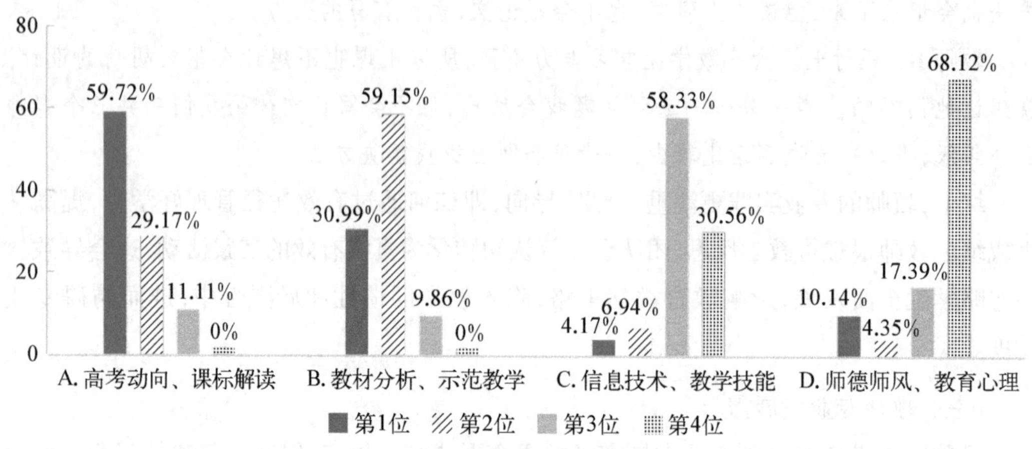

图3　问卷对象专业发展外部需求排序图

机会让我们跟专家同行直接沟通学习……

尽管专业发展意识较弱会影响个体主动寻求专业发展机会,但教师的专业发展需求仍然存在。当日语教师面临来自机构、学校、家长等外部压力时,或在教育实践中遇到难以解决的问题时都会激发自身对专业发展的需求。参加培训和行业交流是很好的举措,但它能多大程度满足教师专业发展需求,则是需要另外探讨的话题。

四、结语与展望

学科发展起步晚、教师行业不规范、一定程度的社会偏见等因素,使高中日语教师群体具有和英语等其他学科教师不同的特征。本文通过问卷调查并结合个人访谈的方式,展现了安徽省高中日语教师专业发展面貌,分析并得出了以下结论:(1)具有在编数量少、年龄结构轻、教龄相对短等群体特征;(2)自我专业发展意识较弱;(3)专业基础与专业实践均存在不足;(4)存在专业发展内外部需求。

鉴于问卷设计和样本数量的局限性,本研究还存在很多不足。今后可扩大调查对象范围,丰富调查方法,对安徽省高中日语教师专业发展的影响要素及提升路径等诸课题开展进一步探讨和研究。

参考文献:

[1] 黄均钧等.高中日语教师专业发展研究——基于机构派遣教师叙事的考察[J].日语学习与研究,2022,(03):61-71.

[2] 李杨等.我国高中日语教师群体新特征研究[J].中等日语教育,2022:270-279.

[3] 宋维华等.跨校共同体框架下的日语教师专业发展——基于山东省高校与中学合作实践的考察[J].日语学习与研究,2021,(03):83-91.

[4] 陶思含.关于中国高中新手日语教师焦虑问题的案例研究[D].北京外国语大学,2018.

[5] 王晓丽.高中日语教师专业发展研究[D].天津大学,2020.
[6] 叶澜等.教师角色与教师专业新探[M].北京：教育科学出版社,2001.
[7] 中小学教师专业发展标准及指导课题组.中小学教师专业发展标准及指导.英语[M].北京：北京师范大学出版社,2012.

Investigating and Analyzing the Professional Development Status Quo of High School Japanese Teachers in Anhui Province

Anhui Normal University Zhao Yue'e
Anhui Education Examinations Authority Chu Linlin
Anhui Normal University Chen Tingting

Abstract: The growth of Japanese language education in primary and secondary education has presented both opportunities and challenges to Japanese language teachers. This study focuses on high school Japanese teachers in Anhui Province. By combining data from questionnaires and personal interviews, we aim to gain an accurate understanding of their status quo regarding professional development. Our analysis reveals that these teachers have a relatively weak awareness of professional development, with insufficient expertise in the Japanese language and practical experience being the main challenges.

Keywords: high school Japanese teachers; professional development; analysis of status quo circumstance

上海市俄语教育与交流的现状和分析

上海教育国际交流协会　陈　磊
上海外国语大学附属外国语学校　张佳佳
上海市甘泉外国语中学　赵红旭
上海市工商外国语学校　洪新新

摘要：本文以中国与俄罗斯及俄语相关地区的经贸、教育等方面的合作交流为背景，以上海市高等院校、中等学校的俄语教育为观察样本，就本市俄语教育及对俄人文交流的现状和趋势进行了梳理与分析，并对进一步加强本市的俄语教育，促进中国对俄及相关地区的人文交流，培养精通俄语、通晓俄罗斯及相关地区文化的中高端复合型人才提出了若干政策性建议。

关键词：俄语教育；中俄人文交流；俄语人才培养

作者简介：陈磊，男，上海教育国际交流协会项目负责人。电子邮箱：tommy@ieas.net.cn. 张佳佳，女，上海外国语大学附属外国语学校俄语教师。研究方向：中学俄语教学，跨文化交际能力培养。电子邮箱：apunapuna@163.com。赵红旭，女，上海市甘泉外国语中学俄语教师。研究方向：初高中俄语教学，俄罗斯教育变革研究。电子邮箱：545244840@qq.com。洪新新，女，上海市工商外国语学校俄语教师。研究方向：中职俄语教学。电子邮箱：15900689227@139.com。

一、"一带一路"背景下的中俄合作

（一）中国与俄罗斯的战略合作

"一带一路"倡议的提出，为中国俄语人才培养带来了新契机。"一带一路"是丝绸之路经济带和21世纪海上丝绸之路的统称，它横贯欧亚大陆，东接亚太经济圈，西入欧洲经济圈。丝绸之路经济带的陆上三条经济带，其中两条都与俄语相关地区国家密切相关。一条是中国北部经蒙古国、俄罗斯通向欧洲；另一条是中国西部经中亚通向欧洲。在西北五省连接中亚和独联体通往欧洲的线路中，可使用俄语的有13个国家，俄语已然成为"丝路"西北线的"关键语言"或"战略语种"。目前中国是俄罗斯第一大贸易伙伴国，俄罗斯是中国第十大贸易伙伴国。双边贸易结构持续优化，科技合作不断扩大，农业、服务贸易、高新技术产品等新的贸易增长点不断涌现。近年来，随着中国经济社会的发展、综合国力的提升，中国也正吸引着越来越多的俄罗斯和俄语地区的学生来华留学。

2022 年中国商务部与俄罗斯经济发展部签署了《关于完成制定〈中俄货物贸易和服务贸易高质量发展的路线图〉的联合声明》。由中国商务部和俄罗斯经济发展部牵头，会同两国多个政府部门、地方和机构共同编制，为实现两国元首确定的 2 000 亿美元贸易目标作出路径规划。在内容上，《路线图》涵盖油气、化工、机电、农林、高新技术等 20 多个领域的 200 余项合作措施和项目，还包括运输通关、金融服务、贸易投资便利化、知识产权、地方间合作等方面内容，将为促进中俄贸易高质量发展提供助力和保障。

（二）中国与其他俄语相关地区国家合作

白俄罗斯也是我国的重要贸易伙伴。近年来，中白进出口贸易发展迅速。据统计，2020 年 5 月中国与白俄罗斯双边货物进出口额为 18 757 万美元。中白“巨石”工业园是欧亚经济共同体、欧盟与新丝绸之路的交通枢纽。园区为来自全世界的公司提供更高的发展平台，充分发挥其在“一带一路”北线上的辐射带动作用。中亚五国处于丝绸之路经济带核心区，位于亚太和欧洲东西两大经济圈的交汇地带，是未来世界最具吸引力的投资热土和最具发展潜力的地区之一。

纵观中国与俄罗斯及相关地区国家的交流合作，今后要进一步提高教育合作水平和人才培养质量，需要在不断扩大双方教育合作规模、丰富教育合作形式的同时，健全体制、完善政策配套。双方应切实提高合作质量，提高教学质量，使在两国就学的学子能够切实学到扎实的知识，成为社会发展和两国友谊的生力军。

二、中俄相关教育交流项目

（一）国家层面教育交流

教育作为中俄人文交流机制的重要组成，对于推动两国青少年之间的交流起到关键性作用。历史上中俄两国教育合作规模巨大，交流及交换学生、留学生、学者的人数也是非常多的。20 世纪 50 至 60 年代，我国总共向苏联派遣留学生超 12 万人，分布在苏联的 200 多所院校，全面向苏联学习，学习他们的前沿知识、先进技术以及管理经验。

中俄人文交流机制接受两国领导人的顶层设计和战略引导。在具体业务方面，从最初在教育、文化、卫生、体育等 4 个领域做好制度安排，逐步扩展到教育、文化、卫生、体育、旅游、媒体、电影、档案、青年等 9 个领域，并分别设立专门分委会或工作组以开展相关人文交流工作。2000 年以来，在教育分委会下开展的教育领域项目主要包括以下内容：中俄中小学生夏（冬）令营、中俄同类大学联盟机制化建设（中俄工科大学联盟、中俄艺术高校联盟等 11 个）、深圳北理莫斯科大学、中俄大学生艺术联欢节、中俄青少年学生俄语（汉语）比赛、中俄高等教育展、中俄大学校长论坛、中俄艺术类人才培养项目等。

（二）上海地区教育交流

上海地区目前有3所高中（中职）学校开设俄语相关课程，学校自发与俄语地区的学校结对，组织了相关的学生交流活动。例如，上海市工商外国语学校在2013—2019年期间先后组织学生赴俄短期交流2次，校领导访问俄罗斯圣彼得堡652学校、白俄罗斯23学校等姐妹学校，访问圣彼得堡彼得大帝理工大学、白俄罗斯明斯克国立语言大学、白俄罗斯国立师范大学1次，AFS赴俄交换项目1人次，赴俄教师培训2人次，教师赴俄参加汉语教学1人次，学生赴俄参加夏令营1次。

上海外国语大学附属外国语学校在初高中阶段开设“俄语+英语”的双外语课程。学习俄语的学生在校期间对俄语和俄罗斯文化都产生浓厚的兴趣，也具有较高的俄语综合运用能力。在校学生高中毕业后，每年有个别学生会去俄罗斯学习应用数学、语言学、绘画等优势学科，选择的也都是俄罗斯最著名的高等院校，如莫斯科大学、圣彼得堡大学、列宾美院等。但是，近两年留学人数明显减少。

上海市甘泉外国语中学在初高中阶段开设俄语二外课程，至今共有近百名学生参与过俄语二外课程的学习。但是，由于学习的时间有限，学生的俄语能力仅限于入门水平，还未达到可以用俄语交流的水平。

三、上海市中学俄语教育现状

截至2022年，上海市总计有三所高中开设俄语相关课程，课程形式各不相同。上海外国语大学附属外国语学校（简称“上外附中”）以俄、英双外语的形式从初中开始开设7年一贯制的俄语课程。上海市工商外国语学校（简称“工商外”）将俄语作为专业课程开设。上海市甘泉外国语中学（简称“甘泉外国语”）将俄语作为二外课程开设。以下是三所学校的具体情况。

（一）初高中俄语一外课程（上外附中）

俄语是上外附中在1963年建校初期就开设的语种之一。因生源及多方面因素，学校在1991年后停止了俄语招生。1997年恢复招生后，采取隔年招生的办法。2007年起学校开设双语班，学生从预备班到高二年级，需同时主修俄语和英语两门外语。俄语实行小班化教学，每届学生不超过12名。目前在读的俄语学生总共26名，分布在三个年级（初一、初三和高二年级）。俄语教研组目前有三名专职教师，均为研究生学历，其中两人有俄罗斯留学背景。常年配备一名外教。虽然招生情况一直不太理想，大部分学生都是调剂志愿，但学校不遗余力搭建平台，提供各种交流和学习的机会，目前在莫斯科和圣彼得堡分别有一所姐妹学校。

近年来，为了提升学生的多语种能力，开设了“英语+俄语”的双外语课程，所有学习俄语的学生同时需要学习英语。两门外语的学习强度和时长基本一致。很多学生会更加重视英语的学习,俄语学科的发展面临巨大的挑战。由于英语学科有绝对的优势地位,加上俄语学习资源比较匮乏,上海地区俄语学习氛围缺失,造成优秀俄语人才不断流失,很少有毕业生会把俄语作为继续深造的专业方向。曾经有一名双语班的学生在获得中学生国际俄语奥林匹克大赛金奖之后放弃国家基金委提供的俄罗斯留学奖学金,选择保送至国内高校英语专业,后又辗转去了英国留学。

(二) 中职校俄语一外课程(工商外)

上海市工商外国语学校商务俄语专业设立于2007年。商务俄语专业设立初期,招生人数持续偏低,2007—2014年平均每年仅招收15—20人。人数低于15人时,俄语与西班牙语的学生共同组成西俄合班。生源缺乏的商务俄语专业曾一度面临被关停的风险。

2015—2017年是商务俄语专业招生的黄金时期,这三年由于报考工商外的学生人数较多,便可调剂部分学生到俄语专业,平均每年的招生人数可达35人。2017年招收的28人中,仅有一人为自愿填报俄语专业,其余27人均为调剂生。尽管如此,仍有8名同学毕业后在高校继续学习俄语专业。学校曾计划与上海杉达学院共同申报中本贯通项目,但由于杉达学院的俄语系暂无毕业生,贯通计划便无法实施。

2018年以后,商务俄语专业的寒冬再次来临。由于生源及学校招生政策的变化,商务俄语专业生源数量骤降。2018年仅招收5人,2019年7人,2020年2人,2021年0人。因为生源少,2019—2020年与上海工商外国语职业学院共同申报的中高职贯通项目也未能审批通过,2020年与圣彼得堡彼得大帝理工大学合作,计划设立预科中心的项目也因各种原因被搁置。

目前,工商外商务俄语专业正面临着前所未有的挑战。按照惯例,如若连续三年未能按计划招到学生,专业将被撤销。“语言+技能”中的技能该如何转型是中职教育要深入思考的命题,贯通与中俄合作办学的道路仍是未来可以努力的方向,但提高俄语专业的影响力和吸引力,扩大招生渠道,保证足够的生源才是生存之根本。

(三) 高中俄语二外课程(甘泉外国语)

甘泉外国语中学自2017年起开设俄语二外课程,至今共有近百名学生参与过俄语二外课程的学习,每周一课时。总体来看,约三分之一的学生明确表示对俄语学习有兴趣,三分之一的学生对学习俄语没有兴趣,其他学生兴趣一般。在参加活动方面,有20%左右的学生愿意参加俄罗斯访华团的接待活动,15%左右的学生愿意赴俄罗斯进行短期交流。

问卷调查显示,只有10%左右的学生愿意作为第一外语学习俄语,其他学生均表示不愿意学习俄语一外或是学习意愿较低,而且没有一个学生愿意去俄罗斯的高校学习。针对以上情况进行访谈,90%以上的学生认为俄语是一种比较难学的语言,约80%的学生认为学习俄语的职业发展前景并不乐观。

此外，学生对俄罗斯大学的入学要求、排名、教学质量等缺乏认识。学生也未获得来自家长的支持，只有8%左右的家长支持自己的孩子学习俄语一外或是去俄罗斯读大学，其他学生的家长表示不支持或是意愿一般。

综上所述，由于俄语的学习难度大、发展前景不乐观、信息不对称和家长支持度低等原因，学生对学习俄语、参加活动或留学的意愿比较低。

四、俄语学生升学渠道

（一）高中俄语学生升学情况

以上外附中为例，高三毕业主要的升学路径有高考、保送和出国三个方向。2015年之前的保送方向基本都是上外俄语系，另外一部分用俄语参加高考，选择的高校均为综合性大学，如复旦大学、武汉大学等，专业有生命科学、法律等。当时选择出国深造的学生并不多，每届有0—2名学生，只有一名学生是通过国家基金委的公派留学项目，其他均为自费留学。学生去俄罗斯学习应用数学、语言学、绘画等优势学科，选择的也都是俄罗斯最著名的高等院校，如莫斯科大学、圣彼得堡大学、列宾美院等。

2015年第一届双语班学生毕业的时候，形势开始发生巨大的变化，2015和2017两届毕业生选择出国留学的人数占到40%—50%，2019年出国人数更是攀升到80%，2021年受疫情影响，出国人数又回落到40%，主要留学国家为美国，还有个别毕业生去了加拿大和英国的大学，涉及专业有语言学、斯拉夫文学、影视制作、心理、媒体、游戏设计、电子工程、金融、物理、化学等。国内保送生有一半选择俄语专业，一半选择英语专业，涉及的高校有上海外国语大学、北京大学、南京大学、复旦大学、上海交大、华东政法大学、北京邮电大学等。因为在中学主修两门外语，参加高考的毕业生可以选择用俄语，也可以选择用英语参加考试。这部分学生选择的高校多为综合性大学，如上海交大、复旦大学、北京大学等，涉及的专业有计算机、临床医学、法学、化学等。2021届有一名学生参加艺考考入四川美院油画专业。

（二）中职校俄语专业学生升学情况

为获得更高学历，99%的中职学生毕业后都会选择升学，只有极个别的毕业生会直接参加工作。以工商外国语学校为例，2021年共5名毕业生，其中2人升入上海工商外国语职业学院（以下简称“大工商”）继续学习俄语，2人出国，其余1人升入其他高职学校；2020年共29名毕业生，有6人升入大工商继续学俄语，2人出国，1人升本科，其余20人考入震旦等高职学校；2019年共33名毕业生，有8人升入大工商继续学习俄语，2人出国，其余考入东海等高职学校；2018年共35名毕业生，14人去大工商学俄语，3人出国，

8 人考本科,1 人去民企,其余考入上外贤达等学校。学前教育、会计、护理等专业是工商外毕业生的热门选项。

工商外与俄罗斯圣彼得堡彼得大帝理工大学(以下简称“圣理工”)于 2018 年底签署了合作协议,根据协议规定,2019—2022 年期间,可推荐优秀毕业生赴圣理工大学就读,圣理工也为工商外提供学生夏令营和教师培训的机会。2018—2021 年,无论招生人数多少,工商外商务俄语专业平均每年约有 2 人赴俄留学。目前,工商外商务俄语专业已有 4 名同学毕业后直接考入圣理工,2 名同学考入俄罗斯赫尔岑国立师范大学,1 名同学考入白俄罗斯国立大学。

五、高校俄语专业情况

目前,上海地区设置俄语专业的本科高等院校共有上海外国语大学、复旦大学、华东师范大学、上海政法学院(2015 年起招生,每届 30 人,有硕士研究生专业,外国语学院下设俄语教研室)和上海杉达学院等 5 所。招生专业为俄语语言文学和翻译。杉达学院是翻译专业(俄语方向),2018 年起招生,每年约 30 人,外国语学院下设俄语系。高职专科只有上海工商外国语职业学院开设俄语专业。

(一)上海外国语大学俄语专业

表 1　上海外国语大学俄语专业本科生近四年的招生情况统计表

	总人数	男生/女生人数(比例)	保送生/高考统招人数(比例)	上海生源/非上海生源人数(比例)	俄语高起点/零起点人数(比例)
2021 级	50	9/41(1∶4.6)	4/46(1∶12)	17/33(1∶1.9)	4/46(1∶11.5)
2020 级	56	15/41(1∶2.7)	8/48(1∶6)	19/37(1∶2)	1/55(1∶55)
2019 级	48	15/33(1∶2.2)	7/41(1∶10.1)	16/32(1∶2)	3/45(1∶15)
2018 级	50	20/30(1∶1.5)	4/46(1∶11.5)	11/39(1∶3.6)	1/49(1∶49)

从以上数据来看,近年来俄语专业招生高起点的学生人数日益减少,而且均由保送途径进入高校。这大致由两方面的原因造成,一是全国开设俄语课程的中学,尤其是初中开始就开设俄语一外的学校和学生人数日渐萎缩;二是俄语学生更倾向去海外深造或者报考综合性大学的非外语类专业。据反馈,高起点的俄语学生在大学里并没有显示出应有的高水平,而往往是零起点的学生有更强的学习动力,也更努力,往往能取得比较好的成绩。因此现在高校俄语专业更愿意招收零起点的学生,对高起点的保送生并没有争抢生

源的意愿。

从毕业出口来看,近些年上外俄语本科毕业生流向基本有考研升学、出国留学、签约就业、定向委培和灵活就业这几个方向,从2020年和2021年的数据来看,就业率达到94.74%和97.44%。

（二）华东师范大学俄语专业

华东师范大学俄语语言文学专业成立于1951年,1984年设立俄语语言文学硕士学位授权点;2012年设立俄语语言文学博士学位授权点。除本科教学外,俄语语言文学专业设有俄罗斯文学、俄罗斯文化艺术、俄语语言与文化、翻译理论与实践4个硕士研究生培养方向;博士研究生培养以俄罗斯文学方向为主。

目前,华东师范大学与莫斯科大学、俄罗斯高等经济大学、莫斯科师范大学、莫斯科州大学、白俄罗斯国立大学、白俄罗斯国立经济大学等建有校际合作。每年招收约10—12名本科生、4—5名研究生。近五年来,本科毕业生约40%继续升学,升学的院校有南京大学、人民大学、武汉大学、浙江大学、华东师范大学、上海外国语大学、莫斯科大学、莫斯科国立罗蒙诺索夫大学、国立普希金俄语学院等。一部分学生毕业后从事与俄语相关的工作,如进入海关单位、外贸公司或是中学、高职等,但所占比例很少。由于在上海的俄罗斯企业比较少,一部分学生跨专业读研,从事和自己的研究生专业相关的工作。毕业生多供职于高等院校、新闻机构、政府外办、金融机构、旅行社等单位,也有多位毕业生供职于党政机关、高校及中小学,或是赴华为、建设银行、百联集团等大型国企从事相关工作。

（三）工商外国语职业学院俄语专业

上海工商外国语职业学院应用俄语专业自2015年起创办,2015—2019年平均每年招收约40名学生,近两年招生名额下降50%。生源来自上海地区“三校招生”、自主招生和全国各省市高校招生地区,生源中分为中学已学俄语的(约15%)和未学俄语的(约85%)两部分。

上海工商外国语职业学院与白俄罗斯戈梅利大学就合作办学先后达成并签署了合作协议,实现了双方学生4批(16人)短期(1学期)留学以及联合培养(本硕连读,留学率占首届毕业班人数的50%)两届留学(14人)。2017年12月,两校合作成立上海工商外国语职业学院戈梅利学院(二级学院)。2018年6月,两校在戈梅利大学共同成立汉语教学中心,开展中国在白俄罗斯企业的员工及白俄罗斯中学生、大学生的汉语与俄语培训。学校同时与俄罗斯莫斯科高尔基文学院、俄罗斯圣彼得堡彼得大帝帝国理工大学建立了良好的交流关系。

据该校招生就业办数据统计,2018—2021年,该校平均每年有28.5%的毕业生出国留学攻读本科和硕士学位,有 10%的毕业生在国内继续考学(专升本),有 60.5%的学生毕业后直接就业,但仅有 4%的毕业生从事专业对口的工作。会计、外贸业务员和课程销售是俄语毕业生的岗位选择。

六、建议与展望

(一)市教育主管部门设立加强扶持俄语教学,尤其是中学俄语教学的专项经费,主要用于课程建设、师资培养及相关的人文交流。

(二)扩大初中阶段开设俄语为第二外语学校的规模,更早地发现和培养对俄语确有兴趣的生源。

(三)对上外附中、甘泉外国语、工商外等已有俄语专业的学校加强扶持的力度,并在招生等方面给予某些特殊政策。并可以上述学校的俄语师资为基础,合作开展教研活动,组团为尚无俄语教学师资的学校提供师资和课程。

(四)鼓励以更多层次、更宽领域、更大规模、更为丰富的形式开展以俄罗斯及相关地区为主要对象的老师和学生语言类人文交流活动。

(五)推进高校俄语专业的改革,积极招收高中有俄语学习基础的学生,探索“语言”+“专业”的双学位培养模式。

参考文献:

[1] 李琳,李如阳.“一带一路”战略与俄语教育规划——以陕西省高校为例[J].湖北开放职业学院学报,2019,(8):16-17.

[2] 王婷.论“一带一路”战略框架下商务俄语口译课程教学——以辽宁对外经贸学院为例[J].现代经济信息,2016,(1):414-415.

[3] 宁琦.中国俄语教育 70 年回顾与展望[J].上海交通大学学报,2019,(27):76-88.

Current Situation and Analysis of Russian Education and Exchange in Shanghai

International Education Association Shanghai Chen Lei
Shanghai Foreign Language School Affiliated to SISU Zhang Jiajia
Shanghai Ganquan Foreign Languages Middle School Zhao Hongxu
Shanghai I&C Foreign Language School Hong Xinxin

Abstract: Based on the cooperation and exchange in economy, trade and education between China and Russia and the Russian-speaking regions, and the Russian education in universities and secondary schools in Shanghai as observation samples, this paper sorts out and analyzes the current situation and trend of the Russian education in Shanghai and the cultural exchanges with

Russia, and makes suggestions for further strengthening the Russian education in this city and promoting the cultural exchanges with Russia and relevant regions. Some policy suggestions are put forward to train middle and high-end composite talents who are proficient in Russian and familiar with the culture of Russia and related regions.

Keywords: Russian education; China-Russia cultural exchange; Russian language talent training

多语种名师工作室教师培养路径探索

——基于对上海市中等职业教育商务日语名师工作室的调查

上海市工商外国语学校　王　佳

摘要：名师工作室作为各地培养骨干教师、学科名师的摇篮，在教师队伍建设中发挥了不可替代的作用。本文以上海市中等职业教育商务日语名师工作室为例，探讨多语种名师工作室教师培养策略，基于针对工作室学员的调研，分析多语种名师工作室教师的培养路径，为名师工作室建设模式、多语种教师培养提供参考与建议。

关键词：名师工作室；多语种；培养路径；教师发展

作者简介：王佳，女，上海市工商外国语学校商务外语教学二部主任，高级讲师。研究方向：中职日语教学、多语种专业建设。电子邮箱：2416319662@ qq.com。

引　言

《国家中长期教育改革和发展规划纲要（2010—2020 年）》①指出："教育大计，教师为本。有好的教师，才有好的教育。""严格教师资质，提升教师素质，努力造就一支师德高尚、业务精湛、结构合理、充满活力的高素质专业化教师队伍。"此后，全国各地纷纷探索多样化教师培养模式，名师工作室就是其中的一种形式。2014 年，《国务院关于加快发展现代职业教育的决定》②出台，为落实决定，进一步加强上海市中等职业学校优秀教师队伍建设，2015 年，上海市教育委员会职业教育处正式启动上海市中等职业教育名师培育工作室项目，旨在发挥职业教育名师的示范引领作用，推动上海市中等职业学校教师队伍整体素质提升。笔者有幸成为上海市中等职业教育名师培育工作室、上海市中等职业教育名师工作室主持人，学员是来自上海市中职学校的多语种教师。笔者作为上海市中等职业教育目前唯一的多语种名师工作室主持人，希望通过对名师工作室多语种教师的培养路径、名师工作室学员的职业发展与名师工作室培养的逻辑关系的探究，为名师工作室建设模式、多语种教师培养提供参考与建议。

---

① 教育部（2010）发布《国家中长期教育改革和发展规划纲要》（2010—2020 年）。

② 国务院发布〔2014〕19 号《国务院关于加快发展现代职业教育的决定》。

一、中职多语种名师工作室教师培养策略

（一）设计理念

商务日语名师工作室以培养“具有先进教育思想、独特教学风格、广阔国际视野、强大科研能力的名师”为宗旨，聚焦学员发展，制定具有针对性、发展性和个性化、具体化的量身定制带教方案。工作室建立由职教专家、教学专家、企业专家组成的专家团队，融科学性、实践性、研究性于一体，打造学习型、协作型、辐射型中职日语教育教学研究、教师发展、成果培育的平台与学习共同体。同时，围绕“中职商务日语课堂教学”的主题，以课堂教学为主阵地，以教学科研为先导，以产教融合为特色，关注人才培养需求，强化教育理论学习，解决实际教学问题。工作室建立教育教学理论学习、日语课程与教学问题研讨、课堂教学实践三大专题模块，切实提高学员个人修养和专业素养，提升学员教育教学理论、教学实践、科研能力，培养中职日语名师。

（二）培养模式

笔者在名师工作室建设中，根据学员的个人实际情况和发展需求，结合学员在学校的工作安排和任务，体现“聚焦教学、项目引领”的培养方式，制定工作室整体目标和工作计划，与学员共同制定《学员个人发展规划》，为学员量身定做《学员带教方案》。

工作室活动开展中，采取理论研习与实践反思相结合的方式，集中指导与个别指导、集中研修与自主研习、线上交流和线下活动相结合的形式，通过理论学习、专题讲座、企业调研、主题研讨、课堂实践、教学展示、交流分享等多样化实践性活动，提升学员教育教学理论、教学实践及科研能力，培养学员成为名师所需要的理想力、思想力、创新力、学习力、表达力、发展力、影响力等，造就有教育思想、有教学风格的专业领军人才、市级名师。

（三）运行方式

上海市中等职业教育商务日语名师培育工作室（2020—2021年）、商务日语名师工作室（2022—2024年）在上海市教委职教处的指导下，在上海市教委教育技术装备中心的系统设计和组织管理下，笔者作为工作室主持人，根据《上海市中等职业教育名师工作室管理暂行办法（试行）》[①]负责管理运行，组建专家团队，制定相应管理和考核制度规定，建立完善的运行机制，充分发挥名师的示范引领作用，加强团队建设，带领工作室学员开展各项活动，保障工作室高效运行。

---

① 上海市教育委员会教育技术装备中心2020年、2023年公布。

二、中职名师工作室建设研究

笔者基于相关文献研究与前期个别访谈，以商务日语名师培育工作室学员为对象开展《关于名师工作室与教师专业发展关系的调查问卷》的调研，问卷设计15题。问卷问题从参加工作室的动机、工作室组织运行、名师工作室与教师专业发展关系、学员过程参与的自我评价、名师工作室学员建议等方面调研。鉴于加入名师工作室的条件严格，根据相关规定，每个工作室学员在5名以内，本次调研面向商务日语名师培育工作室全体学员发放问卷5份，有效问卷5份。

（一）关于“参加工作室动机”的问题

上海市中职多语种教师作为工作室学员进入商务日语名师工作室，需要按照要求，经过学校推荐、工作室选拔才能正式进入工作室学习。名师工作室学员选拔根据《上海市中等职业教育名师工作室学员面试遴选的建议》实施，一定是本专业的骨干教师、佼佼者才能入选。每个学校以及每位教师的情况不同，经调研发现，商务日语名师工作室学员60%为“自愿参加”，40%为“学校推荐”，说明多数多语种教师参加工作室主观意愿相对较强。而在“参加名师工作室目的”的调研中，80%的学员是为了“提高教育教学质量”，20%的学员是为了“成为名师”，说明参加工作室的学员对自己的教师职业发展有要求，有较强的进取心。

（二）关于“工作室组织运行”的问题

笔者针对“名师工作室组织运行”进行了调研，在“工作室活动是否有规律”“活动时间是否固定”“是否能够按时参加活动”“是否与工作生活有冲突”“如遇冲突如何处理”等问题中，100%学员表示工作室活动有规律、活动时间固定、能够按时参加活动，100%学员表示工作室活动与自己的工作生活基本没冲突或者冲突很小。这说明，商务日语名师工作室在运行上比较有计划有规律，时间安排比较合理，开展活动前与学员进行了充分沟通才避免了与学员工作生活的冲突。而在“遇冲突时如何处理”的问题上，80%的学员表示愿意克服困难参加工作室活动，进一步说明入选工作室的学员愿意为自己的成长和职业发展付出一定的努力。

（三）关于“名师工作室与教师专业发展关系”的问题

在调研“名师工作室对教师专业发展的帮助程度”时，100%的学员非常同意或者同意工作室的专家讲座、观摩学习、科研课题、教学比赛、开设公开课、听课评课、阅读反思、主题论坛等工作室活动对于教师的成果产出有帮助。同时调研表明，100%的学员认为“名师工作室对自己专业发展的帮助程度很大”。这说明商务日语名师工作室组织开展的系列活动以及工作室的运行管理对于学员取得的成果起到了直接作用，学员充分肯定了工作室的活动形式和活动内容,认为工作室活动非常有效果,提升了学员的教育教学理论水平、教学能力、科研能力。

(四)关于“过程参与的自我评价”的问题

这项调查中,100%的学员对于“教师对自己专业发展的满意程度”问题表示非常满意。值得一提的是,关于“参加名师工作室对自身专业发展提升的帮助程度”的问题,100%的学员非常同意或者同意“工作室活动对于自己的教学理念、教育教学能力、科研能力的提升”有帮助,100%的学员非常同意或者同意“工作室活动对于个人职业成长、个人影响力”有帮助。另外,80%的学员表示参加名师工作室“超出预期目标”,20%的学员表示参加名师工作室“达到预期目标”。这说明学员对于工作室的活动效果和运行管理很满意,对于自己的专业发展现状非常满意,对于参加名师工作室达到的目标很满意,能够满足多语种教师的个人成长和专业发展需求。

(五)关于“名师工作室学员建议”的问题

调研结果表明,在学员对于工作室的评价上,100%的学员认为“工作室对于学员的评价机制”很客观,其中“过程性评价”和“结果性评价”比例合适。有关“名师工作室学员建议”:学员希望进一步优化对于学员的“过程性评价”和“结果性评价”,60%的学员希望进一步完善工作室活动的时间安排,40%的学员希望进一步完善工作室的活动内容。调研说明学员对于工作室的评价机制比较认可,同时也希望工作室活动更加细致全面,在工作室运行上,对于活动内容和时间安排提出了更高的期望。

三、反思与建议

上海市中等职业教育王佳商务日语名师培育工作室经过2020—2021两年的建设,学员在教育教学理论、教学能力、科研能力、专业水平、职业素养、综合能力方面都有较大进步和提高,工作室以及学员在上海市中职日语教师中已具有一定影响力。笔者经过两年的总结反思以及基于对于工作室学员开展的调研结果,认为工作室在运行管理、活动效果、取得成效方面都达到了设定的目标,也为此通过审核成功申报商务日语名师工作室(2022—2024),遴选上海市中职日语、西班牙语等教师为工作室学员。与此同时,笔者也发现由于学员基础和需求不同、工作安排的差异等原因,工作室在时间安排、活动内容、评价机制上需要优化完善。鉴于以上分析,笔者对于名师工作室建设、多语种教师培养建议如下:

(一)发挥学员优势,突出个性化培养

工作室虽然根据学员的特点和优势制定了具有针对性、个性化、具体化的发展规划和带教方案,但实施过程中因时间、经费等原因,存在考虑不全、照顾不周的情况,应在个性化培养方面再下功夫多思考，协调各校安排、统筹规划时间，定期、定时、有目的、有计划地开展活动，更详细地规划、细致地实施，根据工作室以及学员的实际情况进行及时调整，实现更加高效的培养目标。

（二）彰显职教特色，统筹项目引领

作为中职教师培养模式，中职名师工作室与普通教育不同，必须与时俱进关注职业教育的“三教”改革。中职名师工作室应该关注教学新理念、新教法，加强校企合作，探讨人才培养模式，研讨适合中职外语课堂教学的教学理念和教学方法，为培养中职名师和职业教育贡献力量。名师工作室在运行过程中，往往根据学员的工作安排和自身情况制定工作室计划，导致活动开展和学员培养比较被动，可以考虑通过项目引领凝聚工作室团队力量和扩大影响力，创新工作室教师培养模式。

（三）整合优质资源，优化培养模式

名师工作室之所以能够取得显著的成效，与很多因素息息相关，其中包括主管单位的管理、主持人学校的支持、学员学校的重视、主持人的个人能力和人脉资源、学员专业能力和资历经验、经费支持条件保障等。名师工作室应想方设法整合各方优质资源，实现工作室作用最大化，发挥名师示范引领辐射作用，加强师资队伍建设。作为多语种名师工作室，应该根据外语教学特点，加强各语种之间的交流互动，开展普教融通、中职外语的联合教研，促进跨学科、校际、学员间的交流学习和相互影响，搭建平台培养多语种名师，带动多语种专业发展。

结　语

名师工作室多语种教师培养需要多方合力整合资源，从上到下发挥优势，不断优化完善制度建设，提升教师培养效果。上海市中等职业教育商务日语名师培育工作室、商务日语名师工作室作为上海市中职教育界第一个也是目前唯一一个多语种工作室，经过 2 期近 3 年的运行，积累了较为丰富的多语种教师培养经验，探索了多语种教师的培养路径，力争打造出更多多语种名师，为多语种教师发展贡献力量。

参考文献：

[1] 张琼政.构建“培·评·用”一体化梯级名师培养模式[J].广西教育，2023，(10)：15－17.
[2] 梁慧勤.名师工作室主持人应成为教练型教师领导者[J].教师，2021，(4)：54－55.
[3] 闵福均.产教融合为导向职业院校名师培养模式探究[J].教师教育，2020，(10 上)：17－18.
[4] 张聪，韩爽.名师工作室与教师专业发展[J].教育理论与实践，2014，(17)：24－26.
[5] 吴支奎，丁春梅.中小学名师工作室建设策略探究[J].教育科学，2017，(2)：17－21.
[6] 曾艳，张佳伟.名师作为学习领导者的角色实践与困境[J].教师教育研究，2016，(4)：92－93.

Exploring the Teacher Development Trajectory of Multilingual Master Teacher Studios: A Case Study of the Business Japanese Master Teacher Studio in Shanghai's Secondary Vocational Education

Shanghai I&C Foreign Language School Wang Jia

Abstract: Master teacher studios serve as vital cradles for nurturing exemplary educators and subject matter experts across diverse regions, playing an irreplaceable role in the enhancement of the teaching workforce. This paper takes the Business Japanese Master Teacher Studio in Shanghai's secondary vocational education as an example to delve into the pedagogical strategies employed in multilingual master teacher studios. Drawing upon research conducted among the studio's trainees, we analyze the developmental path of teachers within the multilingual master teacher studio. The findings of this study provide valuable insights and recommendations for the design of master teacher studio models and the cultivation of multilingual educators.

Keywords: master teacher studio; multilingual; cultivation path; teacher professional development

核心素养视域下中学德语新闻阅读教学探究

上海市曹杨第二中学　潘丽云

摘要： 文章阐述了开展德语新闻阅读的必要性及目前德语新闻在中学阶段的教学现状，并采用文献分析法解读了德语学科核心素养的基本内涵。教师在开展中学德语新闻阅读教学时，需结合核心素养的要求和新闻语篇的特点，采用新型的教学理念和模式，使学生通过德语新闻阅读提升语言能力、文化意识、思维品质和学习能力。

关键词： 中学德语；核心素养；新闻阅读教学

作者简介： 潘丽云，女，上海市曹杨第二中学德语教师。研究方向：中学德语教学，新闻阅读教学，任务教学法。电子邮箱：704630187@ qq.com。

一、德语新闻阅读的必要性及其教学现状

（一）德语新闻阅读的必要性

1.《普通高中德语课程标准》建议开展德语新闻阅读

《普通高中德语课程标准（2017 年版 2020 年修订）》（以下简称《德语课标》）指出，德语课程教学内容的选择应当关注时代性、科学性、多样性、灵活性和趣味性，德语新闻是兼具以上特性的重要教学资源，因此德语教师应当在《德语课标》的指导下选择恰当的德语新闻，丰富教学内容。同时，《德语课标》也明确指出应当注重训练学生的篇章能力，让学生有机会接触篇章类别的不同形式。初高中德语必修课程均涵盖三大篇章类别：实用信息类、文学艺术类、科学专业类，而新闻语篇即为“实用信息类”篇章的重要组成部分。德语新闻常涉及德语国家乃至中国的自然、社会、文化、科技等方面信息，还往往包含世界上正在发生的一些热点时事。通过阅读新闻可以引导学生了解其生活学习的外部环境，并且有意识地关注和思考环境保护、社会和国家发展等主题，增强学生的道德意识、社会责任感和爱国情怀，还可以满足学生了解文化、促进思维发展的需要。

此外，在《德语课标》的学业水平考试与高考命题的样题中，阅读文章《Der Geruch Chinas — Wie sich mein China-Bild veränderte》和《Die wichtigsten Feste der Volksgruppen》分别选自中国网站德语版和中国国际广播电台网站德语版，表明新闻篇章也是德语学业水平考试及高考的重要组成部分。因此开展中学德语新闻阅读，对于提升学生德语学业

水平能力也具有现实意义。

2. 新闻语篇是理想的语料输入素材

根据语言学家克拉申的第二语言习得理论，教师应当给学生提供足量的语料输入，并且“理想的输入”的特征之一是“既有趣又有关联”。如果要使语料输入对语言的习得更有利，则必须对语料的意义进行加工，因此输入的语料越有趣、越有关联，学习者就越容易在不知不觉中习得语言。新闻语篇不仅主题丰富、语言规范、可模仿性强，还具有新鲜性、真实性、趣味性等诸多特点，并且新闻语篇的内容往往与学生的生活有很大的关联性，因此在二语习得中新闻语篇是很好的语料输入素材。在中学德语课程中开展德语新闻阅读是十分必要的。

（二）德语新闻阅读的教学现状

在当今的中学德语阅读教学中，已有越来越多德语教师认识到了新闻阅读的重要性，并尝试将其引入日常阅读教学中。但是在笔者与本校和外校的中学德语教师开展新闻阅读教学探讨过程中，发现大部分教师都遇到了相似问题：德语新闻词汇范围较广，涉及科技、经济、环保、社会等方方面面，并且新闻中长难句较多，从句等句型结构较为复杂，因此对于学生来说难度较大，所需的教学时间也相应较长。然而目前中学德语教学课时十分有限，且学生面临较大的考试压力，很难为新闻阅读分配专门的课时或较长的教学时间。因此在实际教学中，大部分教师依然主要围绕教材开展课内的语篇教学，或是围绕考试开展阅读理解的语篇阅读及相应的答题策略教学。新闻阅读较少出现在课堂中，而是常常作为周末及假期作业让学生自行选择阅读或进行词汇摘抄，但是由于缺乏教师的阅读指导，学生在浩如烟海的新闻素材中常常迷失方向，不知道如何筛选适合自身语言水平的新闻，或是在独自阅读过程中遇到困难产生畏难情绪，因此大部分学生对于新闻阅读的阅读积极性较低。

二、德语学科核心素养内涵解读

德语学科核心素养主要包括“语言能力”“文化意识”“思维品质”和“学习能力”。“语言能力”维度包含“德语知识、德语理解和德语表达”，即学生需要掌握德语语音、词汇和语法等德语知识，加以综合运用，以达到理解、分析和构建德语书面和口头语篇并开展交际活动的能力。发展学生的“语言能力”是提升其核心素养的前提。“文化意识”维度分为“文化认知、文化态度和文化认同”三个方面。“文化意识”的基础是认同并学习中华文化，反映在德语学科上，即为认同并学习各类中国传统历史文化知识的德语表达方式，以德语为媒介继承和弘扬中华文化，增强文化自信。“文化认知”即认识和了解德语国家和地区的文化，并培养学生以开放包容的“文化态度”批判性地接受外来文化，要求学生在多元文化的基础上进行跨文化沟通。“思维品质”包括“德语思维能力、多元思维方式和创新思维能力”。培养学生的“德语思维能力”,以德语的思维习惯进行表达,有助于提升学生的德语“语言能力”。与此同时,学生应当以批判性的、创新性的思维方式来面对各类信息,形成个性化的判断,并在各类情境中运用多元视角提出问题、分析问题、解决问题。“学习能力”主要包括“学习策略、学习态度和团队合作”。即教师需要培养学生积极向上的学习态度,激发学生“乐学”“好学”的学习热情,并指导学生将其在德语学习方面行之有效的学习方法与“学习策略”迁移到其他学科的学习乃至生活中各类知识技能的学习中去。此外,在课堂中教师应当弱化自身的影响,确立学生在课堂中的主导地位,引导学生开展各类小组学习和团队活动,培养学生的团队协作能力。

三、基于核心素养的德语新闻阅读策略

(一) 把控新闻难度,突出新闻特点,提升学生“语言能力”

1. 有针对性地选择新闻语篇

根据克拉申的“输入假设理论”,只有当语言学习者接触到“可理解的语言输入”,即略高于学习者现有语言技能水平的第二语言输入,使学习者能把注意力集中于对意义或信息的理解而不是对形式的理解时,才能产生习得。根据这个假设,教师给学生输入的语料既不能太难,也不能太简单。因此在开展新闻阅读前,教师必须首先评估所教授学生的语言水平,并在筛选新闻语篇时严格把关语篇难度和内容,所选的新闻语篇必须符合教学对象的语言和认知水平,才能有效地通过新闻阅读提升学生“语言能力”。我们熟知的德国《南德意志报》和《法兰克福汇报》中的长篇报道就显然超出了中学生的德语语言水平,其文章的篇幅和各领域大量的专业词汇都可能让学生望而却步。

因此教师在选择德语新闻篇章时,可以优先考虑中国及德语国家网站上的网络德语新闻、德语青少年杂志以及德国电台专门针对各国德语学习者撰写的德语新闻。这类来源的新闻往往篇幅适中语言简洁,更适合大部分中学德语学习者。例如《Vitamin.de》这类青少年德语杂志,它的受众主要是全球青少年德语学习者。因此每篇文章均配有精彩图片,选题也符合青少年的兴趣点,栏目包含:德国国情、德语国家新闻、音乐、体育、环境、德国大学介绍及各国留学生在德国的留学体验等。该杂志内容鲜活语言生动,每篇文章都会根据其语言难度标记一星、二星和三星,便于教师根据难度等级找到适合自己学生的新闻阅读材料。此外,在德语学习 APP 每日德语听力上,教师可以找到德国电台制作的栏目 Top Thema mit Vokabeln(热点新闻),该栏目不仅有热点新闻阅读材料,还为每篇新闻配了德语朗读和德语解释的词汇表,便于学生学习。该栏目的新闻篇幅一般为 200—300 字,非常适合中学高年级学生阅读,也十分符合《德语课标》对于初高中德语篇章阅读的建议:初中阶段德语篇章的长度以不超过 200 词为宜,高中阶段篇章长度以不超过 300

词为宜。

2. 学习新闻语篇的结构和词汇特色

德语新闻语篇基本由标题、导语和正文三部分组成。新闻的特点是头重脚轻,常常把精华或结论放在最前面,以突出最新鲜、最重要的事实。标题往往用简洁的语言告诉读者发生的主要事件及其相关重要信息。导语往往是新闻的第一段或第一句话,包含新闻中最新、最重要的信息,并由极为精辟的语言构成,以吸引读者。教师可以根据新闻语篇的这一特点,让学生先阅读标题或导语,并在理解标题及导语的基础上,猜测正文内容,引导学生思考。同时,新闻语篇往往简洁精炼、语言规范、句型多样,可以提升学生的德语语句和语法分析能力以及德语语篇的整体理解能力。并且大部分新闻语篇在叙述新闻事件时都回答了 wann(何时)、wo(何地)、was(何事)、wer(何人)、warum(何故)以及 wie(如何)等六个问题或当中的某几个问题。因此,教师可以根据新闻语篇的结构特点,引导学生抓取新闻关键信息,并进行复述,锻炼学生的口头篇章构建能力。此外,新闻语篇是非常值得借鉴的写作范本,教师可以采用"读写结合"的方式,在新闻阅读后指导学生学习和模仿新闻语篇的叙事方式,学习新闻语篇中丰富的句型和语言结构,进行语句改写或段落仿写,以提升学生的书面写作能力。在词汇方面,新闻语篇由于其实时性,往往包含新兴词汇、时闻词汇和专有名词等等,学习和掌握这类词汇,可以帮助学生扩展词汇量,紧跟语言及时代发展。

(二)选择新闻热点,渗透文化知识,强化学生"文化意识"

1. 学习新闻热点,增强家国情怀

培养学生的家国情怀,加深文化认同,展现真实、立体、全面的中国就势必需要让学生了解国家政治、经济、科技、文化等各方面的最新发展与动态。因此,在德语课堂上,教师可以结合社会热点,让学生阅读相关的德语报道。例如,手机技术和网络文化的发展是当下中国社会发展的重要方面,也是学生非常关注的热点。因此通过带领学生阅读德国时代报网站上的新闻《Smartphones: Huawei stellt eigenes Betriebssystem vor(智能手机:华为推出自有操作系统)》[①]可以让学生了解中国科学技术的发展脉络和中国科技企业的发展动态。通过阅读该文章的语句,如"Mit Harmony OS will Huawei eine vollwertige Alternative zu Android etablieren: Die Software werde genauso wie das Google-System quelloffen für alle zugänglich sein. Das hatte seinerzeit den Aufstieg von Android zum meistbenutzten Smartphonesystem mit mehr als 80 Prozent Marktanteil befördert.",学生可以在日后与德语国家群众的交际过程中介绍中国企业的科技发展,并使用如 Harmony OS 鸿蒙操作系统、

① 新闻引用日期:2023 年 11 月 22 日 https://www.zeit.de/digital/mobil/2019-08/huawei-betriebssystem-smartphone-us-sanktionen

Alternative 替代、quelloffen 开源、Smartphonesystem 智能手机操作系统、Marktanteil 市场份额等一系列新兴技术的常用概念,为在跨文化交流中"讲好中国故事"做准备。

2. 语言学习融合文化知识,建立文化自信

文化意识的培养需要以文化知识的渗入为基础,从广度和深度等方面丰富文化知识的输入能够增强学习者的文化体验,从而更加深刻地促进知识内化。因此学生需要不断学习并丰富本国的文化知识,在认同本民族文化的基础上,汲取世界优秀文化。例如,在学生学习及认识德语国家各类重要节日的同时,教师可以带领学生阅读新闻,了解当代中国庆祝各类传统节日的新形式。比如春节期间送红包是春节的传统习俗之一,但是近年来越来越多的人选择收发手机红包。通过阅读《Digitale rote Umschläge bei WeChat(微信红包)》①这一新闻,可以让学生在学习德语语言知识的同时,了解春节红包的新形式,同时激发学生对于春节节庆来历和"给红包"这个习俗的好奇心,丰富学生的文化知识。此外,通过阅读中国网德语版网站上的新闻《Ein Gürtel, eine Straße: Wie die neue Seidenstraße Chinas Exporte beflügelt(一带一路: 新丝绸之路助力中国出口贸易)》②可以让学生在了解"一带一路"倡议发展的同时,了解古代丝绸之路的历史演变与发展。通过此类新闻篇章的阅读,可以使学生在多元文化意识的基础上,加强民族自豪感与自信心,形成具有中国情怀、文化自信和国际视野的跨文化沟通能力。

(三) 构建思维导图,丰富认知体系,培养"思维品质"

1. 构建思维导图和问题链,提升逻辑思维能力

德语新闻阅读不应该仅仅分析语篇中的语法现象及词义,而忽略篇章整体的含义和内在逻辑关系。束定芳和庄智象在其研究中指出,"辨词过程是自动的、不自觉的,读者的注意力应集中在语言之外的信息",不应过度关注单一词汇和语法,应当更注重对于篇章整体的理解。尤其德语新闻因其篇章特点,有很强的内在逻辑性,叙事报道性的新闻篇章涵盖了何时、何地、何事等关键信息,评论性的新闻篇章也会根据作者的观点有条理地陈述论据。因此在进行叙事报道性德语新闻的阅读时,教师可以巧妙设计问题链引导学生层层递进剖析文本,挖掘新闻事件的关键信息,厘清新闻事件的发展进程,并让学生以回答问题链的形式将本篇新闻的重要信息复述出来。在阅读评论性的新闻篇章时,教师应当鼓励学生找出新闻的主论点、分论点和相关论据,并让学生以构建思维导图的形式将新闻的内在逻辑关系呈现出来,让学生在不断思考和归纳总结中形成更强的逻辑思维能力。

2. 丰富认知体系,培养多元思维方式

多元思维的前提是拥有丰富的跨学科知识,学生需要结合多学科知识,从不同角度,

---

① 新闻引用日期: 2023 年 11 月 22 日 http: //german.people.com.cn/n3/2018/0207/c209053-9424912.html

② 新闻引用日期: 2023 年 11 月 22 日 http: //german.china.org.cn/business/txt/2015-04/15/content_35323318.htm

来观察事物,分析问题,解决问题。新闻内容涵盖社会、生活、文化、科技发展等方方面面,通过德语新闻阅读,学生可以在提升语言能力的同时,丰富个人的认知体系。例如,学生在阅读中国网德语版网站上的新闻《China will bis 2030 Taikonauten zum Mond schicken(中国要在2030年前将宇航员送上月球)》[①]时,可以了解中国航天的最新发展与愿景,初步了解航空航天知识。学生在阅读《700 neue Arten kommen auf die Liste zum Schutz wildlebender Tiere(700种动物种被列入野生动物保护行列)》[②]的新闻时,可以对于物种保护和生物多样性保护有进一步的认识。引导学生持续开展德语新闻阅读,可以帮助学生积累各个专业领域的知识,开展跨学科学习,为培养学生的多元思维能力创造可能性。

(四) 学生参与选题,引入新型阅读模式,促进"学习能力"发展

1. 自主选题,培养学习自驱力和判断力

《德语课标》指出德语课程中,供阅读的篇章是必不可少的,此类教学材料可以由教师提供,也可让学生自己准备。学生可以在教师的指导下进行各类教学资料的搜集和整理。为了鼓励学生养成关注新闻时事、关注社会生活、自主阅读的习惯,教师可以在开展德语新闻阅读时,让学生参与到选择主题和篇章的过程中来,把阅读内容的选择权交给学生。例如在进行热点新闻阅读时,教师可以让学生自行浏览和阅读新闻,并让每个学生把他们最感兴趣的新闻的标题和导语发布在班级社群中(如钉钉)。其他同学可以根据标题和导语为他们最感兴趣的新闻投票,教师则可以选择投票数最高的几篇新闻篇章开展课堂集体阅读。通过这种形式选择出来的新闻符合大部分学生的兴趣,可以极大地提高学生的新闻阅读积极性和学习的自驱力。同时,学生阅读并筛选新闻篇章的过程可以锻炼他们获取信息并判断信息价值的能力,培养他们日常阅读新闻的习惯,养成终身学习的意识和能力。

2. 引入"阅读圈"模式,强化合作能力

独自学习和阅读新闻对于很多德语基础较为薄弱的学生而言,难度比较大,容易产生畏难情绪。而团队协作式的小组阅读,可以鼓励学生之间开展充分的讨论和互助,发挥学生的积极性。因此,教师可以将"阅读圈"这种小组合作阅读的模式引入课堂德语新闻阅读中来。"阅读圈"最早由巴西教育家保罗·弗莱雷提出。"阅读圈"模式的理论基础是建构主义理论和合作学习理论。"阅读圈"模式是以小组为单位设计的,其核心之一是学生的"角色扮演"。教师在开展课堂新闻阅读前,可以将班级学生分成几个四人小组,让学生在课前充分预习该新闻篇章,并让每位小组成员担任不同的角色。例如,"阅读组长"可以保障小组阅读的有序开展,并根据新闻的文本信息提出一些针对性的问题,引导

① 新闻引用日期: 2023年11月22日 http://german.china.org.cn/txt/2023-07/13/content_92135855.htm
② 新闻引用日期: 2023年11月22日 http://german.china.org.cn/txt/2023-07/14/content_92300948.htm

小组成员思考及讨论;"单词大师"可以为其他组员解释新闻中的重难点词汇;"篇章大师"负责分析新闻篇章里的长难句,帮助其他同学理解段落和篇章意思;"生活联系者"可以将新闻内容与学生日常生活联系起来,发表自己的阅读感想。这样的角色分配可以让每位学生都有较强的存在感,避免部分学生浑水摸鱼,也可以避免小组活动一直由某几个学习能力较强的学生主导。在预习时,每位学生都可以有的放矢地根据自身的角色设定提前开展自主学习,并在后续课堂阅读时将自己的阅读成果分享给小组内的其他同学。在课堂讨论阶段,学生可以按角色任务开展课堂小组阅读,并且在组内交流讨论各自在阅读时碰到的疑点和难点,尝试互相答疑解惑或补充修正,加深每位学生对于当前问题的理解。这样的阅读模式可以营造良好的互帮互助的合作氛围,帮助学生养成协作能力。

四、结语

《德语课标》为中学德语新闻阅读提供了必要的理论指导和操作依据。德语教师应当根据教学对象的学情,从语言水平适配性、趣味性、关联性等方面选择恰当的新闻语篇,语篇内容应当在促进学生思维,提升跨文化意识,形成良好情感、态度、价值观等方面所应具有的积极作用。在开展新闻阅读教学时,教师的教学方式应当着眼于学生德语学科核心素养的培养,要有利于提高学生自我建构知识和独立解决问题的能力,并引导学生在新闻阅读过程中总结自身学习德语的特点,积极运用先进的学习策略和方法,开展有效学习,并在此过程中全面培养德语学科核心素养。

参考文献:

[1] 罗春燕.新课标高中英语阅读中学生文化品格培养[J].试题与研究,2019,(05): 75.

[2] 李泮池.浅析克拉申的第二语言习得理论[J].国际关系学院学报,2009,(05): 90-96.

[3] 束定芳,庄智象.现代外语教学: 理论、实践与方法[M].上海: 上海外语教育出版社,1996: 129.

[4] 孙颖霞.新课标视域下初中英语"阅读圈"的构建策略[J].教学管理与教育研究,2023,8(07): 47-49.

[5] 中华人民共和国教育部.普通高中德语课程标准(2017 年版 2020 年修订)[S].北京: 人民教育出版社,2020.

Exploration of the Teaching Strategy of German News Reading in Middle School based on the "Key Competences"

Shanghai Caoyang No.2 High School　Pan Liyun

Abstract: The article describes the necessity of German news reading and the current teaching status of German news in middle school, and uses the literature analysis method to interpret the basic connotation of the key competences of the German subject. Teachers need to take into account the requirements of the key competences and the characteristics of news discourse when teaching German news reading in secondary schools. They have to adopt new teaching concepts and modes, so that students can improve their language proficiency, cultural awareness, thinking ability and learning ability.

Keywords: German teaching in middle schools; key competences; news reading

文化意识视域下初中西班牙语情境链创设的教学探索

上海市甘泉外国语中学　时洁慧

摘要： 文化意识是初中西班牙语学科的核心素养之一。本文结合初中西班牙语课堂教学案例阐释如何构建整体情境链，循序渐进地培养学生的文化意识。在课堂教学中，以文化主题情境为核心，首先通过导入情境链，引发文化关注与兴趣；继而运用探究情境链，引领文化认知与理解；最后创设升华情境链，促进文化认同与传播。

关键词： 文化意识；情境教学；情境链；初中西班牙语教学

作者简介： 时洁慧，女，上海市甘泉外国语中学西语一级教师。研究方向：中学西班牙语教学。电子邮箱：1295947918@ qq.com。

一、研究背景

（一）文化意识与初中西班牙语教学

《普通高中西班牙语课程标准》（以下简称《课标》）明确将文化意识作为初高中阶段西班牙语学科的一项核心素养。文化意识是指文化认知、文化态度和文化认同（教育部，2017）。初中阶段是文化价值观形成的关键期，西语教学应以语言为载体，让学生认识西语国家文化的多样性；并引导学生比较中国和西语世界国家的文化异同点，培养包容多元的文化观，培养跨文化交流的能力，树立文化自信。

（二）情境教学与文化意识

情境教学是在教学过程中为达到既定的教学目的，从教学需要出发，制造或创设与教学内容相适应的场景或氛围，引起学生的情感体验，促进学生迅速而正确地理解教学内容及心理机能全面和谐发展（许枫，2000）。情境教学以直观性、生动性和实践性深受初中生喜爱，适切的情境能避免枯燥被动的学习，促进在有意义的情境中习得语言和文化。《课标》明确要求以主题和情境为依托，要求课堂采用生动且有意义的教学模式，情境教学恰好能发挥生动且有意义的优势，促进学生在体验与实践中利用语言工具提升文化意识和素养，凸显文化育人的功能。

（三）情境链与文化意识

情境链是指在情境教学中，为了避免情境的零散性和随意性，实现整体性和自然过渡与衔接而创设的多个相互关联的系列情境（丁宁，2010）。本文的情境链创设是指以文化主题情境为核心，以促进文化关注与兴趣、文化认知与理解、文化认同与传播为子目标的情境链创设的策略。教师在课堂应用该策略能有效促进学生积累文化知识，深化文化理解，塑造文化品格，内化文化意识。教师能将初中西语教学的知识性、人文性和实践性融为一体，在情景交融中潜移默化地培育文化意识，实现学科育人的根本任务。

二、教学实践中存在的问题

首先，一些教师缺乏对文化意识培养的深度思考，无法挖掘教材语篇的文化内涵，文化部分的教学内容缺乏梯度设计，主要以分散补充和灌输文化知识为主，易出现文化教学和语言相割裂的问题。教师缺乏情境链的整体观，多以教材出现的情境教授语言知识，易出现情境链断层，不利于学生文化意识的培养。

其次，部分西语教材中存在文化内容不均衡的问题，西方文化情境着墨多，如西方的饮食、节日等，但中国文化或跨文化情境匮乏，不利于培养学生的家国情怀和文化自信。初中阶段尤其是低年级是文化价值观形成的重要阶段，教师需根据教材设计情境链，促进学生树立文化自信。

第三，学生接受的文化知识不成体系，文化意识无法和语言能力同步发展。学生缺乏情境链支撑导致缺乏文化思辨与实践，跨文化交际能力薄弱，无法用西语讲述中国故事。

基于上述原因，有必要在教学实践中探索“整体情境链”的有效性，让学生在不同情境链中走近文化、理解文化、解读文化并用西语输出优秀中华文化。

三、基于文化意识培养的初中西语情境链创设的课堂实践

针对上述问题，笔者通过西语课堂教学实践，探讨如何以文化主题情境为主线创设导入—探究—升华的整体情境链。如图1所示，整体情境链由导入、探究和升华三个子情境链构成，旨在为文化意识培养注入活力、动力和可持续发展力。教师以子情境链为支架，串联搭建实现文化意识培养三级子目标（文化关注与兴趣、文化认知与理解、文化认同与传播）的桥梁，使学生完成文化意识的分级建构，实现西语教学工具性和人文性的和谐统一，促进学生形成正确的文化价值观。导入情境链的特点是新奇，即创设与主题相关的直观情境，课堂伊始便引发文化关注与兴趣；探究情境链的特点是神秘，即以语篇情境为依托构建逻辑层次鲜明的情境，在课堂核心部分引领文化认知与理解；升华情境链的特点是实践，即搭建讲好中国故事的跨文化情境，通过课内情境和课后作业联合促进文化认同与传播。

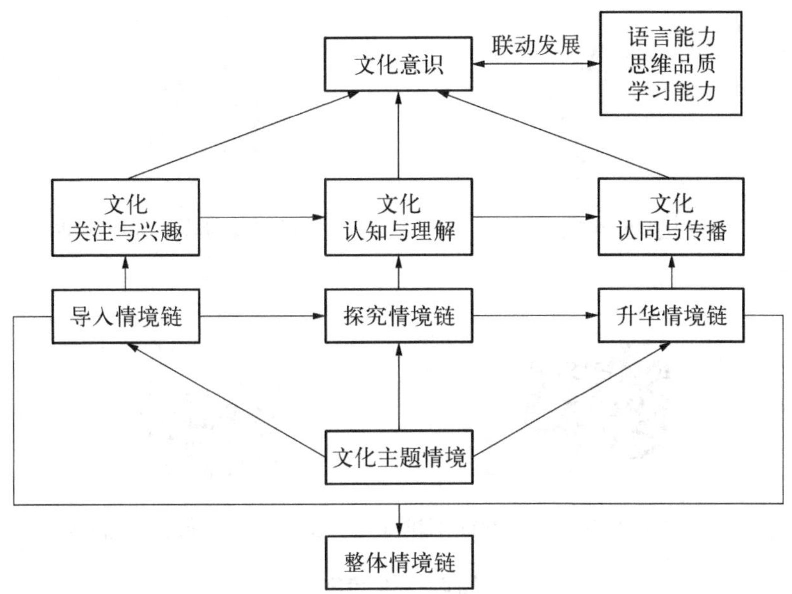

图 1　导入—探究—升华的整体情境链

下面笔者结合八年级《快乐西班牙语第 2 册》第 11 课《绿色之都》的教学案例阐述如何在课堂应用整体情境链，以文化主题情境为核心，循序渐进地引导学生建构文化知识，形成对文化全方位和多维度的理解，实现文化意识的内化。语篇内容是维多利亚市的环保举措和成功之处，因而将文化主题情境定为城市的环保。

（一）由导入情境链踏入文化奇境，引发文化关注与兴趣

教师通过课堂教学激发学生兴趣，首先要抓住导入环节，文化意识的培养亦是如此。课堂之初要设置新奇的导入情境链，激发学生对文化主题的关注与兴趣。教师宜多用直观情境、游戏情境和生活情境，要遵循启发性、趣味性和直观性原则，这样能够迅速拉近学生与文化主题的距离，为探究文化做铺垫。

情境一：插图是文化主题的表现形式，是常见的直观情境。由于学生不了解维多利亚市，如图 2 所示，教师用该市的环保标志图激发学生对文化主题的关注。图标的树叶和字母蕴含环保的文化内容，学生对环保的文化主题形成探索的期待。

情境二：如图 3 所示，教师展示该市环保举措的图片和西语表达方式，学生完成配对填空的任务。教师通过图片情境为学生铺垫环保词汇，为探究情境链中进一步理解环保文化的目标做准备。

图 2　维多利亚市标志图

图 3　环保措施

（二）由探究情境链探索文化密境，引领文化认知与理解

情境教学往往让学生先感受后用语言表达，或边体验感受，边促进内部语言的积极活动（李吉林，2006）。探究情境链要提供形式丰富的情境，引导学生在体验感受中理解语篇，并通过语言输出活动关注中西方文化差异，深化文化主题的认知与理解。为此，教师要钻研教材的文化内涵，引导学生通过思维导图的可视化情境解构语篇的文化内容，通过表演情境深化文化理解，通过多媒体等多模态情境引入相关主题的中国文化知识，让学生在文化思辨与比较中提升文化理解力。

探究情境链要具备针对性、多元性和思辨性的特点。教师应多用问题情境、生活情境和多媒体情境等锻炼学生对于文化知识的梳理与理解的能力、归纳与整合的能力以及阐释与描述的能力，为下阶段的升华情境链中的跨文化交际任务做好文化思维和文化语言的储备。

情境三：提问，即用语言模态创设情境是语言课堂运用最普遍的模态（王俊星，2020）。有效的提问能引导学生通过思维活动理清文本的结构，构建文本背后的文化内涵。以本课为例，教师提出以下问题：

Q1：环保措施指向哪些领域？

Q2：为何用 sonriente（微笑的）描述这座城市？

Q3：sonriente（微笑的）和 verde（绿色的）之间有何联系？

Q4：仅凭政府发布的环保措施能让城市变得环保吗？

笔者设计展示性问题、参考性问题和评价性问题。学生在问题引领下，深度思考并各抒己见,完成语篇表层文化信息的提取与梳理、深层文化内涵的归纳与提炼,形成思维导图(见图4),促进学生理解人与自然和谐的环保文化内涵。

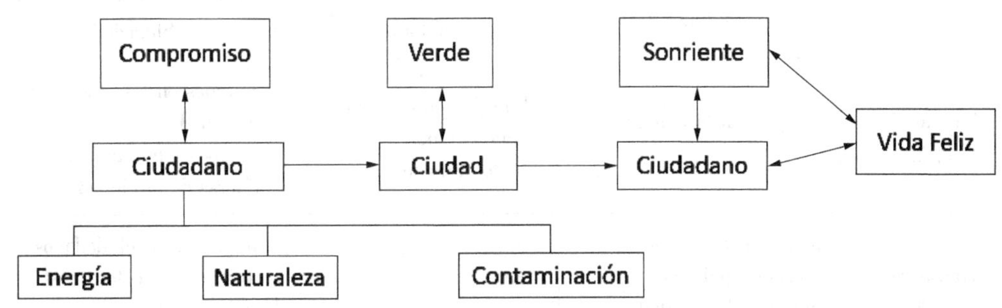

图 4　环保之城的文化思维导图

情境四:

表演情境帮助学生在西语角色扮演中应用文化知识,加深文化理解。教师创设该市环保部长接受记者采访的情境,学生运用前一情境中的思维导图,在实际复现语篇的文化知识和角色体验的过程中深化对该市环保文化内涵的理解。

情境五:

教师运用上海环保宣传片的多媒体情境,播放以乡土文化为主题的视频,从理解语篇过渡到发现上海的环保文化。学生分组抢答视频中出现的环保举措,并对措施进行分类。然后结合语篇所学的文化知识,分组讨论与比较环保文化的异同点,创造性地输出文化思辨的内容(见表1)。

表 1　上海—维多利亚市环保文化比较

	Puntos en común 共同点	Diferencias 不同点	
		Vitoria	Shanghai
Recursos 资源	-eliminar las bolsas plásticas -sustituirlas por otras reciclables -reducir el consumo de agua -concienciar a los ciudadanos en el ahorro de agua a través de campañas de publicidad -promover el uso de energías renovables		-ahorrar electricidad -prohibir los fuegos artificiales en el centro de la ciudad

续 表

	Puntos en común 共同点	Diferencias 不同点	
		Vitoria	Shanghai
Naturaleza 自然	-parques en la ciudad	-el anillo verde formado por parques unidos -huertos urbanos	-parques en las afueras de la ciudad -campos y huertos en las afueras de la ciudad
Transporte 交通	-aumentar el uso de transporte público -animar a los ciudadanos a utilizar bici		-animar a los ciudadanos a utilizar moto eléctrica y coche eléctrico en caso de necesidad obligatoria

（三）由升华情境链体悟文化心境，促进文化认同与传播

从拥有文化知识到形成文化意识是一个信息积累、内涵理解、观念内化的复杂过程，是一个在感悟和实践过程中人的知识和品格不断融合提升的过程（徐浩、屈凌云，2020）。升华情境链为学生提供跨文化交际的情境，帮助学生在文化实践中应用前两个情境链积累的文化知识，在文化实践中实现文化价值的认同和文化自信的建立。

教育的目的是使人更好地面对未来的世界，解决各种现实的问题，而学习解决问题的过程必须通过参与真实的情境活动来加以解决（王蔷，2016）。升华情境链旨在实现西语学科教育的终极目标，即培养跨文化交际能力以解决实际问题，并在问题解决中培育文化价值观。为此，升华情境链要遵循实践性、开放性和真实性原则，宜多利用生活情境，让学生身临其境，感受到文化与生活的联结，从而建构文化价值观。

情境六：课内创设跨文化情境。学生通过合作探究的方式实现创造性的语言和文化联动输出，提升跨文化交际能力，用西语传播中华优秀文化。本课创设维多利亚市姐妹校代表团来我校参与校际中学生环保论坛的情境，学生利用前述情境链的语言文化脚手架，选取不同切入点整合文化信息完成环保演讲，拓展与深化文化内涵。情境任务促进了学生对本土环保的深度思考，增强了其跨文化沟通的能力，让学生树立了正确的人与自然和谐的环保文化价值观。

情境七：课外布置跨文化作业，将文化实践从课内拓展到课外。学生通过探究学习完成文化产品，实现文化意识的内化和文化品格的塑造。本课布置了为校园多语环保节制作西语环保宣传海报的作业。如图5所示，学生结合课堂文化内容建构个性化文化产品，深化了对文化知识的理解。教师通过情境作业促进了学生文化意识的内化，提升了学生的跨文化交际能力。

图 5　学生城市环保宣传海报

（四）由整体情境链纵览文化全境，实现文化内化与联动

分析本课整体情境链的设计（见表 2）后，不难发现各级子情境链的创设均指向文化意识培养的相应子目标，因而探索情境链与文化意识培养的动态关系是情境链创设的核心。为此，教师要深挖语篇的文化主题，以文化意识培养的各级子目标为导向，设计形式丰富、循序渐进的子情境链，最终融为整体情境链，实现在情境中以文化育人的目标。

表 2　城市环保整体情境链

<table>
<tr><td colspan="5">文化主题情境：城市环保</td></tr>
<tr><td>情境链</td><td>情境</td><td>情境类型</td><td>文化意识培养</td><td rowspan="8">整体情境链：
实现文化意识内化
核心素养联动发展</td></tr>
<tr><td rowspan="2">导入</td><td>1</td><td>直观情境</td><td>引发文化关注，形成文化兴趣</td></tr>
<tr><td>2</td><td>直观情境</td><td>铺垫文化词汇，文化探索准备</td></tr>
<tr><td rowspan="3">探究</td><td>3</td><td>问题情境</td><td>梳理环保内容，促进文化认知</td></tr>
<tr><td>4</td><td>表演情境</td><td>应用文化知识，深化文化理解</td></tr>
<tr><td>5</td><td>多媒体情境</td><td>实现文化思辨，拓展文化内涵</td></tr>
<tr><td rowspan="2">升华</td><td>6</td><td>生活情境</td><td>培养小组合作，促进文化认同</td></tr>
<tr><td>7</td><td>生活情境</td><td>引领自主学习，加强文化传播</td></tr>
</table>

由表 2 可见，导入情境链以直观的特点，为后续情境链进行文化主题和词汇的铺垫。探究情境链以阶梯式和多元化的优点，通过问题情境、表演情境和多媒体情境，完成语篇的文化认知、文化应用理解与文化比较思辨，为最终升华情境链中的生活情境任务搭建语言和思维的文化脚手架。总之，整体情境链以文化主题情境为核心，串联彼此关联的子情境链，循序渐进地实现文化意识的培养，并联动西语学科的其他核心素养，即阐释文化的语言能力、文化思辨的思维品质和小组合作的学习能力。

四、结语

整体情境链的创设能促进初中西语教学中文化意识的培养，深化文化理解力，形成尊重包容多元文化的态度，树立文化自信，讲好中国故事。教学实践中，首先要挖掘语篇的文化内涵，确定文化主题情境，并以此为核心，设计文化意识培养的子目标序列。其次要以整体衔接流畅为理念，以文化子目标为导向，精心编排组合情境链，确保子情境链之间和情境之间的自然衔接和逻辑关系，让学生在文化整体情境链中知文化、懂文化和悟文化。

参考文献：

[1] 丁宁.小学英语对话教学中情境和情境链的创设[J].英语教师，2010，(10)：19－21.

[2] 李吉林.情境教学实验与研究[M].北京：人民教育出版社，2006.

[3] 许枫.浅谈中学英语课的情境教学[J].教育评论，2000，(05)：63.

[4] 徐浩，屈凌云.聚焦英语学科核心素养[M].北京：外语教育与研究出版社，2020.

[5] 王蔷.促进英语教学方式转变的三个关键词："情境""问题"与"活动"[J].基础教育课程，2016，(05)：45－50.

[6] 王俊星.中学英语多模态情境下文化意识的培养[J].基础外语教育，2020，(03)：77－81.

[7] 中华人民共和国教育部.普通高中西班牙语课程标准(2017 版)[S].北京：人民教育出版社，2018.

Teaching Practice of Creating Contextual Chain to Develop Cultural Awareness in Junior Middle School Spanish Class

Shanghai Ganquan Foreign Languages Middle School Shi Jiehui

Abstract: Cultural awareness is one of the key competencies of the Junior Middle School Spanish Curriculum. This article explains how to build a holistic contextual chain to cultivate students' cultural awareness step by step with the case of teaching Spanish in junior middle school. In the teaching procedure, taking the cultural thematic context as the core, firstly, the leading contextual chain is created to arouse cultural concern and interest; then the exploring contextual chain is applied to deepen cultural understanding; and finally, the sublimation contextual chain is used to promote cultural identification and transmission.

Keywords: cultural awareness; contextual teaching; contextual chain; junior middle school Spanish teaching

初中日语教学中“文化意识”培养的实践研究

上海市甘泉外国语中学　任　贺

摘要： 为顺应跨文化教育的时代背景，培养学生日语核心素养中的“文化意识”，改变日语教学中“文化意识”培养的不足，笔者在实践中探索了三大教学策略：优化课堂教学设计，培养学生对文化的“感知与比较”；开发主题探究课程，增强学生对文化的“尊重与理解”；组织文化交流活动，促进学生对文化的“认同与传播”。并提出教师在策略实施中应注意的三个事项：应遵循语言教学是工具性和人文性相统一的原则；应引导学生用客观、全面、发展的态度看待文化现象；应绘制教师自己的“文化地图”，培养资源开发的意识。

关键词： 核心素养；文化意识；初中学生；日语教学实践

作者介绍： 任贺，女，上海市甘泉外国语中学日语教师。研究方向：文化意识的培养和实践，日语实践活动的任务型教学探究。电子邮箱：40497343@ qq.com。

一、培养初中生文化意识的重要意义

（一）时代背景

当今世界正经历百年未有之大变局，国际力量对比深刻调整，和平与发展仍然是时代的主题，人类命运共同体理念深入人心，不同国家、不同种族的人能够频繁地接触和交往。因此，跨文化交际也成了我们这个时代的突出特征。这就要求中学教育必须关注培养学生的文化意识，为学生提升文化自信以及在未来进行跨文化交际做铺垫，为学生的终身学习和发展奠定良好的基础，这更是社会发展对外语教学提出的新要求与新目标。

（二）课标要求

2022 年版义务教育《日语课程标准》指出，日语课程核心素养由“语言能力、文化意识、思维品质、学习能力”组成，彼此相互联系、相互融通，是日语学科育人的根本要求。其中，“文化意识”是对多元文化的感知、认识和理解。“文化意识”的培养对学生养成中国情怀、国际视野、多元文化沟通等正确价值观念、必备品格和关键能力起到重要的作用，最终促进核心素养的发展。

（三）教学现状

1. 教师层面

从教学的方式来看，有些初中教师只关注语言知识教学，对文化知识的教学仅停留在课文表面，缺乏对教材的深度加工，使文化素养的培养处于“贴标签”的状态。从教师的能力来看，有些教师在介绍文化现象时，仅停留在描述阶段，且以介绍日本文化为多，缺乏进一步引导学生对比和思考相关的中国文化，或是缺乏分析文化现象的成因的教学意识。

2. 学生层面

有的学生在日语学习过程中，比较重视语言知识，而忽视了对文化的了解，缺乏对中日文化、中外文化差异的敏感性和辨识力，导致在实际运用外语的过程中，按照汉语思维习惯和交际习惯进行表达，造成外语使用不恰当、不得体的情况发生。也有的学生，对日本文化是比较了解和认同的，但对中国的传统文化了解不够，学习意识不强。此外，对于文化的理解，仅停留在文化现象上，缺乏深度思考和探究；在与外国友人进行交流时，对文化冲突现象不能恰当地包容和理解。

二、培养初中学生文化意识的教学策略

2022 年版义务教育《日语课程标准》中指出，“文化意识”主要包括对文化的“感知与比较”“尊重与理解”“认同与传播”三个维度。“感知与比较”是指学生能从所接触的语篇或现象中发现中日两国及其他国家的文化元素与特点，对比中日文化及中外文化的异同；“尊重与理解”是指尊重与包容不同国家不同文化的态度；“认同与传播”是指加深对中华文化的理解与认同，尝试用相对简单的日语、以对方易于理解的方式介绍中国的人和事。培养学生的文化意识的总目标是发展学生的核心素养，落实立德树人的根本任务。笔者认为，通过初中日语教学来培养学生的文化意识，可以从三个维度着手，并探索了以下三个教学策略：

（一）优化课堂教学设计，培养学生对文化的“感知与比较”

在日语教学的过程中，教师要在单元教学目标、课堂教学步骤、实践活动、作业设计等教学环节中有意识地添加文化教学的元素，以达到“润物细无声”的教学效果。以下是笔者通过实际的课堂教学总结出的具体做法：

1. 巧用例句

在初中日语语法教学中，例句演示法是最常用的教学方法之一。同样的句型，如果能将文化知识与语法教学融合起来，可以启发学生感知文化现象，达到润物细无声的教学效果。例如在教授授受动词“あげる、くれる、もらう”时，使用融入了中日在赠送方面文

化元素的例句。这样一来,即使教师没有特意进行解释说明,学生也可以感知和比较相关的文化现象。例文1描述了中日两国虽然过年的时间不同,但都有新年给孩子红包的习俗。例文2描述了在授受表达中的敬语现象,施教方分别是朋友和老师的时候,句尾动词的表达是不同的,即施教方是老师时,需要使用尊敬语表达。教师通过例句引导学生理解日语中的敬语现象,即日语中敬语的使用与日本文化、人们的价值观和社会结构密切相关,反映了日本人对尊重、谦虚和礼貌的重视。日本社会有着明确的社会等级和地位观念,尤其在长辈和上级与晚辈和下级之间,敬语的使用被严格要求。通过正确使用敬语,人们可以展示对他人的尊重和建立良好关系的意愿。

例文1:日本人の子供たちはお正月（1月1日）にお年玉をもらいます。

中国人の子供たちは春節（中国の旧暦）に"红包"をもらいます。

例文2:友達の田中さんが電子辞書の使い方を教えてくれました。

先生が電子辞書の使い方を教えてくださいました。

2. 补充多模态语篇

补充多模态语篇的方法是指在日语教学过程中为了取得更好的教学效果,教师主动地添加教科书以外的"多模态语篇"来辅助教学活动。尤其是当教材内容不足以帮助我们开展中日文化理解能力培养时,我们可以使用这一方法。"多模态语篇"包括三种形式:口头形式(影视作品、电视专题片、纪录片等)、书面形式(新闻报道、网络信息、通告广告等)、其他形式的实物教材(日本的地图图例、菜单食谱等)。我们在选用多模态语篇时,注意语篇内容的意识形态、资源出处等,保持严谨的态度。坚持使用正规渠道出版、发布的书籍、图片,使用官方的网络资源,并且在课件中注明参考文献、图片等的出处。

3. 比较分析文化现象

比较分析的方法是教师在分析文化现象时最常用的方法之一。但有的教师在教学过程中仅停留在对比现象异同的层面,缺乏对学生深层次的引导。如图1所示,文化现象、生活习惯、思维方式三者存在着相互关联、不可分割的关系,我们引导学生思考如何通过现象分析本质,提升学生文化理解的思维能力。例如,通过追问的形式引导学生分析文化现象的成因,即产生的这种现象是如何受到当地的地理环境、人们的生活习惯、思维方式等因素的影响的。当然,中日文化或中外文化的比较还不是最终目标。更进一步引导学生在比较不同文化的基础上,基于正确的文化认知和文化选择,对本国文化进行再认识、再思考,从而促进本国文化更好地发展,这才是比较的最终目的。另外,作为思维工具之一的思维导图可以用于呈现对比的结果。例如在讲解日本新年习俗时,可以通过有交集的圆形思维导图简洁清晰地呈现中日两国过年习俗的异同点。

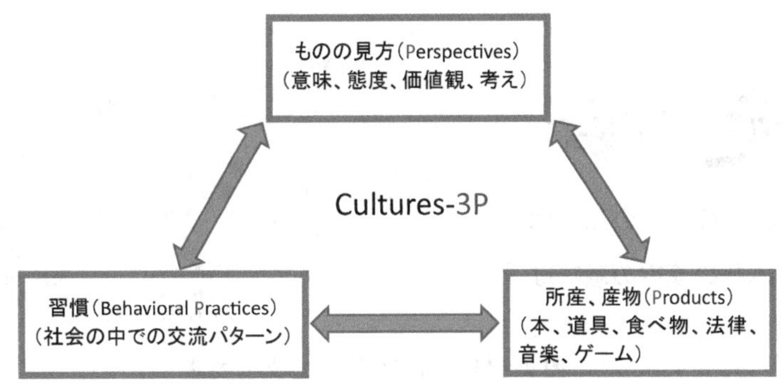

图1 《国際交流基金.日本文化を教える》

4. 设计真实情境

在真实的环境中开展真实的日语实践活动,可以激发学生的学习动力。因此,教师应思考如何创设真实存在的情境。即何时、何地、与谁、为何进行交流、如何展开交流等。将日语实践活动与文化理解相结合的教学设计,可以达到事半功倍的教学效果。

以人民教育出版社《日语》七年级第5课《年賀状》的教学为例。因为受到疫情的影响,日本外教只能在日本通过网络为学生上日语课。新年之际,教师以此真实背景为情境来设计日语实践活动。向学生介绍日本的"贺卡文化"。在网络发达的时代,日本仍保留着通过邮寄新年贺卡,表达对师长或亲友的感谢和祝福的习惯。我们指导学生在日语的书面表达上参考日本人的习惯,进行必要的寒暄等。在真实任务的驱动下,学生很自然地习得了与书写贺卡相关的语言知识,很好地了解了日本的"贺卡文化"。

5. 加强学科关联

《关于全面深化课程改革　落实立德树人根本任务的意见》①中指出:改进学科教学的育人功能。全面落实以学生为本的教育理念。各地要组织开展育人思想和方法研讨活动,将教育教学的行为统一到育人目标上来。要在发挥各学科独特育人功能的基础上,充分发挥学科间综合育人功能,开展跨学科主题教育教学活动,将相关学科的教育内容有机整合,提高学生综合分析问题、解决问题能力。教师加强日语课程内容的主题与其他学科之间的关联,拓宽日语学科文化教育的广度。加强学科关联的课堂设计是"日语+"的课程协同育人理念的体现。以《日语》八年级第4课《漢字の意味の違い》的教学为例,来说明如何进行日语学科与语文学科的关联设计。学生在使用日语单词「走る」和「お湯」的时候,总是容易按照字面的中文意思来理解而造成错误。教师将日语词汇和语文学科的古文知识结合起来进行了教学设计。如下图所示,学生通过朗读古文,自然而然地理解了日语中「走る」表示跑、「お湯」表示热水的原因,同时还意识到了中国文字对日本文字的影响,从而增强了文化自信,达到了文化育人的效果。

① 教育部以教基二〔2014〕4号印发《关于全面深化课程改革落实立德树人根本任务的意见》。

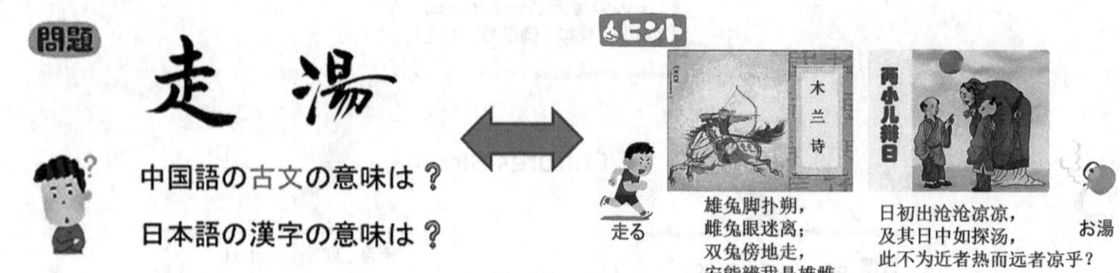

图2 日语词汇与语文古文的关联

在实际的课堂教学中除了以上的教学方法以外，还有目标融合的方法、课前预热的方法、挖掘背景知识的方法等。

（二）开发主题探究课程，增强学生对文化的“尊重与理解”

日本是与中国一衣带水的邻国，长久以来，中国传统文化给予日本深刻的影响，中国也会学习日本文化中优秀的部分。教师应利用好这种现象，对主题探究课做系统性思考，即以主题式、阶梯式、项目化的形式开发初中各年段的文化主题探究课程。表1中的主题探究课程旨在让学生在“沉浸式”的文化体验中，通过观察中日文化现象感受传统文化的魅力，增强对文化的尊重与理解。

表1 初中日语“沉浸式”文化体验课

学 年	学 期	主题探究课程名称	内 容
初一年级	第一学期	文字之美——汉字、假名书法大赛	书写日语五十音图以及与之对应的汉字，了解汉字传播到日本的历史。
	第二学期	美食之旅——饺子、寿司制作活动	制作饺子和寿司，讨论中日饮食习惯、用餐礼仪、餐具使用等话题。
初二年级	第一学期	汉和之美——汉服、和服走秀表演	比较汉服和和服的异同，以小组为单位查阅汉服与和服的穿法、历史、材质等。
	第二学期	节日之旅——中日传统节日对比	梳理中日两国一年的传统节日，比较两国新年习俗的异同，雷同节日反映的人文情怀。
初三年级	第一学期	古韵之美——唐诗、俳句创作展评	赏析经典的唐诗和俳句作品，了解唐诗和俳句的基本要求，尝试用同一主题进行诗和俳句的创作。
	第二学期	品茶之旅——中日茶文化之初探	初步了解中国茶传到日本及世界各地的过程（九年级教科书课文《海を渡ったお茶》），体验日本茶道，分析中日茶文化在现实生活中的发展情况。

在教学实施过程中，建议以日语教研组为单位开发校本课程，制作课件及学案，为学生提供学习支架，鼓励学生通过合作学习进行自主探究。建议每学期开设1次，共2课时（90分钟）。课程的内容可以参考义务教育《日语课程标准》。从生活、人文、社会、自然四大主题范畴进行考虑，引导学生发现问题，并通过书籍、网络等资源试着找到答案、解决问题，探索现象背后的知识。

另外，教师关注学生的实践体验中获得的感悟，在主题探究课后组织学生进行与文化意识层面相关的总结和反思，可以让学生通过制作海报、撰写调查报告、制作短视频等方式呈现可视化的学习成果，放入自己的"成长电子文件夹"里。在体验课的过程中，要引导学生将本国文化与日本文化及其他国家、地区的文化进行对比，发现各自的独到之处，开阔视野和胸襟，初步培养尊重与包容不同国家不同文化的态度。

（三）组织文化交流活动，促进学生对文化的"认同与传播"

对文化现象的解释，不是通过简单的道德说教或教师主观意念下的"贴标签"就能完成的。教师应借助校内外资源，让学生通过活动体验获得跨文化交往的真实感受。

1. 开设社团活动，组织文化节

可以在学校开设与日本文化相关的社团。笔者所在的学校会在每周五开展茶道社、歌留多花牌社、将棋社等学生感兴趣的与日本文化相关的社团活动。在文化节中，设置与文化相关的专场活动，如日语演讲比赛、演剧表演专场、"红白歌会"歌舞专场等，让学生"以赛促学"，为展示学生学习成果、培养学生综合能力创造机会。学生在展示的过程中既提高了语言能力，表达了自己的观点，还可以更加深刻地感受不同文化的魅力，可以在日后真实的跨文化交际中充满文化自信和保持乐观的态度。

2. 重视国际交流，提高跨文化交际能力

在全球化不断发展的今天，国际交流活动将成为学生知识补充的重要手段。如在与日本姐妹学校的活动中，学生不仅可以通过丰富多样的方式理解并内化所学日语知识，还能在这一过程中培养跨文化意识，提高跨文化交际能力。在线上线下智能化的今天，也可以通过开展线上活动，为学生提供文化交流的机会。教师在活动之后通过问卷调查等形式收集学生的反馈，反馈内容包括两个方面，即学生自身的感受以及对活动组织本身的评价。

总之，教师应通过各种跨文化教学、展示和交流活动，不仅让学生认知、了解外来文化，还要引导学生在这些活动中构建积极的跨文化态度，培养对异国文化的理解能力。同时，要引导学生结合自己的亲身经历向外国友人讲述美好中国的故事，促进学生对本国文化的认同与传播，提升民族自信心和自豪感。

三、培养初中生文化意识的教学建议

（一）教师应遵循语言教学是工具性和人文性相统一的原则

对于外语学习者来说，学习语言知识和了解对象国的文化是同等重要的。不应认为初中生学习外语就是应该多背单词和语法，培养文化素养还为时尚早。对于思维活跃的初中生来说，虽然习得的日语语言知识有限，但在文化素养方面的发现与提升上有很大空间。以日语表达中要注意上下有别、内外有别、男女有别的语言特点为例，如果学生在实际运用的过程中不考虑日本文化与中国文化的差异性，按照汉语思维习惯进行日语表达，就会造成语言使用不恰当、不得体的情况发生。因此，教师应在有计划地实施语言知识教学的同时，适时地找到有效的文化切入点。语言教学是工具性和人文性的统一，作为外语学习者，语言知识和文化知识就如同两条腿，只有相互协调好才能走得更稳、更远。

（二）教师应引导学生用客观、全面、发展的态度看待文化现象

一线日语教师既是语言教学工作者，也是文化的传播者。在教学过程中，引导学生用客观的、全面的、发展的态度看待文化现象。首先，文化现象具有个体性和普遍性，一个日本人的行为和思想并不代表所有日本人的行为和思想，教师要尽量为学生展示丰富的语篇。其次，文化本身也会随着社会的发展而发展变化，不能用一成不变的眼光看待文化现象。再次，教师在教授和日本文化有关的知识时，不要只重视日本文化的单向输入，而应将日本文化和外国文化与本国文化相结合，启发学生对本国文化形成更为深入的认识，树立文化自信。总之，文化意识的形成在于学生对获取的信息加以思考，既不妄自尊大，又不妄自菲薄，克服文化上的思维定式。树立平等的文化观才是我们培养学生文化意识时应该坚守的态度与底线，也是为学生将来形成合理的跨文化意识，具备足够的中外文化理解能力打下良好的基础。

（三）教师应绘制自己的“文化地图”，培养资源开发的意识

“文化”是一个非常庞大的知识体系，日语教师有必要绘制专属于自己的“文化地图”，以便更好地进行文化教学，也为找到中日文化对比的切入点提供依据。文化资源库包括了数字化资料（如图片、视频、PPT 等）和实物资料，此外优质的线上课程具有多样化、全面化、优质化的特点，为教师的文化资源库建设提供高效便捷的渠道。教师应通过不断学习与文化相关的知识，关注时事新闻，将这些信息活用作教学的素材。

日语教师还要增强资源开发的意识。日语教学资源包括人力资源和场馆资源。人力资源包括日本外教、日语专家、家长资源（PTA）等。场馆资源包括学校的茶室、文化展厅等，当地的博物馆、展览馆、日本领事馆也可以为学生们提供丰富的学习资源。教师要利用好这些资源，为学生创设更多的文化体验机会。

四、结语

培养初中生的文化意识,并使这种意识内化于心,外化于行,是一个漫长的过程。作为一线日语教师,任重而道远。在培养学生文化意识的过程中,应不断思考如何将日语教学与学生体验相结合,力求润物细无声;与中日文化、中外文化对比相结合,拓宽全球视野,厚植家国情怀。日语学科在培养学生文化意识方面具有先天优势,教师应抓住契机,努力让学生通过初中阶段的日语学习,初步养成中国情怀、国际视野、多元文化沟通等正确的价值观念、必备品格和关键能力。

参考文献:

[1] 中华人民共和国教育部课表组.义务教育日语课程标准[S].中华人民共和国教育部,2022.

[2] 中华人民共和国教育部课表组.普通高中日语课程标准[S].中华人民共和国教育部,2017.

[3] 林洪.徐一平.普通高中日语课程标准(2017 年版)解读[M].北京:高等教育出版社,2018.

[4] 国際交流基金.日本事情・日本文化を教える [M].東京: ひつじ書房,2011.

[5] 国際交流基金.JF 日本語教育スタンダード2010 [M].東京: ひつじ書房,2012.

[6] 鲁子问,陈晓云.高中英语文化意识教育实践路径[M].北京:外语教学与研究出版社,2019.1.

[7] 张安德,张翔.论外语教学的文化意识培养与文化导入[J].外语与外语教学,2002,(6):25-27.

[8] 林洪.从《高中日语课程标准》修订看日语核心素养的确立及意义[J].东北亚外语研究,2017,(2):68-75.

Practical Research on the Cultivation of "Cultural Awareness" in Japanese Teaching in Junior High School

Shanghai Ganquan Foreign Language Middle School Ren He

Abstract: In order to adapt to the background of cross-cultural education, cultivate students' "cultural awareness" in Japanese core literacy and change the deficiency of "cultural awareness" in Japanese teaching, the author explores three teaching strategies in practice: optimizing classroom teaching design and cultivating students' "perception and comparison" of culture; Theme inquiry curriculum enhances students' "respect and understanding" of culture; Organize cultural exchange activities to promote students' "identity and dissemination" of culture. And the author puts forward three principles that teachers should pay attention to in the implementation of the strategy: we should follow the principle that language teaching is the unity of instrumentality and humanism; Students should be guided to look at cultural phenomena with an objective and comprehensive attitude; Teachers should draw their own "cultural map" to cultivate their awareness of resources

Keywords: core literacy; cultural awareness; junior high school students; Japanese teaching practice

发展德语学科“思维品质”的路径与策略

金华市外国语学校　赵建晖

摘要：德语学科核心素养测评结果显示，思维品质是德语学科四大核心素养中最薄弱的一块短板。如何更好地发展学生的思维品质，就成了中学德语教师在新课标教学中面临的一大挑战。本文以情境教学法和深度学习教学法为理论依据，从教学情境的创设和实施有利于促进学生思维发展的教学活动两个方面展开论述，探讨提高学生思维品质的有效实施路径和教学策略。

关键词：思维品质；教学情境；深度学习；思维导图；辩论

作者简介：赵建晖，男，浙江省金华市外国语学校，高级教师。研究方向：中学德语教学。电子邮箱：zhao_jianhui_1985@163.com。

一、引言

进入二十一世纪后，全球科技发展日新月异，人类在高度数字化的社会中如何应对新的挑战、创造新的价值，成为整个社会共同思考的问题。近年来我国教育界提出的“核心素养”，正是中国基础教育以自信和开放的态度积极应对全球新机遇、培育新时代社会主义建设者和接班人的重大举措。2014年，教育部启动了普通高中课程修订工作。德语学科成为高中六门外语之一，并归纳出“语言能力”“文化意识”“思维品质”和“学习能力”四大核心素养。其中的“思维品质”是一线教师最困惑、德语学生最薄弱的一个核心素养。什么是德语学科的“思维品质”？学生的“思维品质”具体表现如何？如何提升学生的“思维品质”？本文将以量化数据分析并呈现我国当前中学德语学科“思维品质”的整体情况，以情境教学法和深度学习教学法为理论依据，从教学情境的创设和实施有利于促进学生思维发展的教学活动两个方面展开论述，探讨提高学生思维品质的有效实施路径和教学策略。

二、学生在德语学科思维品质上的整体表现及原因分析

（一）学生在德语学科思维品质上的整体表现

为了提高学科核心素养水平及其表述的科学性与合理性，为《普通高中德语课程标

准》的研制提供数据支持和科学依据，德语学科核心素养测试组从2015年11月至2016年5月在全国范围内，组织了两次规模较大的核心素养测试，笔者作为测试组成员有幸亲历了其中大部分工作，因此对国内学生德语核心素养的现状有着较为深入与全面的了解。2016年3月，来自部分省市开设德语学科的10所学校中的182名高二学生参加了德语学科的正式测试。测试结束之后，测试组根据教育部提供的基于核心素养命题的测量学指标以及同一核心素养不同水平学生整体分布情况的相关数据，对正式测试结果进行了分析，现摘录部分分析结果如下：

1. 试题难度分析

根据综合组提供的测量学指标，德语测试组的29道小题中，难度分布见下表：

表1　高中德语核心素养测试题难度汇总表①

难度数据	在29道小题中的比例
0.1—0.39	38%
0.4—0.69	55%
0.7—1	7%

表格数据显示，难度值低于0.39的3道大题都是考查思维品质的题目，其中一道同时考查学习能力，可见思维品质的题目对于学生来说难度比较大。难度数据处于0.4—0.69的7道题之中（其中有3道题是考查两个核心素养的题目），有5道题考查文化意识，有3道题考查学习能力，有2道题考查语言能力，有1道题是考查思维品质。由此可以推断，考查文化意识和学习能力的题目难度相对比较适中。

2. "各素养等级区间人数分布情况"分析

表2　高中德语核心素养测试题素养等级汇总表②

平均素养等级区间	语言能力		文化沟通		多语思维		自主学习	
	人数	比例	人数	比例	人数	比例	人数	比例
0.0—0.5	1	0.55	4	2.20	25	13.74	1	0.55
0.5—1.5	16	8.79	32	17.58	84	46.15	39	21.43

① 2016年高中德语课标修订测试质量分析报告。
② 2016年高中德语课标修订测试质量分析报告。

续 表

平均素养等级区间	语言能力		文化沟通		多语思维		自主学习	
	人数	比例	人数	比例	人数	比例	人数	比例
1.5—2.5	51	28.02	90	49.45	57	31.32	67	36.81
2.5—3.5	68	37.36	45	24.73	12	6.59	56	30.77
3.5—4.0	19	10.44	6	3.30	1	0.55	14	7.69
4.0 以上	27	14.84	5	2.75	3	1.65	5	2.75
合计	182	100.00	182	100.00	182	100.00	182	100.00

通过对“平均素养等级区间”中比例最高的学生所处区间情况分析各素养的情况，可得出以下数据：“语言能力”中比例最高学生占 37.36%，主要集中在水平 2.5—3.5 之间；“思维品质”最高学生占比 46.15%，主要集中在水平 0.5—1.5 之间。从上述情况看，学生在语言能力上所处水平最高，文化意识和学习能力处于中游水平且情况相近，而思维品质所处水平最低，未达到水平 2。

综合以上分析结果来看，无论是试题难度还是学生的答题水平，思维品质在德语学科的四大核心素养中所处水平最低，与其他三个素养情况差异较大。

（二）学生思维品质发展滞后的原因分析

1. 外语教学界对语言和思维关系的固有成见

在外语教学界，无论何种流派，大家的一致理念就是外语学科要培养和发展学生的语言能力。从语法教学法到听说教学法再到交际教学法，教学都紧紧围绕听、说、读、写、译五个方面展开，鲜有外语教学关注学生思维的训练。思维能力的发展更多地被认为是数学、物理等科目的学科责任。

2. 教学评价对课堂教学的导向作用

教学评价对课堂教学具有极强的导向性，实施什么样的教学测评，就会引发什么样的教育实践。学生思维发展的局限性往往与现行的评价方式有很大关联。在传统的高考测试中，考查的重点主要是语言知识点的记忆和运用能力。考查的内容具有碎片化、单一性、不完整等特点。学生对高考中的语法必考点、高频词汇等烂熟于心，应试能力强；但在分析具体问题时，特别是面对复杂的、具有不良结构的开放性问题时表现得束手无策。因此，无论是诸如高考之类的终结性评价，还是教学中的过程性评价，都应该尽早从单一语言素养考查向多素养协调发展的测评方向转变，从而引领和加速教学改革的步伐。

三、发展德语学科思维品质的有效实施路径和教学策略

什么是思维？教育心理学家认为，思维是人的神经系统与周边环境交互作用下而显现出的某种心理行为。思维能力和语言能力之间有着密不可分的关系。德国著名教育家威廉·洪堡特认为，语言是思想的塑造器官。① 语言与思维的发展是相辅相成、互相促进的，德语的严谨性和缜密性特征能够丰富德语学生的思维方式。因此培养思维品质并非数理学科所独有，德语学科也可以培养学生具有鲜明德语特色的思维品质。

高中德语学科的思维品质是指"在母语思维的基础上，运用外语思维，获取多元视角，丰富认知体系，进行联系、比较、反思，形成创新的思维品质，具体指德语思维能力、多元思维方式和创新思维能力。"②

思维品质的发展有助于提升学生分析问题和解决问题的能力，以多元视角审视和思考世界，对各类事物与现象做出正确的价值判断，促进学生的深度学习。那如何在德语教学中促进学生的思维品质发展呢？下面笔者从教学情境的创设和实施有利于促进学生思维发展的教学活动两个方面展开论述。

（一）运用情境教学法创设现实情境，为学生的思维发展提供平台

德语课程标准要求学生除了掌握基本的德语语言能力外，还需要具备将所学知识和技能运用到现实生活中的能力，能够在面对复杂的、开放性的真实生活情境中提出问题、分析问题和解决问题。因此，教师在日常的德语教学中，要关注任务情境设置的三大原则：即真实性、开放性与不良结构性。创设尽可能贴近学生生活、接近真实情境的话语活动和学习任务，选用不同难易程度的开放性情境和以问题为导向的不良结构情境，让学生直面需要解决的现实问题，为学生的思维发展提供平台。

1. *教学情境的真实性原则*

教学情境的真实性原则，要求教师注重联系学生的现实生活，在学生鲜活的日常生活和校园生活中发掘教学素材，提炼教学情境，创设符合学生现阶段身心发展特点的教学情境，让学生在课堂认知与思维过程中产生熟悉感、亲近感、认同感，从而激发学生学习与思考的兴趣，提升学生的思维活跃度。

教学情境示例一：

德语教材《柏林广场 A2》第 12 课主题是 Kleidung（服饰），其中的一项任务要求学生展开以下讨论：Was hältst du von Secondhand-Kleidung？你是否在跳蚤市场上买过便宜的

---

① 洪堡特.论人类语言结构的差异及其对人类精神发展的影响［M］.钱敏汝，译.西安：陕西人民出版社，2006：62.

② 中华人民共和国教育部.普通高中德语课程标准（2017 年版 2020 年修订）［S］.北京：人民教育出版社，2020：5.

二手衣服？你如何看待青少年购买二手衣服？

此类情境对中国学生而言是典型的情境陌生化。中国很少会有跳蚤市场，大部分家庭都会在商场为孩子购置新衣服。当学生就这一话题展开讨论时，只能靠想象来发表看法，因为没有亲身经历和切身体会，学生讨论的兴趣不高，表达生搬硬套，空洞无物。这就是教学情境没有与学生认知范畴相匹配的失败案例。在处理国外原版教材时，教师应该具备合理选择以及恰当处理教学材料的能力，例如把该情境替换成另一话题：Sollen die Schüler in der Schule Schuluniform tragen？你如何看待学生在校期间必须穿校服？此话题一抛出，学生的讨论兴致显然高很多，小组间的讨论声不断，有的甚至因为观点不同而争执起来，因为他们讨论的都是基于自身实际的真实体会。教师只需在一旁提供教学支持，搭建"支架"帮助学生建构知识意义，如在黑板上按照正反两方更有条理地梳理他们的观点，并在表达上给予修正和完善。在此类基于自身经验的真实教学情境下学生有话可说、有话想说，学生们不仅锻炼了语言能力，也带动了思维的发展。

2. 教学情境的开放性原则

遵循开放性原则的教学情境最显著的特点是不设置标准答案，它需要学生通过分析、推理、判断、反思、创造等多种思维活动，找到一个行之有效的解决方案。开放式的教学情境为学生提供思维起点，不束缚学生的思维张力，不限制学生的思维空间，能使不同水平的学生在具体任务中作出不同程度的表现，最大限度地促进学生多元思维和创新性思维的发展。

教学情境示例二：

在德语教材《走遍德国（初级）》中出现了一种特殊的德语诗歌形式——十一词诗（Elfchen）。以下为文中的一首短诗：

Kalt

Der Winter

Auf dem Platz

Man riecht den Glühwein

Wärme

十一词诗包含十一个单词，总共有五行。首行用一个词表达全诗主题，接下来的三行分别用二、三、四个词从不同角度来描述该主题，而末行则再用一个词来总结该主题，与首行相呼应。十一词诗虽然通篇仅十一个单词，但它不仅意义完整，且意境悠远，有助于激发学生的想象力，增加学习的趣味性。

教学实践中，教师首先向学生展示一首十一词诗，让学生通过分析诗歌文本，推理、判断并总结出这首诗歌在形式上和内容上的主要特点，如下表：

表 3 德语十一词诗形式特征表

Zeile	Wörter	Inhalt
1	1	ein Gedanke, ein Gegenstand, eine Farbe, ein Geruch o.ä.
2	2	Was macht das Wort aus Zeile 1?
3	3	Wo oder wie ist das Wort aus Zeile 1?
4	4	Was meinst du?
5	1	Fazit: Was kommt dabei heraus?

教师随后给出几个贴近学生生活的主题词,如校园,春节等,学生发挥创新思维,创作出符合要求的诗歌。该项情境任务看似命题作文,对创作主题和形式乃至字数都作了限制,但从对学生思维活跃度和思维创新性的维度来看,具备极高的开放性。用最精炼的语言表达最深远的意境和思想,需要学生充分发挥其想象力,能很好地考查学生的思维精准性、发散性、逻辑性以及创新性。同时题目也有较好的区分度,从创作诗歌的形似神不似到形神兼具,不同水平的学生都有其发挥的空间。

3. 教学情境的不良结构性原则

所谓的情境"不良结构"特征,是指情境作为认知活动的对象和条件,虽然提供了有效信息,但其重要信息隐含在情境中,信息结构也不完整,学生需要运用自身的已有经验,思考分析问题的背景信息,把握问题的实质,从多个角度、不同立场分析问题,权衡各方面的利害关系,最终将问题结构化。

教学情境示例三:

德语教材《当代大学德语 3》第七课"Wetter, Klima, Umwelt"(天气,气候与环境)中的课文《Papa, Charly hat gesagt ...》围绕着父子间的对话"气候的改变是自然现象还是因人类活动而引起"展开。文本通篇使用第二虚拟式对人类活动进行非现实假设,使用第一虚拟式转述查理父亲的观点,作者的态度始终保持中立,未作出是非判断,文中的父子俩在对话结束时也没有达成一致意见,而是以儿子的一个发人深思的问题"Aber wer ist den Schuld daran, dass die in Autoabgasen Fahrrad fahren müssen? (那他们在汽车尾气中骑自行车是谁的责任呢?)"结束对话。

在全球气候变暖的大背景下,教师除了指导学生学习第二虚拟式和第一虚拟式这两个语法现象外,引导学生深入思考人类活动与气候环境的关系也是本文的一大教学目标。该文本通过对话形式呈现了一个不良结构情境,文中的重要信息以及正确的价值取向都隐含在字里行间,学生需要通过梳理整合爸爸的观点和儿子口中查理爸爸的观点,同时根据自身的已有经验，作出正确的判断与选择。

在包含不良结构的教学情境下，学生需要运用自身的多种思维能力分析问题和解决问题，在问题的解决过程中同时又反向锻炼和提升自己的思维能力，继而提高其综合运用多种思维解决复杂、不合理问题的能力。

（二）运用深度学习理论开展辩论活动，拓宽学生的思维发展空间

深度学习最初是指机器学习领域一系列的抽象算法，而后被应用到教学领域。我国学者将深度学习定义为："在教师引领下，学生围绕着具有挑战性的学习主题，全身心积极参与、体验成功、获得发展的有意义的学习过程。"①

布卢姆将认知领域的六大目标从低阶到高阶进行分类，分别是记忆、理解、应用、分析、评价和创造。其中的应用、分析、评价和创造属于高阶思维，而深度学习最本质的特征正是对学生高阶思维的培养。深度学习过程强调学生对知识建构的整体理解与把握，促进学生的方法迁移和高阶思维的发展，是发展核心素养的有效途径。

笔者所在学校的德语班学生在高三阶段要参加DSDI（德语语言一级证书）测试。这种语言能力测试由口语表达、听力理解、阅读理解和书面表达四部分组成。而其中的书面表达测试要求学生具备良好的思维能力，特别是严谨、善反思的德国式思辨能力。书面表达的主题内容包罗万象，包含业余生活、家庭与朋友、环境保护、运动健康、学校生活、节日与庆祝、海外游学、职业规划等与学生生活相关的方方面面。

为了更充分地准备这一测试，笔者在课堂中十分注重对学生德语思维的训练，其中较常用的一种教学策略是组织学生对某一社会现象进行辩论。辩论是一种语言交际形式，对促进高阶思维能力的培养，如学生的批判性思维能力、综合推理和分析能力有很大的帮助。因此辩论是深度学习中的有效路径之一。

开展辩论活动时，辩题的设计是关键，它应符合教学情境设置的三大原则；同时学生要有充分的知识储备。因此，德语课堂上的辩论活动需要分三个步骤进行。现选取"媒体与现代技术"主题为例，展示学生如何在深度学习模式下开展辩论活动，提升思维品质。

1. 运用头脑风暴和思维导图，构建词汇网络框架

首先，引入头脑风暴。教师提问："Welche Computerwörter kennt ihr schon? Sprecht spontan aus."教师将学生们随机、无序的和电脑相关的词汇有意识地分门别类进行板书，总结出学生已经掌握的词汇。其次，开展思维导图教学。教师在PPT上补充展示一些词汇，如电脑部件类名词（Tastatur, Maus, Bildschirm, Lautsprecher ...）、与电脑操作及其功能相关的动词（herunterladen, installieren, kopieren, speichern, surfen ...）。学生学习新词汇后分小组制作思维导图，构建自己的词场网络框架。

① 刘月霞，郭华.深度学习：走向核心素养（理论普及读本）[M].北京：教育科学出版社，2018：32.

2. 抛出话题，分小组讨论

（1）学生阅读相关文本（学校告示：禁止学生在校园内使用手机）。

> An alle!
> Aus gegebenem Anlass möchten wir nochmal daarauf hinweisen, dass für alle Schülerinnen und Schüler auf dem ganzen Schulgelände ein komplettes Handynutzungsverbot gilt!
> Jedes Gerät muss vor dem Betreten des Schulgeländes ganz aus ausgeschaltet werden. Zum Schulgelände gehören auch der Schulhof, die Sporthalle usw. Bei Nichtbeachtung wird das Handy bis zur Abholung durch die Erziehungsberechtigten einbehalten.
> Die Schulleitung

（2）学生分小组讨论校园禁止使用手机的利弊，并由小组代表将观点与论据在全班进行阐述。

3. 开展小型辩论，碰撞思想火花

德语辩论的形式参照德国青少年辩论赛（Jugend Debattiert）赛制，正反双方各派两位选手，辩论第一回合：正反双方一辩开篇立论（Eröffnungsrunde），时间各 2 分钟；辩论第二回合：自由辩论（Freie Aussprache），时间共计 5 分钟；辩论第三回合：正反双方二辩总结陈词（Schlussrunde），时间各 1 分钟。

4. 教师对辩论活动加以总结和点评

通过辩论活动，学生将所学的话题内容活学活用到实际话语活动中，倾听、敏锐捕捉并反驳对方思维的不合理性、精准合理地论证己方的思维正确性，经过激烈的语言交锋和思维碰撞，不管哪一方获胜，学生的高阶思维都会不断得到锤炼，从而推动学生思维品质的正向发展。

四、结语

传统外语教学是以掌握听、说、读、写四项技能为主要任务的单一语言教学，对语言能力的考查是评价学生的最主要标准。然而，核心素养测评结果分析显示，思维品质是德语学科四大核心素养中最薄弱的一块短板。学生面对考查思维品质的题目，往往感到力不从心，不知道如何作答，或者作答的内容缺乏思辨性，仅能提出一些较为浅显、表象化的观点。这一现象很好地启示我们，在今后的德语教学中，教师应该更加关注学生思维品质的培养，多设计促进学生思考和讨论的话语活动，如分析语篇材料，思考和讨论与学生密切相关的社会热点话题，利用思维导图、辩论等教学活动提高他们的多元思维能力和创新思维能力，从而为他们将来在生活和工作中解决复杂问题夯实思维基础，最终达到德语学科的育人目标。

参考文献：

[1] 洪堡特.论人类语言结构的差异及其对人类精神发展的影响[M].钱敏汝,译.西安：陕西人民出版社,2006.

[2] 刘月霞,郭华.深度学习：走向核心素养(理论普及读本)[M].北京：教育科学出版社,2018.

[3] 中华人民共和国教育部.普通高中德语课程标准(2017年版2020年修订)[S].北京：人民教育出版社,2020.

Teaching strategies for developing the German subject core competency "thinking capacity"

Jinhua Foreign Language School　Zhao Jianhui

Abstract: The results of the German subject core competencies assessment show that thinking capacity is the weakest of the four core competencies in the German subject. The development of students' thinking capacity in German class has become a major challenge for secondary German teachers. This paper discusses the effective implementation and teaching strategies for developing students' thinking capacity, based on the contextual approach and the deep learning approach, both in terms of the creation of teaching contexts and the implementation of teaching activities that facilitate the development of students' thinking capacity.

Keywords: thinking capacity; teaching contexts; deep learning; mind mapping; debate

通过搭建思考框架提升高中德语学科思维品质的实践探索

上海市曹杨第二中学　罗　珏

摘要： 本文旨在探讨如何在德语学科中运用思考框架培养学生的思维品质，以达到提高德语学科核心素养的目的。文章首先对思维品质的内涵及其德语教学的学科特征展开讨论，通过教师访谈和学生调查分析德语教学中思维品质的现状及原因，探讨如何借助思考框架来培养学生的思维品质，有针对性地提出发展思维品质的实践方法。

关键词： 思维品质；思考框架；中学德语

作者简介： 罗珏，女，上海市曹杨第二中学国际交流中心主任、中学德语高级教师，研究方向：中学德语教学。电子邮箱：cyluojue@ 163.com

《普通高中德语课程标准》（2017 年版 2020 年修订，以下简称《德语课标》）明确提出，"思维品质"是德语学科必须具备的核心素养之一。思维品质不仅关乎学生语言运用的深度和广度，也直接关系到他们在跨文化交流中的能力。什么是思维品质，思维品质有什么评判维度，德语学科一线教师对思维品质的重视程度如何以及如何在语言学习中贯彻思维品质的培养，这些问题有待众多中学德语教师予以解答。

一、外语学科核心素养"思维品质"的研究现状、含义和评判维度

（一）外语学科中核心素养"思维品质"研究现状

2011 年至 2023 年，从中国知网 CNKI 进入中文社会科学引文索引（CSSCI）上以"思维品质"为关键词进行搜索，共计有 9 篇研究外语学科思维品质的文献，主要集中在英语学科上，这表明对思维品质的关注在外语学科领域中是相对有限的。

有关外语学科思维品质的文献主要包括《谈英语学科素养——思维品质》《指向思维品质提升的英语阅读教学研究》《英语课堂教学目标设定与思维品质培养》《论英语学科核心素养中的思维品质及其发展途径》等。

研究者普遍认为外语教师对思维品质的培养意识相对薄弱，思维品质在研究中被过度简化，有的将其仅理解为批判性思维或质疑能力，忽视了其更为广泛的内涵。缺乏能够全面反映思维能力发展核心的词汇和表达方式，导致思维品质的评价相对单一。

研究者还指出了外语教师在思维品质培养方面存在一定的局限性,主要集中在传统的知识传授和记忆上,而忽略了培养学生逻辑解释能力的重要性。

关于提升思维品质的措施,文献中的建议主要聚焦于教师的角色。在课堂中,教师可以通过创设不同的情境任务来提升学生的思维品质。学习者为中心的教学模式被认为是有效的方法,保障学生能够积极主动参与课堂。特别是结合传统式和项目式学习的论证式教学,被认为是未来课程发展的趋势,能够有效提高学生的批判性思维、创新思维和合作沟通的能力。

目前的研究主要局限于英语学科,德语学科等其他外语学科的研究相对较少,表明有待更多外语学科的思维品质研究。对于"思维品质"的研究方法仍然偏向主观的方式,如调查问卷、教师访谈、学生访谈等,未来的研究可以探索更多客观、量化的评估手段。

综合而言,外语学科思维品质的研究尚处于起步阶段,未来需要更多关于德语等其他外语学科的深入研究,同时研究者应该探索更为全面和客观的评价方法,以更好地促进外语学科思维品质的培养。

（二）德语学科核心素养"思维品质"的含义

《德语课标》中明确解释了德语学科核心素养的思维品质,可以分解为三个部分,即德语思维能力、多元思维方式及创新思维能力。对于这三个部分的具体外显行为,《德语课标》也做了阐述,德语思维能力指学生在学习德语过程中可以对德语进行"翻译、比较和分析";多元思维方式指学生采用多元的视角,进行"联系、比较、批判、反思";创新思维能力指学生是否可以将所学知识迁移到其他问题上,解决其他问题。

但是具体应该如何在实际操作中将以上几个部分进行外显,使得教师与学生能够进

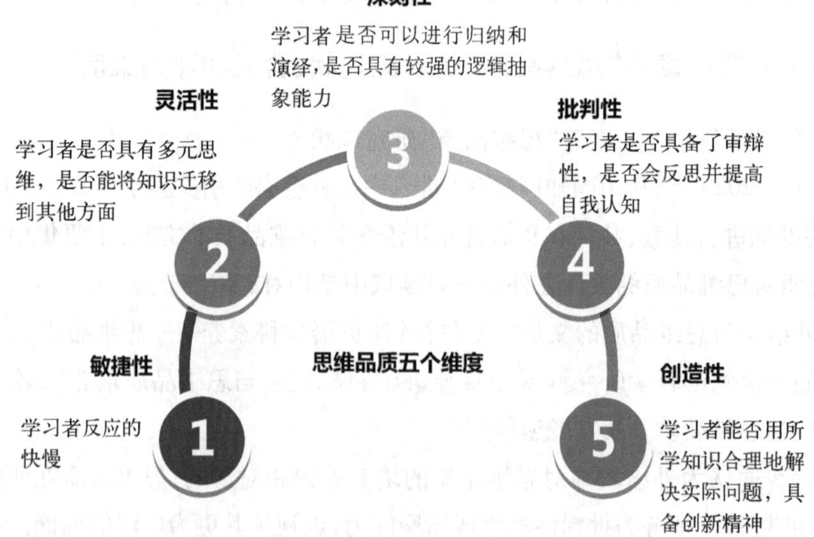

图 1　林崇德对思维品质的五个维度的阐述

行有效地教学和学习？我国研究思维品质的先驱是林崇德(2005)，他明确了思维品质与具体学科能力发展的紧密关系，提出可以从“深刻性、灵活性、创造性、敏捷性和批判性”五个维度来评判思维品质的高低。

如果我们将《德语课标》中的思维品质三个方面与林崇德教授的思维品质五个维度做相应的匹配，可以得出以下的对应关系。

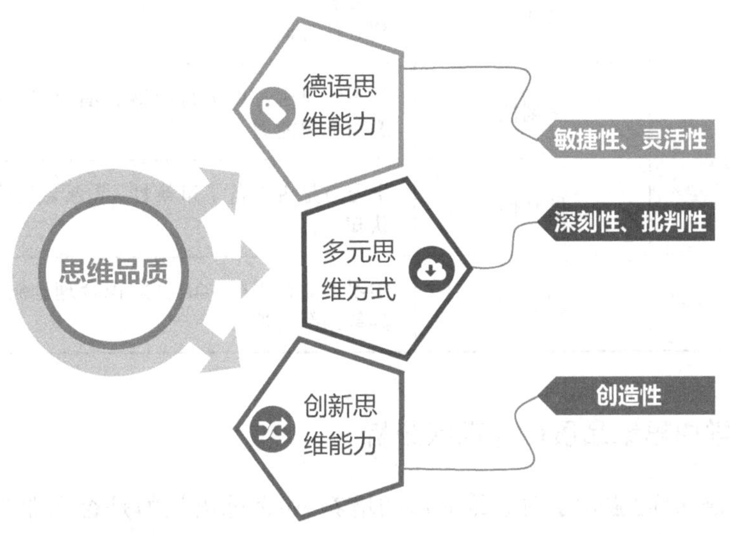

图 2　林崇德思维品质五个维度与《德语课标》思维品质的对应

根据以上分析，笔者使用林崇德教授对思维品质评判的五个维度进一步阐述《德语课标》，尝试将思维品质可视化，使得对思维品质的要求更加外显，以便帮助教师在教学中注重思维品质的训练，也让德语学习者能够清晰地认识课标要求。

(三) 借助五个维度对德语学科核心素养“思维品质”进行阐释

如果用林崇德教授对思维品质评判的五个维度来阐述《德语课标》，并以此评判标准来解释《德语课标》，我们可以看到：

敏捷性和灵活性对应的是德语思维能力，敏捷性体现在德语学习者的学习德语时反应快慢，是否可以快速进行中文与德文的翻译和两者的对比；灵活性体现在学习者是否具有多元思维，是否能将德语语言知识迁移到生活的其他方面。

深刻性和批判性对应的是多元思维方式，深刻性体现在德语学习者是否可以进行归纳和演绎，是否具有较强的逻辑抽象能力，是否能透过语言现象抓住事物的本质和规律；批判性体现在学习者是否具备了审辨性，是否会反思并提高自我认知。

创造性则对应了创新思维能力，体现在学习者能否用所学语言知识合理地解决实际问题，具备创新精神。

表1　借助林崇德五个评判维度阐释德语学科思维品质

德语课标中对思维品质的阐述	思维品质五个指标(林崇德)	作者定义
德语思维能力	敏捷性	学习者反应的快慢,是否可以快速进行语言的翻译
	灵活性	学习者是否具有多元思维,是否能将语言知识迁移到其他方面
多元思维方式	深刻性	学习者是否可以进行归纳和演绎,是否具有较强的逻辑抽象能力
	批判性	学习者是否具备了审辨性,是否会反思并提高自我认知
创新思维能力	创造性	学习者能否用所学语言知识合理地解决实际问题,具备创新精神

二、德语教学中思维品质培养现状分析

既然《德语课标》强调了对思维品质的培养,那么德语教师是否在课堂上重视对思维品质的培养?德语学习者本身是否意识到语言学习与思维品质息息相关?基于以上问题,笔者编制了针对一线德语教师关于德语思维品质培育的调查访谈以及针对德语学习者的调查问卷,这次调查旨在深入了解德语教育领域中对思维品质培养的认知与实践。

(一) 教师调查

笔者对来自中学德语教学一线的15位教师进行了深入访谈,这15位受访教师分别来自全国不同的德语语言证书项目(DSD)学校,涵盖初中(8人)与高中(7人)两个教学段。在这15位教师中,有5人教龄不满3年,5人的教龄在3—6年之间,另外5人的教龄在6年以上。

通过访谈,可以了解到,全部教师都明确核心素养中思维品质的重要性,100%的教师在进行单元教学设计时会加入思维品质的内容和要求。其中60%的教师会在每一个课时中融入"思维品质"的训练内容。

对于如何理解"思维品质",教师们给出了不同的答案。70%的教师认为思维品质就是"批判性思维",因此他们在课堂中强调学生应该具备质疑的能力;80%的教师认为"思维品质"包含了"创新思维",因此他们在课堂中强调学生解决不同问题的创新能力。

对于如何评判“思维品质”的问题,80%的教师认为目前还没有具体的量表对学生的思维品质进行测量,20%的教师在进行课程设计时会单独对“思维品质”设计量表,但是每一次的量表都不同,给工作带来一定的负担。

对于“如何培养思维品质”的问题,大约30%的教师提到了“通过启发式教学方法、提问引导和小组讨论等形式”,鼓励学生思考和表达,培养学生的批判性思维和解决问题的能力。通过针对一线教师的访谈,可以看到所有的教师都已经意识到了思维品质的重要性,但是对于采用何种有针对性的方式提升思维品质,思维品质如何进行评判,仍需要进一步探讨。

(二)学生调查

通过对学生发放调查问卷,我们获得了来自全国10所德语语言证书学校的121份有效参与的数据,调查结果具有一定的全国代表性。在学习德语的时间上,一年以内的学生占比为49.5%,1到3年之间的学生占比为41.3%,3年以上的学生占比为9%。调查对象较为全面,涵盖了不同学习背景和经验的学生群体。

1. 问卷设计

该问卷共计15题,第1到2题为采集基本信息,第3到13题分别对应思维品质五个维度(见下表),第14题采用自我评价的方式对学生是否重视思维品质进行主观判断,第15题采用多选的方式来询问学生认为的德语学习取决于哪些内容。

表2　针对学生思维品质的调查问卷

		问卷对应题号
敏捷性	学习者反应的快慢,是否可以快速进行语言的翻译	3,4
灵活性	学习者是否具有多元思维,是否能将语言知识迁移到其他方面	5,13
深刻性	学习者是否可以进行归纳和演绎,是否具有较强的逻辑抽象能力	8,9,10
批判性	学习者是否具备了审辨性,是否会反思并提高自我认知	6,7
创造性	学习者能否用所学语言知识合理地解决实际问题,具备创新精神	11,12

2. 问卷分析

第3题“你是否很快就可以想起曾经学过的德语词汇并加以使用?”及第4题“在说德语过程中,你是否可以较快地组织语言,进行流畅的表达?”旨在考查学生的思维品质中的"敏捷性"。从统计数据中可以看到对于这两个问题，都只有 10%左右的学生选择了肯定的回答，大约 90%的学生都选择了"不符合"或者"较符合"。

第 5 题"当你对某个德语话题感兴趣时，你会设法收集相关资料并分析得出结论吗？"及第 13 题"在学习德语时遇到困难，你会主动寻求老师的帮助吗？"旨在考查学生思维品质的灵活性，选择"符合"选项的学生仅在 10%左右。

比较明显的是第 6 题中针对"批判性"提出的问题，仅有 4.9%的学生在遇到新知识点时，会质疑其的正确性，约 47%的学生缺乏批判性的思维品质。

表 3　问卷问题 6."德语学习中，当你遇到新知识点，你会质疑它的正确性吗？"

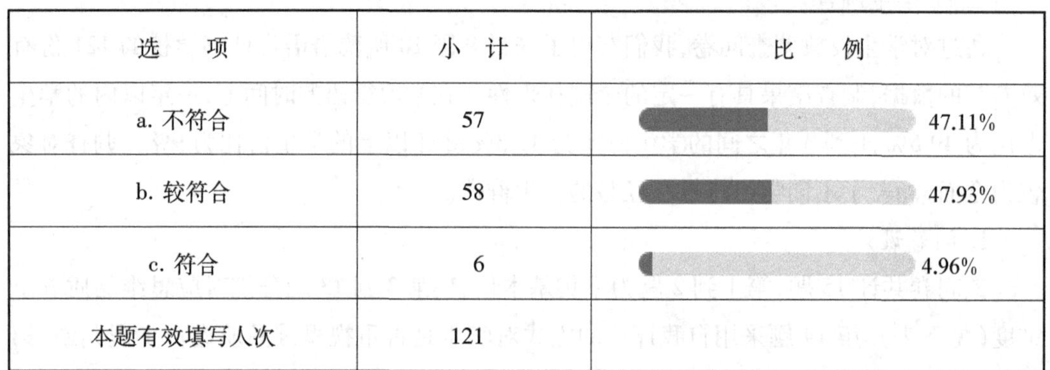

选　项	小　计	比　例
a. 不符合	57	47.11%
b. 较符合	58	47.93%
c. 符合	6	4.96%
本题有效填写人次	121	

整体而言，超过 80%的学生认为德语学习与思维品质"没有关联"或者"关联不大"，可见学生从心态上还没有将语言学习与思维品质联系起来，那么在语言学习过程中，可能存在仅仅学习单纯的语言知识，而忽视了对自己思维品质的训练。

表 4　问卷问题 14."你认为德语学习与思维品质有关联吗？"

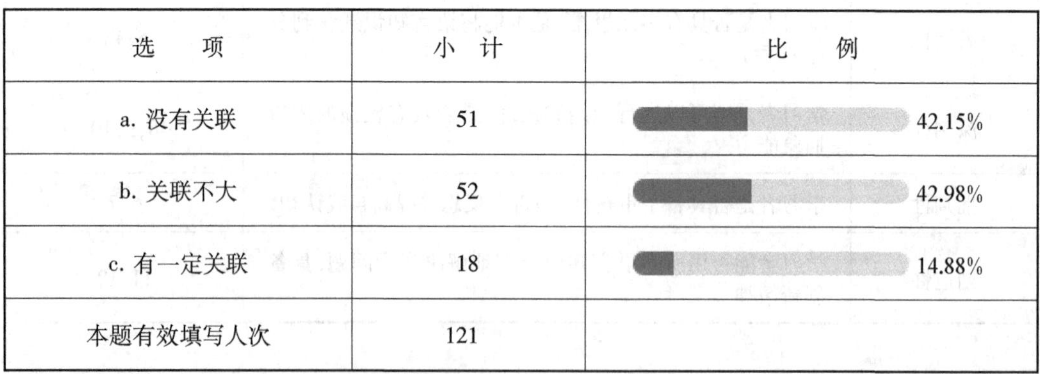

选　项	小　计	比　例
a. 没有关联	51	42.15%
b. 关联不大	52	42.98%
c. 有一定关联	18	14.88%
本题有效填写人次	121	

在对第 15 题的分析中，我们看到德语学习者认为语言学习中最重要的因素分别是"口语""单词与词汇"及"语法与句子结构"。

表5　问卷问题15. “你认为德语学习主要与以下哪些因素有关联？（可多选）”

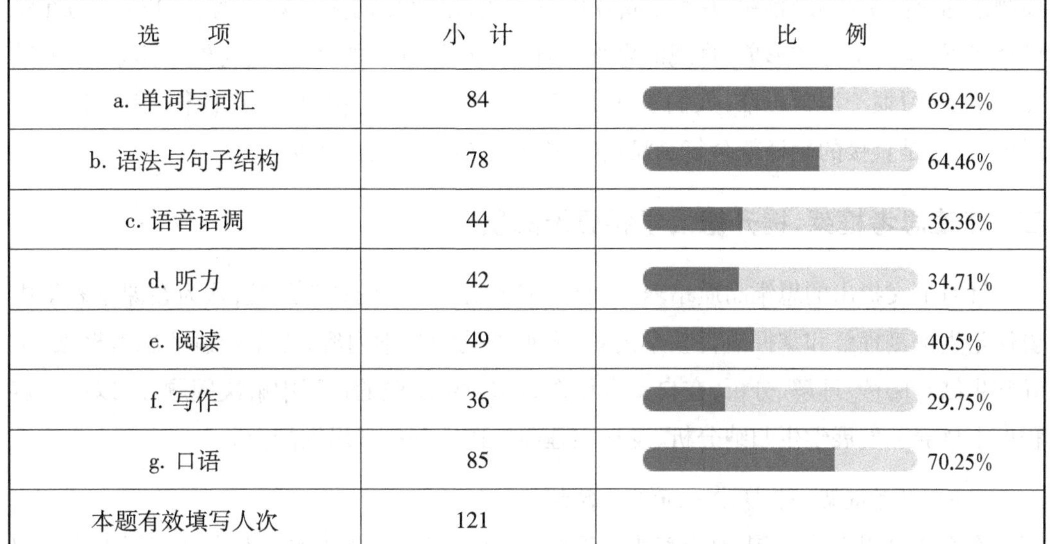

选　　项	小　计	比　　例
a. 单词与词汇	84	69.42%
b. 语法与句子结构	78	64.46%
c. 语音语调	44	36.36%
d. 听力	42	34.71%
e. 阅读	49	40.5%
f. 写作	36	29.75%
g. 口语	85	70.25%
本题有效填写人次	121	

本次调查显示学生在德语学科中对思维品质的培养有一定认知，但仍存在一些挑战。学生在语言学习中更看重语言的运用和组织能力，可能存在忽视思维品质锻炼的风险。

（三）德语教学中思维品质现状原因分析

通过对教师的访谈与对学生的问卷调查分析可以看到，目前德语教学中教师对思维品质的关注和培养已经处于较高的水平，然而学生对思维品质的关注还处于较低的水平，学生对自身思维品质的发展还未引起足够重视，对此，笔者认为存在以下几个原因：

1. 学生重视语言能力，忽视思维品质训练

德语学习过程中，学习者往往更重视单词、句型的学习，而忽略了对自身思维品质的重视，学生在系统训练和各类教材学习及考试中，对于语篇的理解往往局限于浅层信息的获取、简单的对错判断，缺乏对其深层含义的理解和审视，可能存在死记硬背，以知识点为主的碎片化学习。

2. 学生语言水平限制了思维品质发展

在中学德语阶段，学生大部分是零起点开始学习德语，不论是从初中六年级开始还是高中一年级开始，在开始的半年到一年时间里，学生因为受到本身语言能力的约束，无法进行较高水平的思维品质的训练，主要的话题仅围绕着“兴趣爱好”“校园生活”“家庭朋友”等与学习者相关的内容，很难进行对比、归纳和演绎，并对此进行反思；由于话题难易程度较低，也无法让学生具备审辨性思维能力。

3. 中德文语言结构上的差异导致思维方式不同

语言是思维的载体，不同的语言也显示了思维的不同性。汉语与德语，本身就存在着

巨大的差异。汉语没有词的形态变化，通过词的叠加和位置的改变，来表达不同的意思，而德语通过附加成分（前缀、后缀）或者形态变化，来改变词义。夏谷鸣（2017）认为在汉语背景下，学生更习惯形象、直观的思维，习惯于含蓄、间接的表达；反观外语体系中，尤其在德语中，习惯于逻辑思维，人们表达更直接。中国学生喜欢通过“汉译德”来表达想要说的话，但是直接的翻译就会复制汉语思维，产生输出的负面迁移。

三、搭建思考框架，提升德语学科思维品质

针对上文提出的思维品质培养的困难，笔者结合自己的教学经验，认为在课堂教学中要使学生深刻理解和掌握语言教学内容，根据不同的教学内容，构建合适的思考框架，引导学生结合阅读、理解、分析，在自主合作探究和质疑反驳的过程中解决问题，可以在一定程度上培养和发展学生归纳分析、逻辑推理和创造性等科学思维能力。

（一）思考框架一：复述—演绎—观点

在交流过程中，有逻辑地应答非常重要，如何在对话过程中快速并有理有据地进行回答呢？将回答内容结构化，有助于传达清晰的信息，展示逻辑性。

图3　思考框架一：复述—演绎—观点

复述过程中，要求学生利用自身词汇储备，完整、精确地复述文章中重要的信息，此处锻炼的是思维品质中的灵活性和敏捷性。

演绎过程中，要求学生能清晰并合理地列举论述依据，利用详细的举例或者证据对论据进行支撑，此处锻炼的是思维品质中的创造性和深刻性。

发表观点阶段，要求学生能发表自己的观点，并详细且符合逻辑地对观点进行论证，此处是锻炼思维品质中的批判性。

（二）思考框架二、三：层层递进法和映衬对比法

在对学生思维的培养中，深刻性和批判性的锻炼至关重要。使用“层层递进法”和“映衬对比法”两种思考框架，能够有效地引导学生逐步深入，提升他们的思维深度和批判思维水平。

层层递进法可以列举相关情境主题下的不同论据，按照论据的重要性，从轻到重，依次列举。例如：请阐述“学习外语的原因”（Nennen Sie Gründe für Fremdsprachenlernen），那么就可以采用层层递进法，通过列举不同的原因，比如将“认识更多的年轻人”“为旅行和工作带来益处”“了解不同文化”“可以开阔视野”这些不同的论据可以按照论证程度从

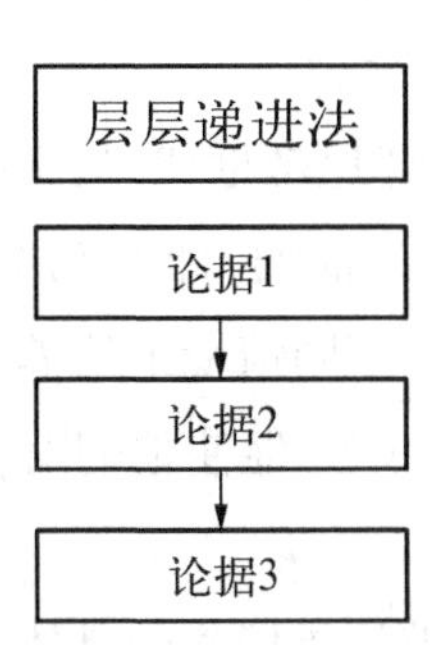

图4　思考框架二：层层递进法

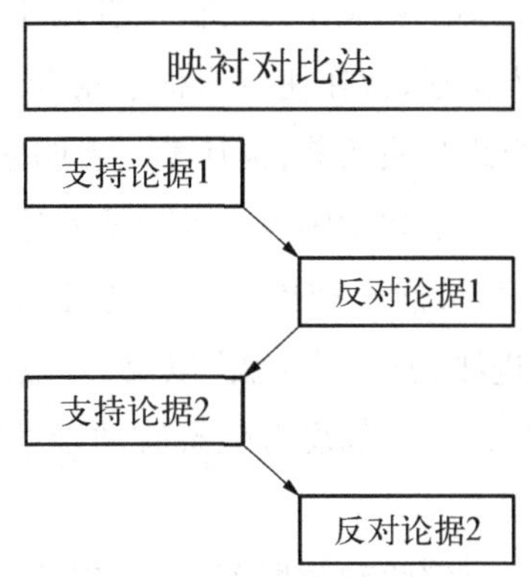

图5　思考框架三：映衬对比法

轻到重进行排列。再比如："请阐述微芯片的发明是福还是祸?"(Die Erfindung des Mikrochips — Fluch oder Segen für die Menschenheit?)对于这样的论题来说，更适合映衬对比法，通过列举微芯片给人类带来的好处(Vorteile)及坏处(Nachteile)，并通过权衡比较进行论证。

(三) 思考框架四：发散思维法

在培养思维品质中的创造性方面，可以采用图6所示的思考框架，鼓励学生进行多个维度的联想，让他们将所学知识与其他领域或经验进行联系与发散，寻找新的想法和解决问题的方法，激发他们的想象力和创造力。

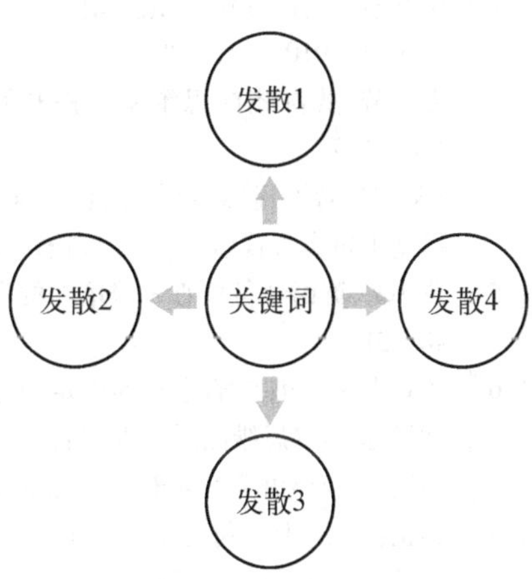

图6　思考框架四：发散思维法

有效的思考框架是思维品质的支撑，它有助于学生更有目的地进行思考。通过设计不同情况下的思考框架，帮助学生建构适合的思考框架，可以帮助提升学生的语言表达的逻辑结构，有助于培养学生对语言学科的深刻理解。

五、结论

《德语课标》提出了对德语学习的新要求和标准。教师应认识到德语学习不应仅仅停留在对语言知识的表面理解和记忆，而是要求学习者在已有知识基础上，将新学知识与既有知识联系，实现对知识的深层次理解，并能有效地应用于其他情境。这强调了德语学习与思维品质的密切关系，要求学习者在思考和运用语言知识时具备更高层次的认知水平。

通过对《德语课标》的分析,笔者运用林崇德教授的五个思维品质评判指标,以可视化的方式深入阐述,旨在使德语核心素养对思维品质要求更加清晰外显。这不仅有助于教师更注重思维品质培养,也让学习者明晰课标期望。

为了解决德语教学中思维品质培养遇到的困难,通过构建思考框架,教师引导学生培养归纳分析、逻辑推理和创造性等思维品质。通过四种思考框架,即“复述—演绎—观点”“层层递进法、映衬对比法”以及“发散思维法”,提供了在不同情境下培养学生思维品质的具体方法。有效的思考框架有助于学生有目的地进行思考,促使他们对德语学科有更深刻的理解。

未来将通过实验和数据深入研究在德语教学中实施思维品质培养的具体效果。通过设计语言活动,收集学生在不同思考框架下的表现数据,结合思维品质的评判维度并设计评价量表,以客观评估学生思维品质的发展。

参考文献:

[1] 陈艳君,刘德军.基于英语学科核心素养的本土英语教学理论建构研究[J].课程·教材·教法,2016,36(03):50-57.

[2] 陈则航,王蔷,钱小芳.论英语学科核心素养中的思维品质及其发展途径[J].课程·教材·教法,2019,39(010):91-98

[3] 葛炳芳,洪莉.指向思维品质提升的英语阅读教学研究[J].课程·教材·教法,2018,38(110):110-115

[4]《基础教育课程》编辑部.核心素养立意,德语课程学习的中国方案——访普通高中德语课程标准研制组负责人钱敏汝[J].基础教育课程,2018,(Z1):101-103.

[5] 冀小婷.英语学科核心素养培养的实现途径[J].天津师范大学学报(基础教育版),2016,17(03):48-51.

[6] 兰春寿.英语课堂教学目标设定与思维品质培养[J].课程·教材·教法,2019,39(090):107-113.

[7] 林崇德.培养思维品质是发展智能的突破口[J].国家教育行政学院学报,2005,(09):21-26+32.

[8] 刘道义.谈英语学科素养——思维品质[J].课程·教材·教法,2018,38(080):80-85.

[9] 彭正梅,伍绍杨,付晓洁,邓莉.如何提升课堂的思维品质:迈向论证式教学[J].开放教育研究,2020,26(040):45-58.

[10] 中华人民共和国教育部.普通高中德语课程标准(2017年版2020年修订)[S].北京:人民教育出版社,2020.

[11] 夏谷鸣.英语学科教学与思维品质培养[J].英语学习,2017,(02):9-13.

Practical Exploration of Improving the Thinking Quality of High School German Subject by Building Thinking Frameworks

Shanghai Caoyang No.2 High School　Luo Jue

Abstract: This paper aims to explore the application of thinking frameworks in cultivating students' thinking qualities within the German language discipline, with the goal of enhancing the core competencies of German language education. It begins by discussing the essence of thinking qualities and the disciplinary characteristics of German teaching. Through teacher and student surveys analyzing the current state and reasons behind thinking qualities in German education, the paper investigates how to use thinking frameworks to cultivate students' thinking qualities. It proposes targeted practical methods for developing thinking qualities.

Keywords: thinking qualities; thinking frameworks; German curriculum in secondary schools

用外语深耕中国心：
课程思政与中学法语核心素养融合探究

苏州科技城外国语学校　张沈鋆

摘要：思想政治教育与学科教学有机融合，不仅为学生优秀思维品质的培养及正确价值观的形成奠定了强有力的基础，也能够有效实现“课程思政”理念从高等教育阶段向基础教育阶段的延伸，有利于大思政格局的构建。本文旨在探究课程思政与中学法语学科核心素养的融合培养策略，以实现课堂教学模式的转变，进一步夯实“立德树人”的根本任务。

关键词：课程思政；中学法语；核心素养；法语课堂教学

作者简介：张沈鋆，男，苏州科技城外国语学校法语教师。研究方向：基础法语教学及中学德育管理。电子邮箱：shenjun.zhang@ hotmail.com。

一、引言

区别于一般学科，在基础教育时期，外语学科的应用效度高于科研效度，即“学以致用”贯穿整个中学阶段。学生的法语学习主要分为两个阶段：首先是对语法、词汇、段落、篇章等语言基础知识习得的过程，是学生跨入法语学习之门的敲门砖；其次是对法语国家与地区不同文化的学习、理解与接纳的阶段。课程思政旨在强化学生的文化理解力，养成一种文化自觉，从而进一步激发学生的爱国情怀与世界眼光。

《普通高中法语课程标准》（以下简称《新课标》）强调，法语教学要将社会主义核心价值观与日常教学内容相融合，坚定不移地培养能力与品德并重的新时代社会主义接班人[①]。《新课标》为法语教师落实“思政课程”理念提供了理论基础和政策保障。

二、课程思政与中学法语核心素养的融合策略

（一）转型培养模式，利用第二课堂，在真实情境中提升学生的语言能力

在高等教育阶段，外语学科分为学术研究型培养和实践应用型培养两种模式，但是在中学阶段，学生实践应用能力培养的现实意义远大于学术能力。但在中国传统教育模式的影响下，中高考考点自然成了授课的重点，在语言能力的培养上给予的关注程度远不及

① 节选自《普通高中法语课程标准》（2017 年版 2020 年修订）有关学科课程标准的阐述。

语法能力、单词拼写能力等。因此，在课程思政理念的指引下，教师应认真研读教材，探索运用灵活、形式多样的教学法，通过提炼积极有益的思政素材，通过对话、表演、游戏、竞赛等多种方式，突出教学重点和难点，寓教于乐，在教学中做到知识与能力的并驾齐驱，从而达到培养学生法语学科核心素养的目的。

习近平总书记强调，要重视第二课堂的建设，强化实践育人理念①。第二课堂作为主课堂的有力补充，可以充分发挥学生的主观能动性，在综合实践性展示层面拓展思政培养。以笔者所在的苏州科技城外国语学校为例，在基础教育阶段，根据学生的年龄分布，学校积极组织、参与各级各类法语主题活动。自2020年起学校启动了课程改革方案，从顶层设计层面优化法语课程方案，融入了更多培养学生思政能力的综合性展示活动。

表1　融入思政元素的综合性展示在第二课堂中的呈现

活动名称	活动目的	思政体系
苏州市教育局 国际交流人文品牌项目	丰富学生的校园生活，与伙伴学校实现共建，在课程与活动中实现中国文化的世界化推广	家国情怀 文化自信
“外研社杯”全国中学生 多语种技能展示评选活动	强化学生的语言运用能力、表达能力及思辨能力，以赛促学，创造良好向上的法语学习氛围	个人修养 文化自信
“法语环境月” 青少年绘画比赛	以语言为载体，以文化为背景，以中法文化的对比为手段，以绘画为途径，对绿色、低碳、可持续发展观进行深度思考	社会责任 个人修养
法语活动月	通过电影放映、校园法语周等活动调动学生的语言学习兴趣，激发学生对法语国家与地区不同文化的探索欲	家国情怀 文化自信

上述活动的落实与开展，有利于法语学科的思政教学理念在活动中展现，学生的积极参与不仅能达到全员育人、全方位育人的良好效果，更能够在与兄弟学校的同台竞技中进一步将“思政理念”深深植根于心中。

（二）深入了解文化背景差异，树立良好的跨文化交际意识

语言承载文化，不同语言之间存在显而易见的文化差异。语言表达的内容一定要符合语言对象国的文化逻辑，为他人所接受。《新课标》中明确赋予了文化意识重要地位，凸显了文化在交际中的重要作用。教学活动应紧紧落实文化意识的培养，多渠道、多角度挖掘教学素材中的文化内涵，在帮助学生了解中法文化存在差异的基础之上，深入探索产生差异的原因，对文化差异进行解读，不仅培养学生的文化意识、跨文化交际能力，更要从

① 节选自习近平总书记全国高校思想政治工作会议上的讲话。

文化角度切入，增强学生对本民族文化的理解与认同，并进一步培养其向世界用外语讲述中国故事的信心与能力。

1. 利用真实语料，提升学生的文化认同

真实语料的使用有利于提升课堂的鲜活性与趣味性。以欧洲文化概况课 Brexit（英国脱欧）为例，学生在课堂上通过思考、讨论，探究造成英国脱欧的多方面原因，引导他们将之与中国人顾大局、重全局的集体观念相比较。通过真实案例，我们可以有效培养学生合作探究解决问题的学科素养，同时能够让学生辩证看待不同国家的社会发展之路，提升学生的文化认同。

2. 突破教材的限制，提升教材语料的延展性

在法语课堂中，有效引入时政话题，能够潜移默化地增强学生的文化认同感。时政话题的引入方式多样，教师可以通过分组的形式让学生自己搜集并展示相关的时政热点。

3. 努力创建校园文化，让每一面墙“说话”

近年来，中小学持续推进校园文化的深度建设，努力提升校园文化在推进学生德育方面的积极作用，实现育人的潜移默化。以苏州科技城外国语学校为例，学校设有多语种长廊，图书馆的楼梯上展示着古人箴言的多语种版本，这些举措既可以使校园环境更为优美，亦可以在德育中实现润物细无声，培养学生对民族文化的认同感。

表 2　高二年级 A 班 B 组学生时政展示思路

展示事件	关注点	意义
华为“断芯”事件	⊙ 落后就要挨打 ⊙ 某些西方国家的贸易保护主义及霸权主义横行	⊙ 文化认同的意义和价值 ⊙ 努力为中华之崛起而读书的现实意义 ⊙ 培养中华儿女自强不息、生生不息的民族精神 ⊙ 创新发展的现实意义
华为自研 Mate 60 Pro 系列手机		
贸易关税与壁垒		
中国禁止进口日本海产品	⊙ 日本违背保护环境的国际法义务	⊙ 环境保护与可持续发展

（三）深入挖掘语料篇章中的主题内涵，全面提升文化理解能力

《新课标》明确，法语课程使学生了解法语国家与地区的文化基本知识，认识文化多样性，形成跨文化沟通和交流能力，在交流中传播和弘扬中华优秀文化，坚定文化自信，尊重差异，促进合作，树立人类命运共同体意识①。

① 节选自《普通高中法语课程标准》（2017 年版 2020 年修订）。

法语教师可以在相关语料篇章中寻找其背后蕴藏的主题内涵，通过营造与主题高度关联的情境，让学生综合所学知识，自主探究语料中的文化元素，培养文化意识与思维能力。

以《新经典法语 1》第 13 课 Qu'est-ce que tu as fait l'année dernière ？（去年你做了什么?）为例，本课介绍了世界遗产日及诸如端午节、国庆节、春节等中国传统节日的相关情况。结合本单元文本内容，教师可自主设计并扩充教学内容，以点及面，充分发散学生的思维，通过小组合作探究的方式，完成如下图所示的思维导图。一方面，通过主题式学习，学生能够针对中外文化差异进行对比，并对差异存在的原因进行探究，深化对本土文化的理解与认同，从而培养良好的跨文化交际能力。另一方面，学生能够理解构建中国话语体系的前瞻性、必要性及重要性，用外语讲好中国故事，弘扬好中国文化。

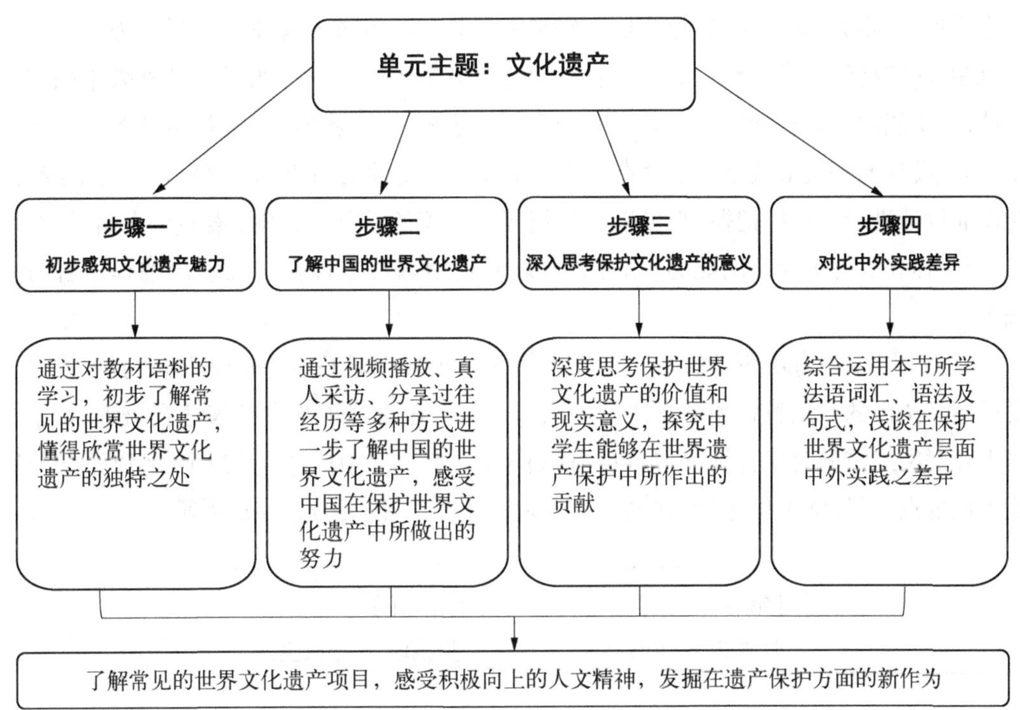

图 1 《文化遗产》课例实施过程与思政要素导图

学生依照上述范例，以传统节日为主线，设计中外传统节日思维导图，并对传统节日存在的价值意蕴进行探索与分析。

从感受自然风光的秀丽壮美、人文景观的独特魅力，了解传统节日的浅层含义等，到详细讲解蕴藏在每一个世界级遗产或传统节日背后的故事、学习习近平总书记关于文化遗产保护的重要论述，学生可以由内而外理解文化遗产保护的重要性，从而激发对祖国大好山河的热爱与向往，认识到现在的美好生活是先人汗水与血水的结晶，民族自豪感油然而生。

爱国主义是中华民族绵延不息的精神信仰，是中华儿女对祖国、对人民的深厚情谊，是一个民族生生不息、不断壮大的前提与基础。作为教师，我们要用自己的实际行动去证明对祖国的热爱，更要去教化学生为祖国的发展贡献一份力量。

（四）注重知识的内涵性思考，培养良好的思维品质与文化自信

思维品质是指在母语思维的基础上，通过外语学习，丰富认知体系，形成批判性思维能力、多元思维方式和创新思维能力，在中学法语教学中发挥着重要作用。掌握学生的思想动向，培养会思考、善思考的学生，促使学生在不断的思考中，逐步养成鲜明的爱国情怀、集体意识、大局意识，成长为家国情怀与国际视野兼备的人才。

2021 年中共中央办公厅、国务院办公厅联合印发了关于义务教育阶段学生“双减”的工作要求。“双减”政策从落地到执行，需要一线教师高度统筹课堂及课后的教育教学反馈机制，落实高效课堂实践。课后作业在“双减”政策下既要能作为教育教学效果的有效反馈，又要能切实减轻学生的学业负担，还应体现教育“立德树人”的根本任务。显而易见，作业设计的提质增效是当前摆在一线教师面前的新挑战，同时也是新机遇。如果教师对作业设计进行了良好把握，则可以有效培养学生善始善终、合作探索的个人品质，锻炼学生分析问题、解决问题的能力，培养符合新时代中国特色社会主义理念的捍卫者与实践者。

以上海外语教育出版社《法语 4（上）》第 5 单元第 3 课 École en couleur 为例，本课主要讲述了法国的基础教育体系及法国的校园生活。在学习了基本的表达及语法后，结合当下互联网经济的时代背景，教师以“互联网在日常生活中的作用”为主线，以不同的职业为出发点，引导学生思考“互联网给我带来了什么？”，随后分组完成展示。

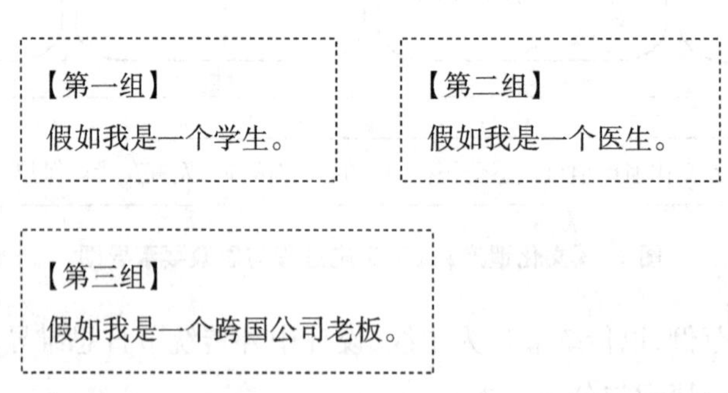

图 2　“互联网在日常生活中的作用”分组活动

学生可以通过不同角色的切换，深度思考互联网社会给当今不同角色的人们的生活带来的无穷便利性，甚至催生了互联网经济。在中国共产党的领导下，人们的生活从“吃饱饭”走向“吃好饭”，互联网为校园生活提供了极大的便利性：线上授课、查阅资料等等，

在医疗领域萌生了互联网医院、互联网机器人手术，在国际贸易领域，大大便利了不同地域之间的商贸往来……

（五）积极完善跨学科、跨学段的课程思政共同体建设

课程思政理念融入常规教育教学之前，应当做好与前置学段及高等教育阶段的衔接工作，不应出现理念断层的现象。因此，完善跨学科、跨学段的课程思政共同体建设尤为重要，共同体可以根据学生成长及身心发展规律，把握各学段课程思政主体及建设重点，形成整体规划、无缝衔接、分层递进、循序渐进、螺旋上升的发展格局，为未来构建“大思政格局”奠定理论与实践基础。

三、结语

习近平总书记在全国教育大会中强调，教育乃国之大计、党之大计。课程思政是中学法语教学面临的新课题。中学法语教学应将“立德树人”作为根本任务，以课程思政为指引，以培养学生核心素养为目标，使学生在外语学习的过程中形成良好的语言能力、文化意识，塑造符合新时代社会主义核心价值观的思维品质和学习能力。教师应创造性地发挥外语教学中思想价值、情感态度、文化引领三重育人功能，使得学生能够在潜移默化中实现“智育”与“德育”的双发展。课程思政与日常教学相融合，将“思政”理念贯穿于教育教学始终，有利于促进“大思政格局”体系的构建，真正做到让课程的德育功能从理论说教向隐性渗透的方向转变，最终实现课程思政的内涵式发展，实现学生法语学科核心素养的培育，为全人培养保驾护航。

参考文献：

[1] 中华人民共和国教育部.普通高中法语课程标准(2017 年版 2020 年修订)[S].人民教育出版社,2020.

[2] 张烁.习近平在全国高校思想政治工作会议上强调：把思想政治工作贯穿教育教学过程，开创我国高等教育事业发展新局面[N].人民日报,2016-12-09(1).

[3] 王海花,郭玲霞.思想政治一体化教育中课程思政的探索与实践——以中学英语教学为例[J].现代交际,2018,(18)：132+131.

[4] 张沈鋆.中学阶段法语教学中存在的问题与策略[J].中学课程资源,2020,(1)：37-38.

[5] 王志国.中学课程思政建设的现状及对策[J].现代基础教育研究,2019,(04)：175-176.

[6] 何红娟.“思政课程”到“课程思政”发展的内在逻辑及建构策略[J].思想政治教育研究,2017,33(05)：60-64.

[7] 高德毅,宗爱东.课程思政：有效发挥课堂育人主渠道作用的必然选择[J].思想理论教育导刊,2017,(1)：31-34.

[8] 李仁娟.中学生品德现状及德育工作应对策略[J].绥化学院学报,2008,(4)：190-191.

[9] 王柏昆.中学生思想政治教育模式的全方位创新[J].黑龙江教育学院学报,2015,34(10)：74-75.

[10] 董勇.论从思政课程到课程思政的价值内涵[J].思想政治教育研究,2018,34(5)：90-92.

Cultivating the Chinese Heart with Foreign Language: An Exploration of the Integration of Curriculum Ideology and French Core Competencies of Secondary School

Suzhou Science and Technology Town Foreign Language School Zhang Shenjun

Abstract: The integration of ideological and political education with subject teaching not only lays a strong foundation for the cultivation of students' excellent thinking qualities and the formation of correct values but also effectively extends the concept of "curriculum ideology" from higher education to basic education. It is conducive to the construction of a comprehensive ideological and political framework. This article aims to explore the integration and cultivation strategies of curriculum ideology and the French core competencies of secondary school, in order to achieve a transformation of the classroom teaching mode and further consolidate the fundamental mission of "fostering virtue".

Keywords: ideological and political curriculum; middle school French; core competence; French teaching

情感教学在中学韩语二外课堂的尝试与探究

上海市甘泉外国语中学　陈爱丽

摘要：学生在参与韩语二外选修课时因缺乏明确学习目标，容易出现消极情绪，为激发学习兴趣，提升课堂效率，笔者在韩语课堂上进行了一次情感教学尝试，取得了成效，师生关系和课堂效果显著好转，教学效果明显提升。此现象引发了笔者对情感教学的思考和探究，并在教学中做进一步尝试。

关键词：情感教学；韩语二外；师生关系

作者简介：陈爱丽，女，上海市甘泉外国语中学韩语教师，中学一级教师，外国学生部教研组长。研究方向：作为第二外语的初高中韩语教学，情感教学。电子邮箱：37645050@ qq.com。

一、中学韩语二外课堂现状分析

（一）开设中学韩语二外课程的背景和意义

《上海市普通中小学课程方案》提到，赋予学校合理的课程自主权，鼓励学校在遵循课程基本设计思想的前提下，结合实际，设计有特色的学校课程计划。在此背景下，笔者所在的七年制外国语中学在初高中开设了韩语二外选修课程。本文所要探讨的即为此背景下作为第二外语选修课的中学韩语教学，下文中简称韩语二外。

韩国是我国的邻国，中韩两国间有着密切的经济合作关系，都处于汉字文化圈，同受儒家文化影响，因此，中国学生对韩国文化的熟悉度较高。近年来韩国影视音乐的蓬勃发展也增强了韩国文化的世界知名度，使不少学生对韩语产生了兴趣。中学生正处于学习外语的黄金阶段，记忆力好，发音可塑性强，语言模仿能力突出，如能通过选修课练好韩语发音，学会常用韩语，了解韩国文化，对提高外语学习能力、拓宽国际视野、提升国际理解力和跨文化沟通力都将大有裨益。

（二）中学韩语二外教学面临的困境

由于韩语不是高考外语科目，学生的学习动力普遍不足，不少学生刚开始是出于兴趣选修韩语二外，但由于青少年注意力转移较快，意志品质相对薄弱，而韩语入门阶段又不那么容易，不少学生很快就会进入倦怠状态，具体表现为学不好也不想学，不专注课堂，消极应付等。实践证明，教师此时若采取简单粗暴的态度来批评或强硬控制学生，并不能持久地解决问题，还可能因为师生关系紧张对教学造成更大的负面影响。

那么，如何激发学生的学习热情，诱发学习动机，使韩语二外在学生心目中从一门无足轻重的选修课转变为广受欢迎的课程，达成本课程既定的目标价值，成为亟待解决的问题。

二、情感教学的尝试与探究

（一）开展情感教学尝试的背景和意义

教学不仅是传递知识的过程，也是师生情感交流的过程。心理学研究表明，情感对感知、记忆和思维等认知过程起着重要的作用，当人处于某种消极情感状态时，认知活动会自行停止，即使不停止，也不会有实际效果。由此可知，当学生处于情绪低落、缺乏动机、缺少自信或对课堂和教师存在抵触等消极情绪时，教学将会是低效甚至无效的。

美国语言学家克拉申（Krashen）提出的语言监控模式中有一个假设称为"情感过滤假说"，该假说揭示了情感因素在语言习得中的过滤作用。即大量的输入并不等于就能学好外语，外语习得的进程还会受到情感因素的影响。克拉申把焦虑、动机、态度、自信心等称为"情感过滤因素"，过度焦虑、缺乏目标、没有动力、自信不足时，"情感过滤"增强。当"情感过滤"过强时，会在大脑中形成屏障，阻碍语言信息的有效输入，使大脑无法习得语言。因此，只有弱化"情感过滤"，才能使外语信息有效进入学习者大脑，为学习者所掌握。此假说很好地解释了韩语二外课堂存在的问题：当学生因为各种课业压力感到焦虑不安，当学生对韩语没有明确的学习动机，或对韩语学习有畏难情绪而缺乏信心时，教师传授的知识会被学生的消极情绪过滤网完全过滤，根本无法进入大脑中的语言学习机制，更不可能与教师产生心灵共鸣。

心理学家卢家楣也在多项实验中证实了情感因素对于教学具有积极或消极的两重性特点，情感因素在教学中可以充分地发挥各类积极作用，如情感具有增强行为动力，增强对他人言行的接受程度，促进智力的发挥与发展，促进人际关系，融洽师生关系等十多种积极效能，而这些效能对于学生习得语言都是十分有益的。

关于情感教学在外语教学方面的应用，前人已有不少研究成果，但既往研究主要集中在英语教学，而情感教学在韩语教学中的尝试和应用目前还没有既成研究成果①。

因此，综上研究可知，情感因素对语言教学能发挥重要效能，如能在韩语二外教学中采取情感教学策略，有意地激发学生在学习时的积极情感，极有可能为走出教学困境开辟一条通途。笔者计划在中学韩语二外课堂教学中进行情感教学尝试，以期解决在教学中

① 截至 2023 年 8 月，在中国知网上以"情感教学"和"英语"为共同关键词查询到期刊论文 1 059 篇、学位论文 296 篇，以"情感教学"和"韩语"为共同关键词查询到期刊论文 0 篇、学位论文 0 篇。

遇到的实际问题,并填补相关研究的空白。

（二）情感教学在韩语二外课堂的尝试

笔者在课堂上所要尝试的情感教学遵循卢家楣提出的“以情优教”理念,即运用情感优化教学,通过激发、调动和满足学生的情感需要,激发积极愉悦的学习情绪,起到优化教学的作用。经过思考,笔者认为对大部分学生来说,在得到老师的积极评价时,较容易产生愉悦的学习情绪,遂决定通过师生间深入交流并提供积极评价的方式来开展首次情感教学尝试。为了能够覆盖全体学生,笔者选择了书面交流反馈的形式,具体操作如下:

上课前根据学生人数备好小本子,事先工整地在封面上写好每位同学的中文和韩语姓名,上课前下发,明确要求学生在新本子上记录当堂笔记并完成随堂练习,下课时回收本子。

在第一次批阅中发现,虽然存在较多错误和遗漏,但大部分同学都记了一些笔记,批阅时笔者附上了个性化的文字反馈。例如,给完成较好的同学留言:“某某同学,你的笔记和作业太棒了,老师很开心,请继续努力!”给写得马虎的同学,附上鼓励:“某某同学,笔记和作业完成得挺不错,希望下次上课能再接再厉!”给上交空白本子同学留言:“某某同学,让你一节课什么也没学到,老师实在不好意思,下节课会更加努力,希望你也加把劲儿,好吗?”

第二堂课前发下本子,学生看完了教师评语之后,上课抬头注目老师的人数明显增多,课堂秩序和课堂参与度有了较明显提高。第二次收回的笔记本中没有发现空白本子,把笔记记完整的人数增加了,写得最少的学生也记了两行。

笔者继续认真批改并附上热情洋溢的积极评价,评语的内容除了针对笔记和练习本身,还涉及其他方面,例如:“你的韩语字很像韩国女生写的,真漂亮!”“你的笔记又干净又完整,被老师选为本节课最佳笔记!”“你今天上课答对了一个很难的问题,真厉害!”“没想到你还知道韩国的国花,老师在读中学的时候,可没有你那么广的知识面,真的太棒了!”

如此多次的坚持之后,课堂气氛变得活跃融洽,教学秩序显著好转,间或还会有学生在本子上给老师留言:“老师,今天上课放的韩语歌曲很好听,下次能不能放些韩剧的主题曲?”“老师,昨天我看韩剧的时候听懂了两句话,谢谢!”相比从前,上课认真听讲、积极参与的学生人数明显增加。坚持了一个学期后,师生关系变得十分融洽,相比从前,每节课教学推进变得非常顺畅,可以相对轻松地达成教学目标,学生的整体韩语水平也比往届有了很大进步,班中两名学生在教师指导下参加了华东地区韩语演讲比赛并荣获奖项。在学校开展的期末课程满意度调查中,学生对韩语二外课程的满意度达到100%。

（三）情感教学尝试引发的思考与探究

初次情感教学在韩语二外课堂的尝试，取得了良好的实践成果。究其原因，正如马斯洛需求层次理论所言，人类都有需要被尊重和自我实现的需求，教师使用充满感情和个性化的评语来积极评价每一位学生的表现，是使学生对课堂学习产生愉悦情绪的一项有效方法，随着师生之间的情感交流渐入佳境，学生在学习韩语时的愉悦情绪被大大激发，而这种积极的学习情绪，又反过来有力地推动了教学，真正实现了"以情优教"。

这一次的教学尝试引发了笔者进一步的思考和探究：既然情感教学的正向促进作用如此明显，那么除了上述方法之外，是否还有更多的情感教学策略可以用来促进教学呢？

卢家楣曾总结过情感性教学有三个原则，即乐情原则、冶情原则和融情原则。乐情原则是指在教学活动中，教师应积极创设条件让学生怀着快乐、感兴趣的情绪进行学习；冶情原则是指教师应积极创设条件，使学生的情感在学习的过程中得到陶冶；融情原则是指教师应当积极创设条件，使师生人际情感在教学过程中积极交融。从以上三原则来看，上文中尝试的情感教学正是符合了第三条融情原则，即通过使师生人际情感在教学过程中积极交融的方式，取得了以情优教的成效。那么，如果能从以上三个原则出发，并结合韩语二外教学的特点，一定还能找到更多更好的情感教学策略来促进教学。

三、情感教学在韩语二外课堂的进一步尝试与应用

在乐情原则、冶情原则和融情原则的启示下，笔者在韩语二外课堂对情感教学做了进一步的尝试与应用，也取得了较好的效果，具体措施分类阐述如下：

（一）根据乐情原则，丰富教学手段，提升学生兴趣

1. 变换教学形式，激发学习兴趣

乐情原则指出，在教学活动中，教师可以积极创设条件让学生怀着快乐、感兴趣的情绪进行学习。由于青少年注意力转移较快，如反复使用传统外语教学手段，难免会使学生感到无趣。教师如能多花心思，不时变换一些新颖的教学手段，采取灵活的授课方式，可以起到激发兴趣、维持新鲜感和好奇心的作用。例如，在语音教学阶段，为丰富学习体验，选择在课前播放一段韩语歌曲的卡拉 OK 音频文件，由于歌词中会大量出现韩语字母，唱到哪里字幕文件就会变换字体颜色，所以学生在听歌时既可以复习学过的语音，又对之后要学的语音有了预览，在帮助记忆方面起到了不错的效果。教师还可以选择学生推荐的曲目播放，这会令点歌的学生课前充满期待，课后又留下难忘的印象，其他学生在听歌和跟唱的过程中则会兴趣盎然，在愉悦情感的驱动下，听歌、看歌词、跟唱三者配合，同时调动了心耳眼口，教学效果很不错。

2. 巧思课堂游戏,调动学习积极性

此外,中学生活泼好动,参加课堂活动态度积极,多安排各类教学小游戏也是一项好策略。例如,每次课后批阅完选出三本最佳笔记,下节课发放打印出来的韩币样张作为"奖学金",在期末最后一节课上,教师购买一些韩国零食和文具,明码标价,让学生用积攒了一个学期的"奖学金"以及购物方面的韩语常用语来完成心仪物品的购买,该游戏在调动学生积极性方面起到了意想不到的好效果。

(二)根据怡情原则,满足学生情感需求,激发学习热情

1. 利用韩流文化资源,陶冶学生情感

冶情原则是指教师应积极创设条件使学生的情感在学习的过程中得到陶冶。外语学习中语言知识和文化教育齐头并进,缺一不可,让学生在课堂上接触他们喜闻乐见的韩国文化,接受文化的陶冶,是韩语教学中不可或缺的一部分,当学生对韩国产生进一步了解的愿望时,就有了学好韩语的内驱力。不少学生因喜欢韩国流行音乐和韩剧而学习韩语,可以说,韩流文化是韩语教师得天独厚的教学资源,教师如能设法用好这个资源,将"韩流"为教学所用,又将是一个陶冶学生情感、激发学习愉悦情绪的好方法。例如,在课堂上花两分钟介绍一下学生喜爱的歌手或韩剧,能让学生的情感需求得到很大满足。相比课本上的韩语单词,韩国明星的名字、歌曲名、韩剧名往往更容易被记住,学生在记住这些名字的同时也记住了相关韩语字母。又如,在学习日常用语时,可以播放出现这些常用语的韩剧片段,比起课文录音,这些影视片段往往更能吸引学生的关注,给学生留下更深刻的印象。

2. 了解学生学习动机,满足情感需求

在教学时,教师不仅仅要关注教学要求与学生已有水平之间的差距,也应关注教学要求与学生现实需要之间的差距。事实上,只有解决了后者这个情感层面上的问题,才可能更多地激发学生的学习动机。因此,在开学第一课时,可以通过调查问卷的方式仔细了解学生选择韩语二外课究竟出于什么原因;教师在备课前,应充分了解学生的情感需求,根据学生需求对教学内容进行适当的增减,有侧重点地展示学生关心的韩国文化;当学生流露出喜爱之情时,教师可以积极与之共情,让学生在文化学习中受到陶冶,情感需求得到满足,这也是取得有效教学成果的情感教学策略之一。

(三)根据融情原则,促进愉快互动

1. 组织小组活动,促进生生交流

融情原则是指教师应当积极创设条件使人际情感在教学过程中积极交融。除上文中提到的加深师生情感交流之外,教师还可以通过组织小组活动,增进生生之间的交流,使学生获得愉快的学习体验。例如组织配音活动,让学生分组分角色练习,并给各小组上台

表演的机会，学生们上台又说又演，总会让课堂充满欢声笑语。又如，让学生合作完成介绍韩国文化的主题小报，并组织评选。在学生制作、展示、解说海报的过程中，小组成员之间彼此加深了解，结下友谊，组内合作，组外交流，收获的能力以及获得的情感满足远比一堂普通的语言课丰富得多。

2. 利用各种机会，展示韩语才华

充分利用学校庆典活动的舞台，选送学习韩语二外的同学上台展示韩国歌舞；积极为学生寻觅机会，鼓励并辅导学生参加各级各类的韩语演讲比赛，展示才华。在准备过程中，师生互动，生生协作的体验，和那些练了又练的韩语歌曲、念了又念的韩语演讲稿，会与舞台上收获的掌声一样，在学生们的记忆深处留下难以磨灭的印象。

就这样，在学生们的心目中，韩语二外课成了不同于其他任何学科的特别的存在。

四、结语

韩语二外虽不是中学必修科目，但让学生在青少年时期接触海外文化，学习另外一门外国语言，无疑是一种宝贵的体验。孔子曰："知之者不如好之者，好之者不如乐之者。"在具体的教学中，教师认同并合理运用情感教学原则，拉近师生关系，使积极情绪洋溢课堂，可以事半功倍地提升教学效果。

教育家赞科夫说："教学方法一旦触及学生的情绪和意志领域，触及学生的精神需要，便能发挥其高度有效的作用。"与其他工作相比，教师工作的最大特点就是以情动人。正如孩子喜欢听妈妈讲故事一样，不是因为内容更精彩，音色更动人，只是因为孩子爱妈妈，而妈妈也会在语言中流露出浓浓爱意。

教育家第斯多惠说："教育的艺术不在于传授本领，而在于鼓励、唤醒和鼓舞。"教师的教学技巧可能并不高超，但带着感情走进课堂的教师总是充满感染力，因为教学活动的本质是师生双方情感交流的活动，教师时刻关注并满足学生的情感需求，付出真挚的师爱，会给教学带来出乎意料的积极影响。

可以说，情感教学是提升教学成效的一把金钥匙，愿每一位师者都知之用之，用它开启一片充满欢声笑语的教学新天地。

参考文献：

[1] 戴曼纯.语言学习中的情感因素——读 J.Arnold(ed.)《语言学习中的情感因素》[J].外语教学与研究，2000，(6)：71－75.

[2] 李攀.浅析二外日语教学中的情感因素[J].佳木斯教育学院学报，2011，(3)：345.

[3] 刘建达.论中国学生外语学习中的情感过滤[J].外语教学，1996，(4)：9－13.

[4] 刘君栓.情感因素与第二语言习得[J].西安外国语学院学报，2006，(1)：68－71.

[5] 卢家桐.情感教学心理学[M].上海：上海教育出版社，1993.

[6] 卢家楣.课堂教学的情感目标分类[J].心理科学,2006,(6):13-17.
[7] 卢家楣.情感教学模式的理论与实践研究[M].上海:上海人民出版社,2008.
[8] 卢家楣.对情感教学心理研究的思考与探索[J].心理发展与教学,2015,(1):80-86.
[9] 谢美雪.谈情感教学在初中英语教学中的应用[J].学周刊,2022,(18):100-102.

Attempts and Explorations of Affective Teaching in Korean Second Foreign Language Class in Middle School

Shanghai Ganquan Foreign Languages Middle School　Chen Aili

Abstract: Students are prone to negative emotions due to a lack of clear learning objectives when they are having the second foreign language class. In order to stimulate learning interest and improve the course efficiency, the author conducted an affective teaching attempt in the Korean language class, and achieved results. The teacher-student relationship and teaching effect have been significantly improved. This phenomenon has sparked the author's thinking and exploration of the affective teaching, and further attempts have been made in teaching.

Keywords: Affective teaching; Korean as a second language; Teacher-student relationship

中学德语多感官听写教学

——适合不同学习类型的探索

上海市曹杨第二中学　陈　悦

摘要：本文基于个人教学经验，结合调查问卷和文献研究等方法，从多感官视角探索适合不同学习类型的德语听写教学方式。根据听觉型、视觉型和动觉型三种感官偏好的学习类型，分别提出了两人合作听写、分类听写、歌曲听写、语法听写、文字听写、视频听写、图片听写以及跑动听写8种听写教学策略，使听写教学方法多样化，提高听写教学的有效性和趣味性。

关键词：多感官；学习类型；中学德语听写教学

作者简介：陈悦，女，上海市曹杨第二中学德语教师。研究方向：中学德语教学。电子邮箱：chenyue2013@foxmail.com。

一、研究背景

听写训练（Diktat）是德语听力教学的重要手段之一。听写时，手与耳共同参与，将听到的声音信息转换成信号经耳朵输入大脑，大脑对信号转换解码后，再通过手迅速准确地记录下来，是听者的语言知识和背景知识与输入信息或者声学信号相互作用的心理过程。听写一方面考查学生对于文章的整体听力理解能力，另一方面也是对学生所学词汇、拼写和语法掌握程度的检测，因此非常适合用于中学德语初级阶段的教学。

传统的听写训练往往采用教师读或者放录音、学生做笔记的方式。一篇文章一般要求听3至4遍：第一遍采用正常语速，要求学生大致听懂文章主旨；第二和第三遍为慢速，要求学生记下所听到的内容；第四遍为正常语速，学生可核对所记下的内容是否正确，并进行修改和补充。所有放音结束后，教师一般会给几分钟的时间，让学生自己检查，这一过程便是学生自我检测拼写是否正确，利用已学语法知识判断自己所写句子是否符合语法规则并进行自我更正的过程。传统的听写方式虽然有利于培养学生的听力、词汇、拼写及语法等综合能力，但一篇文章需要听三至四遍，往往耗时较长。

上海市曹杨第二中学作为上海乃至全国 DSD 项目规模最大的学校之一,大部分学生为零起点德语学习者。笔者对所任教的上海市曹杨第二中学 DSD 德语班学生(高一至高三)进行了问卷调查,重点了解学生群体在中学德语听写学习方面的表现和感受。此次调查共回收有效问卷 176 份,其中 142 份表示喜欢听写,34 份表示不喜欢。不喜欢听写的学生中,又有 14 名同学表示难以长时间集中注意力,听写过程中容易走神;8 位同学表示无法完全听懂文章内容;6 名学生表示书写速度慢、来不及写。还有同学表示听写太累,耗费时间。不少学生在问卷最后一个问题"对听写训练有何建议?"中的回答是,希望听写形式更加多样化、更加有趣。

表 1　问卷数量统计表

	有效问卷数量(份)	占　　比
喜欢听写	142	80.7%
不喜欢听写	34	19.3%

听写训练作为重要的听力教学手段之一,对学生的德语水平提高有较大的帮助。但问卷调查结果显示,将近 20%的同学并不喜欢听写。因此,如何优化听写教学方式,使更多学生对听写产生兴趣是笔者想要研究并探讨的问题。本文将听写训练作为教学手段在课堂上使用,并基于个人教学经验,结合调查问卷和文献研究等方法,从多感官视角探索适合不同学习类型的德语听写教学方法,以期丰富听写教学形式、增添课堂趣味性,消除学生对听写练习的恐惧和厌恶。

二、学习类型

学习类型,又称为学习风格或学习方式。学习类型理论认为,考虑不同的感知渠道能够促进学生学习成绩的提高。

对于学习类型的划分有多种方法。在德国,最早提出"学习类型"这一概念的是著名生物化学家弗里德里克·威士德(Frederic Vester)。他在 1795 年出版的著作《思考、学习、遗忘》(Denken, Lernen, Vergessen)中,从感官角度将人的学习类型划分为四种:视觉型(Visueller Lerntyp)、听觉型(Auditiver Lerntyp)、触觉型(Haptischer Lerntyp)以及思考型(Intellektueller Lerntyp)。Vester 对于学习类型的分类方式广为流传,并得到了众多学者、教师等的认可。但与此同时,也有不少学者对他的观点提出了质疑。最大的争议点在于,Vester 提出的前三种学习类型都与感知方式和信息接收渠道有关,然而第四种学习类型则与理解方式相关。也就是说,思考型学习者与特定的感知方式无关,而是聚焦于学习者的理解过程。但无论视觉型、听觉型还是触觉型学习者，其通过不同的感官方式接收信息后，都需要由大脑进行理解、加工及处理。将思考型学习者单独划分出来，即否定了其余三种学习类型背后的认知理解过程。

因此，笔者更认同按照学习者对外部信息的感知方式进行划分，一般分为三种倾向：视觉型、听觉型和动觉型。一般而言，视觉型学习者在学习以视觉信息呈现的学习材料（如文字、图表、图像等）时学习效果最佳；听觉型学习者则擅长学习以声音信息呈现的学习材料（如录音、口头讲授等）；动觉型学习者在身体运动状态下（如亲身体验、动手操作等）学习效果最好。值得一提的是，还有很多人没有明显的感官偏好。因此，采用适合的感官信息输入方式是提高学习效能的重要方法之一。

三、鉴于学习类型的教学策略优化

笔者根据上述理论，结合自身的教学经验，针对不同的学习类型，结合教学实例，尝试提出听写教学的不同形式及可能性。

（一）听觉型听写（Auditives Diktat）

听觉型学习者偏好以口头传授的方式获取知识和信息。这类学习倾向的学习者喜欢听讲座；喜欢参与小组讨论，善于口头表达。但是他们讨厌记笔记，写作也非他们的强项。传统听写虽然本身就是注重听觉的练习方式，但同时也要求学生写下所听到的所有内容，而这恰恰是听觉型学习者所不擅长的。因此，笔者在传统听写的基础上提出以下适合听觉偏好学习者的教学改进策略：

1. 两人合作听写（Rückendiktat / Partnerdiktat）

学生两人一组，背对背坐。两人分别拿到一段短文的不同部分，通过相互轮流朗读、听写的方式，两人合作听写获得全文。例如，在高二学习节日（Fest）的主题时有一篇介绍德国慕尼黑啤酒节的小短文（如例1），对学生而言全文基本没有生词和生僻的语法，用作阅读教学略显简单，而用于听写教学就非常合适。相较于阅读，学生在听写的过程中不仅能锻炼听力，而且也会更关注形容词词尾、动词变位等语法点，以达到回顾已学语法的效用。学生合作完成听写后，教师可针对文章内容再提出一些问题，考查学生对该语篇内容的理解。

与传统的听写相比，两人合作听写要求学生开口朗读，更符合听觉型学习者喜欢口头交流的学习习惯。学生从被动的信息接收者转换成为信息的输出及接收者，因而能够更积极地参与到课堂中。同时，学生在朗读和听写的模式中不断切换，更有利于注意力的集中。但是在运用合作听写的教学方式时，教师需注意课堂的管理，防止部分学生互相抄写文章，而非听写。

A	B
1. In München gibt es ein großes Fest mit einer langen Tradition.	1. ________________
2. ________________	2. Es heißt Oktoberfest und findet seit 1810 statt.
3. Es beginnt Mitte September und geht bis Anfang Oktober.	3. ________________
4. ________________	4. Jedes Jahr kommen mehr als 6 Millionen Besucher nach München.
5. Sie kommen aus ganz Deutschland und auch aus dem Ausland.	5. ________________
6. ________________	6. Nachmittags kann man auf dem Fest auch Familien mit Kindern und ältere Leute sehen.
7. Sie essen, trinken und hören Musik.	7. ________________
8. ________________	8. Abends und nachts sieht man mehr junge Leute.
9. Das Bier ist besonders berühmt und viele Leute trinken sehr viel Bier.	9. ________________ ________________

例 1　两人合作听写示例

2. 分类听写(Binnendifferenziertes Diktat)

除了两人合作听写外,为解决部分同学听力较弱或是书写速度慢的问题,还可采取分类听写的教学方式。分类听写仍采取教师念或放录音、学生做笔记的传统方式。不同的是,针对同一篇听写文章,教师根据学生德语水平的不同,布置难易程度不同的任务。例如在听写一篇关于照片描述的课文时,德语水平较高的学生需听写全文(任务纸 A),德语水平中等的学生填写缺失的单词(任务纸 B),德语水平较弱的学生则只需选出正确的选项(任务纸 C)(如例 2)。分类听写有助于满足不同水平学生的个性化学习需求。

任务纸 A: ____ ____ ____
任务纸 B: Vorne rechts ist meine ________. Sie heißt Anke. Der Mann ________ ________ ist mein Vater. ________ in der Mitte steht mein ________. Die beiden ________ hinten rechts sind meine ________ und meine ________. Ich habe noch einen ________. Er ist ________.
任务纸 C: 1. Vorne rechts ist seine ________. a. Schwester　　b. Tante　　c. Cousine

续 表

2. Wer ist sein Vater?		
a. der Mann vorne links	b. der Mann vorne rechts	c. der Mann hinten links
3. Wer steht hinten in der Mitte?		
a. sein Bruder	b. sein Onkel	c. sein Opa
4. Die Frauen hinten rechts sind ________.		
a. seine Mutter und seine Oma	b. seine Mutter und seine Tante	c. seine Tante uns seine Oma
5. Er hat noch ________.		
a. einen Bruder	b. einen Cousin	c. eine Cousine

例2 分类听写示例

3. 歌曲听写(Lieddiktat)

除了以上提及的两种方式之外,德语歌曲听写也是增添听写趣味性的方法之一。教师可根据教学内容,选择难度适合的德语歌曲,采取歌词挖空听写或者让学生听取歌曲中关键词的方式。一般一首歌至少听两遍,第一遍让学生熟悉歌曲旋律,第二遍要求学生听出歌曲中的重要信息,另外可根据歌曲难度和学生水平判断是否需要听第三遍让学生核对所记下的内容。

例如在高二教学《课余时间(Freizeit)》这一单元时,在课堂导入阶段笔者选用了《Freizeitstomp》这首歌,要求学生记录歌曲中提到的课余活动方式,从而引出本堂课的主题: Freizeitbeschäftigung(课余活动)。教学歌曲《Freizeitstomp》选自德国 Hueber 出版社的教材《Zwischendurch mal … Lieder》,歌曲中出现的业余活动(斜体部分)均为学生高一阶段学习过的词汇,且演唱者发音清晰、语速适当,因此十分适合作为课堂导入,引起学生对这一主题的兴趣。

Freizeitstomp
Es ist vier Uhr. Und du willst nur
noch eines: raus! Du willst nach Haus.
Die Arbeit ist vorbei, jetzt hast du endlich frei.
Du willst nach Haus.
Es ist soweit. Jetzt hast du Zeit.
Da klingelt schon das Telefon:
„Ich möchte gern mit dir…“ „Willst du heut’ mit mir…”
Die Freizeit ruft.

Du kannst *ins Kino, ins Theater, in die Disco gehen.*
Du kannst *lesen, joggen und mit Freunden essen gehen.*
Du kannst *Tennis spielen, schwimmen und zum Fußballspiel* mit Franz.
Mit Klaus und Inge *Karten spielen, ins Konzert* mit Hans.
Jetzt darfst du alles tun, da kannst du doch nicht ruh’n.

续 表

Die Freizeit, die Freizeit ist schön. Der Wecker klingelt, du musst raus, um sieben gehst du aus dem Haus. Die Arbeit ruft, du bist kaputt, der Freizeit-Stress tut dir nicht gut, der Tag ist lang, und dann... Es ist vier Uhr. Und du willst nur noch eines: raus! Du willst nach Haus. Die Arbeit ist vorbei, jetzt hast du endlich frei. Du willst nach Haus.

例 3 Freizeitstomp 歌词

4. 语法听写(也称为整体听写,Dictogloss)

语法听写的方法最早由澳大利亚著名语言学家露丝 · 韦津利(Ruth Wajnryb)提出,主要用于英语作为外语及第二语言的教学及研究。这种新型听写教学手段非常适合复习和巩固语法结构(例如形容词词尾变化、可分动词、完成时等)。

采用语法听写的教学方式时,教师通常选择一篇某一特定语法结构频繁出现、篇幅简短的文本,通过教师多次朗读、学生听记、讨论的方式尽可能地重构复原文本。语法听写通常分为四个步骤:准备、听写、重构和分析纠正。在此以下文为例:

Michael ***ist*** gestern mit dem Bus in die Stadt ***gefahren***. Er **ist** im Zentrum ***ausgestiegen*** und ein bisschen spazieren ***gegangen***. In einem Kaufhaus ***hat*** er eine neue Hose ***anprobiert***, hat aber auch ein T-Shirt ***gekauft***. Unterwegs ***hat*** er ein Eis **gegessen**. Am Marktplatz ***hat*** er einen Freund ***getroffen***. Sie ***haben*** über die Schule und den interessanten Unterricht ***geredet***. Zusammen ***sind*** sie in einen Buchladen ***gegangen*** und ***haben*** eine Grammatik ***gesucht***. Danach ***hat*** Michael seine Freundin ***angerufen***.

例 4 语法听写法文本

显而易见,上文是一篇适合现在完成时教学的短文,文章多处涉及完成时,涵盖规则及不规则动词、可分动词的完成时以及助动词为 sein 和 haben 的两类动词,且文章篇幅不长(76 个单词),因此在学生已学习各类动词完成时的变化规则后,适用于语法听写的教学,帮助学生进一步熟悉巩固完成时的用法。

a. 准备阶段:教师可帮助学生快速回忆完成时的规则(助动词+第二分词)以及第二分词的组成方式。教师可举一至两句例子,向学生阐明语法听写的任务要求。

b. 听写阶段:教师朗读全文两遍。第一遍要求学生听懂文章大意,并考虑哪些是需要记忆的关键词。第二遍学生需做笔记。

c. 重构阶段：学生以两人或者多人一组的形式进行信息交流和讨论，在语法和内容上尽可能还原全文。

d. 分析纠正阶段：可由教师给出原文，小组自行比对，或邀请某一个小组的成员朗读自己重构的文章，其他同学共同纠错。在对比原文和纠错的过程中，教师可再次强调语法要点。

语法听写与传统的听写相比，听的遍数减少了，有助于解决学生因时间持续而无法集中注意力的问题，同时语法听写要求学生互相交流所获取的信息、合作重构原文，有助于学生协同合作、互评互鉴意识和能力的培养。只是在首次采用此方法时，教师须向学生解释清楚各步骤及其要求，以免学生误以为此法像以往传统听写那样，需要记下所有文字，没有真正理解任务要求。

（二）视觉型听写（Visuelles Diktat）

视觉型学习者擅长通过观察事物进行学习。当信息呈现在眼前或以文字的形式出现时，此类学习者相较其他类型的学习者能够更快地理解。因此在课堂上，视觉型学习者喜欢教师以板书或演示文稿的形式归纳出学习重点；在自主学习时，他们也偏爱从教材和课堂笔记中获取知识信息。他们不善于通过听觉进行学习。针对视觉型学习者的这一特点，笔者总结出以下听写练习的改进方法：

1. 文字听写（Abschreibdiktat）

文字听写更确切地可称为看文字速记。教师将短文划分为多个句子，并制作成PPT。一个句子出现一段时间后消失，紧接着出现下一句，以此类推，全文播放完成。与传统听写方式不同，文字听写主要考查的不再是学生听的能力，而是短时间内对句子的理解与重构的能力。只有学生完全理解句子的含义、掌握语法的构成，才能做到尽可能地重现全文。在文字听写的过程中，时间的设定至关重要，每个句子出现的时间不宜过长，学生可在这段时间内直接抄下全句；当然时间也不宜过短，以免学生手忙脚乱，来不及反应和做笔记。

文字听写相较传统听写更符合视觉型学习者的习惯，但仍未能解决学生注意力难以长时间高度集中的问题。所以，此教学方法需谨慎使用，且需注意文章篇幅切忌过长。

2. 视频听写（Videodiktat）

视频听写是视觉和听觉的结合，这种方法更能吸引学生的注意力，也更形象、直观。视频的时长和难度需要教师根据学生的德语水平精心挑选。由于针对A1和A2水平的视频素材较少，因此该方式往往更适合高年级的学生。

3. 图片听写(Bilddiktat)

图片听写要求学生将听到的内容画下来,而非记下来,这种方法适合偏好图像的视觉型学习者。笔者在教授身体部位词语、方位介词、形容词词尾时,均运用图片听写的方式。以身体部位词语为例:在学习了 Augen、Nase、Mund、Bein、Arm 等身体部位词语之后,笔者要求学生两人一组,自己发明一个怪物,用所学的身体部位词语向同桌描述自己想象中的怪物,由同桌画下所听到的怪物的样子。学生在描述和听伙伴描述怪物的过程中,反复使用身体部位词语,能够以更快、更有趣味性的方法掌握相关词汇。

(三) 动觉型听写(Kinästhetisches Diktat)

动觉型学习者喜欢在"做中学习",如在课堂上偏爱通过动手实践、做实验等方式获取新知识。这类学生动手能力强,好动不好静,在有运动介入的课堂中往往有出色的表现,收获也更大。针对动觉型学习者好动的特点,笔者在听写教学中使用了德国和西方课堂常用的跑动听写的形式。

跑动听写(Laufdiktat)

在进行跑动听写时,教师将短文贴在教室的另一端,然后将学生分成多个小组,每个小组的成员依序跑到教室另一端,记住所看到的内容,跑回来复述给下一位成员,该成员听写下所听到的内容后,再跑去教室另一端看下一句内容,由此全组成员依次听写完成全文。教师可采取小组竞赛的模式,完成最快且错误最少的小组为优胜组,这进一步调动了学生的积极性,激发学生学习德语的热情。

跑动听写结合运动,发挥出动觉型学习者的优势,而且在学生久坐听讲的情况下,跑动有助于学生消除疲劳,更积极地参与到课堂活动中,但跑动听写往往受场地限制,需要移动桌椅、腾出空间,准备时间较长。

四、小结

综上所述,听写教学不再仅仅局限于教师念、学生记的传统听写模式,而是包含两人合作听写、分类听写、歌曲听写、语法听写、文字听写、视频听写、图片听写以及跑动听写等针对不同感官优势学习者的多种变体形式。在笔者所在学校的德语教学实践中,以上提及的听写教学方法基本均有运用。从方法使用的便利性和课堂有效性的角度出发,两人合作听写、图片听写以及视频听写相较于其他方法更便于实施,且适合的教学材料较多。两人合作听写能在听写的同时让每位同学都开口朗读,相比传统听写方式,学生的参与度更高,且规则易懂、操作起来相对容易,很多德语初学阶段的文本都适合采用该方法进行教学。图片听写也非常适用于中学德语教学,使用该方法能让德语课趣味性显著提升,很好地调动学生学习德语的积极性,但使用图片听写方法时需提醒学生注意时间分配,以免出现学生过于专注绘画而无法按时完成任务的情况。视频听写常用于高年级学生的德语教学,相较于普通的听写,视频听写增添了图像,更为形象、生动,同时图像也可以辅助学生理解听写内容,有助于学生注意力的集中。

近年来,外语教学一直倡导以学生作为课堂活动的主体,那么听写教学策略也应做出相应调整。在传统听写方式中,学生只是被动的信息接收方,听取并记录信息。而文中列出的两人合作听写、图片听写、语法听写及跑动听写策略皆需要两人或小组合作完成。这样的教学设计在锻炼学生听写能力的同时,更有利于为学生创造开口和同伴交际的机会,提高学生的社交及团队协作能力。

此外,在具体听写教学策略的使用上,笔者总结了以下几点注意事项:

(1) 教师在听写教学过程中应尽量使用多种听写教学策略。教师很难获悉班级中的每一位学生属于何种学习类型,在此情况下,应尽可能地在课堂上尝试不同的听写教学方法,做到多形式结合,才能照顾到不同学习类型学生的感官偏好。与此同时,多种方法的使用也有利于加强学生对其不擅长的学习方式的训练。

(2) 教师在设计听写教学策略时应尽量调动多种感官通道。脑科学研究表明,调动的感官越多,可以利用的大脑通路越多,从而建立起更多的神经联结,这样大脑就能用更多的方式对我们所学习的信息进行编码,记忆线索增加,就能提高回忆的成功率。也就是说,当一种教学策略涉及的感官越多,就越有利于学生对所学内容的理解和记忆,也越能够满足不同学生的学习需求。

(3) 听写文本的选择应难易适中且内容与近期所学主题和语法相关。听写文本的生词不宜过多,否则对学生而言难度太大,不利于建立听写信心。文本也不宜过于简单,根据克拉申的输入假设理论,“如果输入的内容完全是习得者的已有知识,习得则无法向前发展”。此外,听写文本内容与近期新学的主题词汇、语法相关,也可以起到复习巩固的作用。

五、不足与展望

尽管本研究假定受试人群在全国大样本中具有普遍性,然而今后依然可以考虑通过扩大样本库来深化本研究立论,并基于更大的抽样人群发展更多、更有效的听写教学方法。本文基于文献研究和笔者个人的教学经验,期望能给更多教师的听写教学带来一些参考,使听写教学效果更加理想,课堂更富趣味性。

参考文献:

[1] Krashen, Stephen D. Second language acquisition and second language learning[M]. Oxford: Pergamon Press, 1981: 126-130.

[2] Looß M. Lerntypen[J]. Die Deutsche Schule, 2001, 93(2): 186 - 198.
[3] Stollhans S. Diktat einmal anders: Die Dictogloss-Methode als Form des Kollaborativen Dialogs[C]. Forum Deutsch: Unterrichtsforum. 2014, 22(1).
[4] 安宇光.普通高中德语课程标准(2017 年版)简析[J].德语人文研究,2019,(1).
[5] 孔燕平,刘海量.大学英语听力教学的有效模式——综合式教学法[J].外语与外语教学,2001,(12): 36 - 38.
[6] 李金钊.多感官教学: 适应不同学生的学习风格[J].现代教学,2009,(6): 40 - 41.
[7] 梁黎颖.结合多种感官通道的德语听写——德语听力策略在教学中的实践探索[J].德语人文研究,2011,(6): 57 - 67.
[8] 刘玲玉,孔德明.整体听写教学模式实证分析[J].湖北工业大学学报,2010,(06): 138 - 140+145.
[9] 任丹凤.学习类型的自我评价[J].上海教育科研,2003,(03): 65 - 67.
[10] 俞松.浅析"学习类型"的分类及其对外语学习的指导意义[J].考试周刊,2014,(12): 89 - 90.

Multisensory Teaching Exploring the teaching methods of dictation in secondary schools for different types of learners

Shanghai Caoyang No.2 High School　Chen Yue

Abstract: This paper is based on personal teaching experience and combines questionnaires, literature review and teaching examples to study the teaching of German dictation from a multisensory perspective that is suitable for different types of learners. Based on the three sensory preferences of auditory, visual and kinesthetic learning types, eight dictation teaching strategies are proposed: cooperative dictation, differentiated dictation, song dictation, dictogloss, text dictation, video dictation, picture dictation and running dictation, in order to improve the effectiveness and interest of dictation teaching.

Keywords: multisensory teaching; types of learning styles; German dictation teaching strategies in secondary schools

跨文化能力在中学阿拉伯语教学中的培养路径研究

上海外国语大学附属外国语学校　丁玉西

摘要：阿拉伯语是"一带一路"建设的关键语种，在我国与"一带一路"国家关系的发展中扮演着重要角色。在语言教学领域，跨文化能力的培养具有重要意义，它不仅是语言教学的重要目标之一，也是现代人才的必备素质之一。本文旨在通过教学实例探究如何在阿拉伯语教学中实现跨文化能力的培养，以回应开展中学阿拉伯语教学的现实需求。

关键词：中学阿拉伯语教育；跨文化能力；培养路径

作者简介：丁玉西，女，上海外国语大学附属外国语学校阿拉伯语教师。研究方向：中学阿拉伯语教学，阿拉伯文学。电子邮箱：itisgrey@ 163.com。

外语教育自身的社会文化属性，赋予了外语教学培养二语习得者跨文化能力的社会意义。随着世界范围内跨文化交流和合作日益紧密，跨文化能力的培养成了教育界和研究界的重要关注点之一。"跨文化能力"早已在英语课标的教学目标、课程定位等方面作为要求被明确提出，跨文化能力应当是外语教学的重要内容。阿拉伯语作为在中学开设的新兴外语学科，在教学过程中培养学生的跨文化能力显得尤为迫切和重要。

一、跨文化能力在语言教学中的重要性

针对跨文化能力的研究始于20世纪60年代的美国，众多学者从不同的维度建构了多种多样的跨文化能力模型。格雷诺・凡蒂尼(Alvino E. Fantini)提出跨文化能力包含的三个基本内容：能够发展和维持关系；能够有效并适恰地交往，并将意义的丢失和扭曲最小化；能与他人合作①。拜纳姆(Michael Byram)曾提出跨文化交际者所需具有的能力：知识、技能、态度和批判性的文化意识，并强调交际能力是跨文化能力的核心。迪尔多夫(Darla K. Deardorff)提出的跨文化能力模型整合了知识、态度、技能、情感四大要素，并增加了价值取向因素，即个体在跨文化交际中体现的价值取向，包括个人和集体价值观、行

① 姜亚洲.跨文化教育：从多元文化到跨文化[M].上海交通大学出版社，2021.

为规范和伦理道德等①。我国教育部2018年发布的《普通高等学校本科专业类教学质量国家标准》中将跨文化能力定义为"尊重世界文化多样性，具有跨文化同理心和批判性文化意识；掌握基本的跨文化研究理论知识和分析方法，理解中外文化的基本特点和异同；能对不同文化现象、文本和制作品进行阐释与评价；能有效和恰当地进行跨文化沟通；能帮助不同文化背景的人士进行有效的跨文化沟通"②。

在语言教学中，跨文化能力不仅仅指学生对外语文化的了解和接受，更是要求学生能够通过比较、对话、反思和批判等方式，认识和理解自己的文化和外语文化的异同之处。通过培养跨文化能力，一方面，学生可以更加深入地理解和掌握外语语言，更容易产生语言输入和输出的情感共鸣，提高语言学习的效果和质量，更加准确地表达自己的观点和意图，提高语言运用的能力；另一方面，具备跨文化能力的学生能够更好地融入外语文化，促进文化交流和相互理解。

二、中学阿拉伯语教学中跨文化能力培养现状

随着"一带一路"倡议的推进，中国与阿拉伯国家的经贸交流和文化交流日益密切，大力开展阿拉伯语教育成为必然趋势。近年来，除了各高校增设阿拉伯语专业，国内部分中学的课堂中也出现了阿拉伯语的身影。笔者所在的上外附中更是顺应国家对"一带一路"语种后备人才的需求，自2019年起开设"一带一路"阿拉伯语语种班，让学生在主修英语的同时，辅修阿拉伯语，进而积极探索中学人才培养新模式。

在中学阶段开展零基础阿拉伯语教学，有助于培养更多具备阿拉伯语能力的人才，为"一带一路"建设提供人才支持和语言服务，也为学生提供更广阔的国际化发展机会。然而，当前我国中学阿拉伯语教学在跨文化能力培养方面普遍存在一些问题。一是缺乏落实跨文化能力培养的实施方法和考核标准。目前国家层面尚未出台中学阿拉伯语的课程标准，中学阿拉伯语的教学缺乏认知上的深入性，评价体系也不完善，无法充分指导跨文化教学的开展。二是学习资源有限，缺乏适合中学学段的教材、辅助练习册等工具，也缺乏同阿拉伯国家的学生进行真实交流的机会。三是基础教育阶段的阿拉伯语教育与高等教育不衔接，阿拉伯语学习与高考科目学习时间分配产生矛盾，导致学生学习动力不足等③。上述问题说明我们在培养好阿拉伯语人才的道路上还有很长的路要走。

---

① Deardorff D K. A 21st century imperative: Integrating intercultural competence in tuning[J]. Tuning Journal for Higher Education, 2015, 3(1):137-147.

② 教育部高等学校教学指导委员会.普通高等学校本科专业类教学质量国家标准[S].北京：高等教育出版社，2008.

③ 黄超.中学阶段的阿拉伯语教学实践——以北京外国语大学附属中学为例[J].阿拉伯研究论丛，2020(01)：135-144.

三、中学阿拉伯语教学跨文化能力的培养路径

要抓住中学这个学生跨文化能力培养的关键期,培养出具有开放、包容的跨文化情感态度的外语学生,我们需要针对现存的问题,从教材使用、课程设置以及教学方法等方面做出改进。笔者进入中学教授阿拉伯语以来,在教学实践中进行了持续的探究,在汲取英语跨文化传播教学经验的基础上,结合了认知建构主义、探究式学习理念和人本主义等理论,逐渐探索出了几条有助于培养基础教育阶段阿拉伯语学习者跨文化能力的路径。这些路径都强调学生的主动参与、思考和自主学习,倡导外语教学应当培养学生的文化敏感性、跨文化交际技能,并提供支持和尊重个体差异的教育环境。借助学生的作业、课堂参与、课堂展示项目和学生的口头及书面反馈等进行评估后,笔者发现,在真实教学环境下实施培养跨文化能力的教学方法后,学生表现出了更高的口语流利度、更好的文化敏感度、更积极的文化互动性和更高的学习动机。

（一）教材设计：情境教学,资源整合

1. 语篇创设情境,着力开发教材

语篇是阿拉伯国情文化知识的载体,叙述式、对话式、独白式等形式多样的语篇承载着阿拉伯的历史文化、社情风貌等丰富的知识,是培养学生跨文化能力的有益材料。从语言功能上来看,语篇相当于一种交际行为,语言学习的终极目标应当是获取信息、交流思想。这就要求我们的语篇教学应当做到超越文本,依托语篇构建起包含阿拉伯人行为模式、思维方式的真实的文化情境,在整合语用和认知的情境化教学过程中,达到跨文化能力培养的目的。①

基于教材在课堂教学中设计和实施跨文化教学活动,是培养学生跨文化能力的一个重要路径。面对当前中学学段阿拉伯语教材不足的问题,教材的开发工作对于培养学生跨文化能力至关重要。跨文化能力培养目标融入阿拉伯语课程目标的必要条件,是将阿拉伯语语言教学与阿拉伯文化、历史、社会等方面相结合。在语言教学的基础上,逐步引入阿拉伯文化和社会的内容,如阿拉伯国家不同的饮食习俗、建筑样式、风俗习惯等,让学生通过语言学习逐渐了解阿拉伯文化,从而增强跨文化意识,在学习过程中增强对本国的身份认同,欣赏和尊重他国文化。

阿拉伯语学科目前使用的是为大学生设计的用书《新编阿拉伯语》,内容较满,难度较大,在作教学使用时,教师应当一方面着力根据阿拉伯语言和文化的特点编写符合中学学段学生学情的用书,另一方面,对现有教材进行校本化处理,有目的地选取教材中符合跨文化能力培养要求的内容进行教学。同时,应将分散在教材中不同板块中的文化内容

---

① 姜亚洲.跨文化教育：从多元文化到跨文化[M].上海交通大学出版社,2021.

进行组编，充分挖掘渗透在教材中的有益文化材料，按照符合学生学情和教学目标设计的合理顺序进行教学。

例如，在《新编阿拉伯语 2》第 2 课中，语篇呈现了阿拉伯人的家庭观念。在教学过程中，教师应该让学生在习得阿拉伯人家庭成员语言知识的同时，了解到阿拉伯家庭背后的文化信息，深刻理解阿拉伯族群的家庭观，并由“阿拉伯国家的家庭结构及家庭成员和亲戚朋友之间的关系”拓展到“中国的家庭结构及家庭成员和亲戚朋友间的关系”，进行中阿文化对比学习，加深学生对中阿文化差异的理解。

2. 整合资源，拓宽学习渠道

基于培养学生核心素养的大单元、大概念的学习是不断发展、螺旋式上升的学习过程。在某个主题单元中学过的话题，随着学生语言水平的不断提高，应当被不断重构，话题的广度和深度应当被不断拓展，匹配学生所能达到的语言应用能力。教师在教学过程中应当合理利用讨论的形式，整合各种资源，包括教材、网络资源、多媒体资源等，适时补充有益的材料，让学生随着学习过程的不断深入，不断拓展对所学话题的表达。例如，在学完《新编阿拉伯语 1》第 21 课的对话《在尼罗河餐厅》后，教师可以补充相关话题材料，从互联网上下载《在贝鲁特餐厅》的材料，让学生在习得与埃及饮食和点餐相关的基本表达后，补充黎巴嫩菜系的相关表达和电话订餐、介绍折扣套餐等表达，进一步拓展学生语言表达的深度和跨文化的能力。

（二）活动教学：能力培养，素质发展

1. 角色扮演

外语教学过程中最重要的是通过真实场景的创设融入对象国语言的文化背景，利用师生互动、生生互动等形式实现教学过程交际化，在贴近学生生活实际的场景，通过角色扮演，让学生在身体、认知、情感几方面充分参与文化情境，切身领悟跨文化交际中的文化多样性和文化冲突，培养学生“在文化互动交流过程中既能倾听、理解他人的思想，也能陈述、表达自己的观点，能从文化差异角度分析和理解误解，并采用积极合理的策略削减误解，促成有效交际，维持和谐关系”[①]的能力。例如，在学习《新编阿拉伯语 1》第 21 课《在餐厅里》时，教师可以创设情境，让学生体验在餐厅点菜的过程，一方扮演侍者，一方扮演顾客。通过这种体验，学生不仅可以提高语言表达能力，还可以在交际过程中发现阿拉伯人进行交易时使用的货币类型等生活细节，从而更深切地了解语言表达背后的文化情景。

2. 探究式学习

跨文化能力教学强调培养学生主动思考、探究和创新的学习能力。在跨文化传播的

---

① 张红玲，吴诗沁.外语教育中的跨文化能力教学参考框架研制[J].外语界，2022，(05)：2－11.

外语教学中,探究式学习理念表现为“学生获得他国文化信息并处理这种信息的能力”①。通过设计具有文化背景的任务和情境,让学生在实践中自主学习,能够极大提升学生的跨文化行为技能。在教学中,可以要求学生就某个文化话题进行展示。在搜集表层文化要素,如衣、食、住、行,并进行探究式学习的过程中,学生有机会深入接触到表层文化要素背后的深层文化,如宗教、风俗等,对文化多样性和文化差异有了更深刻的认识,同时,自主学习能力、思维方式、创造能力都得到锻炼。

3. 案例讨论

在学习外语的过程中,应该逐渐培养学生了解和跨文化关联的技能,在发现中交往,在批判性思考的过程中发展文化意识。在教授语篇时,教师既要有意识地让学生了解显性的文化差异,又要让学生通过思考发现文本背后的隐性文化。组织学生以案例讨论的形式开展文化对话,可以有效地让学生在交流中逐步认识和理解不同文化间的差异,发现文化偏见和刻板印象。

例如,在观看电影《瓦嘉达》时,学生发现沙特的女性地位低下,需要裹头巾出行,她们的生活受到种种限制,于是有学生提出所有女性在阿拉伯国家都必须戴头巾出门这一观点。教师随即以视频、图片、故事等形式展示与该刻板印象相关的反例,在某些阿拉伯国家,如沙特,女性确实受到较强的限制和压抑,例如要求戴头巾,但是在黎巴嫩、约旦等阿拉伯国家,女性并不被要求必须佩戴头巾。

随后,教师要求学生分组讨论,总结学生脑海中的其他对阿拉伯人的印象。有的学生认为,阿拉伯人是落后的。学生在教师引导下进行讨论,认识到阿拉伯人有着悠久的历史和文化,他们在数学、科学、文学和艺术等领域做出了斐然的贡献,有的阿拉伯国家则有着现代化的城市、摩天大楼等。因此,认为“阿拉伯人是落后的”也属于错误的刻板印象。

在案例讨论的过程中,学生们认识到,刻板印象通常是一种偏见,并不能全面、准确地反映某个国家或族群的文化特征。由此,学生们能够主动发现文化偏见和刻板印象,理解个体和群体的关系,在今后也更能够避免因文化差异而产生的误解和偏见。

4. 文化体验

李迪克(Liddicoat)等提出的跨文化外语教学实践模型将教学环节的起始环节界定为:发现体验文化②。通过接触体验外国文化,学生能更深入地了解外语文化,提高跨文化敏感性,为分析文化和批判反思文化做好准备。教师应当充分挖掘当地现有的对象国文化资源,组织学生参观当地的文化场所。

---

① 李桂真.外语教育中的文化安全问题及跨文化建设研究[M].新华出版社,2019.

② Liddicoat A J, Scarino A. Intercultural language teaching and learning[M]. John Wiley & Sons, 2013.

外语教学的根本目的应当是使学生得体、恰当地利用外语开展社会性交际，掌握一门外语的最佳训练形式是在真实的社会实践中利用外语与他人进行交流。开设阿拉伯语学科的中学可以通过与阿拉伯当地的院校建立姐妹校关系，创造与阿拉伯语国家的学生进行视频交流、交换互访的机会，让学生与阿拉伯人建立联系，从而培养跨文化交际能力。

（三）注重文化育人，强化必备品格

当前外语教学的落脚点在于增进对中华文化的了解，树立文化自信，让学生理解命运共同体的内涵和价值，形成国际视野，从多角度来看待各国的文化，实现文化和价值的共通性。发展文化的自我意识要求外语学习者走出舒适区，而外语教学也不仅仅局限于所学习的文本，而是要让学生通过学习，在对文本模仿的基础上进行自我创作，从而实现超越文本的产出。

在语言教学过程中，有必要将具有教育意义和文化意义的主题渗透到语言知识中，以此培养学生正确的价值观。比如，教材中涉及关于阿拉伯经典艺术作品的内容时，可以适当地给学生拓展相关资料，增强学生对艺术魅力、语言之美的感知，丰富学生的情感体验。而在学习阿拉伯传统风俗、文化习俗时，则可以适时地引入中国与之相关的习俗，通过对比学习，归纳总结中阿一些相同的民俗文化、传统节日，培养学生运用所学的知识讲述中国故事的能力。

综上所述，跨文化教学策略和方法丰富多样，可以根据不同的教学场景和目标进行灵活应用。通过这些路径，可以有效提高学生的跨文化交际能力。

四、结语

语言与文化密切相关。随着中阿交往程度加深，如何在中学阿拉伯语教学中培养学生的跨文化能力已成为值得研究的重要课题。中学外语教学是培养学生跨文化能力的重要阶段，教师应当提高跨文化教学的意识，得当运用完善课程设计、开展情境教学、整合信息资源等方法，开展基于角色扮演、探究式学习、案例讨论、文化体验等的活动教学，将跨文化能力的培养真正落实在语言教学的全过程中。

参考文献：

[1] Deardorff D K. A 21st Century Imperative: integrating intercultural competence in Tuning[J]. Tuning Journal for Higher Education, 2015, 3(1): 137 - 147.

[2] Liddicoat A J, Scarino A. Intercultural Language Teaching and Learning[M]. John Wiley & Sons, 2013.

[3] 黄超.中学阶段的阿拉伯语教学实践——以北京外国语大学附属中学为例.阿拉伯研究论丛 总第10期[C].北京.社会科学文献出版社,2020: 135 - 144.

[4] 姜亚洲.跨文化教育：从多元文化到跨文化[M].上海交通大学出版社,2021.

[5] 教育部高等学校教学指导委员会.普通高等学校本科专业类教学质量国家标准[S].北京：高等教育出版社,2008.
[6] 李桂真.外语教育中的文化安全问题及跨文化建设研究[M].新华出版社,2019.
[7] 张红玲,吴诗沁.外语教育中的跨文化能力教学参考框架研制[J].外语界,2022,(05)：2－11.

A Study on the Paths of Cultivating Intercultural Competence in Arabic Language Teaching in Middle Schools

Shanghai Foreign Language School Affiliated to SISU　Ding Yuxi

Abstract: Arabic is a key language in the construction of "Belt and Road", which is of great significance to the development of China's relations with the Belt and Road countries. In the field of language teaching, the cultivation of intercultural competence is of great significance, which is not only one of the important goals of language teaching, but also one of the necessary qualities of modern talents. The purpose of this paper is to explore how the cultivation of intercultural competence can be realized with the help of Arabic language teaching through teaching examples, and we hope that the conclusions drawn from this study can play a certain role in promoting the development of secondary school Arabic language teaching.

Keywords: Arabic education in middle school; intercultural competence; training path

论高中日语国际课程中德育渗透的实践与探索

——以上海市文来中学(高中部)为例

上海市文来中学(高中部)　郑　敏

摘要:本文通过对高中日语国际课程中德育渗透的重要性和必要性的分析,总结了上海市文来中学(高中部)在教材选用与课堂活动设计、课堂以外的综合实践活动开展、中日教师融合教学、5段式学生评价制度4个方面,对日语学科德育渗透的探索与尝试,并提出了今后日语学科德育渗透践行的建议。

关键词:高中日语;国际课程;日语学科德育

作者简介:郑敏,女,上海市文来中学(高中部)日语教师。研究方向:中学日语教学、日语高考、日语留考。电子邮箱:zhengmin09021@163.com

一、研究背景

（一）国际课程的引入

伴随着经济全球化的发展,教育国际化也成了热点话题。2010年发布的《国家中长期教育改革和发展规划纲要(2010—2020年)》明确提出要"加强国际合作与交流,提高我国教育国际化水平"。在教育国际化迅速发展的上海,诸多学校纷纷开设国际课程,并形成相当的办学规模。2013年5月,上海市教育委员会颁布了《关于开展普通高中国际课程试点工作的通知》,进一步明确了上海市普通高中国际课程试点工作的评审和管理要求,并于2014年审批通过了21所高中开展国际课程试点①。这21所试点校中,包括10所公办高中国际班、10所民办高中,以及1所中外合作办学高中。

笔者任教的上海市文来中学(高中部)是这21所中唯一一所开设日语国际课程的学校。学校自建校以来,以"人文立校、多元成才"为办学理念,以"培养具有中国精神、国际

① 21所国际课程试点包括:华东师范大学第二附属中学、复旦大学附属中学、上海交通大学附属中学、上海市格致中学、上海市卢湾高级中学、上海市大同中学、上海市市西中学、上海市建平中学、上海外国语大学附属浦东外国语学校、上海市曹杨第二中学、上海市世外中学、上海市西南位育中学、上海市文来中学、上海协和双语高级中学、上海星河湾双语学校、上海市民办平和学校、上海市民办尚德实验学校、上海市西外外国语学校、上海民办包玉刚实验高中、上海金山区枫叶学校、上海七宝德怀特高级中学(排名不分先后)。

视野的未来公民”为目标，坚持贯彻落实我国四门核心课程①（语文、政治、历史、地理），不断优化日语课程体系、探索高质量教育与发展，帮助了一大批学生实现了赴日留学的梦想。

（二）高中日语国际课程中德育渗透的重要性与必要性

《普通高中日语课程标准（2017年版2020年修订）》（以下简称《高中日语课标》）中提出“课程以培养日语学科核心素养为目标，落实立德树人的根本任务。突显日语课程的育人价值，通过建构科学、合理的课程结构和课程内容，促进学生语言能力、文化意识、思维品质和学习能力的综合发展，使学生增强家国情怀、拓宽国际视野、提高社会责任感和思辨能力”。《高中日语课标》为学科德育的开展指明了方向和目标。

近几年来，随着学科德育研究的不断深入，不少高中日语教师也开始关注日语学科德育渗透的重要性。高（2021）和郭（2023）对日语学科德育渗透的探索与思考给了笔者很大的启发。在此，结合笔者所在学校日语国际课程特点阐述德育渗透的重要性与必要性。

1. 课程建设复杂性的需求

我校日语课程开设了2+1.5与3+0的多元升学通道②，让学生可以在高中阶段，根据自身成长情况和需求进行选择，经由推荐或参加EJU留考（日本留学生考试），赴日深造，最终无缝衔接日本教育体制。日语课程所使用的教材多样，外来元素广泛，外籍教师数量多，因此，课程建设中更应牢固树立红线，把握教育主权，必须有效开发与优化国际课程，不断探索与实践国际教材的本土化。

2. 育人目标的要求

信息化、网络化、数字化高速发展的当下，现代高中生学习成长环境发生了巨大的变化。他们充满好奇心，个性特点鲜明，对不同文化现象和事物接纳度高。但是，面对复杂的国际环境，他们有时候容易被误导、迷失方向。而当他们踏上赴日留学之路，就要学习如何融入国际社会，并做好中国文化的传播者。此时，坚定立场与信念，树立正确的社会主义核心价值观的德育渗透必不可少。因此，可以说德育教育的实施关系到培养具有“中国心”，同时又具备全球视野和国际胸怀的国际人才这一育人目标的实现。

二、日语学科德育渗透的探索与尝试

2000年中共中央办公厅、国务院办公厅印发了《关于适应新形势进一步加强和改进

① 上海市教育委员会《关于开展普通高中国际课程试点工作的通知》明确指出“国家课程中的语文、思想政治、历史和地理四门课程应为必修课程”。

② 所谓2+1.5是指在文来高中完成2年高中学业并通过中方四门核心课程的高中学业水平考试后，赴日本高中继续1.5年课程学习后进入日本大学。所谓3+0是EJU留考定向课程，3年均在文来高中学习，之后参加日本留学生考试。

中小学德育工作的意见》，意见中提出“德育要寓于各学科教学中，贯穿于教育教学的各个环节”，强调了德育与学科的融合。我校日语国际课程不仅承担着日语学科的教学工作，同时也必须肩负起德育教育的使命和要求。笔者将从教材选用与课堂活动设计、课堂以外的综合实践活动开展、中日教师融合教学、5段式学生评价制度这4个方面来总结我校日语学科在德育渗透方面所做的探索与尝试。

（一）充分利用教材中的德育素材，实施开展有效的课堂活动

教材是教学内容的载体，是教学的材料，是实现教学目标的工具。2021年教育部印发的《基础教育课程改革纲要（试行）》中就明确提出了“用教材教”而不是“教教材”的新观念，提倡教师依据课程标准灵活地创造性地使用教材。因此，如何基于学情，选择合适的教材并发掘其德育素材，如何在课堂教学活动中有效开展德育渗透，显得尤为重要。

1. 通过多元化教材的选择与融合，开发适用于我校日语学生的最佳教学素材

我校于2010年开设日语国际课程，成为国内最早一批引进日语国际课程的学校。开设以来，日语课程以《大家的日语》为主教材，开设日语语法、听力、阅读、会话、写作与翻译等课程。

经过多年实践，我们发现《大家的日语》这套教材注重会话和日常生活，口语针对性较强。但是，该教材缺乏主题情境，对德育元素、中国传统文化的渗透很少，不利于学生文化意识、民族自信心和文化自信的培养。此外，每一单元的教学被分割成语法课、听力课、阅读课、口语课等，并由不同教师授课，使得同一单元前后知识失去整体性和关联性，不利于学生日语综合能力的培养。

基于以上问题，我校自2022年起，开启了对日语国际课程的探索与新尝试。首先体现在多元化教材的选用与融合方面。我校始终坚守国家有关立德树人的根本要求，政治定位明晰，在尊重国际标准的同时，坚守中国特色，把握教育主权。在对比研究国内外各类日语教材特色及优缺点的基础上，探索多元教材的融合，并充分发掘其中的德育教学元素，为德育渗透提供载体。在此，笔者以高一日语零起点班为例，梳理了高一学年所使用的日语教材及其中与德育相关联的切入点。

表1　高一日语教材选用及德育元素

	教材名称	使用目的	主题	德育渗透
国内教材	《新界标日本语》综合教材1	综合日语课程	校园	激发学生对家乡、对学校的热爱，增强校园文化意识。
			日本新年	中日文化对比，加深对中华文化的理解和认同，树立文化自信。

续 表

<table>
<tr><th></th><th>教材名称</th><th>使用目的</th><th>主 题</th><th>德 育 渗 透</th></tr>
<tr><td rowspan="11">国内
教材</td><td rowspan="6">《新界标日本语》
综合教材1</td><td rowspan="6">综合日语课程</td><td>社团参观</td><td>培养积极向上的价值观、自主意识和自信能力。</td></tr>
<tr><td>上海的变化</td><td>培养学生家国情怀、自我认识及认同感。</td></tr>
<tr><td>旅行经历</td><td>感知不同地区文化特色,培养尊重和包容人类文化多样性的品质。</td></tr>
<tr><td>接受礼物&
挑选礼物</td><td>让学生懂得感恩,并不断体验和感悟在感恩中成长的快乐和收获。</td></tr>
<tr><td>垃圾分类</td><td>增强学生环保和生态文明意识。</td></tr>
<tr><td>社会实践
活动体验</td><td>启发学生人生规划意识。</td></tr>
<tr><td>《日语必修》
(人教社日语)</td><td>日语拓展课程</td><td>礼仪、情景
剧表演等</td><td>感知并学习中日两国礼仪文化,培养学生跨文化交际能力。</td></tr>
<tr><td rowspan="2">《中学生日语》
1、2</td><td rowspan="2">日语入门及
拓展课程</td><td>两国文字</td><td>理解中国汉字文化对日本汉字文化的深远影响。增强学生对中华文化的认同感。</td></tr>
<tr><td>衣食住行</td><td>发现其中包含的文化元素,关注中日文化的融合与创新。</td></tr>
<tr><td>《新日本语能力考试
N5、N4》
文字词汇・语法</td><td>日语演练
课程</td><td>学习目标
与规划</td><td>培养努力奋斗、坚持不懈的奋斗精神。感受进步带来的快乐。</td></tr>
<tr><td colspan="4"></td></tr>
<tr><td rowspan="2">引入
教材</td><td>《つなぐ　にほんご》初級1</td><td rowspan="2">日语听说、
写作课程</td><td rowspan="2"></td><td rowspan="2">提高学生交际能力、书写能力和文化感受能力。</td></tr>
<tr><td>《まるごと日本のことばと文化入門A1》</td></tr>
</table>

如表1所示,中日教材发挥各自优势和特色,完善课程设置并相互融合,为德育渗透提供了有效的主题和语篇内容。

2. 设计开展丰富的日语实践活动,有效落实德育元素

《高中日语课标》中指出,"日语课堂提倡以主题为引领、情境为依托、语篇为载体、任务为驱动的日语实践活动,使日语实践活动成为全面培养日语学科核心素养的过程"。可

见，德育元素的落实离不开日语实践活动的组织与开展。同样，如表 2 所示，笔者梳理了高一学年与日语德育相关的日语实践活动。

表 2　高一日语课堂基于德育渗透的主题与实践活动

主　题	德 育 渗 透	与学科德育相关的实践活动
校园	激发学生对家乡、对学校的热爱，增强校园文化意识。	介绍城市或者校园设施 对比中日校园设施异同（姐妹校采访）
日本新年	中日文化对比，加深对中华文化的理解和认同，树立文化自信。	对比中日过年习俗的异同 介绍中国传统节日的相关文化
社团参观	培养积极向上的价值观、自主意识和自信能力。	介绍学校特色社团 交流自己参加社团的体验
上海的变化	培养学生家国情怀、自我认识及认同感。	介绍国家、家乡或自己的成长变化 交流对未来的畅想
旅行经历	感知不同地区文化特色，培养尊重和包容人类文化多样性的品质。	介绍印象深刻的旅游经历 分享旅行过程中感受到的文化差异
接受礼物 & 挑选礼物	让学生懂得感恩，并不断体验和感悟在感恩中成长的快乐和收获。	介绍自己收到过的特别的礼物 讨论中日送礼文化异同
垃圾分类	增强学生环保和生态文明意识。	介绍上海垃圾分类实施的办法 对比中日垃圾分类的异同
社会实践活动体验	启发学生人生规划意识。	介绍自己参加过的实践活动及心得 了解身边的职业，交流分享职业内容和特点
两国文字	理解中国汉字文化对日本汉字文化的深远影响，增强学生对中华文化的认同感。	介绍日语中有趣的汉字 分析中国汉字对中日文字的影响
衣食住行	发现其中包含的文化元素，关注中日文化的融合与创新。	对比中日衣食住行异同及历史渊源
学习目标与规划	培养努力奋斗、坚持不懈的奋斗精神，感受进步带来的快乐。	制定学期计划及阶段性目标

学生在参与实践活动的过程中，不仅锻炼了日语综合运用能力，也更全面、更客观、更深入地了解中日文化，形成多元文化交际能力和多视角思维品质，为日后赴日本留学生活打下坚实的基础。

（二）课堂以外的以学生为主体的德育渗透实践活动

叶（2009）提出，学科德育把道德教育渗透在各科的课外教育活动中。由此可见，在课堂以外的实践活动中进行德育渗透，成为德育开展的又一途径。

1. 比赛类实践活动

“以赛促学，以赛促教”，将学、练、赛融为一体，通过开展形式丰富的活动，可以调动学生的学习兴趣，挖掘学生潜力，从而提高学生综合素养。我校近几年来，连续开展了日语书法比赛、配音比赛、演讲比赛、校园vlog比赛、微小说大赛、歌曲大赛、朗诵大赛、商业设计大赛等。

但是，比赛如何和德育做好联结，活动主题的选择非常重要。以2022年我校第一届日语书法比赛为例。参赛对象为高一日语新生。比赛时间定在他们学习完日语假名和发音规则后。常规的书法比赛以考查学生完成日语五十音图的书写为主。但是，我校此次比赛除了常规五十音图的书写之外，还加入了中国诗词（如李白的《望庐山瀑布》、毛泽东的《沁园春·雪》等）、中日名人名言（如福泽谕吉的《心训》等）的抄写。虽然高一新生尚不能完全理解日语表达的意思，但是借助日语汉字能深切感受中国文化的魅力。又如，2022年我校第二届日语演讲比赛主题为“我眼中的家乡”和“文来高中的回忆”。学生们眼中的上海不仅是国际化大都市，也是一座包容的城市，更是一座为环境保护不断努力的绿色城市。同样，参赛学生通过作品回顾了在学校学习生活中的各种“酸甜苦辣”，表达了对学校、对老师和同学的感激之情。

2. 体验类实践活动

为了丰富学生高中生活，我校从日本文化体验课、社团活动、职业生涯规划、感恩教育、对日交流等多方面给学生创设了多元化机会，让学生在体验和实践中不断提升自我认识，促进学生综合素质发展。笔者总结在下方表3。

表3　体验类实践活动

活动类型	活动内容	德育渗透
日本文化体验	① 由校外专业老师带来的日本和服、茶道文化、剑道体验 ② 由本校日语老师带来的日本寿司、章鱼小丸子制作、折纸课堂等	感受日本文化的同时，比较中日文化异同，思考中国文化对日本文化的影响，增强民族自信心，坚定文化自信
社团活动	① 人文艺术类、体育健身类、学术拓展类、实践竞技类等 ② 日语相关：配音社、日本将棋社、剑道社等	培养自主意识，提高自信 培养团体意识和集体主义精神

续 表

活动类型	活动内容	德育渗透
职业生涯规划	① 调查介绍日本姐妹校高中的信息 ② 调查介绍目标大学及感兴趣的专业 ③ 生涯指导课程 ④ 日企参观学习 ⑤ 与学长交流会 ⑥ 校友微信群	强化责任意识,激发学生潜力 培养正确的职业观、价值观
感恩教育	① 教师节、感恩节、新年贺卡制作 ② 感谢信书写	培养感恩意识
对外交流	① 与日本高中交流会 ② 寒暑假游学访问	培养中国情怀、国际视野 提高多元文化沟通能力

（三）中日教师融合教学教研,共同探讨日语学科德育渗透

教师不仅是知识的传播者,更是学生的引路人。教师如何使用教材、如何设计实施有效的实践活动,甚至是教师的一言一行对德育渗透都有着重大的作用和影响。我校日籍教师多达 10 人以上,如何充分发挥中日教师的力量和优势,实现中日教师之间的融合教学;如何提高整个日语教师团队对日语学科德育渗透工作的意识和能力,也是德育践行上又一重要因素。笔者认为需要教师自身和所在集体共同努力。

首先,从自身角度,作为一名教师,要严格要求自己,树立终身学习的理念,不断开阔自己的视野,加深对本国文化和外国文化的理解和认知。只有教师真正有了这方面的知识储备、情感态度,才能将德育元素渗透于课堂内外。

其次,积极开展中日教师之间的交流研讨活动,共同探讨更适合我校学生的日语课堂。中日教师一同学习研究各类教材、讨论设计课堂活动和教学方法,一同发掘德育元素,充分发挥团队的力量。比如,定期举行教研组会议、质量分析会、课堂观摩、文化体验课堂(和服、茶道、日本料理制作)等。除此之外,逢端午节、中秋节、元宵节,我校中外教师一起包粽子、做月饼、包汤圆。这不仅有利于外籍教师了解和体验中国传统节日的习俗与文化意义,更增进了教师之间的沟通与了解。

（四）基于德育的学生 5 段式评价

高中学生评价模式普遍从考试成绩和平时成绩两大维度展开。对于平时成绩的打分,没有具体的评分项目和标准,导致教师之间对同一学生的评价差距较大。为了更客观、更多维度地评价学生在校表现,我校借鉴日本高中的 5 段式评价方式,从考试成绩(包括期中、期末成绩)和平时表现(包括出勤、课堂表现、作业完成情况、在校期间各种活动

参与度等多维度)来综合评分,对学生进行 1 段到 5 段的评价,5 段最高。

5 段式评价方式完整涵盖了学生在校期间的综合表现,打破了以往唯分数论的单一评价指标,更注重过程性评价,不仅能够让学生在今后留学中更加适应日本教育的评价体系,也能够更多地挖掘学生成长中的动力与优势,同时也是学生未来升学时各个日本大学看重的指标之一。

三、日语学科德育渗透践行的建议

如上所述,我校在日语学科德育践行方面作了很多有益的探索,但是这条道路上依然存在一些亟待解决的问题,需要学校、教师共同努力去面对和改善。

(一) 探索国际课程的本土化建设

唐(2017)提出,国际课程要树立"底线意识",坚守教育主权;要理顺"选择意识",注重本土化改造。因此,如何在普通高中国际课程班的本土化实施中,体现出良好的文化自信;如何在注重充分吸收优质国际课程教育元素的同时弘扬中国特色,实现社会主义核心价值观教育与中国传统文化教育的有机结合;如何基于本校学情,实现教材的本土化建设,追求高效的教学方式方法,这仍需要长期的探索与实践。

(二) 探索教师德育教学工作的评价制度

提高教师对学科德育教学的意识,必须进一步完善目前的教师评价体系,打破以往以学生成绩为导向的单一的评价指标,将学科德育教学的实施与开展情况也纳入教师考核。比如尝试教师之间的评价、学生及家长对教师的评价等多维度的评价方式。

四、结语

本文从教材选用与课堂活动设计、课堂以外的综合实践活动开展、中日教师融合教学、5 段式学生评价制度这 4 个方面总结了我校日语学科在德育渗透方面所做的探索与尝试。实践证明,通过对教材进行深入的分析和研读,设计贴近学生生活并且能够体现德育要素的真实情境和活动,并给以更科学的评价方式,可以将学科教学和德育渗透有效融合。这样的日语教学,不仅有利于日语本身语言能力的习得,更有利于培养具有中国情怀、国际视野和多元文化沟通品质的育人目标的实现。

德育巧渗透,润物细无声。立足课程标准,立足学生,将语言的学习与文化习得、思维品质建设有机结合,才能实现德育和智育的良性互动,最终铸就高品质课程。

参考文献:

[1] 上海市教育委员会.上海市教育委员会关于开展普通高中国际课程试点工作的通知 [EB/OL].

https：//edu.sh.gov.cn/xxgk2_zdgz_jcjy_02/20201015/v2-0015-gw_402162013002.html

[2] 中华人民共和国教育部.基础教育课程改革纲要(试行)[EB/OL]. http：//www.moe.gov.cn/srcsite/A26/jcj_kcjcgh/200106/t20010608_167343.html

[3] 中华人民共和国教育部.普通高中日语课程标准(2017 年版 2020 年修订)[S].北京：人民教育出版社,2020.

[4] 高丛丛.试论新课标指导下在高中日语课程中融入德育教学的方法[J].天天爱科学(教学研究),2021,(8)：35-36.

[5] 郭侃亮.高中日语课堂教学中的德育渗透——基于“双新”的思考与课堂实践[J].中等日语教学,2023：56-66.

[6] 唐盛昌.普通高中试点国际课程的定位与方向——以上海市普通高中试点国际课程规范化管理为例[J].现代基础教育研究,2017,(26)：27-32.

[7] 叶飞.学科德育的实践意蕴及其实现途径[J].课程·教材·教法,2009,(8)：48-51.

Practice and Exploration into Constrution of Moral Education in Japanese International Curriculum in Senior High School

—Take Shanghai Wenlai High School(High School Department) as an Example

Shanghai Wenlai High School(High School Department) Zheng Min

Abstract: By analyzing the importance and necessity of construction of moral education in Japanese international curriculum in senior high schools, this paper summarizes the exploration and attempts of Shanghai Wenlai High School (High School Department) into construction of moral education of Japanese subjects in four aspects: textbook selection and classroom activity design, comprehensive practical activities outside of the classroom, integrated teaching of Chinese and Japanese teachers, and 5-stage student evaluation system, and makes Suggestions for future practice of moral education.

Keywords: high school Japanese; international curriculum; Japanese subject moral education

中学泰语课堂的跨文化教育导入策略探索

——来自甘泉外国语中学泰语二外课程的课堂实践报告

上海外国语大学　宋　帆

摘要：在教学中进行跨文化教育导入，培养学生的跨文化交际能力已成为我国外语教学的重要目标之一。在中学泰语课程教学中，应根据课程特点和学生的特点，本着兼顾、平衡、融通的原则进行科学的课程设计，在课堂实践中运用灵活多样的方法导入跨文化教育内容，增强学生的跨文化意识。

关键词：基础教育；泰语教学；跨文化交际

作者简介：宋帆，女，上海外国语大学东方语学院泰语教师。研究方向：泰语教学，泰国文化。电子邮箱：fanonline@ sina.com。

在当今的全球化时代，跨文化交际已成为人们社会生活的重要内容。因此，跨文化能力培养日益成为各阶段外语教学的重要教学目标。现行基础教育新课标明确提出，在英语教学中增强学生的跨文化意识，在教育教学体系中增加传统文化教育比重，在加深学生对英语文化内涵理解的同时，增强跨文化意识①。

跨文化教育同样也应融入非通用语教学中。为了培养具有国际视野的优秀外语人才，上海市教委批准立项"上海市中小学生非通用语种学习计划"。泰语作为"一带一路"合作伙伴重要语言，被纳入该项目中。自 2017 年起，上海甘泉外国语中学与上海外国语大学合作，在初一年级开设了泰语二外课程。笔者作为上海外国语大学的泰语教师，参与了长达六年的中学泰语教学实践。2022 年，上海外国语大学《"语通天下"落实非通用语翻译人才一条龙培养——非通用语在上海中小学推广的探索与经验》教学成果获上海市优秀教学成果一等奖，笔者为主要参与人之一。在教学实践中，笔者努力探索如何根据中学生的学习兴趣和学习特点，将跨文化教学与语言教学深度融合，在提高学生的语言能力、人文素养和国际理解力方面积累了初步经验。

一、兼顾与平衡：中学泰语课程的跨文化教学设计理念

跨文化能力的培养不是一蹴而就的，也不是片面地教授泰国文化知识，而是具有阶段

① 邱雪.新课标背景下英语教学中的文化融入[J].中国教育学刊,2023,(S1)：94－96.

性的科学的培养过程。根据布鲁姆教育目标分类学理论,教育目标体系由认知、情感和技能3个维度构成。有学者基于这一理论构建了中国学生跨文化能力发展一体化模型,强调跨文化能力培养应由认知理解、情感态度、行为技能3个维度构成(张红玲、姚春雨,2020)。认知理解维度包括世界各国文化知识、中国文化知识和普遍文化知识;情感态度维度包含尊重、包容、理解、欣赏、自我认知、国家认同、全球视野和国际理解8个要素;行为技能维度包括聆听、观察、描述、比较、交流沟通、冲突管理、反思评价和学习创新8个要素①。该理论为多维度全面培养学生跨文化能力的教学实践提供了重要参考。

(一)明确课程定位,确立"泰语+文化"的多维度教学模式

甘泉外国语中学的二外课程一般在初一年级开设,时间为一学年,每周一学时,总共约30学时,每学时45分钟。学生均为零基础。教学时首先应根据课程时长切合实际地制定清晰的教学计划,不应在这么短的时间内过度强化语言教学,拔苗助长、急于求成不利于学生的可持续发展,也损害了学生对语言的积极情感态度。语言与文化密不可分,跨文化教学是外语教学的润滑剂和催化剂,不仅可以使课堂更加丰富生动,也能辅助提高学生的语言学习兴趣,加深学生对所学语言知识的印象。同理,文化教学也不意味着要硬性记住多少文化知识,而应通过构建认知理解、情感态度、行为技能等多维度培养模式,在学习过程启发学生对比和思考,理解文化的内涵,从而更深刻地理解语言。同时,不能将语言教学部分和文化教学部分割裂开来分别教学,而应根据每节课的语言教学内容设计相应的文化教学内容,使两者有机结合,深度贯通,在语言教学中科学地融入文化教学,导入跨文化意识的培养,使学生理解在国际交往过程中语言与文化密不可分的关系,懂得尊重世界语言和文化的多样性。

(二)提倡贯穿融通,实现"文化+比较"的多向度教学模式

外语教学跨文化交际能力培养不仅应包括培养学生掌握目的语及其文化的能力,还应包括培养其用外语表达本土文化的能力,即在切实提升学生跨文化意识的过程中实现有效的跨文化交际。外语教学应该"兼顾目的语文化与本土文化的双向性,注重文化的双向平等输入"②。因此,在文化教学设计中,应该兼顾并平衡外语教学跨文化交际能力培养的文化双向性,不仅要学习别国文化,也要学习如何表达本国文化,提升文化自信,讲好中国故事。同时,泰语为学生的二外课程,甘泉外国语中学以外语教学见长,学生一般来说有学习英语或其他语言的基础,因此在教学中应通过对比教学的方式,启发学生思考各国不同文化的差异之处,开拓学生的国际视野,打造富有外国语中学特色的多向文化教学的模式,实现不同内容课程之间的跨越与融通。不管是双向对比还是多向对比模式,都应

① 张红玲,吴诗沁.外语教育中的跨文化能力教学参考框架研制[J].外语界,2022,(5):2-11.
② 吕丽盼,俞理明.双向文化教学——论外语教学跨文化交际能力培养[J].中国外语,2021,18(4):62-67.

秉承文化平等观，培养学生懂得尊重、包容多元文化的情感态度和善于观察、比较、沟通的行为技能。

二、点线与框架：中学泰语课程的跨文化能力培养实现体系

根据“兼顾与平衡”的理念与思路，课程将总共约30个课时，纳入了两个学期两大模块15个单元，每个单元都设计了语言教学点和文化教学点，通过语言与文化的关联将不同知识点横向串联成线，同时以时间为维度，根据循序渐进的语言学习规律，将15个单元纵向连接起来，构成了中学泰语二外课程的设计框架。第一学期模块为“泰语入门”模块，具体以表格形式展示如下：

表1　泰语二外课程第一模块课程设计内容表

单元序号	单元名称	语言教学知识点	跨文化教学知识点
第一单元	你好，泰国	认读常用中辅音字母与单元音；学习打招呼基本用语	泰国概况简介；泰国语言文字的简要历史；泰国见面打招呼的礼仪；通过实践学习泰国合十礼
第二单元	对不起、谢谢	认读常用高辅音字母与复合元音；学习基本礼貌用语	泰国社交基本礼仪观，泰国在道歉及感谢的交际习惯
第三单元	初次见面	认读常用低辅音字母与特殊元音，学习初次见面相关句型与对话	陌生人初次见面相关的交际习惯，与泰国人交往应注意的风俗与禁忌
第四单元	这是什么	泰语声调简介，学习水果、动植物等相关词汇和基本句型	认识泰国著名特产，学习与水果等泰国当地特产有关的文化
第五单元	你喜欢什么颜色	泰语清尾辅音拼读法简介；学习与颜色有关的词汇和表达个人喜好的基本句型	融入与颜色有关的文化知识点
第六单元	我的班级	泰语浊尾辅音拼读法简介；学习表达自己所属的年级与班级，学习1—10数字表达法	融入与数字相关的文化知识点；泰国的中学教育概况
第七单元	我的家庭	泰语复合辅音拼读法简介；学习家庭成员相关词汇和句型	融入泰国的家庭价值观与文化价值观
第八单元	大象歌	学习大象等词汇，学习描述事物特点的基本句型	通过学唱儿歌了解泰国的大象文化

学生通过第一模块的学习能初步认识泰语字母和拼读法，了解基本语法规律，掌握简单词汇和句型。每一单元都设计了相应的文化知识教学点，做到语言与文化教学融为一体。

第二学期则对应第二模块，为“泰语进阶”模块，具体以表格形式展示如下：

表2　泰语二外课程第二模块课程设计内容表

单元序号	单元名称	语言教学知识点	文化教学知识点
第九单元	去旅游	泰国重要旅游地名表达法，表达何时何地去何处的基本句型	融入泰国的旅游文化及宗教文化等知识点
第十单元	泰国美食	与泰式餐饮相关的词汇与句型	泰国饮食文化；餐饮礼仪
第十一单元	去唐人街	与交通有关的词汇和句型	泰国的城市交通文化，唐人街与华人文化
第十二单元	吃中餐	与中式餐饮相关的词汇与句型	中国文化在泰国的传播，泰国的中餐文化和餐饮礼仪
第十三单元	宋干节	与宋干节相关的词汇与节日祝贺句型	宋干节等泰国的节日文化
第十四单元	泰国的春节	与春节有关的词汇与句型，泰语中的汉语外来词	从泰国的中式春节风俗看中国文化的传播与变迁
第十五单元	水灯节之歌舞	学习水灯节歌曲中的相关词汇句型	学习泰式礼仪，通过学习泰式歌舞了解泰国的节日文化及表演艺术

第二模块的学习仍然将语言教学与文化教学紧密结合，同时加入了相当一部分的中国文化相关内容，注重让学生了解中国文化在泰国的传播，学习中国文化的泰语表达，同时也会在教学过程中适度加入多向文化对比的内容，增强学生的跨文化意识。

两大模块每个单元都包含了语言教学点和文化教学点，但是在实际课堂教学中，要注意把握尺度，平衡两者之间的比例，不能把二外课程变成文化课。

三、直观与灵活：中学泰语课程的跨文化能力培养导入技巧

语言与文化教学不应该是割裂开来的两个教学板块，文化教学的导入要尽量做到无缝导入，自然结合。导入的途径和手段应做到灵活多样，富有直观性、趣味性、启发性和可操作性，符合中学生的心理特点，激发学生的求知欲和学习兴趣，同时应启发学生积极思

考和主动探索，而不是照本宣科，忽视互动，使学生处于被动学习状态，产生心理上的厌恶感和疏离感。

（一）故事式导入

初中阶段的学生思维活跃，富有想象力，在实际教学中可将文化知识融入一些生动的故事中，激发学生的兴趣。例如，在学习泰语字母的时候，可以讲述与泰语文字的起源有关的泰国素可泰王朝兰甘亨大帝的生平故事和兰甘亨石碑的故事，让学生了解泰国的语言文化发展历史，培养学生对语言与文字的热爱；在讲到泰国的华人文化时可以讲述泰国华人华侨在泰国生活和创业的小故事，使学生了解中泰之间的民间友好往来和跨文化交流互通对两国友好关系发展所作的贡献，学习华侨华人的爱国精神和奋斗精神。

（二）情景式导入

跨文化交际涉及不同的交际场景。通过情景式导入可以让学生加深印象，增强跨文化能力。例如在学习见面时的泰式合十礼的时候，可以让学生通过模拟初次见面的场景来学习打招呼的用语和泰式见面礼仪。合十礼在不同的人际关系中表现形式略有差异，可以让学生扮演不同的身份角色，模拟不同的场景进行练习，熟练掌握基本礼貌用语和礼仪。再例如，在讲授泰式礼仪的时候，可让学生分组通过一分钟短剧的形式表演和模拟不同的跨文化交际情景，让其他学生判断和讨论是否会产生跨文化冲突等。

（三）对比式导入

跨文化教学应是双向甚至是多向教学。应通过对比的方式来启发学生了解文化差异。例如在中国，猪是代表愚笨和懒惰的，可用于骂人，但在泰国，猪仅代表肥胖，甚至会用来作为小名来称呼他人，有可爱之意。在泰语中“猪”这个词还可以表示“容易”。再比如，在教授“谢谢”这个词的时候，各国人表达感谢的时候存在文化差异。例如中国人在听到赞美时习惯表示谦虚和自贬，而欧美人会欣然接受并表示感谢；中国人在家庭熟人之间不习惯说谢谢，觉得有些见外，而泰国人习惯于在家庭日常生活中表达感谢，等等。教师可以围绕相关话题展开对比，也可以通过组织学生小组讨论等方式进行对比，启发学生探索不同文化之间的差异及其对跨文化交际的影响。

（四）游戏式导入

中学阶段的学生身心较为活泼，注意力难以长时间集中。在课堂中设计和穿插一些游戏，可活跃课堂气氛，吸引学生注意力。例如，泰国有许多奇特的风俗习惯，在讲述泰国风俗知识的时候，可以设计简单的“真或假”游戏，让学生判断在泰国发生的一些日常社会生活的情节是否真实。为了激发学生的参与热情，还可以将学生分成小组进行比赛。游戏方式多种多样，可以从电视综艺节目中获取灵感，发挥教师个人创造力自行设计或与学生共同设计。

（五）歌舞式导入

中学生大多数对歌舞比较喜爱。每个学期都有安排专门的歌曲教唱课时，例如泰国的“大象歌”是泰国著名的儿歌，内容简单，易学易唱，适合在第一学期教授，学生学会歌曲的同时可以学习了解富有泰国特色的大象文化。泰国的“水灯节之歌”是家喻户晓的歌曲，水灯节之际泰国人都会跳简单的南旺舞。学习歌曲是记忆词汇和掌握相关语言知识的捷径，也是激发学生对异国文化的兴趣的有效方式。

（六）图像式导入

课程教学应多运用多媒体教学手段。例如，教授泰国旅游文化的时候展示一些泰国景点图片会引起学生的兴趣。此外也可以选择一些电影中的片段。但课堂中的多媒体图像式导入要注意对图像的选择和剪辑，以短小为主，播放应和讲解及互动实时结合，才可达到良好教学效果。

课堂教学中的跨文化教育导入方式多种多样，可灵活综合运用。同时，课堂时间较为有限，如能结合丰富多彩的课外文化活动，定能达到更佳的学习效果。

结　语

语言是文化的载体，文化是语言的内核，两者的概念密切相关①。在语言课程教学中，本着兼顾、平衡、融通的原则导入跨文化教育内容，既可巩固语言学习效果，亦可增强学生的跨文化意识。通过对历届学生进行问卷调查及访谈我们发现，这种“语言+文化”的教学模式比单一语言教学更受到学生欢迎。实践证明，在中学泰语教学中进行跨文化教育导入，能激发学生的语言学习兴趣，有助于提升学生的语言能力及综合素养。语言与文化，应同向同行。

参考文献：

[1] 吕丽盼，俞理明.双向文化教学——论外语教学跨文化交际能力培养[J].中国外语，2021，18(4)：62－67.

[2] 邱雪.新课标背景下英语教学中的文化融入[J].中国教育学刊，2023，(S1)：94－96.

[3] 张红玲，吴诗沁.外语教育中的跨文化能力教学参考框架研制[J].外语界，2022，(5)：2－11.

[4] 赵静利.跨文化交际视野下的高校外语语言实践教学[J].山西财经大学学报，2022，44(201)：190－192.

① 赵静利.跨文化交际视野下的高校外语语言实践教学[J].山西财经大学学报，2022，44(201)：190－192.

To Explore the Introduction Strategy of Cross-cultural Education in Thai Language Teaching in Middle School

A Classroom Practice Report from the Second Foreign Language Course of Thai in Shanghai Ganquan Foreign Languages Middle School

Shanghai International Studies University Song Fan

Abstract: Introducing cross-cultural education into teaching and cultivating students' cross-cultural communication skills has become one of the important aims of foreign language teaching in China. In the teaching of Thai language courses in middle schools, scientific curriculum design should be carried out based on the principles of balance and integration according to the characteristics of the course and students. Flexible and diverse methods can be used in classroom teaching to involve cross-cultural education content and enhance students' cross-cultural awareness.

Keywords: elementary education; Thai language teaching; intercultural communication

中学非通用语种教材对社会语言能力培养的现状与展望

——以《快乐希腊语》为例

上海外国语大学　冯　丹　姜珺洁

摘要： 社会语言能力是语言交际能力的重要组成部分，是加强国际理解、培养跨文化交际能力的前提与基础，对该能力的培养是外语教材编写必须考虑的内容。本文采用定量研究方法，对比研究国内和希腊两部入门级希腊语教材中社会语言知识的分布情况，结合实际学情加以分析，对国内希腊语教材提出相关建议，借此回答外语教材如何才能有效提高学习者的社会语言能力这一问题，为国内中学非通用语种教材的后续更新提供参考。

关键词： 外语教材；中学多语种教材研究；社会语言能力；希腊语教材

作者简介： 冯丹，女，上海外国语大学欧洲语言文学专业研究生。研究方向：希腊语教学，翻译学与翻译教学。电子邮箱：margaritafeng@ outlook.com。姜珺洁，女，上海外国语大学希腊语语言文学专业毕业生。电子邮箱：0191108001@ shisu.edu.cn。

一、引言

外语教材是外语课程的重要载体，也是外语教学的根本依托[①]。目前，针对外语教材的研究呈现出多样化态势，研究范围从英语扩展到德语、法语、西班牙语等高考语种，乃至葡萄牙语、意大利语等非通用语种。其中，有关非通用语种教材的研究主要集中在高校相关专业教材的建设上，面向中小学的非通用语种教材研究还处于起步阶段。

依托于“上海市中小学非通用语种学习计划”[②]，国内首部面向少年儿童的希腊语教材《快乐希腊语》于2020年出版。该教材以口语会话为主要教学内容，致力于提高学习者的希腊语交际能力。这一目标与欧洲当代语言教育指南《欧洲语言共同参考框架》中所提出的“培养具备各种语言交际能力的综合语言素质”[③]理念是相符的。

由此，本研究基于《欧洲语言共同参考框架》所提出的社会语言能力框架，通过《快乐希腊语》和希腊本土教材《Επικοινωνήστε ελληνικά 1》（以下简称《希腊语交流1》）的对

① 孙有中.课程思政视角下的高校外语教材设计[J].外语电化教学，2020(6)：46－51.

② 上海市中小学非通用语种学习计划由上海市教育委员会于2014年批准并实施。

③ 欧洲理事会.欧洲语言共同参考框架：学习、教学、评估[M].北京：外语教学与研究出版社，2008：5.

比研究，分析总结《快乐希腊语》在培养学习者社会语言能力方面所存在的不足，以期为后续的教材更新提出可行建议。

二、《欧洲语言共同参考框架》中的社会语言能力

（一）《欧洲语言共同参考框架》的交际语言能力观

《欧洲语言共同参考框架：学习、教学、评估》（以下简称 CEFR）是欧洲理事会制定的关于语言学习、教学及评估的整体指导方针和行动纲领。自 2001 年正式发布以来，其影响力不断扩大，已成为欧盟语言教育与评估的共同基础[①]和欧洲当代语言的教育指南[②]。由 CEFR 设计的语言能力评估量表成为现今全球通用的外语能力评估标准。

CEFR 核心理念是其交际语言能力观[③]。它将语言交际能力细分为语言能力、社会语言能力和语用能力。语言能力是指所有语音、词汇、句法，以及语言系统的其他应知应会知识与技能。社会语言能力则是从社会的角度应用语言的能力及其相关知识。语用能力则是根据互动式交流进程和语境，功能化地使用语言的能力[④]。以上能力通过 CERF 所制定的语言能力量表具体而客观地展现出来，为教学实践提供全面、透明、一致的指南和评估标准。

（二）社会语言能力与社会语言能力量表

CEFR 重视语言的社会性并阐明了语言活动和社会环境之间的关系。它将语言使用者和学习者定性为社会人，认为社会环境赋予了语言活动全部的意义[⑤]。因此，CEFR 将社会语言能力视为语言交际能力的重要一环，并将其定义为“从社会的角度应用语言的能力及其相关知识”[⑥]。社会语言能力通过表明社会关系的标识性词语、礼仪规则、大众智语、语体和方言口音这五个方面表现出来。每一个方面均包含更为细致和具体的分类，为外语学习者、外语教师和外语能力测评者提供了切实可行的社会语言能力培养方案。此外，针对社会语言能力，CEFR 制定了具体且客观的评估量表，为外语教材的编制提供了具体化的模型和操作性强的编写依托。社会语言能力强有力地影响着代表各种文化背景者之间的语言交际[⑦]，是新时代背景下加强青少年国际理解、提高其跨文化交际能力过程

① 邹申，张文星，孔菊芳.《欧洲语言共同参考框架》在中国：研究现状与应用展望[J/OL].中国外语，2015，12(3)：24－31.

② 刘壮，韩宝成，阎彤.《欧洲语言共同参考框架》的交际语言能力框架和外语教学理念[J].外语教学与研究，2012，44(4)：616－623.

③ 邹申，张文星，孔菊芳.《欧洲语言共同参考框架》在中国：研究现状与应用展望[J/OL].中国外语，2015，12(3)：24－31.

④ 欧洲理事会.欧洲语言共同参考框架：学习、教学、评估[M].北京：外语教学与研究出版社，2008：13.

⑤ 欧洲理事会.欧洲语言共同参考框架：学习、教学、评估[M].北京：外语教学与研究出版社，2008：9.

⑥ 欧洲理事会.欧洲语言共同参考框架：学习、教学、评估[M].北京：外语教学与研究出版社，2008：113.

⑦ 欧洲理事会.欧洲语言共同参考框架：学习、教学、评估[M].北京：外语教学与研究出版社，2008：13.

中不可忽视的重要环节，应当在外语教材编写和外语教学活动中着重表现出来。

三、中希希腊语入门教材所体现的社会语言能力培养倾向

外语教材是外语教学的根本依托，也是外语教学的重要保障条件①。为了更好地培养多语种早期人才，面向少年儿童的多语种教材应当体现对教材使用者的社会语言能力提升的相关内容。因此，本研究通过定量研究和对比分析法，探究中希两本希腊语入门教材在社会语言能力培养方面所表现出的异同，为《快乐希腊语》系列教材的后续更新提出相应的建议。

（一）所选研究教材

《快乐希腊语》于2020年问世，是国内首部面向少年儿童的希腊语入门级教材，主要致力于培养学习者的语言交际能力。该教材以贴近日常生活的素材为基础，以口语会话为主要呈现方式，集知识性、人文性和趣味性为一体，让学生玩中有学，学中可玩。《Επικοινωνήστε ελληνικά（希腊语交流）》系列教材由希腊知名出版社 Δέλτος 于2002年出版，共三册。该教材的主要目标在于培养学习者正确理解、表达、阅读、写作的能力。本研究选用该系列教材第一册前12个单元作为研究对象，在单元数量和教学内容上与《快乐希腊语》保持相近。

（二）社会语言在中希希腊语教材中的体现

1. 表明社会关系的标志性词语

表明社会关系的标识性词语（以下简称为“标志词”）包含了问候语、呼语、发言的规则和感叹②，在两本教材中都有大量体现。研究者根据 CEFR 量表对两本教材进行了人工筛选统计。其中，标志词在《快乐希腊语》中出现109次，在《希腊语交流1》前12单元共出现127次。鉴于两本教材在文本量上的差异，该数据无法直接进行横向比较，但从中我们不难看出，两本教材对标志词的使用都较为频繁，保证会话文本有始有终，有助于学习者养成良好的社会语言习惯。

2. 礼仪规则

礼仪规则表现在“积极的礼节”“默认的礼数”，和正确使用“谢谢”“请”等礼貌用语与不礼貌用语（有意不守礼节）③。两本教材在礼仪规则方面表现出了不同的侧重。统计显示，《希腊语交流1》中，礼仪规则的出现频次在三个维度上都得到均匀的体现；而在丰富度上，从高到低依次为：“积极的礼节”>“默认的礼数”>正确使用礼貌用语。反观《快

① 董遥遥.从中法法语教材的理念与结构看能力导向的异同[J].外国语文，2020，36(4)：130－136.
② 欧洲理事会.欧洲语言共同参考框架：学习、教学、评估[M].北京：外语教学与研究出版社，2008：113－114.
③ 欧洲理事会.欧洲语言共同参考框架：学习、教学、评估[M].北京：外语教学与研究出版社，2008：114.

乐希腊语》,礼仪规则的出现频次和丰富度呈正相关,由高到低依次为:“积极的礼节”>正确使用礼貌用语>“默认的礼数”。

前文提到,两本教材囊括的标志词数量不能直接横向比较,礼仪规则亦是如此。但研究数据仍呈现出其他显著特点:当《快乐希腊语》“礼仪规则”的体现在另外两个维度及总量都显弱势的情况下,其所含“积极的礼节”无论在丰富程度方面还是重复频次方面,都略高于《希腊语交流1》。有关其背后的原因,笔者认为:根据CEFR中相关定义,“积极的礼节”表现在共情、欣赏、感激、关爱、让利、邀约等方面①,因此“积极的礼节”在一定程度上可以间接体现话题数量。鉴于两本教材均选取了12个教学单元,涉及话题数量较为接近,所以“积极的礼节”的出现频次和丰富度也较为接近。

而“默认的礼数”和“正确使用礼貌用语”与话题数量并没有直接关联。不难看出,在相同的单元数内,《希腊语交流1》均衡地体现了这两种礼仪规则,而《快乐希腊语》则在词频和多样性上都略有欠缺。

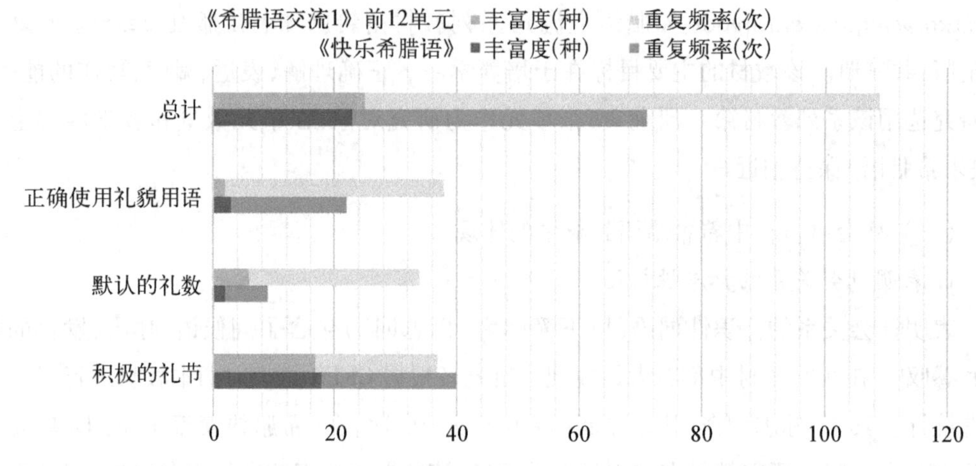

图1 《希腊语交流1》前12个单元与《快乐希腊语》有关“礼仪规则”统计

3. 大众智语

大众智语囊括了成语、形象短语、俗语、宗教信仰用语、气候谚语、口头禅、反映价值观的民谚等②。从定义中可知,大众智语浓缩了该语言使用者的民族文化和生活习惯,学习难度较大,不宜作为入门级教材的重点。《快乐希腊语》完全规避了大众智语。而在《希腊语交流1》的前12个教学单元中,大众智语出现两次。值得一提的是,在《希腊语交流3》中,“Παροιμίες”③成为单元常驻板块,每次介绍2到8句不等的成语或俗语。据此可

① 欧洲理事会.欧洲语言共同参考框架:学习、教学、评估[M].北京:外语教学与研究出版社,2008:114.

② 欧洲理事会.欧洲语言共同参考框架:学习、教学、评估[M].北京:外语教学与研究出版社,2008:115.

③ 意为“谚语”。

得,《希腊语交流》系列教材充分考虑到非母语学习者的认知规律,循序渐进地培养该项社会语言能力。

4. 语体差异

语体分为官方、正式、中性、非正式、俗语和亲密6个等级①。研究发现,《希腊语交流1》前12个教学单元收录的短文文本以中性语体为主,会话文本的语体差异更为丰富。随着教材难度的提升,会话中非正式语体和亲密语体的出现频率不断提高,体现了该教材对社会语言能力培养的关注,但其中的缩写与不规则习惯用法对于自学者造成了一定的阻碍。相较之下,《快乐希腊语》收录的会话文本以中性语体为主,穿插少量语体变化,但总量较少、形式较为单一,且在分布上无明显规律。由此可见,《快乐希腊语》编写组有意识地制造了一些语体差异,但整体上依然以中性语体为主,文本语法完整、规范、易于理解,是更加适合中国初学者自学的优秀教材。然而,在授课环境下,《快乐希腊语》的语体略显机械,不利于教师进行拓展延伸。

方言与口音在研究对象中并无体现,因此本文不做赘述。

（三）统计结果分析

经上述数据统计发现,《快乐希腊语》与《希腊语交流1》前12个教学单元相比,在礼仪规则和大众智语层面,会话文本所涉及的数量和多样性略有欠缺;在语体层面,以中性为主,差异性不足。具体表现在以下两个方面:

1. 会话文本过于"纯净",社会语言体现较少。根据中国少年儿童和自学者群体的学习特点,《快乐希腊语》编写组更加侧重基础语言能力(尤其是口语和语法)的培养,文本中所包含的社会语言较少。这一取舍有利有弊。其优势在于能够减少干扰信息,便于初学者抓住学习重点。然而,文本过于纯净会在一定程度上导致学习者缺乏表达方式的积累,使其在进行口语练习时,只能机械地"做填空题",无法对题干进行个性化的"二次加工",更无法自主、自发且自由地使用生动的语言表达自己的情感、态度与价值观。同时,8—15岁的学习者对抽象知识的接受能力还不够成熟,较为依赖图片、音乐、游戏等感性经验来源,而隐含在文本中的社会语言亦是不可或缺的情感体验。长期接触纯净文本会消磨学习者的学习热情。因此,笔者认为,不应将教学的重心过多地放在基础语言能力的培养上,而应当顺应"上海市中小学非通用语种学习计划"的宗旨和目标,提高对社会语言能力的重视程度,建构更为"接地气"的会话情景,切实提高学习者的外语学习兴趣。让兴趣带动语法学习,让语法学习为语言交际能力的提升奠定基础,从而培养出一批具有较强国际理解能力和跨文化交际能力的储备人才。

2. 在教学内容的彼此联系性方面有所欠缺。这一欠缺主要表现在具体的知识点层

① 欧洲理事会.欧洲语言共同参考框架:学习、教学、评估[M].北京:外语教学与研究出版社,2008:115.

面。部分出现在靠前教学单元的教学内容在后续的教学内容中不再出现。例如“Τι κάνεις; / Τι κάνετε;”“Πώς είσαι; / Πώς είστε;”①等属于“积极的礼节”中的问候短语,是第一单元的重点学习内容,在后续的教学单元中以上问候短语并无重复出现。礼节性问候是每一段对话中的固定“开场白”,在希腊人日常生活中使用频率非常之高,但在中文语境中类似的问候短语使用频率较低,这也体现出了一定的中希文化差异。考虑到青少年的认知结构和认知规律,上述体现社会文化差异的短语在教材内容中应适当地重复出现,加强学习者对该类知识点的理解,从而巩固学习者对社会语言的掌握。

四、结语

通过上述对比分析可得,《快乐希腊语》在培养学习者的社会语言能力方面做出了诸多努力,同时也表现出一定的不足。为培养具有国际视野的希腊语储备人才,对于《快乐希腊语》教材可能的后续更新工作,本研究提出以下建议:第一,提高对社会语言能力培养的重视度。具体而言,可结合教学单元主题,使用更加丰富和生动的礼仪规则,适当加入具有代表性且通俗易懂的大众智语,凸显语体差异,为学习者建构更加贴近现代希腊生活的真实外语情境。第二,合理设置教学单元,增强知识点彼此之间的联系性。尤其应当重视融入社会语言的时机,把握好社会语言复现的频率,在不增加学习压力的情况下,对学习者产生自然而然、潜移默化的积极影响。同时,也为教师的实际教学工作提供更为坚实的支持与更大的发挥空间。

本研究以社会语言能力为切入点,探讨中学非通用语种教材对学习者国际视野与跨文化交际能力的培养现状,并为后续更新提出了建议。随着国内基础教育阶段多语种课程的不断开展,中学非通用语种教材在外语教材建设、研究等领域都将有更切实的发展。本研究仍存在一定的局限性,未来将从教材的实际使用出发,将静态的教材和动态的教材使用结合起来,以更加丰富的实例与更加有力的数据为支撑,为后续的教材更新工作提供借鉴意义。

参考文献:

[1] 董遥遥.从中法法语教材的理念与结构看能力导向的异同[J].外国语文,2020,36(4):130-136.

[2] 刘壮,韩宝成,阎彤.《欧洲语言共同参考框架》的交际语言能力框架和外语教学理念[J].外语教学与研究,2012,44(4):616-623.

[3] 欧洲理事会.欧洲语言共同参考框架:学习、教学、评估[M].北京:外语教学与研究出版社,2008:5-116.

① 意为“你(您)感觉如何?”“你(您)好吗?”

[4] 孙有中.课程思政视角下的高校外语教材设计[J].外语电化教学,2020,(6):46-51.
[5] 邹申,张文星,孔菊芳.《欧洲语言共同参考框架》在中国:研究现状与应用展望[J/OL].中国外语,2015,12(3):24-31.

Status and Prospects of Secondary School Non-Universal Languages Textbooks on the Cultivation of Sociolinguistic Competence

——*Happy Greek* as an Example

Shanghai International Studies University　Feng Dan　Jiang Junjie

Abstract: Sociolinguistic competence is a crucial dimension of communicative language competences. It also works as a prerequisite and a basis for strengthening international understanding and developing intercultural communicative competence. Therefore the cultivation of sociolinguistic competence must be taken into account during the preparation of foreign language textbooks. This article adopts the quantitative research method to compare the distribution of sociolinguistic knowledge in two introductory Greek textbooks from China and Greece, and analyses them in the light of the actual learning situation, in order to put forward relevant suggestions for Greek textbooks from China, thus answering the question of how foreign language textbooks can effectively improve the sociolinguistic competence of learners, and providing references for the subsequent updating of the domestic secondary school non-universal languages textbooks.

Keywords: foreign language textbooks; study of multilingual textbooks for secondary schools; sociolinguistic competence; Greek language textbooks

如何在德语阅读课中提升学生自主提问能力

同济大学　毛丽佳

摘要：阅读课是培养学生思维品质的主阵地，而课堂提问正是激发学生兴趣的有效手段，合适的自主提问能调动学生积极思考，激发学生思维的良性发展。文本通过读前导学案、读中思维地图、读后问题链三个层面（或阶段）来进行教学设计，引导学生开展自主合作学习，并在学习过程中主动提问，以此鼓励学生深度阅读并达到发展思维品质的目的。

关键词：德语阅读；自主提问；培养路径；思维品质

作者简介：毛丽佳，女，任职于嘉兴高级中学，中学一级教师，同济大学职业教育学院 2023 级教育管理硕士；主要研究方向：应用语言学、德语教学法。电子邮箱：ilkabauer@ 126.com。

一、高中德语阅读课学生自主提问能力现状分析

德语学习中思维品质和能力的培养离不开德语阅读课堂，《普通高中德语课程标准（2017 年版 2020 年修订）》（以下简称《德语课标》）对“学习能力”这一核心素养能力要求中提到“能主动规划、调整和控制自己的学习过程，掌握恰当有效的学习方式，获取信息并判断信息的价值”[1]。在学习过程中提高学生开放性、自主性的主动学习能力，需要创设情境，创造动机，激发学生学习的自驱力，让学生自主自觉学习，这对于德语阅读课堂提出了更高的要求。

但是在实际教学中，传统的教学模式没有得到根本转变，特别在阅读课中学生自主提问方面存在不足，其一学生缺乏主动提问的意愿，或者说缺乏问题意识，在阅读课上更多倾向于传统的简单阅读，更多依赖于教材提出的或者教师设置的问题，没有形成自主提问的意识和习惯，更难以通过独立思考去寻找答案；其二学生在课堂上缺少主动提问的机会，受制于设计好的教学环节和教师的掌控，学生从德语课堂的每个环节中获得的主动提问和独立思考能力的机会不多，受教学环境影响，学生独立思维的生成和发展受到阻碍；其三学生缺乏主动思考的能力，主观意愿与客观机会的缺失导致学生自主提问的能力无法提高，同时传统阅读课教学中也缺乏培养学生主动提问和思考意识和能力的教学媒介和载体，学生这方面的能力无法得到有效锻炼。因而，教师在德语阅读课中通过若干教学策略的实施，引导和激发学生主动提问的意识，培养学生的主观能动性，进而锻炼其思维

能力,就非常关键了。

二、高中德语阅读课学生自主提问能力的培养路径

《德语课标》中对“思维品质”这一学科核心素养的培养要求是:“能在母语思维的基础上,运用外语思维,获取多元视角,丰富认知体系,进行联系、比较、批判、反思,形成创新的思维品质”[1]。要使学生达到“运用多元视角进行质疑、分析和判断”的能力,笔者认为,可从阅读课的读前、读中、读后这三个阶段,按照三个不同的思维层次,从识记、理解获得多元视角到应用、分析进行联系和比较,进而到通过综合、评价形成批判与反思思维,设计旨在提高学生自主提问能力的主要培养路径,如图1所示。

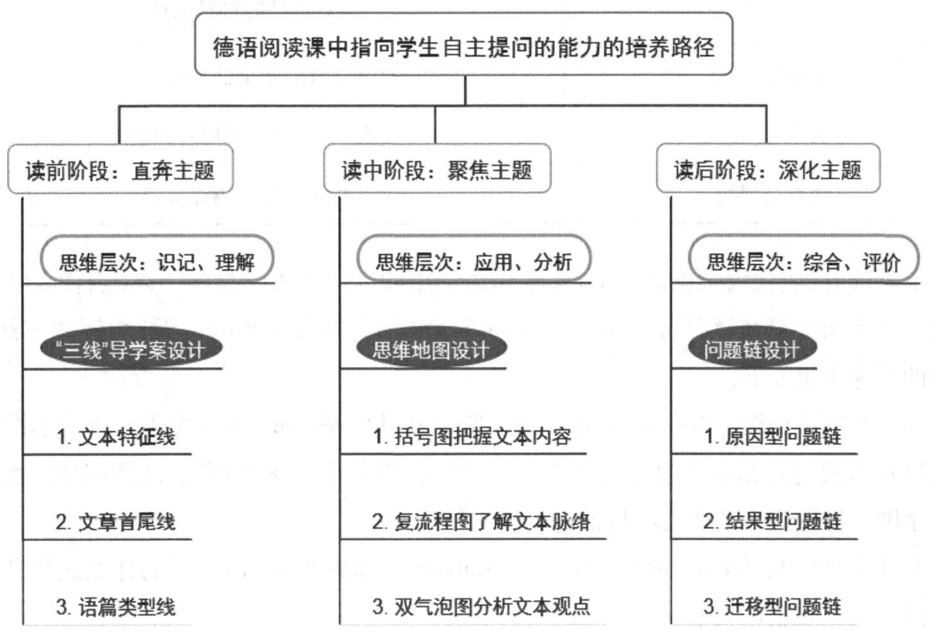

图1　学生自主提问能力培养路径图

(一) 读前阶段:直奔主题,制定“三线”导学案

发现学习是美国当代心理学家布鲁纳(Bruner,1966)所倡导并发展起来的教学方法。布鲁纳认为学习的目的不在于掌握琐碎的知识,而是在获取、追求知识的过程中学会怎样学习。他强调,教学的目的不仅应当尽可能使学生牢固地掌握学科内容,还应当尽可能使学生成为自主而自动的思想家。这样,当学生在正规学校教育结束之后,将会独立地向前迈进[2]。在教学过程中,学生是学习的积极探究者,教师的作用是创设适合学生学习探究的情境,而不是提供现成的知识。笔者在读前阶段基于发现学习的理论通过导学案为学生创设探究的情境,根据学生的基础预先生成指导项目,让他们为自主提问做好准备。对

于篇幅比较长的文章，在学前合理利用导学案帮助学生提前了解文本内容，获取语篇的基本信息并进行反馈，以便教师在下一步的阅读过程中更加有的放矢地引导学生处理文本。

笔者结合汉语母语阅读教学基础，在德语阅读课教学之前，设计了表格形式的导学案(见表1)，即“文本特征线”“文章首尾线”和“语篇类型线”。通过上述三条线的搭建，帮助学生自主循着教师提供的线索，探讨文本的标题、插图以及其他辅助性材料，通过分析段落前后的内容变化，根据文本中提供的特征和任务事件等要素激活学生有关语篇知识的思维，进而通过自主提问对文章的整体脉络进行梳理，最终帮助学生对全文形成一个基本的认知。

表1 “三线”导学案

三　线	重点借助的材料工具
文本特征线	标题、插图、辅助性材料
文章首尾线	总起句和段落、末尾句和段落
语篇类型线	激活相关文章的语篇知识

笔者选取《当代大学德语》部分文本作为学生阅读课的教学材料。以《当代大学德语3》第二单元第二篇文章《Ein rabenschwarzer Tag》(如乌鸦般黑暗的一天)为例，“三线”导学案的实施步骤如下：

(1) 文本特征线。“ein rabenschwarzer Tag”讲述的是Schacht总经理经历的不愉快的一天以及引发与人相处行为方式的思考。文章有四个段落，结构完整，故事性强，教师引导学生围绕标题这一重要文本特征进行自主提问。

S(chülerIN)1：Warum ist das ein rabenschwarzer Tag? Was ist los?(为什么这是乌鸦般黑暗的一天？发生什么事了？)

S2：Für wen ist das ein rabenschwarzer Tag?(对于谁来说这是乌鸦般黑暗的一天？)

S3：Welche genaue Ereignise sieht man als rabenschwarz?(文中哪些事件可以称之为乌鸦般黑暗？)

设计意图：根据标题这一线索，学生一般通过联想，大体能感觉到文中可能会描述到一些令人不愉快的事件，但具体是什么事件，不得而知。另外也有部分学生不理解rabenschwarz的具体含义，这就促使学生有了进一步往下阅读的动机，有意识地带着上述提出的问题，通过阅读全文，查找和验证到底什么是rabenschwarz。

(2) 文章首尾线。材料来自《当代大学德语3》中第四单元第二篇文章《Hans im Glück》(幸福的汉斯)，以汉斯的经历来探讨人生抉择问题和幸福的定义，指向学习如何获得内心的富足和拥有幸福的能力，教师引导学生关注文章首段和末尾段，找出其所包含的主要意义,并开展自主提问。

S1: Fühlt sich Hans glücklich, wenn er ein Stück Gold bekommt?(刚开始的汉斯得到了一块金子做酬劳,他觉得自己幸福吗?)

S2: Warum füht sich Hans noch glücklich, wenn er nichts mehr nach Hause mitgebracht hat?(为什么到后来汉斯什么都没带回家,却依然觉得很幸福?)

设计意图: 通过首段: Hans hatte sieben Jahre in der Stadt bei einem Handwerker gearbeitet…er(der Handwerker) gab ihm ein Stück Gold…Hans setzte das schwere Goldstück auf seine Schulter und machte sich auf den Weg nach Hause.(汉斯在城里的一个工匠那里工作了七年……他〈工匠〉给了他一块金子……汉斯把沉重的金子放在自己的肩膀上踏上了回家的路)和文章末尾: Zuerst erschrak Hans ein bisschen, doch als er merkte, wie leicht er ohne Steine gehen konnte, sagte er zu sich:„Was bin ich doch für ein Glückskind!…“(刚开始汉斯还有一点震惊,但是当他意识到不带着这块石头回家是多么轻松,他对自己说“我是个多么幸福的人啊!”)的故事叙述,学生可以了解到,其实汉斯在回家的路上不断地失去,但他仍然认为自己是在不断得到更好的。在阅读两段文字的时候,教师可以引导学生思考汉斯对幸福究竟是如何定义的。

(3) 语篇类型线。这里依然选用《Hans im Glück》(幸福的汉斯),这是《格林童话》中的一篇故事,篇幅简短,多用借喻手法,使富有教训意义的主题或深刻的道理在简单的故事中体现。教师可引导学生依据标题、文中提供的图片以及句首的 Es war einmal …等童话体裁常用句型来推断文本的语篇类型,从而激活学生的相关语篇知识,并以此为依据引导学生自主设问,了解故事梗概。

S1: Was ist passiert, während er nach Hause kam?(在汉斯回家的路上发生了什么事情?)

S2: Was können wir davon lernen, wenn wir das Märchen durchgelesen haben?(positiv und negativ)(我们能从这则寓言故事里学到什么?)(积极和消极的)

设计意图: 通过对语篇类型的分析,学生很快激活关于说明性文章的语篇知识,利用文中的插图进行开放性设问,并依据汉斯回家的时间和具体事件线,提取并梳理汉斯回家的历程,培养了逻辑思维能力。

(二) 读中阶段: 聚焦主题,搭建思维地图

Thinking Maps(思维地图)在国内也叫思维导图。Thinking Maps 有且只有 8 种图形,被称为八大思维图示法或者思维地图,包括圆圈图(用于联想)、树形图(用于分类)、气泡图(用于描述)、双气泡图(用于对比)、流程图(用于顺序)、复流程图(用于因果)、括号图(用于拆分)、桥形图(用于类比)。

在学生提取完文本信息后，每一篇文章内部各个内容都有很强的逻辑关系，因此笔者选取了思维地图中用于整体和部分拆分及其联系的括号图、进行因果比较的复流程图以及用于对比的双气泡图这三种类型来训练学生联系和比较的思维，引导学生在读中阶段整合之前提取的信息，通过可视化的结构图来进一步探究文本的主题意义。

1. 借助括号图整体把握文本内容

括号图主要用来表示概念关系中的整体与部分的关系，进行思维拆分，将抽象复杂的事物分类，通过拆分变得简单明了、一目了然。在课外读本《一个无用人的生涯》这部小说教学前，笔者通过思维地图的形式列举5个主线（如图2所示），引导学生依据各个不同的主线进行设问，通过设计的问题来不断拆解文章脉络，最终整合内容，探究主题意义[3]。

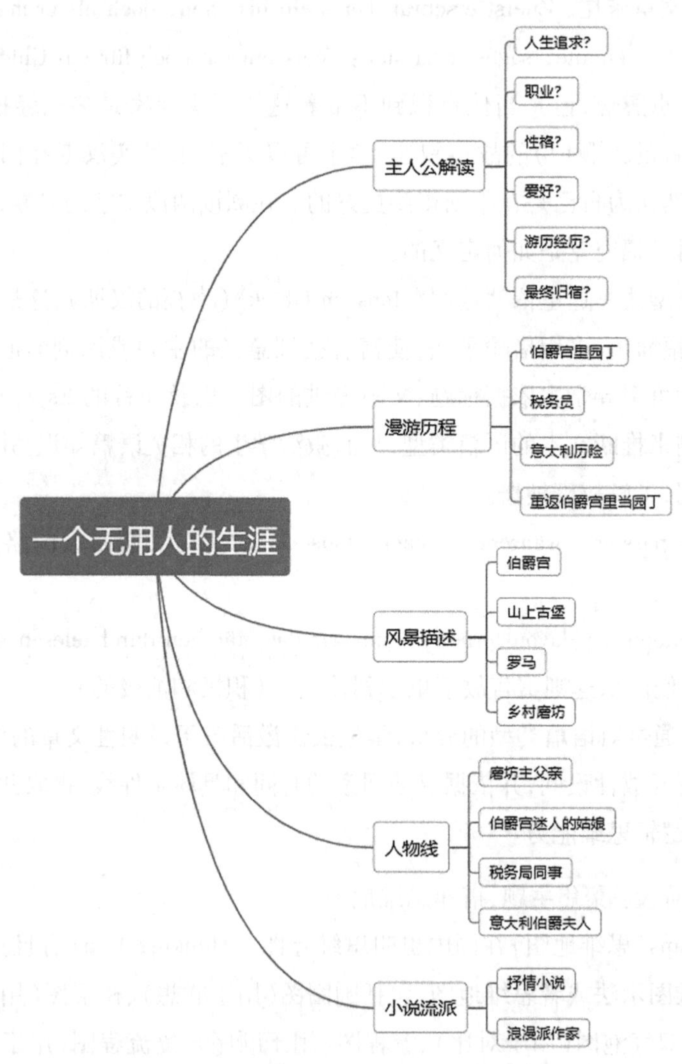

图2　《一个无用人的生涯》内容梗概

S1：除了职业、性格、人生追求等角度可以通过哪些方面深入了解主人公？

S2：从他的漫游经历看真的是无目的吗？还是伴随着一些性格特征的影响？

S3：主人公在游历过程中遇见的人物对于故事情节发展有些什么导向作用？

设计意图：在文本解读的时候，教师借助绘制括号图，更加直观清晰地帮助学生厘清文本篇章结构和重点内容，使学生更加结构化掌握整篇文章的主题。思维导图的运用有助于为学生搭建思维支架，学生通过自己设计问题，并依据问题理顺人物关系，把握剧情走向，理解文章内容，起到了良好的导向作用，无形中简化了读本，降低了理解难度，提升了小说的阅读效率。

2. 借助复流程图了解文本脉络

复流程图是用来说明和分析因果关系的一种思维地图，具有双边关系形式和系列关系形式，恰当使用复流程图能够培养学生的逻辑思维能力（如图 3 所示）。

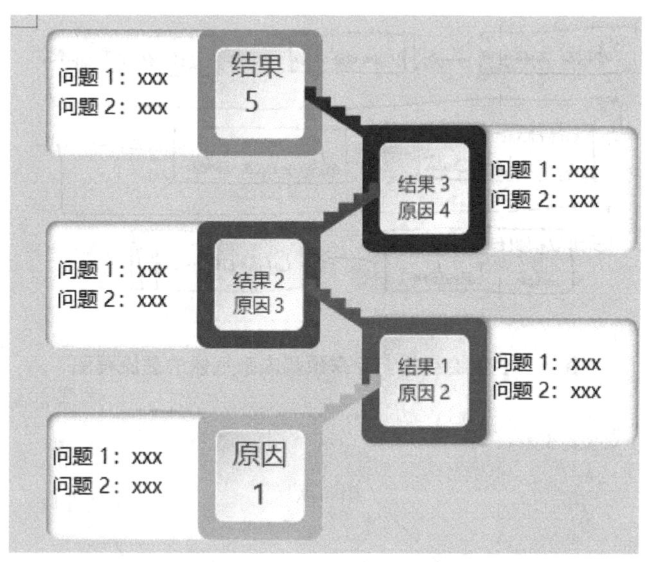

图 3　复流程图中的系列关系形式图示例

许多高中德语阅读文本都需要通过概念判断和推理来厘清事物的因果关系。以《当代大学德语 3》中第八单元第三篇文章“Interview mit Zukunftsforscher Steinmüller”（与未来研究专家 Steinmüller 的访谈）为例，文中对全球气候变暖的问题进行了探讨，学生在阅读文本的时候，笔者引导学生自行绘制复流程图，通过一个个设问来厘清每个事件发生的原因和结果。一名学生完成的两幅复流程图如图 4 和图 5 所示。

3. 借助双气泡图分析文本观点

双气泡图是对任意两个具体或抽象的主题进行对比和比较的一种图形工具[4]，有助于学生在阅读文本观点的时候，通过文本的解读培养分析反思等思维技能。

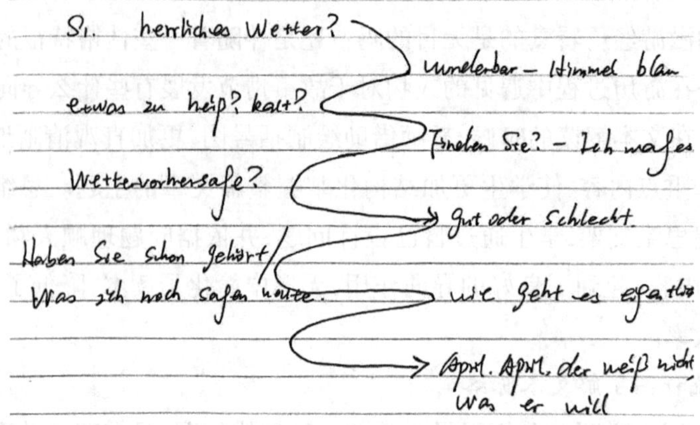

图 4　学生绘制关于全球气候变暖的复流程图

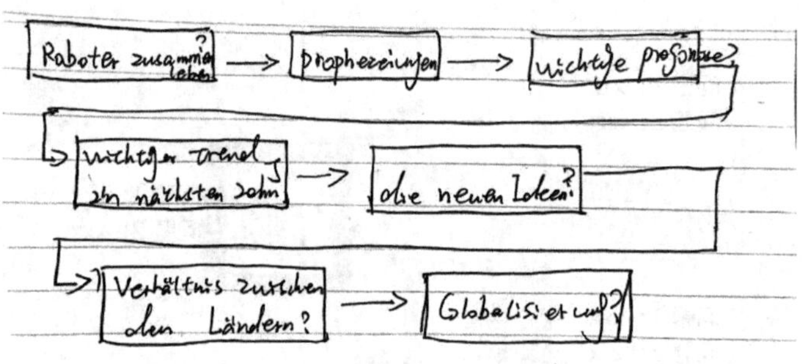

图 5　学生绘制关于专家预测未来气候的复流程图

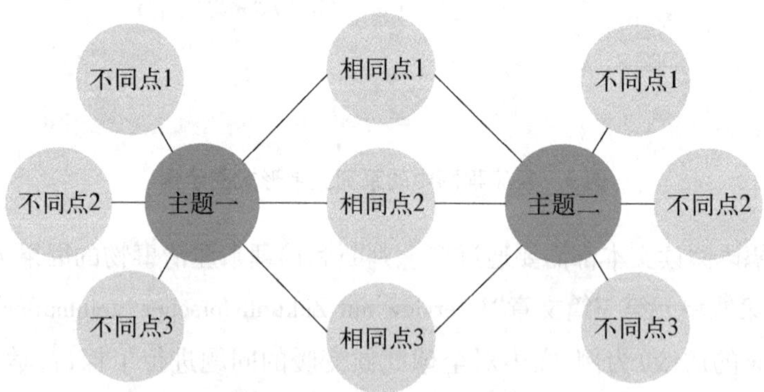

图 6　双气泡图示例

我们还是以前述的《Ein rabenschwarzer Tag》文本为例。笔者引导学生利用双气泡图对 Schacht 对待公司保安和秘书的行为态度的异同进行设问探究，鼓励学生用双气泡图进行相关信息的整理，由此开展分析、反思、质疑、判断、解惑等批判性思维技能的训练[5]。

图6是一名学生制作的双气泡图，笔者让每个学生自己制作一个双气泡图，与同桌共同探讨总经理Schacht对待自己公司职员的行为态度相同的地方，并通过互问互答，探讨不一样的地方。比如，学生1提问"Was bedeutet eigentlich, was Herr Schacht dem Prürtner gesagt hat?"(总经理对保安说的那些话具体表达了什么意思?)，学生2根据自己对文本的解读回答问题，同时对学生1提出问题进行进一步的探讨，"Welche genauen Wörter von Herrn Schacht findest du unhöflich?"(Schacht总经理的哪些具体的用词你认为是不合理的?)。在一问一答的环节中学生根据自己的理解展开分析、反思和质疑。

同时笔者也在指导学生制作双气泡图的过程中捕捉不同学生从不同角度提出的具有特色和典型的问题拿出来让大家一起探讨，扩展学生的思维视野，提高学生的批判性思维能力。

(三) 读后阶段：深化主题，创建思维问题链

基于问题设计的角度有很多问题链的分类，本次探索主要从原因问题链、结果问题链和迁移性问题链三大类的问题设计出发。

1. 原因型问题链。在德语课堂进行原因型问题链设计，主要用于解释为什么发生，引导学生自主提出显性或隐性的问题，进而更好地理解文章深层次的意义。笔者多用warum(为什么)、wie(怎样)等疑问词创设问题情境，为学生搭建提问的桥梁，避免学生无从下手。同时，教授学生提问的技巧，指导通过关键词自己创设问题链并进行深度思考和解读文本。如《一个无用人的生涯》一文，在解读无用人流浪到罗马之后的遭遇困境时，笔者运用了wie、wo、wer、woher、wohin、was等疑问词作为依托，引导学生展开想象，多角度归因，设计自己的问题，通过问题层层深入解析文本，例如：

S1：(1) Kann ich das erklären?(我如何解释这个现象?)

(2) Welche Gründe gibt es dafür?(对此有哪些具体理由?)

(3) Habt die anderen Schüler unterschiedliche Meinungen dazu?(另外同学对此有不同观点吗?)

为了降低难度，笔者安排学生进行小组讨论，鼓励学生积极思考，在小组交流中集思广益，并进行报告总结，分享每个小组得出的结论。由于笔者搭建了支架，学生有了相对明确的提问方向，加上小组合作设计，学生可以通过小组成员的协作和问题链的帮助顺藤摸瓜，一步步地解读文本，在潜移默化中培养学生的问题意识。

2. 结果型问题链。结果型问题链是在文本末尾或者文中事件阐述末尾设计的一系列问题，旨在引导学生对各个事件的结果进行更深入的思考和探析。承接上述的原因型问题链，在内容结果方面继续设计结果型问题进行思维训练。例如，在解读《一个无用人的生涯》中磨坊主和他儿子无用人之间的冲突时，可以让学生大致了解事件发生的情境和之

后发展的进程，采用结果型问题链引导学生层层设问指向结果，比如：

S1：（1）Welche Folgen gibt es?（这样的结果是什么?）

（2）Wozu führt es?（这个会导致什么问题?）

（3）Wie können wir die Folgen vermeiden?（这样的结果怎样才能避免?）

（4）Können wir noch was darüber sprechen?（对此你们可以进行谈论分析吗?）

在学生设计问题的时候，笔者提供相关的指导和帮助，辅助学生在设计结果问题链的时候一一递进，环环相扣，锻炼了学生的逻辑思维能力。

3. 迁移性问题链。每一篇文本都承载着特定的主题意义，教师在设计阅读教学活动时，引导学生在了解文本的主题意义之后，更为深入地理解文本内涵，从而更好地联系自身经验，与自身学习生活相结合，利用自主设问重塑个人观点，解决实际问题。

《一个无用人的生涯》讲述的是主人公对田园生活的神往，带有明显的理想主义色彩，诗人洁身自好，努力摆脱现实困境。在读后引导学生对未来的生涯规划进行思考，同时针对课内教学中经常会出现的作文主题 was ist dein Zukunfsplan（你的未来计划是什么），笔者引导学生通过多重问答，进行思辨性讨论，其中一个小组中的几位学生设计的讨论题如下：

（1）Ist Musikat wirklich nützlos?（音乐家真的是个无用的人吗？为什么?）

（2）Welcher Konflikt gibt zwischen der Realität und der idealen Welt?（现实世界和理想世界之间的冲突是什么?）

（3）Was für einen Traum habe ich?（我有什么梦想?）

（4）Wie kann ich meinen Traum verwirklichen?（我打算如何实现我的梦想?）

（5）Was ist das größte Hindernis bei der Verwirklichung deines Traums?（实现梦想中最大的障碍是什么?）

借助迁移性问题链可以引导学生积极地表达自己的态度和观点，加深对自我梦想、自我追求的理解。通过这样的环节，学生在文本阅读后能够更加深刻地理解小说的立意、主旨，能够更加准确生动地表达主人公自身对浪漫主义梦想的追求。

三、教学成效与感悟

上述研究在提高学生自主提问能力的策略生成方面取得了一定的成效，主要体现以下三个层面。

（一）学生的提问意愿得到了激发。本次探索改变了阅读课中单一的阅读做题模式，笔者通过创设不同的情境，提供丰富多样的阅读素材和资源，增加了阅读课堂的趣味性。学生在阅读课上自主提问的意愿得到激发，进而积极主动思考问题和解读文本。提问活跃度相较于传统的阅读做题模式有了显著提升，课堂气氛极佳。

（二）学生的提问机会得到了增加。通过读前、读中、读后三个阶段的设计，学生借助不同的问题支架得到了丰富的自主提问机会，运用多媒体多角度、多样性构建合理有效的阅读课堂，学生得到提问的机会增加，从过去只有部分学生有提问机会到每人至少有一次自主提问机会（基于一节课45分钟每班最多25人的小班化模式下），让整个阅读课堂中文本解读的任务真正落实到学习者主体身上。

（三）学生的提问能力得到了提高。借助笔者在阅读课堂中的实践探索，成功引导学生逐步养成带着问题来阅读的习惯，随着意愿和机会的增加，学生学会在读前、读中、读后三个阶段真正通过自主设问把握文本脉络，通过阅读课堂中合适的自主提问设计激发了学生思维的积极性，扩展了思维的深度和广度，提升了学生阅读过程中的思维层次。

四、结语

学习总是从问题开始，教学离不开问题的设计。德语阅读课中指向学生自主提问的教学策略研究重视学生的阅读感受，是一种探究式的学习活动。笔者通过读前、读中、读后三个阶段的教学策略设计，鼓励学生从多个角度开展提问，锻炼思维能力，并针对文本蕴含的观点、主题、意义等进行探究和评价，形成新的知识和观点。由于问题大部分来源于学生自己，避免了教师主导和教学的盲目性，更加有利于调动学生积极性，提高课堂效率。而如何调动学生自主提问的意愿，增加自主提问的动力，在教学情境和活动的创建过程中如何更好地调动学生的内驱力，真正让学生自己参与进来，成为课堂的主人，也是笔者今后需要不断努力研究的方向。

参考文献：

[1] 中华人民共和国教育部.普通高中德语课程标准（2017年版2020年修订）[S].北京：人民教育出版社，2020：5

[2] 李晓东，赵群.教育心理学[M].北京：北京大学出版社，2008.

[3] 徐钰.基于学生自主提问的英语阅读课堂教学设计思路[J].教学月刊，2021，(6)：16－22.

[4] Hyerie D, Yeager C. Thinking Maps: A Language for Learning[M]. North Carolina: Thinking Maps, Inc., 2007.

[5] 胡洁元.高中英语阅读教学中培养学生思维品质的策略[J].中小学外语教学，2018，(1)：7－12.

注：本文中图4、图5复流程图由2022届李同学在德语阅读课中手绘，经其本人同意用于本文中，特此致谢。

How to Enhance Students' Autonomous Questioning Ability in German Reading Classes

Tongji University Mao Lijia

Abstract: Reading classes are the main site for cultivating students' thinking qualities, and questioning ability in German reading classes is an effective means to stimulate students' interest. Appropriate independent questioning can stimulate students to actively think and stimulate the healthy development of their thinking. The text is designed through three levels (or stages): pre reading guidance plan, thinking map during reading, and post reading question chain, guiding students to engage in independent and cooperative learning, and actively asking questions during the learning process, in order to encourage students to read deeply and achieve the goal of developing thinking quality.

Keywords: German reading; independent questioning; cultivation path; thinking quality

核心素养导向的中学德语阅读教学实践

上海市世外中学　谭雯倩

摘要：阅读是德语课堂中语言输入的主要途径，也是培养德语学科核心素养不可或缺的方式。本文结合阅读教学案例，以核心素养为导向，采用PWP教学模式，同时注重知识的迁移与思维导图的运用，探讨与分析如何在高中德语阅读教学中渗透学科核心素养。

关键词：核心素养；德语阅读；PWP教学模式；思维导图

作者简介：谭雯倩，女，上海市世外中学德语教师。研究方向：中学德语教学，教师专业发展。电子邮箱：swzx_tanwq@wflms.com。

一、背景

21世纪以来，不少国家和国际组织都陆续开展了有关核心素养的研究工作，并逐步将其落实到国家课程中，进而促进课程改革，培养国家和社会需要的人才。而在我国，有关研究成果《中国学生发展核心素养》（以下简称《素养》）也于2016年9月发布。《素养》中提出中国学生发展核心素养，以"全面发展的人"为核心，分为文化基础、自主发展、社会参与三个方面，综合表现为人文底蕴、科学精神、学会学习、健康生活、责任担当、实践创新六大素养。2018年，《普通高中德语课程标准（2017年版）》（以下简称《课标》）问世，《课标》中明确每个学生都要在发展核心素养的总体要求下，考虑本学科的学科本质、育人价值、教学内容，在此基础上形成学科核心素养。因此，德语核心素养被归纳为：语言能力、文化意识、思维品质、学习能力，每个核心素养都有三个二级核心素养，如图1[①]所示：

语言能力是德语学科核心素养的基础，也是德语学科要培养的最基本的能力。在教学中应从交流的实际需求出发，重视学习和使用的情景与语篇。文化意识培养的前提是学生认同本国和本民族的文化，具有强烈的身份认知，能够讲好中国故事，乐于弘扬中国文化，勇于做中外交流的"使者"，并在此基础上能理解和尊重异国和异民族的文化，成为有中国情怀和国际视野的人。"思维品质是指学生能在母语思维的基础上，运用外语思

① 教育部基础教育课程教材专家工作委员会组织编写.普通高中德语课程标准（2017年版）解读[M].北京：高等教育出版社，2018：36.

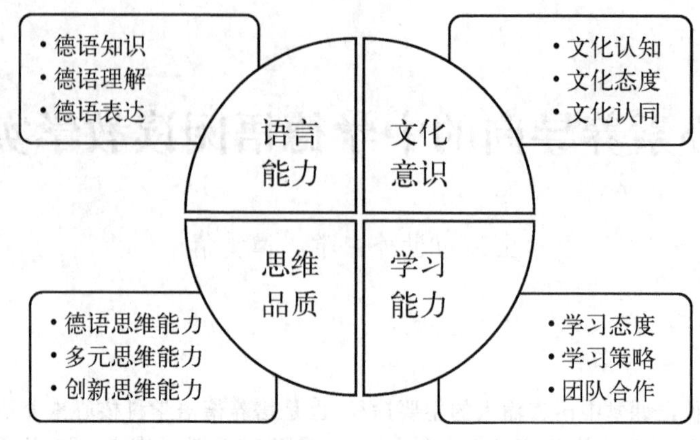

图1 德语核心素养

维,获取多元视角,丰富认知体系,进行联系、比较、批判、反思,形成创新的思维品质。”① “语言是思想的塑造器官”②,德语以其语言结构的严谨性和缜密性带给学生不一样的思维方式,在与母语思维和其他外语思维的比较分析中,学生逐步拥有多元视角,进而增强思维的批判性与创新性。学习能力指学生能够发挥自主性,强化德语学习内驱力,掌握自我调节的学习策略,能够在小组中与他人合作,进行探究性和合作性学习,逐渐形成终身学习的自觉自律。四大核心素养相辅相成,凸显德语作为交流手段和文化建构的人文性和工具性。

二、阅读与学科核心素养

阅读是一项理解活动,旨在构建有意义的联结,这项活动一方面受文本及其结构的影响,另一方面还受读者的影响,读者会把自己先前的知识、经验、倾向、兴趣带入理解中③。所以,阅读在外语教学中也是一项较为复杂的活动,要求学生能够辨认和理解音、形、义的结合。

此外,阅读也是外语课堂中语言输入的主要途径之一,是学生获取信息的重要渠道。在阅读中可以锻炼德语理解能力,学习和深化德语知识,并且随着德语知识的积累,学生的德语理解能力和表达能力也能得到提升。语言是文化的载体,文化又赋予语言以内涵,

① 教育部基础教育课程教材专家工作委员会组织编写.普通高中德语课程标准(2017年版)解读[M].北京:高等教育出版社,2018:39.

② 洪堡特.论人类语言结构的差异及其对人类精神发展的影响[M].钱敏汝,译.西安:陕西人民出版社,2006:62.

③ Ehlers S. Lesen als Verstehen-Zum Verstehen fremdsprachlicher literarischer Texte und zu ihrer Didaktik[M]. Berlin/München/Wien/Zürich/New York: Langenscheidt, 1999: 4.

所以理解语言背后的文化亦是语言学习不可分割的一部分①。阅读中学生会接触作为异国与异民族文化表现形式的外语,也会接近外语所承载的文化,所以阅读是理解和认识不同文化的重要方式。在此过程中,学生有意或者无意地会将文本中的文化现象或者情况与本国和本民族的进行对比,由此获得不同的经历,形成多元文化思维方式。同时,阅读也是学生和文本之间的对话,在互动中要对文本进行识别、理解、推断、分析等,文本内容的刺激会激活学生受母语思维和母语文化影响的原有图式,将文本中新的刺激与之建立联系,形成新的图式,因此会不断丰富认知体系、激发创造力和培养思维的逻辑性。当学习者在阅读理解外语文章时,必须同时在四个层面进行分析:单词层面、句子层面、文本层面、文化差异层面②。在这过程中学习者会有意或者无意地运用学习策略,比如选择注意、推断、联想、迁移等。所以,阅读是培养德语学科核心素养不可或缺的一个途径。

三、阅读教学课例

阅读文本选自原版教材《Moment mal》,题目为 Das Schulsystem in Deutschland(德国学制),文章的语篇类型为非文学类文章,旨在使学生了解德国的学制。

(一) 阅读前

任务一:图片描述。

学生观察图片(图2),根据自己的猜测进行描述,为帮助学生全面地描述图片,教师提供以下引导性的问题:

1. Wer ist auf dem Bild? Was macht sie? Wie sieht sie aus?

2. Was ist in der Schultüte? Warum hat sie die Schultüte bekommen? Wer hat sie ihr geschenkt?

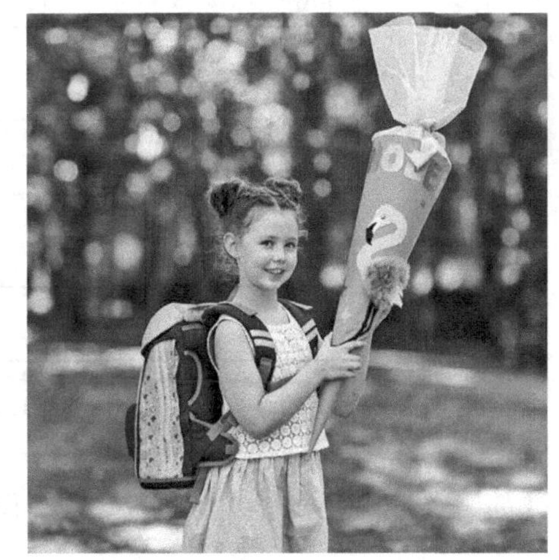

图2 手握礼品袋的学生

完成图片描述后,教师进一步地提问:Welche Schule besucht sie vielleicht nach der Grundschule?

设计意图:通过图片引入文本主题,引导性的问题层层递进,从“谁在图片上?”到“为什么会有上学礼品袋?”,符合学生的认知规律并能让学生了解到德国的习俗,激发其学习动机和兴

① 教育部基础教育课程教材专家工作委员会组织编写.普通高中德语课程标准(2017年版)解读[M].北京:高等教育出版社,2018:38.

② Heyd G. Deutsch lehren-Grundwissen für den Unterricht in Deutsch als Fremdsprache [M]. Frankfurt am Main: Verlag Moritz Diesterweg, 1991: 112.

趣，通过提问启发学生思考德国儿童的求学之路，激活学生与学校主题相关的背景知识和语言知识。

核心素养指向：学生能够运用语言知识描述图片，并对图片进行合理的猜测、联想与推断，了解在德国为刚入学的儿童准备礼品袋的习俗。

（二）阅读中

任务二：阅读文本，判断对错并改正错误的句子。

设计意图：锻炼学生泛读和选择性阅读能力，通过完成任务练习单中有关大意和关键词的题目，既可帮助学生提炼文章主线，又可让学生检查是否能够准确地在文本中定位相关信息，是否理解了相关信息，是否能利用上下文情境来推断生词的词义，是否能够利用世界知识和所学语言知识理解新知识，并在过程中认识语篇类型。

核心素养指向：学生能够认识有关德国学制的词汇，读懂相关信息并寻找目标信息，对德国学制有初步了解，能够识别语篇类型，能够有意识地使用选择性注意、推理、联想、演绎运用等策略。

任务三：梳理文本细节，把握文章主线，完成流程图（图3），全班进行讨论。

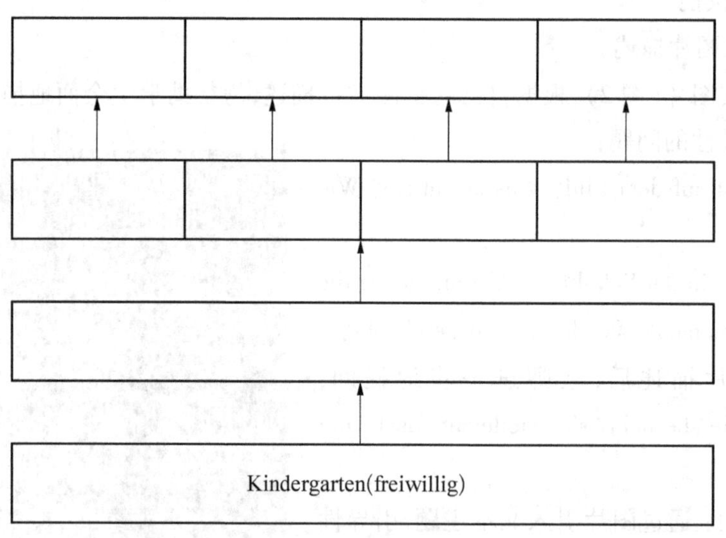

图3　流程图

设计意图：培养学生精读能力，促使学生梳理文本脉络，树立主线意识，对之前理解有误的地方，也可以通过第二次阅读加以修正，帮助能力较弱的学生缓解焦虑情绪；流程图作为思维导图的一种，可以帮助学生从先后顺序的角度分析事物发展的内在逻辑，从而加深其对德国学制的认识，此外思维导图作为思维逻辑可视化的表现形式，锻炼学生的思维，增强对抽象知识的理解；在班级讨论中学生可以共同参与，并对自己的流程图进行评估和修正。

核心素养指向：学生能够读懂文本内容，并从中总结和归纳出德国学制，能利用思维导图帮助理清思路，提高阅读能力，能够进行自我评估，能够有意识地使用文本重组、迁移、演绎运用等策略。

（三）阅读后

任务四：听四位德国人有关求学历程的录音，在流程图上标出对应的信息，听力结束后与同伴核对。

设计意图：考查学生的听力理解能力和对德国学制的认知程度，通过两人一组核对来加强学生协同合作、互评互鉴的意识。

核心素养指向：学生能够听懂有关德国学制的内容，能将听力内容重新构建与同伴进行交流核对，提升合作和学习的能力。

任务五：小组内讨论德国与中国学制的异同点，完成双重气泡图（图 4），再讨论两国学制的优缺点，并以口头报告的形式交流结果。

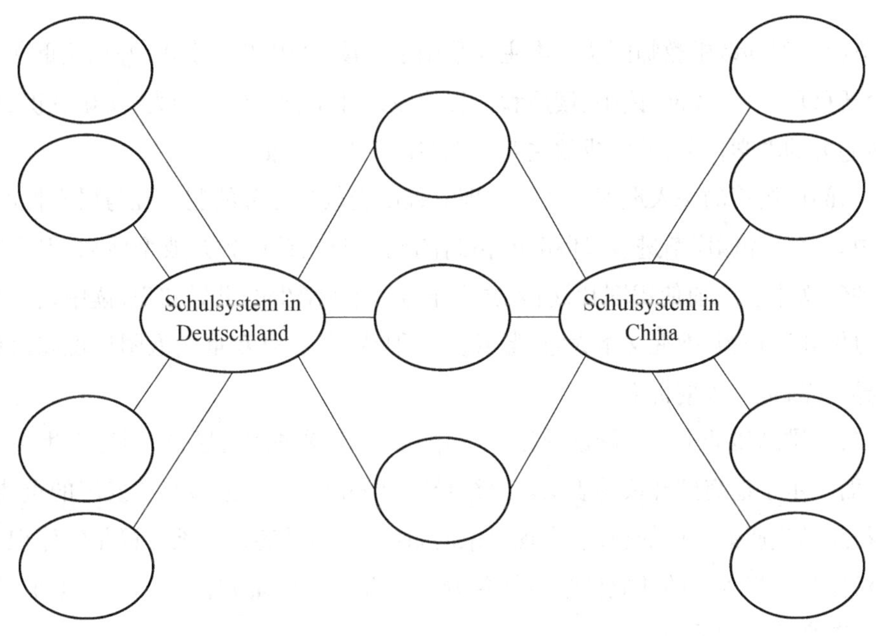

图 4　双重气泡图

设计意图：学生在了解德国学制后，也要清楚中国学制，进而比较两者的异同完成双重气泡图。双重气泡图是思维导图的一种，主要用来对比分析事物之间的异同点，帮助学生更好地梳理信息。而后借助双重气泡图上的异同点讨论两者的优缺点，不仅要能得出异同点和优缺点，还要用德语表述出来，是对思维和语言能力的双重挑战，是本节课的难点。鉴于任务的难度较大,所以以小组的形式开展,可以锻炼学生的人际沟通能力和团队协作能力。

核心素养指向:学生能够有理有据地阐述自己的观点,能从跨文化的角度找出并说明中国与德国学制上的异同点,并做出自己的评价,能够发挥多元视角和多语思维的优势,提出自己的见解,能通过小组合作的方式探究和学习,并以个人或小组课堂报告的形式呈现。

(四)迁移

任务六:叙述自己的上学经历。

设计意图:在以学生为中心的课堂中,所学的内容要始终对学生有意义,并且与其生活及其行为有关联,因此要求学生根据这节课的内容叙述自己的上学经历,同时考查写作能力。

核心素养指向:学生能够根据所学进行书面表达,能够撰写记叙类篇章。

四、成效与思考

本节课的阅读课中教师围绕文本主要采用了阅读 PWP 教学模式,并且注重课堂的产出,增设迁移环节,在读前、读中、读后和迁移阶段设计了指向语言能力、文化意识、思维品质、学习能力的教学任务,教学成效主要体现在以下几个方面:

第一,阅读语篇的深入理解。文本的理解程度受教学任务的逻辑性与层次性的影响。本节课中语言任务循序渐进、环环相扣,由封闭到半开放最后到开放型活动,引导学生深层次地理解文本。读前使用图片,引入文本主题,激活学生的世界知识;读中让学生完成任务练习单和流程图,把握文本大意,紧扣文本细节;读后以双重气泡图呈现和讨论中德学制的异同点,进一步剖析文本。

第二,思维品质的训练。阅读前以环环相扣、层次递进的问题链,引导学生进行逻辑思考,进而一步步地突破现象的表层。思维导图是外语课堂中思维品质发展的重要手段,不仅能帮助学生厘清自己的想法,实现思维的系统化,而且还是思维可视化的体现。以中德学制对比与分析为主的开放性学习任务着重培养学生的批判性和创造性思维,指引学生逐步走向高阶认知活动。

第三,学习策略的培养。四个教学环节设置的多个学习任务都渗透了认知策略、元认知策略、资源管理策略的培养。认知策略的训练包括图片联想的精加工策略、利用思维导图的组织策略、流程图标注的复述策略。阅读与听力时集中注意的监控策略与文本复查的调节策略属于元认知策略。小组合作的形式则是资源管理策略的运用。

第四,高质量的语言输出。在课堂前期的知识学习与语言积累和内化后,学生不仅能与教师进行高质量的语言交际,对于教师的提问、内容反馈、核实确认和澄清的诉求都能应对自如,并且在迁移环节大部分学生都能完整地描述自己的上学经历,偶有语言错误,但不影响理解。

这节课也存在一些需要优化的地方。中德学制对比的任务需要学生对本国学制有清晰的了解,对于班级部分学生来说是个很大的挑战。教师在小组讨论中给予了过多的指导,在一定程度上影响了教学的流畅度。有关本国学制的了解和探索可以让学生在课前进行。小组活动中,组内缺乏明确的分工,并且分组时没有考虑到班级内部的差异性,导致每组的效率相差较多,产出质量也参差不齐。这需要教师在教学设计时既要平衡组员之间的语言水平,也要明确和细化小组任务的要求与分工。

五、结语

阅读教学是外语课堂不可或缺的一部分,"阅读文本是培养学生核心素养的主要载体,阅读教学是发展学生核心素养的主要途径"①。但仅以培养学生阅读能力为目标的课堂,既不符合课标的要求,又不能满足德语人才培养的需求。因此,在教学实践中应围绕阅读文本开展听、说、写、译相结合的活动。在选择文本时,要兼顾文体的多样性和语言的适配度,也要注重内容的时效性和文化性,以便设计多种类型的学习活动。近年来,以读促写教学模式为语篇的阅读和加工提供了全新的角度,不仅能帮助学生充分运用所学知识,而且能最大限度地调动学生的积极性和主动性。

随着数字化教学的开展,外语阅读课堂也呈现出新变化。首先,数字化工具的开发和应用使得阅读文本的呈现方式多样化、动态化与清晰化,让艺术类作品也能在阅读课堂中拥有一席之地。其次,课堂中的阅读模式展现更多可能性,数字化的教学环境有利于拼图式阅读与交互式阅读的实践。此外,课堂的趣味性与互动性增加,运用数字化工具设计有趣的阅读任务,搜集和分析学生阅读数据,教师可以据此给予学生更及时的反馈和个性化的指导。阅读能力是个人终身学习所必备的素养。在课堂中,教师要当好学生阅读的"引路人",让学生爱上阅读、主动阅读,培养学生自主阅读的能力,将阅读能力和习惯延伸到课堂外。

参考文献:

[1] Ehlers S. Lesen als Verstehen-Zum Verstehen fremdsprachlicher literarischer Texte und zu ihrer Didaktik [M]. Berlin/München/Wien/Zürich/New York: Langenscheidt, 1999.

[2] Heyd G. Deutsch lehren-Grundwissen für den Unterricht in Deutsch als Fremdsprache [M]. Frankfurt am Main: Verlag Moritz Diesterweg, 1991.

① 王静,詹蓓:基于学科核心素养的高中英语阅读教学实践.基础外语教学,2019(3):84.

［3］教育部基础教育课程教材专家工作委员会组织编写.普通高中德语课程标准(2017 年版)解读［M］.北京：高等教育出版社,2018.
［4］王静,詹蓓.基于学科核心素养的高中英语阅读教学实践［J］.基础外语教学,2019,(3)：78－84.
［5］威廉·冯·洪堡特.论人类语言结构的差异及其对人类精神发展的影响［M］.钱敏汝,译.西安：陕西人民出版社,2006.

Teaching Practice of German Reading in Middle Schools Based on Core Subject Literacy

Shanghai World Foreign Language Academy　Tan Wenqian

Abstract: Reading is the main means of language input in German courses, and it is also an indispensable way to develop core literacy quality. By introducing reading design cases, this article discusses and analyzes how to penetrate the subject core literacy in German reading courses, using the PWP teaching model and focusing on the transfer of knowledge and the use of mind maps.

Keywords: core subject literacy; German reading; PWP teaching model; mind maps

指向文化意识培养的高中德语劳育情境教学

上海市曹杨第二中学　宋　洋

摘要：本文在校本德育、学科智育、田间劳育三育结合的基础上，以跨文化交际任务开启有效学习，通过劳育情境下的德语教学，将劳动体会和语言知识有机融合，引导学生感悟“珍惜粮食、杜绝浪费”的传统美德，进而在文化自信的基础上，向世界人民讲述尊重普通劳动者和“粒粒皆辛苦”的人文情怀，是全球化时代高中外语教学指向文化意识培养的大胆探索。

关键词：文化意识；高中德语教学；劳动教育

作者简介：宋洋，女，上海市曹杨第二中学德语教研组长。研究方向：德语教学法。电子邮箱：sonja0806@ 163.com。

2020 年 3 月，中共中央、国务院印发了《关于全面加强新时代大中小学劳动教育的意见》，就加强新时代大中小学劳动教育提出，劳动教育是国民教育体系的重要内容，是学生成长的必要途径，具有树德、增智、强体、育美的综合育人价值①。同年 7 月，教育部《大中小学劳动教育指导纲要（试行）》要求，普通高中应统筹劳动教育与通用技术课程相关内容，从工业、农业、现代服务业以及中华优秀传统文化特色项目中自主选择。在学科专业中有机渗透劳动教育，各学科要有重点地纳入劳动创造世界、劳动不分贵贱等马克思主义劳动观，歌颂劳模和普通劳动者的选材②。同年 8 月 27 日，中共上海市委、上海市人民政府发布的《关于全面加强新时代大中小学劳动教育的实施意见》将每年五月的第二周设为全市“学生劳动教育宣传周”，建设都市农业等劳动实践基地，重视劳动文化传承，满足学生多样化、创新型劳动实践需求③。这说明，随着新时代教育理念的深入落实，以立德树人为根本目标的教育教学都具有了新的内涵。如何在丰富学生知识储备和阅历的基础上，在课堂内外形成合力，帮助其形成正确的劳动观和价值观就有着重大的现实意义。

如何在既有校本资源和课程基础上，将劳动教育更好地融入学科日常教学，是当下劳育研究者和实施者共同关心的问题。上海市曹杨第二中学坐落于新中国第一个工人新

---

① 中共中央，国务院.关于全面加强新时代大中小学劳动教育的意见[N].人民日报，2020 - 03 - 27.

② 中华人民共和国教育部.关于印发《大中小学劳动教育指导纲要（试行）》的通知[EB/OL].[2020 - 07 - 09]. http：//www.moe.gov.cn/srcsite/A26/jcj_kcjcgh/202007/t20200715_472808.html.

③ 中共上海市委，上海市人民政府.关于全面加强新时代大中小学劳动教育的实施意见[EB/OL].[2020 - 08 - 27]. https：//www.shanghai.gov.cn/nw44142/20200903/0001-44142_65562.html.

村——曹杨新村,也是闻名上海乃至全国的“劳模村”。根据国家和时代的发展需求,学校自 2021 年以来创设校本德育主题劳动周系列课程,其中“稻种心田”劳动课程的主要内容是:高一年级师生共同在每年的 5 月和 10 月驻扎粮食基地,在种稻、割稻的亲身体验中,感受劳动的艰辛与收获的快乐,领悟“劳动最光荣、最崇高、最伟大、最美丽”的道理。在实践基地期间,学生学习农耕知识,观摩现代农业,在农田插秧,体验劳动的艰辛,还会在田间自搭灶台、生火烧饭,切身体会“光盘”的内涵。

本研究以学校德育、学科智育、田间劳育相结合的方式,有效整合社会资源和校本资源,尝试将劳动教育糅合于学科课程中,引导学生结合语言知识和跨学科知识,在跨文化沟通中主动实践所学的德语语言知识,以介绍水稻种植工序、总结劳动实践收获、向世界人民讲述我国农业科技成就并借此传播“粒粒皆辛苦”所蕴含的人文情怀等任务群为实施载体,鼓励学生创造性地使用目标语言,激发学生自我驱动的学习动机,培养学生多元文化背景下的中华文化主体意识和文化自信。

一、真情境聚焦劳育主题,真任务开启有效学习

[教学环节 1] 导入情境:教师播放自制短视频,以学生在劳动基地插秧和田边烧饭为主要内容,回忆师生们共同劳动的精彩瞬间,生动地引入本节课的劳育主题。

情境教学是当代外语课堂中常见的教学方法之一,其在教学过程中引起的学生积极的情感体验可直接提高学生的学习积极性,充分体现情感对认知活动的增力效能,但在很多课堂实践中,存在着创设的情境过于简单、真实性低或内容牵强的问题。本案例选择在教学步骤的一开始就重现学生亲身体验的劳动生活真实情境,设置劳育与智育相结合的前置性背景情境,既可以抓住学生的兴奋点,将主题自然地聚焦在劳动教育上,提高课堂教学的实效性和针对性,又能为后续学科新知的呈现、感知、学习和运用等主题任务的递进做好铺垫,激活学生探究与表达的欲望。

[教学环节 2] 创设任务:教师采访共同参加劳动体验的德国外教(可提前录制视频),就以下问题询问外教的观点:1) 你本人出于怎样的想法也主动报名参加了本次劳动教育活动?2) 你学会种水稻了吗?要用到哪些装备?3) 作为德国人参加此次活动,最难忘的经历是什么?4) 这次劳动带给你什么感受?会把它推荐给自己的德国学生吗?5) 想不想听听中国学生对此次活动有哪些反馈?采访过程中由学生自主记录外教的主要观点,并为后续任务作准备。视频中可将本节课的语言新知识合理融入,如个别劳动工具名称或相应句式等,让学生能够在真实情境中更加高效地习得语言知识。

在学生平日的学习和生活中,最为真实、最为常见的跨文化沟通场景是与外教和伙伴学校学生的口头和笔头交流。通过在课堂上设置与外教就“稻种心田”活动的各个方面进行跨文化交际的场景,在创设情境的基础上为学生开启了有效学习的第一步,同时还为

学生布置了本节课最主要的任务，即通过德语课堂上的学习有效获取价值信息，与不同文化群体成员基于同一实践活动，以各自的出发点、经历、收获和总结评价等内容，多视角地开展文化交流，丰富自己的思维体系，通过比较和反思体会不同的文化认知，并在此基础上增进文化理解。

二、“输出驱动—输入多元”教学模式引领深度学习

[教学环节 3] 多元输入：在这一教学环节中，笔者自主设计了四块彩色教学展板，每一块展板上都用师生的劳动照片重现一道水稻种植的工序，照片旁配有该工序的德语描述，学生根据自己的真实劳动经验将四块展板依次排序，在借助教具复现田中劳动过程的同时，学习与水稻种植相关的词汇与短语。

“输入多元”是输出驱动—输入多元教学模式在克拉申输入假设的理论基础上，提出“输入形式和内容的多元化”，所谓“元”是指输入内容的形式、类型和模态等构成要素。“输入多元”是指在语言教学的过程中倡导应用多重模态、多种类型、多样形式、多个维度的输入内容和方法，代替只将书本作为语言知识的唯一来源或单一由教师讲授语法、词汇、课文的教学方式，以及忙于完成任务却忽视了语言输入的重要地位等不与时俱进或不良的教学传统和教学习惯，以达到增强学习动机、习得语言知识和发展多样能力的多重目的①。

通过视觉和听觉相结合的多模态输入，以及图片、实物和语言知识相结合的多形式输入，教师不仅可以巧妙地将水稻种植及相关劳动工具的德语表达直观呈现，更加高效地组织语言教学，还能适时地激起学生的好奇心，帮助学生运用所学的语言知识正确表达个人经历，抓取、厘清并完整陈述已获取的有效信息，完成知识的自我建构，进一步提升学生的高阶思维能力。

[教学环节 4] 篇章内化：展示“稻种心田”校本劳动实践学生活动手册的封面人物袁隆平，引入德国记者关于袁隆平团队取得的世界性成就的新闻报道，就文本内容提出相关问题，带领学生内化篇章中的重要信息和内容，深入了解我国“水稻之国”的称号以及袁隆平团队追求真理、勇于创新的科学精神，也为本节课后续环节的语言输出和迁移应用提供核心内容。

学生通过内化一篇以增进跨文化理解为出发点、有关袁隆平先生及其团队为世界人民造福的真实新闻类篇章，一方面可以结合德语知识和跨学科知识了解我国的农业大国地位和农业科学成就，为下一环节的语言输出提供支撑；另一方面学生通过阅读立场客观

① 陈壮鹰，宋洋.“输出驱动—输入多元”教学模式的建构与应用研究——以我国德语基础阶段学习者为研究对象[J].外语电化教学，2020，(4)：65－72.

的新闻报道,以开放的文化心态和多元视角重新认知中国形象,通过文化认知和文化比较,形成多元文化背景下的中华文化主体意识,树立科技自信和文化自信。

[教学环节 5] 输出呈现: 教师在道具和背景材料的辅助下创设校园演播室的情境,布置话语活动的任务,即先从以下内容展开小组讨论: 1) 简要介绍此次“稻种心田”劳动教育活动的过程;2) 你在此次劳动体验中有哪些收获? 3) 介绍袁隆平团队在世界范围内取得的成就;4) 你是否想把这项活动推荐给德国伙伴? 为什么? 而后以主持人采访嘉宾的形式共同呈现一段访谈节目,学生可以借助手持卡整合信息或构建关键句型。访谈结束后,师生共同从语言形式、语义准确度和团队合作三个角度对他组汇报成果做简要评价。

在这一环节中,教师合理引导学生将多类型、多渠道的信息进行组合对比和有效归纳,结合德语学科知识进行发散思维,总结劳动经验,加深对劳动价值的认识。在培养学生灵活应用所学知识的能力的同时,促使学生在研究性学习过程中不断反思自我、提升自我的思维品质,并通过合作学习和团队探究使思维成果更为丰富立体地呈现,激发学生参与合作解决问题的积极性。

学习语言的最终目的是使用目的语进行表达和沟通,这也是培养语言综合能力和交际能力的基石。所以,在以输出为驱动力、多元输入为主要教学形式的教学模式中,语言的输出既是语言教学的基本出发点,也是语言习得的内在动力。在以培养语用能力为目标的外语课堂中,教师应根据相关的教学主题设计符合学生学情的输出任务,鼓励学生大胆阐述个人观点,表达情感态度,学会即时抓取语言输出过程中的主要信息,并能对语言形式和语义准确度做客观评价。

三、劳动教育背景下提升国际理解和文化传播

[教学环节 6] 增进理解: 教师播放由伙伴学校学生拍摄的德国中学生日常家庭劳动和校园劳技课活动的短视频,让学生了解德国中学生日常劳技课和家庭劳动的开展内容和方式方法等,然后请中国学生结合自身的经验和体会,就德国学生的展示内容作辩证性的简要评价,并为两校的劳动教育活动提出合理建议。

德国的中小学劳动教育基于 20 世纪初凯兴斯泰纳的“劳作学校理念”和“教育为未来生活作准备”思想,旨在逐渐填平教育园地与劳作世界之间的鸿沟,主张通过引导学生自己动手和经历,思考出正确的概念和认识,并倡导文化知识的学习与手工劳动相结合,发展学生的身心,共同承担教化的功能①。德国的劳动教育开展广泛,具有悠久的历史,也积累了丰富的经验,对德国历史上的经济发展具有重要作用。此环节通过对德国劳动

---

① 凯兴斯泰纳.凯兴斯泰纳教育论著选[M].郑惠卿,选译.北京: 人民教育出版社,2004.

教育的基本了解和直观感受，引发学生思考，并结合中国的国情将二者进行比较和分析，尝试鼓励学生以开放的心态了解不同文化的多样性和差异性，增进国际理解，并能运用多元视角进行分析、判断，加深对世界的认识，丰富认知体系，同时用多语解决问题。

[教学环节 7] 创译名诗：用古代农民辛勤耕作的画面引导学生猜出与本课主题相关的脍炙人口的中国古诗《悯农》，鼓励学生将这首用词简单却意境传神的名诗当堂翻译，把完成的译作贴在黑板上，教师可根据作品用词的精准度和达成的意境度选取优秀作品，并与学生一起鉴赏该诗既有的德语翻译版本，作语言知识和文化背景的比较。

通过学生自己动脑翻译中国名诗，鼓励学生创新性地运用所学知识，感受两种语言的特点和美感。在这种有意识的自主学习过程中，学生的批判性思维能力得到发展，在与同伴合作学习的过程中，学习动机也得到极大的激发。他们可以选择自己心仪的方式表达自己的真实想法，同时构建自己的知识领域。最后，在体会“粒粒皆辛苦”的道理的同时，利用外语课上的学习和实践环节，以文化人、以文育人，加深学生对传统文化的认同，提升文化自信，强化学生的文化主体意识和文化创新意识，激励学生用外语讲述中国故事，推动多元文化交流。

四、文化意识培养贯通始终，多育相融凸显育人目标

根据《普通高中德语课程标准（2017 年版 2020 年修订）》，德语学科核心素养主要包括语言能力、文化意识、思维品质和学习能力。文化意识指能在认同中华文化的基础上，理解、掌握德语国家和地区文化及其交际特点，在与不同文化群体成员的交流过程中，培养学生开放、宽容的文化心态，增强文化自信。通过德语课程的学习，不断提高跨文化交际能力，继承和弘扬中国文化，推动中华优秀传统文化与德语国家优秀文化乃至全球多元文化的交流、构建人类命运共同体①。

本节课的前两个教学环节从真实情境下的真实任务出发，从中国学生和德国外教共同参与的劳作体验中提炼多元的跨文化观点，通过对同一实践活动的回顾和探讨，引导学生在语言学习的基础上，就劳动的价值阐述个人价值观和情感态度。在教学环节 6 中，以德国的劳动教育为切入点，引导学生将双方的劳动教育活动进行客观的梳理、联系和反思，在丰富认知体系、从多元视角进行判断的基础上，增进国际理解，深化中德文化的融合。在跨文化沟通过程中，既有对本国和本民族文化的充分认同和自信，又能够对他国文化表示尊重和理解。

其他四个教学环节是将劳动教育元素有意识、有设计地浸润到德语学科教学中，让学生将通过劳动获得的态度、情感和知识上的体验都生发成跨学科学习探索路上的求知欲

① 中华人民共和国教育部.普通高中德语课程标准（2017 年版 2020 年修订）[S].北京：人民教育出版社，2020.

和好奇心，由内而发地求知求真，从而在跨学科融合教育中，与教师一起尝试探索性、互动型的教与学的方式；与此同时，学生通过客观的新闻报道，知晓中华民族灿烂的农耕文明，了解中国农学家团队为战胜世界饥荒所做出的伟大贡献，以及他们淡泊名利、矢志拼搏的高尚品格，学习用德语向世界人民讲述我国当代农业科技的卓越成就，增强道路自信、理论自信、制度自信、文化自信。

本节课的作业设计是给德国伙伴学校的同学写一封信，讲述这次劳动教育活动的情况和收获，将脍炙人口的中国名诗《悯农》介绍给对方，并询问对方是否有类似的德国谚语或德国故事。学生在完成作业的过程中，一方面要对本节课所学的整体内容进行总结、梳理和书面呈现；另一方面应当理解和尊重普通劳动者，向世界讲述"珍惜粮食、杜绝浪费"的普世道理，积极将传统文化中经典篇章《悯农》所蕴含的人文情怀进行国际传播；再者，询问德国是否有类似的谚语或故事，是促使学生站在文化平等、互相尊重的立场上，以开放性的心态进行文化交流，这样既有倾听又有倾诉的文化互动，才能在国际形势不断变化的背景下保证多元文化交流的长河奔流不息。

劳育情境的德语教学充分利用客观资源，引导学生进行中德文化的认知，并利用多语的多元视角进行文化的质疑、分析和比较，在此过程中增进对先进西方文化的理解或对我国先进文化的自信，进而萌生对中外文化的反思，这一过程正是学生能了解、评价和批判性地接受中外文化最好的体验过程（见图1），这样才能将文化精粹进行国际传播交流，中学德语学习者才能承担起当下时代赋予他们的重要使命[①]。

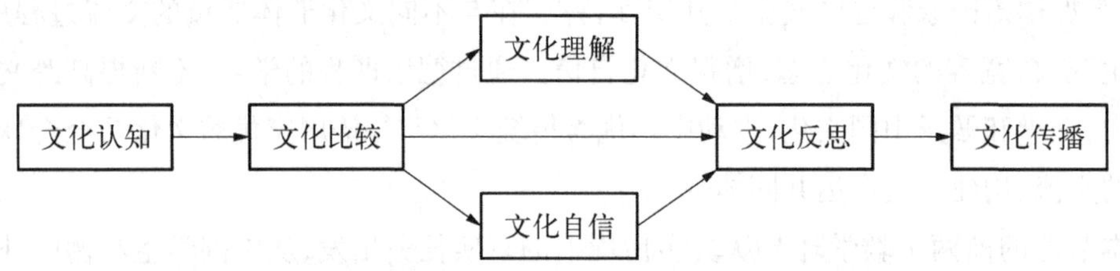

图1　劳育情境德语教学培养文化意识过程的思维导图

以此，本研究回答了"教育要培养什么样的人"这个根本问题，将课堂根植于本民族的历史文化土壤之中，以传播中华优秀传统文化为第一要务，融合劳动教育的真实情境，采用科学的外语教学方法，秉持思辨和创新的目标，以人的全面发展为出发点，遵循学生的身心发展规律和教育教学实践活动规律，将德育、智育、劳育并举，践行知行合一的教学理念，凸显时代特色育人目标。

---

① 宋洋.中学德语"输出驱动—输入多元"教学模式的建构与实践研究[D].上海：上海外国语大学，2019.

结　语

教育与生产劳动相结合是马克思主义教育思想的主要组成部分，既是提高社会生产的一种方法，也是改造社会最强有力的手段之一①。劳动教育是实现人的全面发展的重要途径，学生在身体力行的劳动活动中体会劳作的辛苦，感受收获的喜悦。自春秋战国时代起，"耕"与"读"相结合的教育方式就形成了我国古代农耕社会"耕读传家"的思想观念，即在以农立国、勤耕持家的生存基础上锤炼自我、探寻真理，这也是中国优秀传统文化之一。文化传承的是民族之血脉，是国家精神的体现。习近平总书记提出，坚定中国特色社会主义道路的道路自信、理论自信、制度自信，说到底是要坚持文化自信。文化自信是更基础、更广泛、更深厚的自信，是更基本、更深层、更持久的力量。

外语教学的重任是为国家培养新时代背景下高素质的外语人才②。高中阶段是青少年的价值观和人生观形成的重要时期，本着教育传承历史、着眼当代、面向未来的使命，在学科专业中有机渗透劳动教育，充分发挥劳动教育在立德树人方面的引领性作用，将劳动的时代性内容切实投入到育人过程中，引导学生在学习过程中提升跨文化理解和沟通能力，欣赏和认同中华优秀传统文化，传播弘扬社会主义先进文化不仅是德语学科肩上的重要职责，也是外语课堂立足核心素养的课程基石和最重要的育人取向。

参考文献：

[1] 陈壮鹰，宋洋."输出驱动—输入多元"教学模式的建构与应用研究——以我国德语基础阶段学习者为研究对象[J].外语电化教学，2020，(4)：65－72.

[2] 凯兴斯泰纳.凯兴斯泰纳教育论著选[M].郑惠卿，选译.北京：人民教育出版社，2004.

[3] 马克思.马克思论教育[M].北京：人民教育出版社，1979.

[4] 宋洋.中学德语"输出驱动—输入多元"教学模式的建构与实践研究[D].上海：上海外国语大学，2019.

[5] 中共上海市委，上海市人民政府.关于全面加强新时代大中小学劳动教育的实施意见[EB/OL].[2020－08－27].https：//www.shanghai.gov.cn/nw44142/20200903/0001-44142_65562.html

[6] 中共中央，国务院.关于全面加强新时代大中小学劳动教育的意见[N].人民日报，2020－03－27.

[7] 中华人民共和国教育部.关于印发《大中小学劳动教育指导纲要（试行）》的通知[EB/OL].[2020－07－09].http：//www.moe.gov.cn/srcsite/A26/jcj_kcjcgh/202007/t20200715_472808.html.

[8] 中华人民共和国教育部.普通高中德语课程标准（2017年版2020年修订）[S].北京：人民教育出版社，2020.

---

① 马克思.马克思论教育[M].北京：人民教育出版社，1979.

② 中华人民共和国教育部.普通高中德语课程标准（2017年版2020年修订）[S].北京：人民教育出版社，2020.

Practice of High School German Teaching in the Situation of Labor Education: Pointing to the Cultivation of Cultural Awareness

Shanghai Cao Yang No.2 High School Song Yang

Abstract: Based on the combination of moral education in school, intellectual education in the subject and labor education in the field, this paper initiates effective learning with intercultural communication tasks. By practicing labor experience and the learning process of language knowledge, students understand the traditional virtue of "cherishing food, stop wasting", thus tell the world about respect for ordinary workers and the humanistic sentiment of "every grain means hard working" on the basis of cultural confidence. This is an exploration of the cultivation of cultural awareness in high school foreign language teaching in the era of globalization.

Keywords: cultural awareness; high school German teaching; labor education

后“茶馆式”教学：中职日语阅读课堂转型的新视角

平湖市职业中等专业学校　金雪梅

摘要：后“茶馆式”教学强调“书中学”与“做中学”两种方式并存，以“读读、练练、议议、讲讲、做做”开展教学，在尽可能暴露学生的潜意识、关注“相异构思”的发现与解决上有着更高的价值取向。灵活的教学方式有利于学科核心素养的全过程渗透。后“茶馆式”教学结合思政教育在中职日语阅读课堂具有应用优势，通过实践研究，以“课前导学、语篇分析、合作解析、检测反馈”教学四环节贯穿阅读课堂教学，提高了课堂教学效能，为中职日语阅读课堂转型提供了新视角。

关键词：后“茶馆式”教学；日语阅读；课堂转型

作者简介：金雪梅，女，浙江省平湖市职业中等专业学校日语教师，高级讲师。研究方向：中职日语教学，后“茶馆式”教学模式。电子邮箱：xuemei2102003@ 126.com。

著名教育家叶圣陶说过“教是为了达到不需要教”“教师之为教，不在全盘授予，而在相机诱导，必令学生运其才智，勤其练习”。课堂改革鼓励创新教学组织方式，推动学生自主学习、合作学习，大胆尝试“做中学”“学中做”等理论实践一体的教学方法，改革的纵深发展，凸显了课堂教学转型的关键性，在“以学生为本”的教育宗旨背景推动下，现场教师正在尝试把目光更多地投向学生，后“茶馆式”教学走入中职日语阅读课堂。

一、后“茶馆式”教学在中职日语阅读课堂教学中的应用优势

后“茶馆式”教学是由上海市静安区附校在实现减负高效、快乐学习的理想下，为提高教育的有效性，对学生的最近发展区理论和“茶馆式”教学进行研究的基础上，逐渐形成的闻名于课堂教学改革实践领域的教学方法。内容为“读读、议议、练练、讲讲、做做”，即研究性学习，后“茶馆式”教学试图改变日常教学，因此具有广泛的文化认同。

（一）后“茶馆式”教学内在结构涵盖中职日语阅读课堂教学环节

新课改推进之后，中职教师已经意识到推进研究性学习的重要性，努力实现“书中学”与“做中学”的相互衔接。后“茶馆式”教学从“茶馆式”教学的“读读、议议、练练、讲

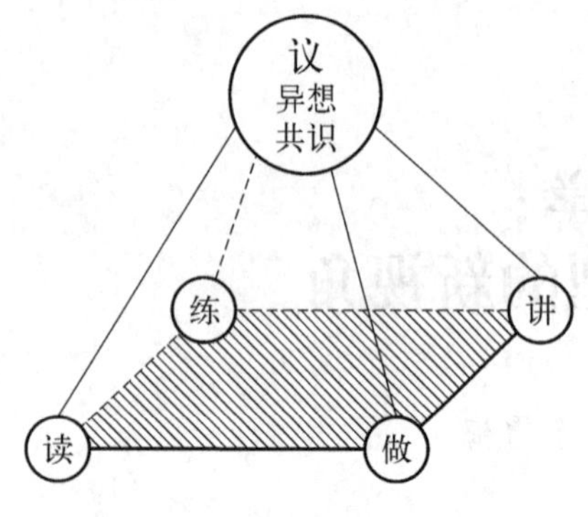

图1　后"茶馆式"教学结构图

讲"发展成"读读、议议、练练、讲讲、做做"(图1),所谓的"做做"不是简单的练习,而是"做中学",即研究性学习,可以使教师的教学方式更加完善。"做中学"的主题确定有三方面的依据:(1)强调核心知识或概念的教学;(2)强调学习结果更强调过程;(3)强调主题贴近学生生活[1]。后"茶馆式"教学环节紧扣,设计灵活,它强调在"议中学、议中做、议中思、议中自我发展",更符合中职日语阅读学习者的认知规律和心理特点,使课堂教学精致化。

(二)后"茶馆式"教学基本特征提高中职日语阅读课堂教学效能

后"茶馆式"教学在继承和发展"茶馆式"教学的基础上确定了课堂教学的两个关键干预因素:(1)学生学得会的,或者部分学生自己学得会的,教师不讲;(2)尽可能暴露学生的潜意识,关注"相异构想"的发现与解决[2]。基于日语阅读课程的性质,为了更好地帮助学生从日语文章中获取有效的信息,更好地理解文章中心思想,教师往往"精"讲,强调重难点,但重难点的设定从教师主观出发,限定了学生对问题的分析维度。后"茶馆式"教学强调讲学生自己学不会的,体现"先学后教""讲是为了不讲"的理念,克服课堂教学教师讲得太多和价值判断模糊的两个弊端,在导学案的学习过程中,关注"相异构想"的展现与解决,把学生之间的差异看成教学资源,提高课堂教学效能。

(三)后"茶馆式"教学逻辑结构推动中职日语阅读课堂教学研究

后"茶馆式"教学是遵循学生的认知或学习规律,由教师帮助、学生自学的教学。教学方法更加完善,教学形式更加灵活,教学关注站在改变教学的逻辑结构的高度进行审视,从以教师认为的学科体系为线索进行讲解,到以学生的认知为线索让学生自己进行建构,通过"循环实证"反复验证。后"茶馆式"教学具有一个操作体系却不局限于操作体系,从教学方式、手段、教学策略到德育内涵等各方面都得到具体而明确的实证研究,上海静安区附属学校张人利校长说:"后'茶馆式'教学重在研究与实践'轻负担、高质量'教学",按学生最佳发展期设课,创学生最近发展区施教,这种"以学定教"的创新教学为中职日语阅读教学研究提供了理论依据,推动传统阅读课堂转型。

二、后"茶馆式"教学在中职日语阅读课堂教学中的实践研究

在传统的中职日语阅读教学中,教师为了让学生把握文章内容,一味地对文本和篇章进行分析和解释,学生在课堂上充当倾听者的角色,须记住整篇文章的单词和句型,花费很长时间去适应一篇文章,难以从整体上去感受文章内涵。为了优化课堂教学,我们将此

类阅读课型与后“茶馆式”教学模式相结合，将课堂按“课前导学、语篇分析、合作解析、检测反馈”的教学方法推进。

（一）后“茶馆式”课前导学

日语阅读课前导学案是学生自主学习的方案，学生在课前按照教师设计完成知识点的学习，通过微课、慕课或利用网络资源等对文章内容进行学习，在此过程中把不会的难点标注出来，把释义的时间留给课堂，不仅能达到生本课堂的目的，老师和学生也都会感到轻松。课前导学不仅能培养学生自主学习的能力，也教会了学生怎么抓关键字和词，在课堂上，导学案可作为载体，有助于培养学生之间的合作精神和团队意识，增加了课堂的信息源，引导暴露阅读疑难问题。

（二）后“茶馆式”语篇分析

语篇分析就是使读者科学地、系统地分析语言材料在文中相对位置是如何产生意义的，同时识别语篇的组织结构模式及规定这些组织结构模式标记的语言手段。阅读课的第一课时，学习者已具有自主阅读的能力，对文章整体意义的理解非常重要。在这一环节，教师可让学生运用语篇分析整体梳理文章内容，从理解全文入手，通过已有知识在文章中捕捉重要的语言线索，教师的作用只是对学生进行启发和引导，学生主动去感受、欣赏语言的美，促进其主观能动性的发挥，有助于培养学生的主动阅读意识。

（三）后“茶馆式”合作解析

合作学习是指学生为了完成共同的任务，有明确的责任分工的互助性学习。合作学习是一种结构化的、系统的学习策略，秉行“组间同质、组内异质”的原则，由 4—5 名能力各异的学生组成一个小组，以合作和互助的方式从事学习活动，共同完成小组学习目标。阅读课对文章中生词或生句的理解是重点，也提供了解发展语言能力的重要过程和方法。在这一环节，教师先让学生圈出通过阅读后仍不能理解的难词或难句。然后，四人或五人小组交流自己认为理解的词，并将各自感觉难的词或句提出来请求同伴帮助。接着，全班汇总，教师指导学生以“任务单”的形式开展对难词的理解和解释。

（四）后“茶馆式”检测反馈

学生在自学过程中究竟学会了什么？在合作学习和教师的指导帮助下最终学会了什么？引导暴露学生“相异构想”是否到位？课堂效益需要检验，教学与评价同行，既让学生明了自己掌握了哪些内容，也使教师进一步了解教学设计与课堂实际的距离，及时调整教学安排，提高课堂教学有效性。这时，我们需要设计一份针对性的课堂练习，对课堂学习进行检测反馈。结合中职日语阅读教学要求，课堂练习可以多种形式开展，评价可由自评和他评组成，通过评价结果，进行拓展延伸，从个体出发，尚未解决的问题可再“议议”，增加个别辅导时间。

【后"茶馆式"教学课例】

【桜】

◇ 内容分析

本课对日本国花樱花及赏花进行描写的同时，融入日本语言、文化有关的知识性材料，让学习者扩大视野，增加学习兴趣，积累N3单词与句型，为接下来对于基础知识的输入性学习奠定基础，起到承上启下的作用。

◇ 学情分析

所授对象为高二学生，已从零起点到日语入门，掌握基础单词约650个，基础句型65个，可熟练进行活用变形，对单元阅读学习形成较为系统的学习概念。本班学生学习氛围好，有小组合作学习经验，对信息化微课预习流程较为配合，具备一定自学能力。

◇ 教学目标

知识与技能：掌握新授词汇与句型。

过程与方法：了解日本国花以及围绕国花展开的国民活动。

情感态度价值观目标：在问题动机的驱动下，学生自主探索，突破异文化阻碍。

◇ 教学过程设计

1. 课前导学(做做)

课前学生登录班级学习群，点击教师制作的微课对本课相关单词、语法进行复习，利用网络平台收集日本樱花信息，完成任务后利用QQ群，讨论阅读过程中遇到的问题。

2. 教学过程：

(1) 创设情境(讲讲)

在课堂导入环节，为活跃课堂气氛，采用创设情境的方式，播放一些中国和日本春天花朵盛开的图片，向学习者提问：这些是什么花？中国的国花是什么？日本的国花是什么？

当得到正确答案后，播放日本国民赏花活动的视频。

(2) 语篇分析(练练)

引导学生采用自上而下(トップダウンモデル)、自下而上(ボトムアップモデル)或构建交互式(相互交流モデル[6])阅读模式对文章进行通篇分析，引导学生通过阅读图式认知的建立分析文章重难点，并标注疑难问题。

(3) 任务确定(议议)

采用微课引领并利用「レアリア・生教材」实物(樱花)展示，再次复习本课所涉及第五单元单词、句型。同时明确本次授课任务——提出与樱花知识相关的问题。① 组内分工(图2)：以四人为一组进行编排，确认各小组组长，每组以日本樱花的品种命名。② 任务分工：组内各成员根据学习基础按问题难易进行任务分工，如同学A负责问题1、2的理解，同学B负责问题3、4的理解，以此类推。

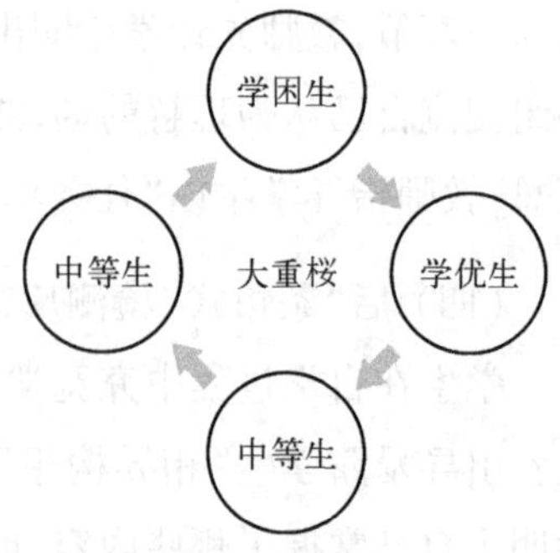

图2　组内异质组间同质分组

(4) 任务实施(做做)

任务一：全文朗读

学生拿到学习任务单后，按照任务单布置的流程，进行阅读文的朗读，要求大声朗读，并注意单词、句节的声调协调，过程中播放班级事先录好的本文朗读及影子跟读，鼓励小组成员之间互相纠正发音，以整体带动个体，平衡提高每个成员的朗读水平。

续 表

任务二：答疑解惑

教师让学生在课前进行自我阅读，教师在课前下发了一张任务单，其中包含两项任务：1. 学生根据所读的课文自拟5个有关课文内容的问题，以备课堂导入阶段需要；2. 学生将文章中无法准确理解的内容进行整理以便组内研讨或向老师求教。

设置的任务采取分层教学，以小组为单位，组内同学根据能力层次选择不同的问题进行回答，可编制陈述性问题，也可编制略开放性问题。能力层次较高的同学则给予更大的思维开放空间。

<桜>タスクシート

① 分からない所があったら、質問してください
②「桜」の内容を覚えるためにキーワードを整理してください
③「桜」をテーマにして短文を作ってみてください

此环节，任务单在组内四名同学之间轮流进行整理，形成循环，由四位同学彼此进行答疑解惑，并互相补充。这样任务也是由同学自己驱动，通过同学之间互相的解答，充分运用"导生制"教学模式，调动学生学习的主动性与积极性，解决课堂教学生成问题，并与教学预设相互联系、相互补充、相互促进。

任务三：整理汇总

教师将每组推荐最好的任务单拍下来后通过转换投影到多媒体上，与同学一起就各组任务单提出的问题进行归纳，作为理解全文参考答案，不全面的由其他组进行补充，完成对文章的整体理解。

任务四：深度剖析

教师播放日本樱花盛开之际，日本国民以家庭或公司同事为单位聚集树下赏花，吃吃喝喝谈天说地的场景，并针对樱花提出"どうして桜というと日本のイメージを思い浮かんだのですか、桜文化はどういうことですか"这样一个开放性问题供学生讨论，并插入一则中国游客大量赴日赏花致酒店爆满的新闻视频。

(5) 检测反馈（再议议）

在课堂复习总结环节，要求学生能就樱花前线图运用本课单词、句型用日语介绍日本樱花。仍以小组竞赛的形式，由其他组指定抽选发表同学，如发表同学内容不完整，可由组内同学进行补充。

(6) 任务评价（再讲讲）

评价分为自评和他评。在自评后，收纳在成长文件夹[7]里。他评是教师通过观察学习者在教室内外对于日语的使用和学习方法来进行评价的方法，是教师在自然的教育场景下了解学习者，使学习者在这种特定条件下进行活动，以获得合乎实际目的的行动。教师选出专业之星和进步之星若干名并颁发奖状。

(7) 拓展延伸（再做做）

巩固：背诵本课所学单词、语法，下节课进行默写

拓展：运用本课所学樱花知识分析N4第二回樱花前线阅读文二

创新：运用本课所学知识结合樱花文化试着写一篇《赏樱花》的记叙文

三、后“茶馆式”教学实施过程中的注意事项

后“茶馆式”教学在中职日语阅读教学中的实践给处于不同层次的学生指明了学习方向，是对“茶馆”教学的继承和发展。但后“茶馆式”教学缺乏具体的指导方法和配备，在中职日语阅读教学实施过程中，由于要讲学生学不会的，教师在教学研究过程中就要回答和解决以下问题（图2）：

① 要判断学生是否自己能学会，一定要让学生先学。
② 让学生先学，这个先学是课前学习，还是课上学习。如果安排在课前学习，是否要减少学生其他的家庭作业，否则会增加学生的负担。
③ 学生先学，有很多方法，哪种方法的效果更好。比如，是让学生自己看书，还是做练习；是讨论，还是做实验。
④ 如何检验学生哪些已经学会，哪些没有学会。
⑤ 如果学生提不出问题，或者自认为已经学会了，但实际上学生还是不会，怎么办。如何解决。有什么方法让他们暴露问题。
⑥ 有的学生已经学会了，有的学生还不会，这时教师又该怎么办。

图2 教师在后“茶馆式”教学中需要回答和解决的问题[2]

后“茶馆式”教学强调“教为学服务”，在汲取“茶馆”文化中的情景多样、互动多向、管理民主等精髓的基础上，通过精心教学设计，注重思维引导与点拨、实时调控与反馈等途径，是一种生成式教学。由于课堂处于开放状态，备课与上课必然产生一定的落差，因此对教师的专业要求比较高。在整个授课过程中，教师应以教育服务者的姿态，当好参与者、合作者。充分发挥后“茶馆式”教学的德育内涵，做到“三带”与“三不带”。“三带”是：（1）带学生解决自学和讨论后还不理解的问题；（2）带学生知识缺陷和易混易错的问题；（3）带学生质疑后其他学生仍然解决不了的问题；“三不带”是：（1）学生会了的不带；（2）学生能学会的不带；（3）老师讲了学生也学不会的不带[3]。

四、结束语

后“茶馆式”教学在聚集课堂、提升效能的实践上取得了理想成绩，为中职阅读课堂教学带来了新的灵感和启发。为学生从“要我学”转向“我要学”的课堂转型提供了理论依据，后“茶馆式”教学适应新课改要求，全过程渗透学科核心素养，在思政教育的过程中润物无声，在中职阅读课堂中是经实践证明行之有效的教学方法，但是在具体的操作过程中，我们还要结合不断变化的教学工作实际，更深入理解后“茶馆式”教学的目的，追求实效，使课堂真正成为学生成长的摇篮。

参考文献：

[1] 张人利.后"茶馆式"教学——提高课堂教学质量的实证研究[J].人民教育,2011,(3)：70-73

[2] 张人利.后"茶馆式"教学[J].上海教育半月刊,2010,(1)：55-57

[3] 张人利.后"茶馆式"教学——"轻负担、高质量"的研究实践[J].中小学校长,2014,(4)：7-12

[4] 丁亿.后"茶馆式"教学在"以学定教"方面的探索[J].现代教学,2011,(12)：5

[5] 周璐蓉.初中英语阅读课教学方法[J].现代教学,2014,(12A)：44-45

[6] 李凌倩.后"茶馆式"教学(三)——"循环实证"教育科研方法[J].现代教学,2010,(11)：45-48

[7] 阿部洋子.教え方を改善する[M].日本語教授法シリーズ13,2010：43-47

[8] 阿部洋子.読むことを教える[M].日本語教授法シリーズ7,2006：12-15

Post-teahouse-style Teaching: a New Perspective of Japanese Reading classroom Transformation in Secondary Vocational Schools

Pinghu Vocational Middle School　Jin Xuemei

Abstract: The post-teahouse teaching emphasizes the coexistence of "learning in books" and "learning by doing", and carries out teaching by "reading, practicing, discussing, speaking and doing".It has a higher value orientation in exposing students' subconsciousness as much as possible and paying attention to the discovery and solution of "different ideas".The flexible teaching method is beneficial to the infiltration of the core literacy of the discipline in the whole process, and combined with ideological and political education, it has an applied advantage in Japanese reading class in secondary vocational schools. Through practical research, the four links of "pre-class guidance, discourse analysis, cooperative analysis and testing feedback" run through the classroom teaching of reading.It improves the effectiveness of classroom teaching and provides a new perspective for the transformation of Japanese reading class in secondary vocational schools.

Keywords: post-teahouse-style teaching; Japanese reading; classroom transformation

基于不良结构情境的中学德语课堂设计

——以“在时装店购物”为例

金华市外国语学校　郑江瑶

摘要：《普通高中德语课程标准》的颁布，填补了我国基础教育阶段德语课程标准的空白，中学德语课程自此走上了规范化和科学化的发展道路。新标准在情境创设中指出，教学中应重视选用不同难易程度和不同取向的不良结构情境实例作为学习的中心内容，让学生面对一个个需要解决的现实问题。本文将从情境创设的真实性、学习任务的挑战性和解决方法的开放性三个维度，结合笔者“在时装店购物”的教学实例，具体展现不良结构情境的创设过程，为中学德语教学提供案例参考。

关键词：不良结构情境；中学德语；教学设计

作者简介：郑江瑶，男，金华市外国语学校中学德语一级教师。研究方向：中学德语教学。电子邮箱：Mccsunshine@ 163.com。

一、引言

语言的基本功能在于交际，而情境是语言交际活动的背景。没有情境，学生就不能完成具有实际意义的交际任务，课堂也不能引起学生的态度体验和情感共鸣。《普通高中德语课程标准（2017 年版）》在情境创设一章中着重指出：教学中应创设尽可能接近真实情境的话语活动，重视选用不同难易程度和不同取向的不良结构情境实例作为学习的中心内容，激发学生参与解决现实问题的各类话语活动的积极性①。不良结构情境的创设属于基于问题的学习模式（Problem-Based Learning），即课堂中把学生置于复杂的、结构不良的、开放式的问题情境中，促使学生通过协调合作解决真实问题，形成迁移应用的能力。

美国学者雷特曼（Reitman）从认知心理学的角度，把问题分为结构良好问题和结构不良问题。雷特曼认为，“结构良好问题”（well-structured problems）指的是初始状态、目标状态和解决方案都很明确的问题，而“结构不良问题”（ill-structured problems）指的是以上三

① 中华人民共和国教育部.普通高中德语课程标准（2017 年版）[S].北京：人民教育出版社，2020：40。

者至少有一个不明确的问题①。传统的教学呈现给学生的往往是结构良好的问题,学生被动地接受为解决问题所需的具体知识和技能。这些知识和技能都是现成的、已知的,学生无须经过信息筛选和加工就能找到答案。然而,当问题条件发生变化时,学生很难将已学知识迁移并应用于新的情境。此外,传统的外语教学存在"学用脱节"的现象,学生虽然掌握了精确的语法规则和大量的词汇,但在现实情境中的会话能力仍然较为薄弱。要改变这一现状并提升学生解决真实问题的能力,就必须改变传统单一的问题结构模式。

彭凯颖、韩优纯认为,结构不良问题区别于结构良好问题的一个显著特征就是,结构不良问题的解决具有情境性②。学者鲁志鲲、申继亮同样指出,新知识观更强调知识的情境性和复杂性,教师应重视学生在学习中遇到的问题与今后在实践中遇到的结构不良问题的一致性情境的创设③。一致性情境的创设,指的是课堂中所创设的情境是学生继续学习和今后生活能够遇到的、将会遇到的现实问题。我们生活在一个纷繁复杂的世界里,课堂上通过创设不良结构情境,学生得以在真实世界中体验问题的复杂性和丰富性,从而以更加主动的姿态适应环境的变化并积极地解决问题。

笔者通过中国知网搜索"不良结构情境",发现研究篇目主要集中于数学、物理、化学、生物、政治、地理等学科,德语学科尚未发现相关研究。基于不良结构情境的重要性,笔者将从情境创设的真实性、学习任务的挑战性和解决方法的开放性三个维度,结合"在时装店购物"的教学实例,具体展现不良结构情境的创设过程,为中学德语教学提供案例参考。

二、情境创设具有真实性

情境创设的真实性,指的是教师根据真实或接近真实生活的交际需求,在课堂导入环节,运用声音、图片、视频等材料将学生置身于一个具体情境。这一具体的情境不断出现新情况、提出新问题,需要学生运用所学语言知识,以应对新情况、解决新问题。刘徽认为,教育教学的最终目的是使学生在未来可以顺利地解决真实情境中的复杂问题,既然目的指向"为了真实情境",那么学习就应该"根植于真实情境"④。学者李凤珍指出,基于真实情境的结构不良问题的解决,将学校中的学生向自然情境的学习者回归,真正确立了学习者在解决结构不良问题过程中的中心地位⑤。不良结构情境来源于生活,指向问题的

① Reitman W R. Cognition and Thought: An Information Processing Model[M]. Wiley, 1965: Well-structured problem has a clear initial state, goal state, and solution of the problem: 21.

② 彭凯颖,韩优纯.结构不良问题解决的教学探讨[J].基础教育研究,2012,(16):26-28。

③ 鲁志鲲,申继亮.结构不良问题解决及其教学涵义[J].中国教育学刊,2004,(1):47-50。

④ 刘徽.大概念教学:素养导向的单元整体设计[M].教育科学出版社,2022:178。

⑤ 李凤珍.由结构不良问题解决引发的对传统教学的反思[J].江西教育科研,2007,(4):116-117。

解决,在此过程中学生是主角,而教师则是为学生搭建“脚手架”的幕后人。

《在时装店购物》一课中,笔者将情境设置为:我们班将于暑期赴德国友好学校交流学习,其中一周入住迪恩市寄宿家庭,最后一周在德国柏林游学。

情境设定:入住迪恩市寄宿家庭后,你发现自己未带充足的衣物以适应多变的天气,因此在住家小伙伴的陪伴下,第一次去时装店购买衣服。

教学导入:教师在PPT上展示2018届学生暑期抵达德国迪恩市和入住寄宿家庭的图片,随后展示迪恩市天气变化的截图,告知学生未带充足的衣物,在住家小伙伴的陪伴下,你们来到迪恩市一家时装店。

设计意图:掌握《在时装店购物》的日常德语交际表达是本课主要的教学目标之一,借助德国游学这一真实的交换项目,不仅能让学生提前感受姊妹学校的接待情况,也为日后在德国时装店购物提供了交际语料,训练了语言交际能力。住家小伙伴的设定,不仅丰富了参与对话的角色,而且为学生实现敬称和友称的切换提供了契机。

三、学习任务具有挑战性

克拉申(Stephen D. Krashen)在“可理解性输入假说”(comprehensible input)中指出,当习得者接触到足量略高于他现有语言水平的语言输入,且学习者将注意力集中于对意义的理解时,才能习得语言[①]。与此相似,不良结构情境下的学习任务难度也应高于学习者现有的语言水平。高一的德语学习者,在接触德语之前至少已学习6年的英语,其认知水平已远高于教材原设定初学者的认知水平。简单而又缺乏挑战性的学习任务已全然失去了对他们的吸引力,因此不良结构情境的设置,有助于激发学生的内驱力,从而保持德语学习的兴趣和信心。

(一)引发认知冲突

彭凯颖、韩优纯认为,一个合适的问题情境设计要考虑到解决的问题对于学习者来说具有一定意义,需要一些不同于已经掌握的知识和技能,让学习者产生认知冲突,产生兴趣,从而激发解决问题的主动性[②]。教师可引发学生的认知冲突,以提升学习任务的趣味性。《在时装店购物》一课中,笔者采用“猜测、推理和验证”的教学思路,在情境导入后,展示几张时装店情境对话视频截图,引导学生猜测该店售货员和顾客会说什么内容。例(1)刚进入商店,售货员会说什么?例(2)针对售货员指向换衣间,顾客会问什么?例(3)售货员向顾客展示衣服标价,顾客会如何询价?

例(1):视频原文(Wie kann ich Ihnen helfen?有什么可以帮您的)

① Joel, Walz. Second Language Acquisition and Second Language Learning. Stephen D. Krashen Oxford: Pergamon Press, 1981. Pp. 151 [J]. Studies in Second Language Acquisition, 1982, 5(1): 134-136.

② 彭凯颖,韩优纯.结构不良问题解决的教学探讨[J].基础教育研究,2012,(16):26-28。

学生甲：Sie Wünschen?（您需要点什么?）

学生乙：Was darf es sein?（有什么可以效劳的?）

学生丙：Herzlich willkommen!（欢迎光临!）

例(2)：视频原文(Wo sind denn hier die Umkleidekabinen? 换衣间在哪里?)

学生甲：Wo ist the changing room?（换衣间在哪里?）

学生乙：Wo ist the dressing room?（换衣间在哪里?）

学生丙：Wo kann ich das anprobieren?（我可以在哪里换衣服?）

例(3)：视频原文(Wie viel kostet das? 这件衣服多少钱?)

学生甲：Was kostet das?（这件衣服多少钱?）

学生乙：Wie teuer ist das?（这个东西多贵?）

学生丙：Wie hoch ist der Preis?（价格多高?）

例(1)中，学生甲和乙完美地将集市上购物的语料迁移到时装店购物的情境中来，但丙同学“欢迎光临”的表达显得不是那么地道，此时就会产生一个跨文化的认知冲突；例(2)中认知冲突体现于“换衣间”一词的德语表达上，学生已猜测到对话内容但不知道德语如何表达；例(3)中的询价有多种表达方式，学生主要对疑问词“多少”的德语表达拿捏不准。以上结构不良的认知冲突，其原因可能是文化背景知识的欠缺、德语词汇量的匮乏也可能是相近知识点的混淆。在播放原声视频后，学生通过比对会话内容，验证自己的猜想是否正确。猜想正确的学生，继续学习的信心和动力大幅提升；猜想偏差较大的学生，会引发自己的认知冲突并激发自己的求知欲。即使猜想失误，在教师的引导下，认知冲突的释然也会给学生留下更为深刻的印象。

（二）制造两难窘境

鲁志鲲、申继亮提出在不良结构问题的解决过程中，教师要不断引发学生认知的矛盾和不协调以及观点的对立和抗衡，迫使学生不断地推出新的事实、条件和视点为自己的观点辩论，从而发现更高层次的问题，使每个学生在此过程中获得独自意义的知识①。在教学实践中，教师可改变约束条件，制造两难选择的窘境，增加学习任务的难度。

《在时装店购物》的两难窘境既体现于衣服颜色、款式、大小、价格和库存的客观方面，也表现于别人对同一件衣服评价的主观方面。例如衣服颜色喜欢，但大小不合适；衣服款式喜欢，但价格太贵；售货员觉得衣服合身，但住家小伙伴认为衣服不合身。在教学实践环节，笔者通过对话图稿方式呈现两难窘境下的不良结构情境，要求学生根据图稿表演对话。

---

① 鲁志鲲，申继亮.结构不良问题解决及其教学涵义[J].中国教育学刊，2004，(1)：47－50。

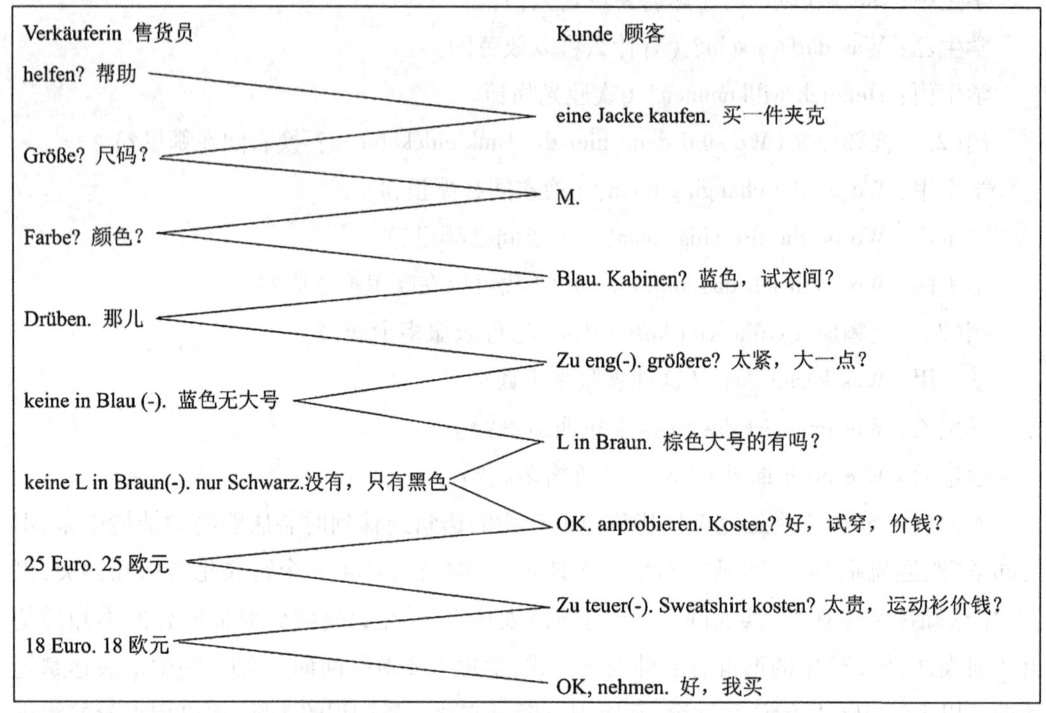

图1 “时装店”情境对话图稿

如上图所示，对话图稿中共有四处窘境（标-处）：蓝色夹克太紧身，店里没有蓝色大号的夹克，也没有棕色大号的夹克以及黑色夹克虽然有库存但价钱高。现实生活总不是如人所愿，也不会总一帆风顺。两难窘境的设定不仅模拟出现实交际情境中的两难境地，而且促使学生思考如何去应对并摆脱窘境。

制造两难窘境，不是制造困境。在问题情境设计中，教师应根据学生水平设定问题的难度。如果问题太复杂，学生将无从下手，效果适得其反。

四、解决方法具有开放性

《普通高中德语课程标准（2017年版）》明确指出：教学中应选用不同程度、不同取向的不良结构情境案例，激发学生参与解决现实问题的各类话语活动的积极性①。不良结构情境的不同取向，即情境的开放性。解决问题的方法和步骤不是固定不变、千篇一律的，开放性情境的设立，有利于激发学生的发散性思维，有助于引导学生从不同角度、不同层面或不同侧面应对不良结构问题。

鲁志鲲、申继亮指出，由于结构不良问题存在多种解决方案，教师应鼓励学生发展

---

① 中华人民共和国教育部.普通高中德语课程标准（2017年版）[S].北京：人民教育出版社，2020：23。

有个人独创性的解决方案。要为学生创造合作解决问题的环境,发挥小组互动对解决问题的影响[①]。《在时装店购物》一课的收尾环节,笔者设计了一个小组活动任务:三人一组就时装店购物话题编写一段对话并进行角色扮演。核心情境为:你挑中了一件衣服,售货员认为这件衣服和你很搭,但你的住家小伙伴觉得这件衣服不是很适合你,你会怎么做?

这一任务含有两难窘境,一是听从自己内心的喜好,不采纳小伙伴的建议,从而不给朋友面子;二是违背自己的喜好,听从小伙伴的建议。中国人和德国人相比,我们中国人将心比心、以己及人,懂得体谅、照顾别人的情绪,但德国人以严谨直爽著称于世,住家小伙伴的直言不讳就体现了这种精神。以上情境的设计,不仅贴合中学生赴德游学交流的实际,而且在跨文化冲突中有助于学生协调中德文化差异,增强中华文化的自豪感,不断提高跨文化交际能力。

李同吉、吴庆麟认为:因为一个结构不良问题可能有多种解决方案,评价解决方法好坏的标准也是多元的,解决者个人的观念对于评价和选择解决方案有很大的影响[②]。学者刘徽认为,不同于封闭题有明确的答案,开放题一般需要通过评价量规来评价[③]。学生自编对话并表演对话属于表现性任务,其没有固定的模式,也没有唯一的标准答案,因此需要一个由教师和学生共同制定的量表来进行学习评价。学生参与制定量表有助于对解决方案的评价形成共识,淡化个人观念的影响。在小组任务发布后,笔者就和学生一同讨论成果评价的维度,并制成量化评价表。

表1　表演对话评价量表

维　度	权重	指　标	评　分
语言表达	50%	3分:吐字清晰、口语流利、用语贴切	
		2分:吐字较为清晰、口语较为流利、用语较贴切	
		1分:吐字不清晰、口语不流利、用语较贴切	
舞台表现	10%	3分:表演自然真实,符合情境,具有较强感染力	
		2分:表演较为自然真实,符合情境,具有一定的感染力	
		1分:表演较为紧张木讷,符合情境,感染力较弱	

① 鲁志鲲,申继亮.结构不良问题解决及其教学涵义[J].中国教育学刊,2004,(1):47-50。
② 李同吉,吴庆麟.论解决结构不良问题的能力及其培养[J].华东师范大学学报:教育科学版,2006(1):63-68。
③ 刘徽.大概念教学:素养导向的单元整体设计[M].教育科学出版社,2022:219。

续　表

维　度	权重	指　　标	评　分
团队配合	20%	3分：团队配合默契、互动性强	
		2分：团队配合较为默契、顺畅	
		1分：团队配合不够默契、较为不顺畅	
方案成效	20%	3分：对话完整，方案具有独创性并体现文化自信	
		2分：对话完整，方案合理有效、不违心	
		1分：对话较为完整，方案不牵强	

掌握“在时装店购物”的日常德语交际表达是本课的重点内容，因此语言表达维度的权重占50%。提升协同合作能力和增强文化自信是本课所追求的育人价值，各占20%。在教学实践中，笔者收到以下的解决方案：

方案一：询问小伙伴认为这件衣服不搭的原因，听从小伙伴的建议。

方案二：听从自己的内心，试图去说服小伙伴认同自己的意愿。

方案三：照顾小伙伴的感受，再看看其他衣服。

方案四：拉着小伙伴一起试穿衣服，有意避开朋友的建议，用别的行动缓解尴尬。

大多数的方案中显示，我们学生懂得顾及别人的情绪，展现出礼貌和善良的天性。也有小组从另一角度出发，认为太在乎别人的眼光和评价，只会丢失自我，失去个性，丢失自我的价值，因此他们选择听从自己的内心。在教学评价环节，笔者高度赞扬了方案二遵从内心想法、坚守文化自信的做法，并点明：掌握外语不仅是为了更加清晰、自信地表达自我，更是为了日后在国际舞台上为祖国发声！

五、结语

不良结构情境不是为了让情境成为困境，不是无端为难学生，而是通过开放性的情境创设，发展学生的创造性思维。对于学生来说，挑战性学习可能会带来焦虑、压力，但赢得挑战后的自信心和成就感是学生成长路上的不竭力量之源。

不良结构情境的开放性设定，培养了学生发散思维的能力，给予了学生发挥个性的自由空间。但自由并不是无边界的，在教学中需要正确价值观和理想信念的引领，从而促使学生将外语知识的学习转化为对健全人格、远大理想和崇高事业的不懈追求。

参考文献：

[1] 刘徽.大概念教学：素养导向的单元整体设计[M].教育科学出版社,2022：178、219.

[2] 中华人民共和国教育部.普通高中德语课程标准(2017 年版)[S].北京：人民教育出版社,2018：18－19、23、40.

[3] 李凤珍.由结构不良问题解决引发的对传统教学的反思[J].江西教育科研,2007,(4)：116－117.

[4] 李同吉,吴庆麟.论解决结构不良问题的能力及其培养[J].华东师范大学学报：教育科学版,2006：63－68.

[5] 鲁志鲲,申继亮.结构不良问题解决及其教学涵义[J].中国教育学刊,2004,(1)：47－50.

[6] 彭凯颖,韩优纯.结构不良问题解决的教学探讨[J].基础教育研究,2012,(16)：26－28.

[7] Reitman W R.Cognition and Thought：An Information Processing Model[M].Wiley, 1965：21.

[8] Joel, Walz. Second Language Acquisition and Second Language Learning. Stephen D. Krashen Oxford：Pergamon Press, 1981. Pp. 151 [J]. Studies in Second Language Acquisition, 1982, 5(1)：134－136.

German-teaching design in Chinese middle school based on ill-structured situations

—Taking "shopping at a clothing store" as an example

Jinhua Foreign Language School　Zheng Jiangyao

Abstract： With the promulgations of "National German Curriculum Standards for general High School", the new curriculum helps fill a need for German-teaching in the basic education in China. The curriculum has standardized and scientificized the development of German-teaching in middle school and point out that in creating teaching situations, teachers should focus on using examples of ill-structured situations with different levels of difficulty and different solutions as the central content of learning, so that students can face real-life problems that require solutions. This article will combine the reality of situation creation, the challenge of learning tasks, and the openness of solution methods, and use the teaching example of "shopping at a clothing store" to demonstrate the process of creating ill-structured situations, in order to provide case references for German-teaching in middle school.

Keywords： ill-structured situations；German-teaching in middle school；teaching design

在高中法语课堂教学中培养跨文化能力的实践研究

——以高一《法国人怎样过新年》教学为例

上海外国语大学附属浦东外国语学校　赵　慧

摘要：随着《普通高中法语课程标准》的推出和修订以及中法两国文化交流的不断深入，培养高中生跨文化能力既是教师教学的目标，也是学生学习法语、立足社会的需求。跨文化能力包含跨文化理解能力、跨文化交际能力、跨文化思辨能力。教师应将跨文化能力的培养融入课堂教学的每个环节，帮助学生理解世界各民族文化，增强文化包容性，批判性地接受对象国文化，并解决交际活动中的实际问题，弘扬中华传统文化。

关键词：高中法语；课堂教学；跨文化能力

作者简介：赵慧，女，上海外国语大学附属浦东外国语学校法语高级教师，浦东新区关键语种中心组成员。主要研究方向：初高中法语教学策略。电子邮箱：170401212@ qq.com。

一、引言

从教育政策来看，《普通高中法语课程标准（2017 年版 2020 年修订）》（以下简称《课标》）一书中 9 次提到了"跨文化"。在"课程性质"部分，《课标》提到"课程内容包括法语语言基础知识、法语国家与地区概况以及对中法文化异同的分析和比较，能够培养学生缜密的思维习惯、优良的文化素养和开放的文化意识，帮助其更为细致地观察自然和社会，增强文化理解力和民族自信心，实现跨文化沟通和交流，树立兼容并蓄的多元文化观。"在"学科核心素养"部分，《课标》提到"文化意识是指在认同中国文化的基础上，对法语国家与地区文化的感知、认识和理解。法语课程使学生了解法语国家与地区的文化基本知识，认识文化多样性，形成跨文化沟通和交流能力，在交流中传播和弘扬中华优秀文化，坚定文化自信，尊重差异，促进合作，树立人类命运共同体意识。"《课标》中关于"跨文化"的表述为教师日后的工作指明了方向。

从教学现状来看，随着国家对中学阶段法语学科重视度的提升以及中外文化交流的不断推广与深入，高中生有更多的平台和机会了解不同国家文化。高中生已初步具备一定的世界观和价值观，经过法语学习后，他们非常渴望能够从书本走到世界，看一看不同法语国家和地区的风貌，也很希望借助自己的语言能力，在中法文化交流活动中出力。能力的培养并非一朝一夕之事,需要教师将其融入日常教学每个环节之中,其中跨文化能力的培养尤其重要。第一,学生只有理解不同文化背景的人们的风俗习惯,才能更好地理解世界多样性,为促进人类和平尽力;第二,在中法文化异同对比中,学生能够批判性地学习各类文化,更好地提炼、吸收各种文化的精华之处;第三,随着中国综合国力的日益提升,世界对于中国的好奇与日俱增,在跨文化交际中,学生将有机会借助所学,向世界人民展示和弘扬中华民族优秀的传统文化,将中华文明发扬光大。

综上所述,跨文化能力的培养既是《课标》的教学要求,也是学生学习法语和未来发展的需求。教师如何基于《课标》,将对学生跨文化能力的培养融入法语课堂设计中,是笔者近年来的研究方向之一。

二、核心概念界定

高中生年龄在 16 至 18 周岁,随着年龄的增长和学习经验的积累,他们已初步形成了世界观、人生观、价值观。正值即将成年之际,他们渴望能独立自主对事物做出判断,渴望分享自己的观点,更希望能够借助自己所能,解决生活中的实际问题。学习法语的高中生已能凭借对法语国家和地区文化的了解尝试翻译,也有对于实际问题的看法和解决思路。

近年来,国内外关于跨文化能力的概念界定不一,Barret(2014)等学者将跨文化能力定义为“能够尊重、理解异文化群体的一整套必要的价值观、态度、技能、知识和理解力”;孙有中(2017)等学者主张“把跨文化能力培养和思辨能力培养结合起来”;戴晓东(2018)等学者认为“跨文化能力是来自不同文化的人们进行互动与对话的能力,涉及多元的文化背景与身份”。笔者从高中法语教学实际出发,认为将跨文化能力划分为跨文化理解能力、跨文化交际能力和跨文化思辨能力更加符合实际情况,并有利于教师开展跨文化能力的培养。跨文化理解能力是指对不同文化的深层理解能力;跨文化交际能力是指交际者在具体语境中通过与不同文化背景的人进行交流沟通从而促进人们对于各民族文化理解的能力;跨文化思辨能力是指在多元文化背景下对不同文化进行比较、鉴别的能力。

那么,在教学中教师可以怎样提升学生的跨文化能力呢?首先,教师要带领学生学习包含不同民族、不同文化的视频、音频、文字等形式的语料,帮助学生理解不同国家和地区的传统文化、风俗习惯等,从而培养学生的跨文化理解能力。其次,教师要引导学生运用所学,在具体的语境中,解决交际中的实际问题,从而培养学生的跨文化交际能力:一方面,教师要鼓励学生与不同文化背景的人进行交流沟通,增进对彼此文化的理解,增强文化包容性,为构建人类命运共同体贡献力量;另一方面,教师要帮助学生用法语讲好中国故事,弘扬中华民族优秀的传统文化。最后,教师要引导学生对不同文化的异同点进行比较,鼓励学生探究这些异同点背后的原因,从而培养学生的跨文化思辨能力:一方面,教师要引导学生对对象国文化进行一定程度的鉴别,批判性地学习对象国文化;另一方面,教师要将中国文化放在世界文化之中去引导学生理解，通过将中国文化和其他文化的对比，更深地理解中国文化，坚定文化自信。

三、跨文化能力培养实践

本文将通过某单元教学实践，展示如何在法语教学中培养学生的跨文化能力。

（一）单元目标

本单元通过学习围绕“节日”主题的文章、对话、图表、视音频等语言材料，让学生了解法国主要节日和中国主要节日的来源、意义、习俗，能够恰当地表达节日祝福，口头或书面熟练地描述相关话题的某一现象，发表个人观点，与他人进行交流，完成小组任务；并对中法节日的来源、意义、习俗等进行对比，分析现象背后的根源，增强对各国文化的包容性和对本国文化的认同感，弘扬中国传统节日文化。

（二）本单元跨文化能力培养目标

1. 跨文化理解能力培养目标

在知识文化层面上，学生要了解诸如国庆节、铃兰节、圣诞节等法国重要节日，理解其来源、意义和习俗；了解诸如春节、中秋节、国庆节、端午节等中国重要节日及其来源、意义和习俗。理解法国全国性节日分为宗教节日和非宗教节日。了解世界各地其他的重要节日。

2. 跨文化交际能力培养目标

在实践能力层面上，学生要能恰当地表达节日祝福，口头或书面熟练地描述某一个法国节日及其来源、意义和习俗，并能向法国伙伴介绍中国传统节日及其来源、意义和习俗。能够通过小组讨论，合作完成一个关于节日活动展现的对话。

3. 跨文化思辨能力培养目标

在情感态度层面上，学生要学会对中法节日的意义和习俗进行异同点对比，分析它们对中法人民不同的意义，增强对他国文化的包容性和对本国文化的认同感，弘扬中国传统节日文化。

（三）本单元跨文化能力培养目标

本单元通过学习与法国人过新年和中国人过春节相关的文字、视频等语言材料，帮助学生了解中法两国人民欢度节日的时间和方式，引导学生思考两国人民过节的异同之处，表达个人观点，完成小组任务；侧重培养学生的听说能力，以及在归纳、总结和对比中的思辨能力，养成良好的语言学习的习惯。

（四）跨文化能力培养策略

以高一法语学生学习《法国人过新年》的教学为例。本届高一学生的语言水平在 A2

至 B1 之间。学生通过前两课时的学习已经对法国国庆节、铃兰节等节日的日期、来源、意义和习俗有了一定了解，也积累了不少关于节日主题的词汇。为了培养学生的跨文化能力，教师综合运用输入策略和输出策略，将跨文化理解能力培养目标、跨文化交际能力培养目标以及跨文化思辨能力培养目标融入教学设计每个环节之中。

表 1

<table>
<tr><td colspan="2">课题</td><td>法国人怎样过新年</td><td>年级</td><td>高一</td><td>课型</td><td>听说课</td><td>时长</td><td>40 分钟</td><td>执教老师</td><td>赵慧</td></tr>
<tr><td colspan="11">教 学 过 程</td></tr>
<tr><td colspan="2">教学环节</td><td>教学内容</td><td colspan="3">学 生 活 动</td><td colspan="4">设 计 意 图</td><td>时间</td></tr>
<tr><td>听前活动</td><td>主题引导</td><td>头脑风暴：“法国节日”。</td><td colspan="3">说出看到“法国节日”这个词能够想到的内容。</td><td colspan="4">引出“法国人过新年”主题。</td><td>5 分钟</td></tr>
<tr><td>听中活动</td><td>听力理解</td><td>播放视频，学生回答问题。</td><td colspan="3">观看视频并回答问题：
1. 法国人过新年有哪些活动？
2. 新年有哪些特色美食？
3. 法国人为什么要过新年？</td><td colspan="4">培养学生概括总结的能力，引导学生观察细节，帮助学生理解新年假期特别是其中的圣诞节习俗和意义，提高学生跨文化理解能力；从法国人通过圣诞迎新过节庆祝新年的意义引申到“中国人过春节”的话题，为中法节日文化对比作铺垫。</td><td>10 分钟</td></tr>
<tr><td rowspan="3">听后活动</td><td>词汇拓展</td><td>观看图片，选出与图片相符合的动词词组。</td><td colspan="3">学生通过连线题，连接描述中国人春节期间的习俗活动的图片和法语动词词组。</td><td colspan="4">通过词汇学习，培养学生用法语表达中国春节节日习俗的跨文化交际能力，为口头输出做词汇准备。</td><td>5 分钟</td></tr>
<tr><td>口头输出</td><td>小组讨论，法国人过新年和中国人过春节的异同之处。</td><td colspan="3">学生以 3 到 4 人为一组，从法国圣诞至新年和春节的来源、意义、习俗等方面比较两国人民过新年的异同之处，并请小组代表分别陈述讨论结果。</td><td colspan="4">通过小组讨论，引导学生理解两种不同的节日文化，并对两国不同节日进行比较，加强团队协作能力，提高跨文化思辨能力。</td><td>15 分钟</td></tr>
<tr><td>书面布置</td><td>给法国小伙伴写一封 120 词的回信。</td><td colspan="3">阅读法国小伙伴介绍他家过圣诞节的经历的来信，给他写一封 120 词的回信，向他表达圣诞节和新年的问候，并向他介绍中国人庆祝新年的节日和习俗。分析自己家和小伙伴家迎新的异同之处。</td><td colspan="4">将课程所学转换为笔头输出，进一步巩固课内关于节日主题所学的内容，学习关于节日的问候，进一步培养学生跨文化交际能力和跨文化思辨能力。</td><td>5 分钟</td></tr>
</table>

1. 输入策略

输入策略是教师通过向学生输入一定的文化概念或者对象国的跨文化内容以增加学生跨文化知识面的策略,目的是为学生后期的输出做好铺垫。

如表1所示,本课的输入策略主要应用于"听中活动"的"听力理解"和"听后活动"的"词汇拓展","听力理解"部分的视频向同学们展示了法国人过新年的场景,可引导学生观察视频细节,帮助学生理解相关习俗,提高学生跨文化理解能力,培养学生概括总结的能力,同时从法国人通过圣诞迎新过节庆祝新年的意义引申到"中国人过春节"的话题,为学生进行跨文化交际作基本准备。学生通过活动理解了法国人有约两周的圣诞—新年假期,过圣诞节是为了一家团聚;12月24日是平安夜,家人团聚家中;平安夜的圣诞大餐包含香槟、鹅肝、火鸡、树根蛋糕等。还知道了树根蛋糕的做法以及蛋糕上的小圣诞老人装饰。此外,法国人还喜欢装饰圣诞树,小朋友会在圣诞节早上到树下寻找"圣诞老人"送的礼物。同时,学生们还观察到圣诞期间法国会有一波打折活动。"词汇拓展"部分的图片展示了中国人春节的习俗画面以及相关法语表达,培养学生用法语表达中国春节节日习俗的跨文化交际能力,为口头输出做词汇准备。学生通过活动,了解如何用法语表达诸如"吃年夜饭""贴春联""看春晚"等春节习俗。

2. 输出策略

输出策略是指教师基于铺垫活动中学生关于某一个跨文化内容的输入,进一步设计两种或者多种文化异同内容对比的输出活动的策略,旨在培养学生的跨文化交际能力和跨文化思辨能力。

如表1所示,本课的输出策略主要应用于"听后活动"的"口头输出"和课后的"书面作业"两个环节。

在"口头输出"环节,教师组织学生以3到4人为一组,从起源、意义、习俗等方面比较两国人民过新年的异同之处,并请小组代表介绍讨论结果,由此培养学生理解两种不同节日文化并对两国不同节日进行比较的能力,加强团队协作能力,提高学生跨文化思辨能力。

在"书面作业"环节,教师为学生设置了一个真实的语境:阅读法国小伙伴介绍他家过圣诞及新年的经历的来信,给他写一份120词的回信,向他表达圣诞节和新年的问候,并向他介绍中国人庆祝新年的节日和习俗,然后分析自己家和小伙伴家迎新的异同之处。将课程所学转换为笔头输出,进一步巩固课内关于节日主题所学内容,学习关于节日的问候,进一步培养学生跨文化交际能力和跨文化思辨能力。这样的真实语境使学生有机会利用自己的所学解决生活中的实际问题,弘扬中国传统节日文化。

四、结论

培养高中生跨文化能力,主要是培养他们的跨文化理解能力、跨文化交际能力和跨文化思辨能力。

教师采用输入策略，能帮助学生扩充跨文化知识面，为输出做好铺垫，避免有些学生因不了解对象国文化或词汇量匮乏表达不清。另外，目前国内外教材中涉及中国文化的篇幅有限，因此教师要提前充分准备中国文化知识的教学素材，帮助学生在跨文化交际中弘扬我国优秀的传统文化。

教师采取输出策略时，要在真实的语境之下实现，即创造高中学生日常所能接触到的环境，鼓励学生表达，使交际活动有实际意义，使学生获得自信。

综上所述，中学法语教学中应合理采用输入策略及输出策略，让学生理解各民族文化、解决交际问题、进行不同文化之间的比较，在实际运用中培养学生的跨文化能力，为其今后在对外交流中增强四个自信、讲好中国故事奠定扎实基础。

参考文献：

[1] Martyn Barrett, Michael Byram, Ildikó Lázár, Pascale Mompoint-Gaillard and Stavroula Philippou. Developing Intercultural Competence Through Education[M]. Strasbourg: Council of Europe, 2014.

[2] Larry A. Samovar, Richard E. Porter, Edwin R. McDaniel, Carolyn S. Roy.跨文化交际(第九版)(影印改编版)[M].董晓波，编译.北京：北京大学出版社，2021.

[3] 戴晓东.跨文化能力研究[M].北京：外语教学与研究出版社，2018.

[4] 孙有中.人文英语教育论[J].外语教学与研究，2017，49(06)：859－870.

[5] 孙有中.外语教学与跨文化研究[M].北京：人民出版社，2022.

[6] 孙有中，Janet Bennett.走向跨文化教育：孙有中教授和Janet Bennett博士学术对话[J].外语与外语教学，2017，(02)：1－8+146.

[7] 孙有中，廖鸿婧，郑萱，秦硕谦.跨文化外语教学研究[M].北京：外语教学与研究出版社，2021.

[8] 孙有中，王俊菊.跨文化教育与人类命运共同体构建[M].北京：外语教学与研究出版社，2019.

[9] 孙有中，王卓.与时俱进，开拓中国外语教育创新发展路径——孙有中教授访谈录[J]. 山东外语教学，2021，42(04)：3－12.

[10] 徐梁峰.以跨文化能力培养为导向的综合英语体验式跨文化教学模式探究[J].教书育人(高教论坛)，2023，(27)：104－107.

[11] 中华人民共和国教育部.普通高中法语课程标准(2017年版2020年修订)[S].北京：人民教育出版社，2020.

Pratical Study of the Development of the Cross-cultural Ability in the High School French Class

— Example of *How the French People Celebrate Christmas* of Grade 10

Shanghai Pudong Foreign Languages School Affiliated to SISU　Zhao Hui

Abstract: With the introduction and revision of French Curriculum Standards for Ordinary High Schools and the deepening of cultural exchanges between China and France, cultivating the cross-cultural ability of high school students is not only the goal of teachers' teaching, but also the need of students to learn French and integrate into society. Cross-cultural ability includes cross-cultural understanding ability, cross-cultural communication ability and cross-cultural critical thinking ability. Teachers should integrate the cultivation of cross-cultural ability into every link of classroom teaching, helping students understand the cultures of various groups in the world, promoting cultural inclusiveness, critically embracing the culture of the target country, solving practical problems in communication activities, and promoting traditional Chinese culture.

Keywords: high school French; classroom teaching; cross-cultural ability

俄语学科核心素养下的单元主题教学设计

——以«Чем вы интересуетесь?»为例

北京第二外国语学院成都附属中学　杨　瑶

摘要：《义务教育俄语课程标准》确立了俄语课程的核心素养有：语言能力、文化意识、思维品质和学习能力。本案例«Чем вы интересуетесь?»以培养学生核心素养为目标，通过整合单元主题进行教学设计，共设计了语法、词汇、语篇、听力、阅读、口语与写作、单元检测七个教学环节。

关键词：俄语学科；核心素养；单元主题教学

作者简介：杨瑶，女，北京第二外国语学院成都附属中学俄语教师，研究方向：初高中俄语教学。电子邮箱：676116315@qq.com。

一、俄语学科的核心素养

（一）核心素养的提出背景

2014年3月，教育部发布了《关于全面深化课程改革落实立德树人根本任务的意见》。根据该指导文件成立了由北京师范大学等多所高校的研究人员组成的核心素养联合课题组。

2016年9月，《中国学生发展核心素养》研究成果发布。"学生发展核心素养指学生应具备的、能够适应终身发展和社会发展需要的必备品格和关键能力"。中国学生发展核心素养以培养"全面发展的人"为核心，分为文化基础、自主发展、社会参与三个维度，综合表现为人文底蕴、科学精神、学会学习、健康生活、责任担当、实践创新六大素养。"明确核心素养一方面可通过引领和促进教师的专业发展，改变当前存在的'知识本位'现象；一方面可帮助学生明确未来的发展方向。"

（二）俄语学科核心素养

2022年4月，教育部发布了《义务教育俄语课程标准》，确立了俄语课程的核心素养有语言能力、文化意识、思维品质和学习能力。"语言能力表现为语言知识、语言理解、语言表达。文化意识表现为国际视野、文化理解、文化传播。思维品质表现为分析与综合、抽象与概括、批判与创新。学习能力表现为学习态度、学习策略、学习手段。"不同核心素养各有侧重，但它们是相互依存，协同发展的整体。俄语学科核心素养的确立体现了俄语学科的育人价值，是学生学习俄语学科后所形成的关键能力与必备品格。

二、«Чем вы интересуетесь?»单元主题教学设计

（一）教材分析

《义务教育教科书 俄语 八年级 全一册》包含12个主题课，2个复习课。每课主题分别为：自我介绍、学校、休息、电话、健康、兴趣与爱好、结识、交通、旅游、天气、商店、节日。每课围绕主题设置了对话、短文、小诗歌、看图说话、做游戏等不同类型的习题和活动，旨在培养学生的综合能力。教材中设计了大量丰富多样的习题可供选择，能覆盖中俄文化元素，多数习题和活动包含精美的图片和清晰流畅的音频。两节复习课可帮助师生及时复习，梳理知识点。

本案例取自《义务教育教科书 俄语 八年级 全一册》第六单元«Чем вы интересуетесь?»。

（二）学情分析

本案例的教学对象为八年级学生，共28人。学生整体学习能力较好。大部分学生思维活跃，课堂上发言积极踊跃，表达欲强，能听懂主要的知识点，并能用俄语做简单陈述，但有时在表达中会受汉语思维影响，说出不地道的表达；少部分学生笔头和口头发展不均衡，出现口语不错但笔头较差的情况；个别学生主观能动性较差，学习习惯有待培养。

经过七年级全一册的学习，学生已掌握与“兴趣爱好”主题相关的一部分言语技能。在本单元学习中，学生将继续学习与该主题相关的表达，并对今后的工作进行设想，进一步巩固复习学过的知识，练习并运用新学到的知识。

（三）教学设计

1. 教学目标

（1）语言能力

能听懂与本单元主题“兴趣与爱好”相关的对话和独白等语篇；能就该主题进行口头表述和口语交际任务；能读懂与主题相关的语篇，并完成任务；能就该主题进行逻辑清晰、词汇句式较为丰富、语法正确的笔头作文。

（2）文化意识

通过对比莫斯科大剧院《沙皇的新娘》、梅兰芳大剧院《乌龙院》片段、川剧院《祭岳飞》视频片段，引导学生了解国粹艺术、地方艺术，体会文化差异；通过学习职业词汇“宇航员”，组织学生观看神舟十三号飞船返回地球的新闻以及CGTV俄语台采访翟志刚的俄语视频片段，增强学生民族自豪感，引导学生用简单的俄语表达这一时事；通过学习俄国作家契诃夫的短文，引导学生思考类似经历的中国作家，并套用俄语句式结构介绍中国作家鲁迅；通过绘制手抄报，培养学生用外语讲好中国故事的意识。

（3）思维品质

思考对比，分析异同：能够对比并准确区分词汇句式的用法。发散思维，深度思考：

通过材料中的文化元素,发散思维,进一步体会词汇背后承载的文化含义。文化自信,多元理解:引导学生关心国家时事,用俄语介绍中国。通过中俄文化对比,启发学生多角度思考,包容并理解差异。

(4) 学习能力

总结归纳:总结七、八册所有与本单元主题"兴趣与爱好"相关的表达以及个人的兴趣爱好的补充表达。迁移创新:能运用所学词汇,搭配出书上没有的正确表达,有意识地在各项学习活动中,在实际生活场景中,迁移运用所学到的知识。反思改错:错误习题先自行思考改错,尝试讲解,分析是马虎大意,对考点不明,还是对知识掌握不牢所致。合作学习:同桌间、小组间进行任务分配,协调完成。养成良好的学习习惯:预习复习,上课集中精力,规范笔记,作文誊写留存等。

2. 教学重难点

本单元的教学重难点是引导学生掌握并运用与主题"兴趣与爱好"相关的听、说、读、写的言语技能;启发学生主动思考并对比中俄文化差异;激发学生学习俄罗斯文化,用外语讲述中国故事的兴趣。

3. 教学方法与策略

本案例运用到的教学方法有:(1) 启发式教学法:引导学生思考对比语言和文化知识;(2) 交际教学法:师生、生生之间的对话与交流;(3) 情境教学法:组建校园社团;(4) 任务教学法:回答问题,做练习题,默写过关单;(5) 合作学习教学法:角色扮演,做报告;(6) 自主学习教学法:作报告,绘制手抄报。

4. 教学资源

不同的教学资源有助于优化和丰富教学设计。各类教学参考书和教辅能为教学指明方向,找准重难点,帮助学生查漏补缺。本单元使用到的参考书有:《俄语教师教学用书 八年级》《俄语学法指导 八年级》《新编俄语语法》。

本单元还使用到了多媒体媒介以丰富教学设计和学习活动。如俄罗斯网站上可查询文本资料和下载图片,线上词典有助于语法词汇的学习;各类公众号、CGTN 俄语频道及其他各类平台上也有丰富的视频资源。

5. 教学过程

教学环节	教学内容	设计意图
环节一:语法	名词单数第五格的变法与用法	启发学生自主思考并总结变格规律;引导学生掌握名词第五格的常见用法,会变格会运用。

续　表

教学环节	教学内容	设计意图
环节二：词汇	学习学科和职业相关词汇	补充常见学科和职业词汇，为学生的交际运用提供词汇支撑；通过制作俄文课程表的活动，使学生能学以致用。
环节三：语篇	对话与短文学习	通过用正确的语音语调转述大意，锻炼学生语言表达的灵活应用能力；观看俄罗斯歌剧、京剧、川剧的视频，培养学生中俄文化对比意识。
环节四：听力	选择教材中的习题作为听力练习材料，完成各项任务。	锻炼学生理解大意，捕捉关键词的能力；锻炼学生听说能力，注意语言的输入与输出。
环节五：阅读	限时阅读文章«Женя»，完成课后习题，选择不同的人称转述课文大意。	锻炼学生快速阅读，捕捉关键信息能力；锻炼文章整体把握和语言应用能力。
环节六：口语与写作	与主题《兴趣与爱好》相关的口语及写作练习。	锻炼学生的语言应用能力和知识迁移能力；规范作文书写和笔头表达。
环节七：知识检测	默写单元过关单以及习题自评和讲评。	引导学生复盘所学知识，查漏补缺；引导学生分析做题思路，考查学生的反思能力。

三、基于俄语学科核心素养的单元主题教学设计思考

（一）把握单元整体

语言能力是核心素养的基础要素，文化意识体现价值取向，思维品质反映心智特征，学习能力提供发展保障。四个方面构成具有内在联系的有机整体。教学设计也应当整体把握。通过梳理整个单元的语法、词汇、篇章等内容，确立该单元的主题，明确以四个核心素养为导向的教学目标，对单元教学内容进行整体构建、设计重组、删减补充。最后，教学过程中及时进行反思与总结，不断优化。

（二）创新教学设计

在把握整体单元主题的基础上，整合重组教学材料，划分与主题相关的教学环节，对教师的设计创新能力有极高的要求。同时，教师也应多留意教学设计与学生实际应用场景的结合，锻炼学生的言语技巧与知识迁移能力。根据主题内容适当融入中俄时事和中俄文化对比，补充本国本地文化知识，引导学生积极思考与讨论，培养学生用俄语讲好中国的意识。

（三）丰富教学任务

通过设置多样的学习任务与活动，以此来丰富俄语课堂。比如，进行同桌间、小组间、师生间的互动，自信三分钟演讲，分角色表演，情景演练，绘制手抄报、单词 PK、参加比赛等。另外，运用多媒体技术手段能有效调动学生的学习积极性和学习热情。

（四）过程化评价体系

公正量化的学习评价可以正面激励学生的学习，帮助学生客观分析自己的能力。《教学过程记载表》可以记录学生的出勤（请假、迟到、旷课）、口笔头知识过关情况、作业及任务完成情况、期中考试成绩、课堂表现情况等，这些记录能帮助教师客观公正地评价学生的学习情况和能力。另外，部分学习任务和活动，可以让所有学生参与到评价中来，设置学生自评、学生互评、教师评价的环节，这样不仅能够提升学生的参与度，而且评价结果也更加公平客观。

结　论

每位教师都是教学活动的设计师，可能风格各异，个性鲜明。但培养适应时代发展的人才是我们一致的目标，落实俄语学科核心素养是我们共同努力的方向。作为一线教师，还应在往后的教学中不断提升自身的业务能力，探索更加多元化的教学设计。培养语言能力扎实、具有大国文化意识、拥有敏锐思维品质、能够终身学习的人才。

参考文献：

[1] 中华人民共和国教育部.教育部关于全面深化课程改革落实立德树人根本任务的意见[Z].教基二〔2014〕4 号,2014-03-30.

[2] 人民日报.《中国学生发展核心素养》发布[N].《上海教育科研》,2016.

[3] 中华人民共和国教育部.义务教育俄语课程标准(2022 年版)[S].北京：北京师范大学教育集团,2022.

[4] 王铭玉,常丽.聚焦核心素养,推进俄语课程改革——义务教育俄语课程标准(2022 年版)解读[J].基础教育课程,2022,(10)：33-38.

[5]《基础教育课程》编辑部.培养具有跨文化交际能力的一代新人——访普通高中俄语课程标准修订组负责人刘娟[J].基础教育课程,2018,(Z1)：97-100.

[6] 张红妹.重过程性评价　促个性化发展[N].中国教师报,2020-12-02(007).

Thematic-unit Teaching Design under the Core Competencies of Russian Discipline

—— "What are you interested in?" as an example

Chengdu High School Affiliated to Beijing International Studies University　Yang Yao

Abstract: National Russian Curriculum Standards for Compulsory Education establishes that the core competencies of Russian Discipline include language ability, cultural awareness, thinking quality, and learning ability. This case "What are you interested in?" with the goal of cultivating students' core competencies, by integrating unit themes for instructional design. A total of seven teaching links were designed, including grammar, vocabulary, discourse, listening, reading, speaking and writing, and unit testing.

Keywords: russian discipline; core competencies; thematic-unit teaching

高中法语教学案例：教学与德育相融合

——聚焦年夜饭习俗，弘扬中华优秀文化

上海市光明中学　潘　诚

摘要：本文为一堂高中法语课的教学案例分析。这堂课借助向法国笔友写信介绍年夜饭菜肴及相关节庆习俗这一教学活动，引导学生学会搭建清晰且逻辑紧密的写作结构，并丰富充实写作内容。同时，通过对年夜饭习俗的挖掘、理解以及和他者文化之间的比较，让学生更深刻地认识中国传统文化，认同这些文化背后蕴含的价值观，并树立起用法语介绍中国文化的意识和自信心。通过将教学任务与德育任务结合，帮助学生实现以学促德，以德辅学。

关键词：法语教学；年夜饭习俗；中华文化；文化自信

作者简介：潘诚，男，上海市光明中学法语教师。研究方向：高中法语教学，跨文化理解。电子邮箱：leonpeterpan@ 163.com。

一、引言

在当今日益全球化的社会中，语言教育被视为培养学生全球视野和跨文化交流能力的重要途径。而高中外语教学作为外语教育的重要组成部分，不仅在于语言技能的传授，更应该成为培养学生综合素养和文化自信的平台。《普通高中法语课程标准（2017 年版 2020 年修订）》将"文化意识"纳入学科核心素养，该素养强调让学生"在了解法语国家与地区的文化基本知识，认识文化多样性，形成跨文化沟通和交流能力，在交流中传播和弘扬中华优秀文化，坚定文化自信，尊重差异，促进合作，树立人类命运共同体意识"。① 在这个背景下，将高中法语教学与德育教学相融合，以弘扬中华文化、树立文化自信为目标，具有重要的教育意义和现实价值。

"立德树人是教育的根本任务，因此德育教育在每门课程的教学过程中都应得到开展"②。德育教育是培养学生道德品质和全面发展的重要环节，它通过"对学生的心理素质进行熏陶，实现工具性与人文性的有机统一，推动学生的全面发展"③。通过在高中法

---

① 中华人民共和国教育部.普通高中法语课程标准（2017 年版 2020 年修订）［S］.北京：人民教育出版社，2020.

② 张燕.在高中英语教学中渗透德育要点探析［J］.华夏教师，2022，（16）：26－27.

③ 刘虞婷.高中英语阅读中德育教育的有效渗透［J］.英语画刊（高中版），2023，（24）：66－68.

语教学中融入德育，能够将德育培养与语言学习紧密结合，使学生在学习法语的同时，更好地理解和践行中华文化的核心价值观。通过教学活动的设计和引导，学生不仅能够学习语言技能，还能够培养社会责任感、公民意识和跨文化交流能力，从而理解并尊重不同文化的多样性，树立文化自信和全球视野。

“在将中华优秀传统文化融入外语教学的过程中，外语教师不能只依靠课堂讲授，还应将中华优秀传统文化教育与外语教育相结合，开展课堂实践，让学生深入地学习与感受中华优秀传统文化。”①教师可以鼓励学生使用法语介绍中国的传统习俗和文化背景，通过口语演讲、写作和多媒体展示等形式，表现他们对中华文化的理解和认同。在课堂外，学生还可以参观展览、演出，参与文化交流活动，亲身感受中华文化的魅力，并通过实践来传播和弘扬中华文化的核心价值观。

尽管如上述所述，将德育纳入教学范畴的方式丰富多样，然而要真正实现高中法语教学与德育相融合的目标并非易事。这需要教师具备跨学科的知识和教学能力，积极创造有利于学生全面发展的教育环境。同时，也需要学校、家长和社会各界的支持和共同努力。只有通过多方合作和共同努力，才能真正实现将高中法语教学与德育教学相融合的目标，培养具有文化自信和国际竞争力的综合素质人才。

本论文旨在通过一个具体的教学案例分析，以弘扬中华文化、树立文化自信为出发点，探讨将高中法语教学与德育教学相融合的策略和方法，为教育实践提供借鉴和启示，为学生的全面发展和国家的文化传承作出积极贡献。

二、教学案例

（一）教学内容

案例选用的教学材料来自上海外语教育出版社中学法语教材《法语4上》第1单元“Tenez-vous bien à table !”（用餐知礼），主题为饮食。本课是第7课时，是一堂写作前的指导课。在前6课时的学习中，学生学习了三个语篇，内容关于中国与法国的饮食习惯以及餐桌礼仪。此外，学生也在语篇中学习、掌握并使用了关系代词及与食物相关的词汇表达。本课旨在通过具体的情景——给法国笔友写信介绍年夜饭菜肴与习俗，引导学生综合运用前几个课时的学习内容，掌握写作策略与技巧，为完成单元任务，即给法国笔友回信介绍年夜饭习俗做铺垫。

（二）教学设计

1. 教学目标

本课语言教学目标为：

① 姜云龙.中华优秀传统文化融入外语教学的策略研究[J].时代报告（奔流），2022，（10）：103－105.

（1）让学生在具体语境中熟练使用单元语法重点“关系代词”；

（2）让学生掌握并运用“比较”“原因解释”等写作方式；

（3）让学生能用法语介绍年夜饭习俗,并解释习俗背后的文化原因。

本课德育目标为：

（1）通过分析年夜饭习俗背后的文化原因,培养“齐家”的中华美德；

（2）通过对写作方法及内容的学习,树立起用法语介绍中华文化的意识和自信心。

2. 学情分析

“教师在做教学设计前,应做好学情分析,结合授课对象的专业整合教材内容,深挖每个授课单元和章节的人文意义和思政素材,设立具体的知识目标和能力目标。”①本堂课授课对象为高三学生,他们两个月之后就要进入上海春季高考的考场。在高考的众多题型中,作文对他们来说一直是个难题,具体体现在不知道如何谋篇布局,如何让文章内容更丰富、更有深度。所以这堂课的核心教学任务就是引导他们学会搭建清晰且逻辑紧密的作文结构,并丰富充实写作内容。由于春考后不久就是春节,将这一教学任务放置在“年夜饭”这个具体的语境中非常应景。借助给法国笔友写信来介绍年夜饭菜肴及习俗这一教学活动,他们能够进一步认识年夜饭的菜肴与习俗,从而更深刻地理解中国传统文化,认同文化背后的价值观,并树立起用法语介绍中国文化的意识和自信心。这些共同构成了本课的德育任务。通过将教学任务与德育任务相结合,帮助学生实现以学促德,以德辅学。

3. 教学过程

（1）教学环节概述

为学生搭建写作框架为本课主要的写前指导任务。教师选择了三个角度帮助学生寻找写作的切入点,并围绕每个角度设计了相应的教学活动。第一个角度是介绍菜肴。教师给出四段菜肴描述,部分地方挖空,要求学生填写关系代词,既让学生了解如何介绍菜肴,也让他们学会在具体语境中使用语法知识。第二个角度是通过比较的方式,启发学生挖掘中西方宴席座次安排之间的差异,并通过问题链引导他们解释这些差异背后的文化原因。第三个角度是让学生参考图片,介绍年夜饭习俗,推动他们更深入地探索传统习俗,培养了其看图说话的能力,这一能力是高考听说测试中“四格漫画”题型所要求的。

本课时的回家作业要求学生立足三个角度,罗列作文提纲,并在提纲的基础上撰写回信,结合高考作文评分标准对文章进行自评。这项作业是对整堂课教学内容以及对整个单元学习的回顾、提炼、总结与延伸。在下一课时,教师请学生分享自己的写作成果,其他同学按照作文评价表的标准,从是否运用前一堂课所学的词汇、语法点、写作技巧,是否体

① 张佳妮.在文化自信视角下探索由外语教学转向外语教育[A].海外英语,2022,(4)：230－231.

现自身的德育素养等角度点评同学的作文,从而检验本课的学习效果。

(2) 教学片段展示

教学片段1:

在该教学片段中,教师展示两张照片,一张是中国人吃团圆饭的照片,一张是法国人的。教师让学生观察两张照片,并说出之间的差异,如桌子形状、座次等。在此基础之上,教师引导学生解释中国习俗背后的文化原因。学生观察两张照片,集体讨论,找出差异并尝试分析文化原因。该环节旨在引导学生了解并表述年夜饭相关习俗背后的文化原因(代表团圆的圆桌、长辈上座),培养学生"齐家"的中华美德。

教学片段2:

在该教学片段中,教师给出四段描述年夜饭经典菜肴的法语句子,在部分地方挖空,学生利用单元语法重点"关系代词"将这些句子补充完整,并将这些描述和菜肴图片连线。菜肴包括红烧鲤鱼、富贵虾、四喜丸子、八宝饭。这一活动旨在让学生能在具体情景中使用单元语法重点"关系代词",并通过观察图片、对比分析、提问回答等方式,让学生了解年夜饭经典菜肴的寓意,并能够用法语介绍解释。

中华文化博大精深,许多细节背后都蕴含着深意。由于长久浸润在中华文化中,学生也许并没有特别注意到自己的文化所强调的价值,没有辨别自己的文化与他者文化之间的差异,也并未有意识地去深入了解这些差异背后的原因。同时,"受制于学生掌握的外语词汇,在外语文本中实施文化教育,特别是中华文化的教育,往往存在着对相关文化内容接受不足,对文化信息介绍过于肤浅的现象存在,这严重影响了学生对于中华文化的认识。"①因此,教师应通过具体的情境和案例,借助比较、原因解释等教学方法,让学生更加深刻地认识中国传统文化,从而能够更加认同这些文化背后的价值观,并树立起用法语介绍中国文化的意识和自信心。

(三) 教学反思

1. 依托外语课程内容,将德育和外语教学相融合

"万变不离其宗,对于一切教学规划与行为来说,教材都是根本依据与基本切入点"②,因此需依托教材内容进行课程设计,从而实现德育和教学的融合。首先,教师可以明确定义与德育相关的目标,这些目标应该与外语学科的教学内容相一致。例如,在学习文学作品时,可以强调人物的道德选择、伦理决策以及作品中反映的社会价值观。其次,教师要选择适当的文本和材料,以便在外语学习过程中引入德育元素,包括文学作品、新

① 尚予暄.语言教学融合互鉴培养学生文化素养可行性及实践措施[J].校园英语,2021,(44):169－170

② 林惠燕.注重德育渗透　促进高中英语教学[J].高考,2013,(13):157－158

闻报道、历史事件等。第三,设计德育教学活动,以帮助学生实现德育目标,如小组讨论、辩论、角色扮演、写作任务等。此外,教师可以激发学生思考,引导他们提出开放性问题,鼓励他们思考伦理和道德决策的各个方面,以及不同文化之间的差异。这有助于培养学生批判性思维和跨文化沟通技能。

2. 教学与德育的持续融合,建立德育生态圈

德育与教学的融合不应仅限于个别课堂,也不应局限于课堂内部。教师应有意识地将课堂内容、主题与德育要求结合起来,补充一定的语料和教学活动,使学生能够长期浸润在这种融合环境中,从而真正做到在德育中强化学习,在学习中实现德育目标。同时,为了实现全方位育人,应当建立德育生态圈,提供各种各样的第二课堂活动,包括社会服务、文化交流、体育、艺术和志愿者工作。学校和家庭也应该合作,以确保德育教育的连续性。家长应该了解学校的德育目标,并在家庭环境中加以强化。学校可以与社区合作,开展社会服务项目和合作活动,以帮助学生理解社会问题和需求,并培养社会责任感。

3. 强化教师在德育教育中的作用

教师在德育教育中发挥着关键作用,他们不仅仅是知识的传授者,还是学生道德和伦理价值观的引导者和榜样。他们的作用体现在多方面。首先,教师应该成为学生的榜样,展示积极的道德行为和价值观。其次,教师可以帮助学生明确德育目标和价值观,提出开放性问题,引导他们深入思考和探讨伦理和道德问题。再次,教师可以与其他学科的教师合作,将德育概念整合到不同学科中,创造更多机会让学生在多个领域学习和应用伦理和道德观念。最后,教师可以帮助学生评估和反思他们在德育方面的成长和学习,鼓励学生制定个人发展计划,追踪他们的进步。综合而言,教师在德育教育中扮演着多重角色,他们的作用不仅局限于知识传授,还包括培养学生的道德观念、社会责任感和全球意识。

三、结语

在当今全球化的社会背景下,外语教育不再局限于语言技能的传授,而是应该扮演培养学生全球视野和跨文化交流能力的重要角色。高中外语教学,尤其是高中法语教学,应当成为培养学生综合素养和文化自信的平台。本文通过探讨将高中法语教学与德育教学相融合的策略和实践方法,强调了在外语教育中注入德育元素的重要性。

德育教育不仅要通过具体的课程内容来传达,还需要在教师的引导下,贯穿学生的整个学习过程。通过明确定义德育目标、选择适当的文本和材料、设计德育教学活动,教师可以帮助学生在外语学习过程中培养社会责任感、公民意识和跨文化交流能力。此外,建立德育生态圈,将德育教育拓展到第二课堂和社区,有助于学生全方位的成长和发展。

教师在德育教育中扮演着关键的角色，他们不仅需要传授知识，还需要成为学生的榜样，引导学生思考伦理和道德问题，与其他学科教师合作，将德育融入多个领域。通过教师的积极参与和引导，学生将能够更好地理解并践行中华文化的核心价值观，成为具有全球视野和国际竞争力的综合素质人才。

将外语教育与德育教育相融合需要学校、家长和社会各界的共同努力。只有通过多方合作，才能真正实现培养具有文化自信和国际竞争力的综合素质人才的目标，为社会的进步和发展贡献积极力量。本文通过一个具体的教学案例，希望对教育实践提供借鉴和启示，为外语教育的改革与创新提供理论支撑和实践指导，为学生的全面发展和国家文化传承做出积极贡献。

参考文献：

[1] 中华人民共和国教育部.普通高中法语课程标准（2017 年版 2020 年修订）[S].北京：人民教育出版社，2020.

[2] 白晓英.高中英语教学中德育教育的渗透策略探讨[J].校园英语，2022，(49)：135 – 137.

[3] 姜云龙.中华优秀传统文化融入外语教学的策略研究[J].时代报告（奔流），2022，(10)：103 – 105.

[4] 林惠燕.注重德育渗透　促进高中英语教学[J].高考，2013，(13)：157 – 158.

[5] 刘虞婷.高中英语阅读中德育教育的有效渗透[J].英语画刊（高中版），2023，(24)：66 – 68.

[6] 尚予暄.语言教学融合互鉴培养学生文化素养可行性及实践措施[J]，校园英语.2021，(44)：169 – 170.

[7] 张佳妮.在文化自信视角下探索由外语教学转向外语教育[A]，海外英语.2022，(4)：230 – 231.

[8] 张宁.跨文化外语教学的思考和建议[A].学周刊，2019，(23)：186.

[9] 张燕.在高中英语教学中渗透德育要点探析[J].华夏教师，2022，(16)：26 – 27.

Focusing on the Chinese New Year's Eve dinner traditions: Promoting Chinese excellent culture A Case Study of High School French Teaching: Integration of Teaching and Moral Education

Shanghai Guangming High School　Pan Cheng

Abstract: This case study is based on a real teaching activity of writing letters to French pen pals to introduce the dishes and customs of the Chinese New Year's Eve dinner. It helps guide students to build a clear and logically coherent structure for their compositions and enrich their content. At the same time, by exploring and understanding the traditions of the New Year's Eve dinner and comparing them with other cultures, students can gain a deeper understanding of Chinese traditional culture, relate to the values embedded in this culture, and develop the awareness and confidence to present Chinese culture in French. By integrating teaching tasks with moral education tasks, this approach helps students cultivate both academic excellence and moral character.

Keywords: French teaching; Chinese New Year's Eve dinner traditions; Chinese culture; cultural confidence

基于ADDIE模式创建积极俄语课堂教学案例分析

——以《跟我游上海》为例

上海市工商外国语学校　贺　珍　洪新新

摘要：中职学校关键语种课堂教学由于教学供给难以满足学生多样化、个性化需求，学生畏难情绪重，不敢参与到课堂活动等原因，不能达到深层次互动。为了创建积极俄语课堂，提高教学师生互动质量，基于ADDIE模式，精心设计符合中职学生特点和需求的教学活动，调动学生主体意识，提升学生自我认知，引发学生学习兴趣，从而促进积极课堂教学的有效开展。

关键词：ADDIE模式；积极课堂；教学设计；课堂参与度

作者简介：贺珍，女，上海市工商外国语学校俄语教师，中级讲师。研究方向：俄语语言学，中职俄语教学与研究。电子邮箱：hezhen1210@163.com。洪新新，女，上海市工商外国语学校俄语教师，助理讲师。研究方向：俄罗斯文学，中职俄语教学与研究。电子邮箱：15900689227@139.com。

一、ADDIE模型的内涵与优势

ADDIE模型最早起源于美国陆军，后来在教学领域也被广泛运用，现已逐步发展成为一套能够辅助教学有序开展的方法。该模型分为“Analysis（分析）—Design（设计）—Development（开发）—Implement（实施）—Evaluation（评价）[5]”五个阶段，包含了学什么（学习目标）、怎样学（学习策略）、学得怎样（学习评价）这样一个完整的教学过程。其中评估贯穿整个教学实施过程，从分析、设计、开发到实施阶段对各环节进行及时有效的评估，以确保学生最佳教学体验，体现“以学生为中心”的教育理念[6]。

中职学校关键语种课堂教学存在很多消极因素，一方面是教学有效供给难以满足学生多样化、个性化的需求；另一方面是学生学习意愿没有得到最大限度激发。在关键语种课堂上，学生由于畏难情绪重，不敢参与到课堂活动中。作为中职学校商务俄语专业教师，笔者长期工作在教学一线，针对这一问题开展课题研究，旨在通过多样化学习资源和学习方式激发学生隐性参与，解决学生的消极参与问题。

本次课程在系统分析学生的学情状况、人才培养目标、教学资源和教学手段的基础上，进行教学目标、教学情景、教学策略、课程思政设计，开发教学过程设计、教学课件、平台测试等教学资源，实施课前、课中、课后教学，采用师生评价、生生互评相结合的评价方式，使教学任务更具系统性和针对性。

二、教学分析与设计思路

本节课主题为《跟我游上海》，是外语教学与研究出版社《东方大学俄语》第一册第九课（《朋友》）的课外拓展课，教学对象为中职商务俄语专业一年级学生。学生学习俄语已有半年，已完成语音、语调学习，掌握了名词、形容词和代词的第二、四、六格变化规则，动词的体和时的意义和用法，基数词和不定量数词的用法。班级共 17 名学生，其中 70%的学生属于场依存性学习者，喜欢小组合作等形式完成课堂任务，50%的同学课堂参与度高，35%的学生口语表达能力相对较弱，学生语言实际运用能力仍需进一步加强。本节课基于教材，借助课外教学资源，对教学内容进行优化整合，使用描述上海景点的相关词汇和句型简单介绍上海。

（一）教学目标

知识目标：1. 能够说出目标词汇及短语的汉语意义，例如：достопримечательность，традиционная китайская еда，изучать культуру и историю Китая，изучаю китайский язык 等。2. 能够使用目标短语进行造句，如：Я посетил ....；Я был / побывал в / на ...；Я люблю ...；Я купил ...等。

技能目标：能够正确使用目标词汇与句型简单介绍上海。

情感目标：能够通过课堂学习和引导，在认同、欣赏上海优秀历史文化的基础上，增强文化自信、民族自豪感和社会责任感。

（二）教学实施

本节课基于 ADDIE 模型进行教学设计，前期进行充分的调研分析（analyze），对“你最

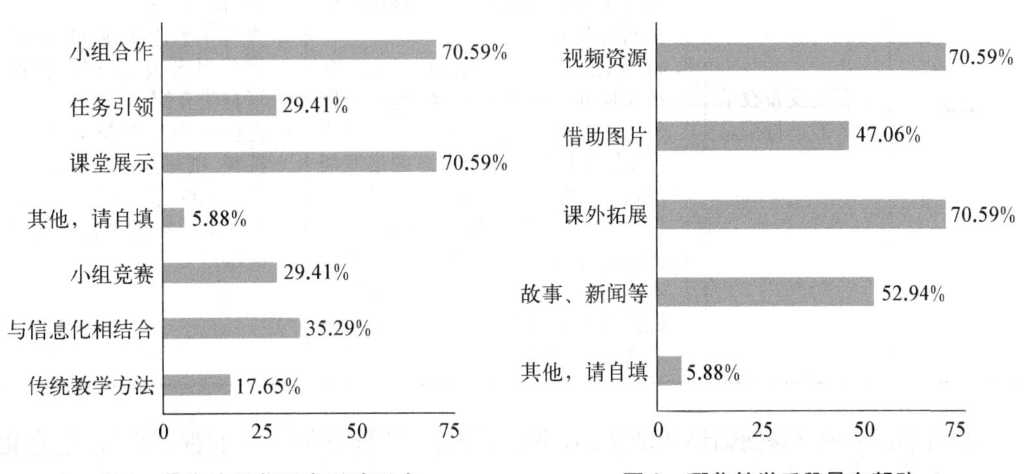

图 1　最喜欢哪些课堂活动形式　　**图 2　哪些教学手段最有帮助**

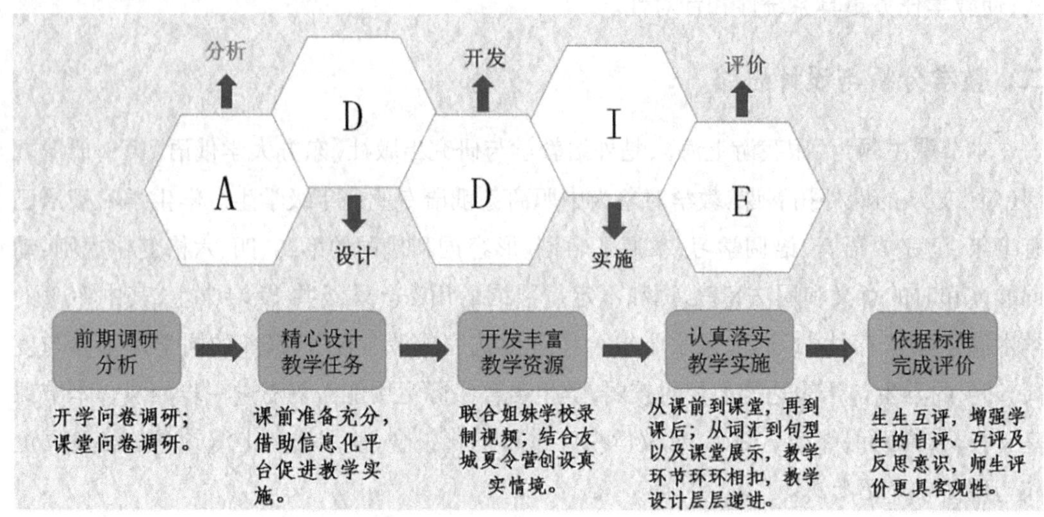

图3 ADDIE 模型分析

喜欢哪些课堂活动形式”“你认为哪些教学手段对你最有帮助”开展问卷调查，根据调研结果精心设计（design）教学任务，开发（develop）丰富教学资源，认真落实教学实施（implement）环节，并依据标准进行多种形式的评价（evaluate）反馈。

课前任务

教学进程	教 学 内 容	教 师 活 动	学 生 活 动
课前	平台上发布教学任务并进行汇总	1. 学完第九课课文后请学生录制“谁是你的朋友”微视频； 2. 在平台上发布本年度友城夏令营志愿者招募活动通知，请学生在线填写报名表，根据所学内容用俄语撰写自我介绍； 3. 将学生分为四组，每组4—5人。各小组课前走访上海知名景点，分别从“过去的上海”“现在的上海”“未来的上海”“寻找上海的俄罗斯足迹”等角度拍摄视频，并用俄语撰写介绍稿，准备课堂展示； 4. 提前将俄罗斯营员的问候信的文本内容和音频发布在平台，请学生课前在平台上完成词汇翻译练习和连线题，预习文本。	1. 拍摄和制作“谁是你的朋友”微视频； 2. 查看平台上的通知，在线填写报名表，按照模板撰写自我介绍； 3. 走访上海知名景点，拍摄视频，撰写俄语介绍稿，准备课上配音展示； 4. 按照要求完成平台上的相应练习。

设计思路：做好课前铺垫和准备，联系已学内容，用同学们喜欢的视频出镜、信息化平台任务、走访上海拍摄视频等方式完成课前任务，为顺利开展课堂活动做好充足准备。

课中学习

教学进程	教学内容	教师活动	学生活动
课中 （任务导入）	通过视频导入，吸引学生注意；通过图片展示，介绍“一带一路”倡议和上海国际友好城市青少年夏令营的活动目的和内容，介绍我校历届商务俄语专业学生参加情况，提出本节课的目标和任务。	1. 介绍课程背景，播放学生们课前制作的介绍自己朋友的微视频，对视频内容进行简单概括，简述朋友的概念和意义； 2. 展示中俄、中白领导人的照片，介绍我们的大国外交朋友，引出“一带一路”倡议； 3. 播放上海友城夏令营的活动照片，介绍我校历届商务俄语专业学生参加情况，介绍友城夏令营举办的目的和活动内容； 4. 提出问题：今年的友城夏令营仍会举办，如果你是志愿者，你最想给俄罗斯朋友介绍上海的什么？发布群讨论，请同学们在两分钟内在平台上用俄语输入自己的答案，引导学生对词条内容进行分类； 5. 引出本课主题，让同学们“跟我一起游上海”，提出本节课的目标和任务。	1. 观看微视频； 2. 对“朋友”的理解从日常生活上升到大国外交层面，了解“一带一路”倡议； 3. 进一步了解夏令营举办的目的和活动内容； 4. 学生们思考并回答老师的问题：你最想给俄罗斯朋友介绍上海的什么？在学习通平台班级讨论群里发言，根据词条内容进行分类总结； 5. 了解本课主题，进入学习状态。

设计思路：将对课内主题“朋友”的理解从日常生活上升到大国外交层面，由此引出“一带一路”倡议，并结合我校商务俄语专业同学作为志愿者每年参与的“上海国际友好城市青少年夏令营”活动开始本课拓展学习，为后续教学活动做铺垫，激发同学们的学习兴趣。

教学进程	教学内容	教师活动	学生活动
课中 （环节一）	课堂活动1： 展示往届夏令营俄罗斯营员的问候视频，根据视频内容回答相关问题，完成相应练习，学习目标词汇和短语。	1. 介绍视频来源，给学生发放纸质听力填空题，播放视频； 2. 请学生完成听力填空，教师展示文本内容，讲解主要的词组； 3. 在PPT上展示翻翻乐卡牌，请学生上台随机抽取卡牌，并根据卡牌上的提示进行翻译练习。翻译练习包含4个上海景点名称的翻译，2个汉译俄词组，2个俄译汉词组； 4. 根据文章大意，教师引出句型：“她参观了……”“她去过了……”“她在……散步”“她看见了……”“她喜欢……”，请学生朗读例句。	1. 带着任务去观看视频，抓取关键信息，完成听力填空练习； 2. 学习主要的词组； 3. 完成PPT上的卡牌翻译练习题； 4. 结合句型，了解文章大意。

设计思路：从词汇到短语的学习和练习，再到概括文章大意，由简到难，层层递进，螺旋上升，体现教师教与学生学相结合的过程。此环节亦能有效检验学生的课前预习情况和课堂学习成果，承上启下，前后呼应。

教学进程	教学内容	教师活动	学生活动
课中 （环节二）	课堂活动2：按照分组进行课堂展示。	1. 请各小组按照之前的分组，依次上台，分别从“过去的上海”“今天的上海”“未来的上海”“寻找上海的俄罗斯足迹”这四个方面介绍上海，教师播放学生课前录制的视频，学生进行现场配音解说； 2. 请同学们以及现场的听课教师从语言表达、仪容仪态、视频制作、综合印象这四个方面扫码投票选出最佳小组，教师现场展示评选结果，赠送精美礼品一份。	1. 各小组按照之前的分组，依次上台，分别播放题为“过去的上海”“今天的上海”“未来的上海”“寻找上海的俄罗斯足迹”视频，为其进行现场配音解说； 2. 一组小组展示时，其余小组记录出现的主题词汇，并根据评价标准进行打分； 3. 学生们从语言表达、仪容仪态、视频制作、综合印象这四个方面进行评价，扫码投票选出最佳小组； 4. 获得票数最多的小组获得精美礼品一份。

设计思路：本环节为课前任务的检验环节，同时也是课堂展示环节。每组学生通过合作从不同角度展示上海，并做现场配音解说，有效提升了学生的课堂积极参与性，增强了他们勇于表达的自信心。教师与听众同学分别通过四维评价量表，扫码投票评出最佳小组，检验学生本课程目标的达成度。

教学进程	教学内容	教师活动	学生活动
课中 （环节三）	对本课主题进行总结和文化内涵的凝练。	1. 请学生思考我们为什么要用俄语来制作短片，学生发言结束之后，教师总结： （1）俄罗斯是中国的朋友，用俄语向俄罗斯人介绍上海，让俄罗斯人有宾至如归的感觉； （2）上海作为国际化大都市，需要多语环境； （3）俄语在“一带一路”倡议的实施过程中起到了重要的作用； （4）学好俄语，是为了更好地让世界了解中国，传播中国声音。 2. 展示“每日一习语”，请学生朗读习主席名言，总结本课内容，升华主题。	1. 思考并回答老师的问题：为什么要用俄语来制作短片？ 2. 学习“每日一习语”，感受“上海友城夏令营”活动的意义及“一带一路”倡议背后的文化内涵，对俄语这门语言有进一步的认识。

设计思路：总结课堂内容，升华文化主题，在认同、欣赏上海优秀历史文化的基础上，增强文化自信、民族自豪感和社会责任感，使学生对俄语学习产生认同感。

课后任务

教学进程	教学内容	教师活动	学生活动
课后	布置作业	1. 请学生在平台上对本课内容进行及时巩固与测试； 2. 在群内共享可在线编辑的文档，请学生在地图上标注自己介绍的上海景点； 3. 运用课堂所学，给俄罗斯小伙伴写一封介绍自己和上海的信。	1. 在平台上做完相应练习，完成本课测试； 2. 在地图上标注自己介绍的上海景点； 3. 给俄罗斯小伙伴写一封介绍自己和上海的信。

设计思路：通过在平台上测试的形式，考查学生对本节课学习内容的掌握情况；通过作业加强巩固所学知识。

（三）教学效果

为进一步分析了解本节课的课堂效果，从教师和学生两个层面分别作了进一步调查，包括教师课堂观察、面向部分学生的访谈以及面向全体学生的问卷调查。观察教师通过课堂观察，发现所有学生都认真听教师课堂指令，约 80%的学生能迅速对课堂指令作出反馈，小部分学生需要授课教师重复指令后才能作出反馈。学生注意力集中，可以跟随老师的教学步骤完成课堂任务，积极思考问题，极个别学生不太敢于主动举手回答问题。观察教师根据课堂所授内容作了问卷调查，问卷结果显示，74%的学生掌握了本课目标词汇，58%的学生掌握了语法知识点学习，对目标词汇、句型、姐妹校同学音频理解、相关练习、视频配音等教学活动的掌握程度约为 80%。同学们本节课最喜欢的教学活动是分组拍摄视频并做现场配音解说（占 79%）。此外，我们还对部分学生作了访谈，受访学生均明确

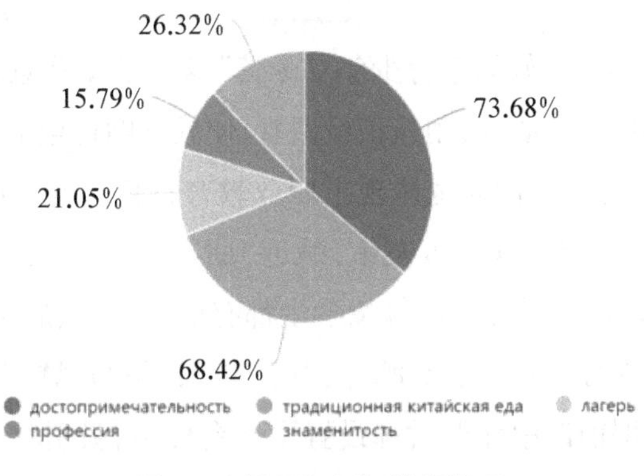

图 4　本课目标词汇掌握情况

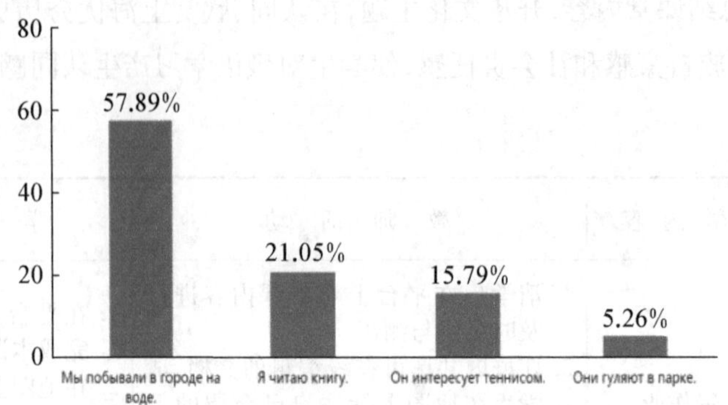

图5 语法知识点掌握情况

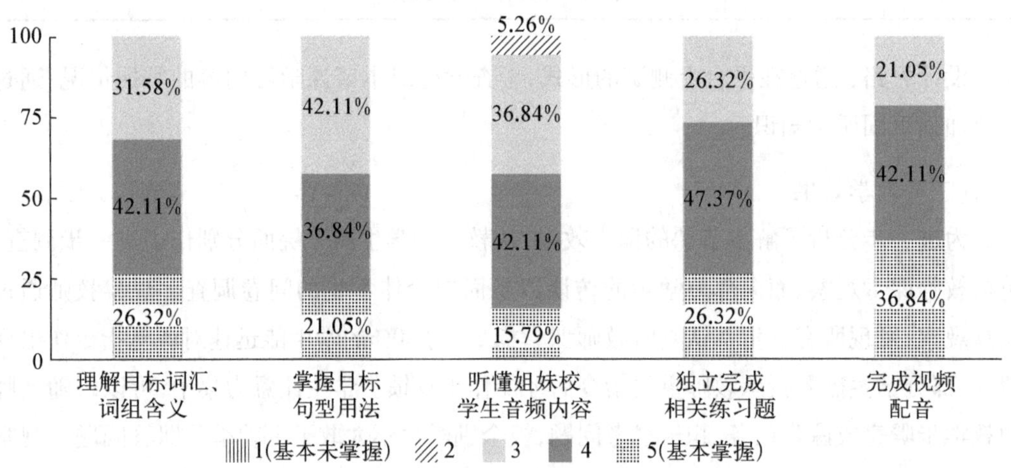

图6 本课知识点整体掌握情况

了解本节课学习目标，理解教师每一步指令，无不理解的内容。

三、结语

本节课结合“上海国际友好城市青少年夏令营”这一活动背景，运用与生活情境相关的多模态语篇，开展各项教学活动，创建积极课堂，使教学贴近生活，引导学生在真实情境中勇于表达，更具有现实意义，同时也体现了职业教育特色。课堂展示环节增设“寻找上海的俄罗斯足迹”活动，更能体现中俄友谊，贴近“朋友”这一主题。课堂增加活动元素，活动形式多样，充分利用小班化优势，每位学生都有语言实践、展示自我的机会。借助多媒体平台和网络资源，充分开发教学资源，实现了知识讲解与思想培育的融合。同时有效利用数字信息化手段，课前课中和课后都设置了平台任务，吸引学生的注意力，使信息化手段真正服务于课堂教学。

经过反思,本节课还有很多不足之处。一是本节课课堂活动中并未设立单独的评价环节,而是将评价环节融入课堂活动当中。在学生课堂展示结束之后,设立较为简单的评价维度进行生生互评和师生评价,希望可以在今后的课堂活动中进行适当调配,增强学生的自评、互评及反思意识。二是课堂展示环节,学生从"过去的上海""现在的上海""未来的上海""寻找俄罗斯足迹"这四个方面介绍上海,选题偏大,内容较难把握,学生只能根据所见所学选择相对容易表达的内容进行课堂展示。在今后的学习活动中要不断丰富语言表达,使课堂内容更加丰富,语言表达更加自如。

中职俄语课堂教学活动由简单重复转变为动态多元是教学发展的必然趋势,教师作为教学主体,需要结合教学过程中的各个要素进行综合考量和设计,包括学生需求、教学目标、教学内容、教学资源、活动实施、评价等。基于 ADDIE 模式创建的积极俄语课堂能有效促进课堂教学,将生硬的文字转化为生动的语言形象,一方面增强学生对语言的理解与运用,有效激发了中职学校商务俄语专业学生的学习兴趣和课堂参与度,增强对专业学习的认同感和个人成就感,树立自信;另一方面也为教师对教学活动设计、开展教学互动提供了操作方案,对提升课堂教学效果具有借鉴意义。

参考文献:

[1] 陈方 宋军华 艾福花 包春雷 吕晶.基于 ADDIE 模型的深度学习智慧课堂教学设计[J].卫生职业教育,2023,41(16):58-61.

[2] 崔志钰 陈鹏.职业教育积极课堂教学范式:基本特征、模型建构、意义表达[J].职业教育(下旬刊),2020,19(09):3-12.

[3] 崔志钰 陈鹏 崔景贵.职业学校积极课堂探究:要素解析、影响因素与实现策略[J].当代职业教育,2020,(06):53-59.

[4] 刘烜 黄砚. ADDIE 教学设计模型在医学英语混合式教学中的应用[J].英语广场,2023,(03):64-68

[5] 卫洁 李广宇 杨江亭.基于 ADDIE 模型的高职市场营销专业课程思政实施——以客户关系管理课程为例[J].学园,2023,16(23):15-17.

[6] 邹其彦 林芸.以"素能协同"为导向的外语 ADDIE 模型课程思政教学实践探索——以应用型技术高校《高级英语》课程为例[J].吉林省教育学院学报,2022,38(08):92-96.

A case study of active Russian classroom Teaching based on ADDIE Model

—Take *Travel to Shanghai with me* as an example

Shanghai I&C Foreign Languages School He Zhen Hong Xinxin

Abstract: The classroom teaching of key languages in Secondary Vocational Schools can not achieve deep interaction because there are not enough teachers to meet the diversified and personalized needs of students, students are afraid of difficulties, and do not dare to participate in classroom activities. In order to create an active Russian classroom and improve the quality of interaction between teachers and students, based on the ADDIE model, it's suggested that we carefully design teaching activities in line with the characteristics and needs of Secondary Vocational School students, mobilize students' subject consciousness, enhance students' self-awareness, and arouse students' interest in learning, so as to promote the effective development of active classroom teaching.

Keyword: ADDIE Model; active classroom; instructional design; classroom participation

人工智能聊天工具在中学法语教学中的应用场景探析

上海外国语大学附属外国语学校　张　敏

摘要：2022年底，人工智能聊天工具ChatGPT问世，引起全球广泛关注。在教育领域，各国对以ChatGPT为代表的基于人工智能内容生成技术（AIGC）的人工智能聊天工具褒贬不一。本文基于新版《普通高中法语课程标准》中的四大核心素养，聚焦中学法语课堂内外，探讨分析人工智能聊天工具在中学法语教学中的应用场景以及需要遵循的应用原则。

关键词：智能聊天工具；中学法语教学；法语学科核心素养

作者简介：张敏，女，上海外国语大学附属外国语学校法语教师。研究方向：中学法语教学、人工智能技术在外语教学中的应用。电子邮箱：minminvie@126.com。

2022年11月，OpenAI发布了一款具有划时代意义的智能聊天工具ChatGPT。ChatGPT是基于人工智能内容生成技术（AIGC）的自然语言处理工具。通过学习大量的文本数据，它可以模拟人类的语言和思维方式，实现与人类的自然语言互动。在人机对话中，ChatGPT能够理解上下文语境，根据用户的意图生成回答、建议、解决方案等反馈信息。在ChatGPT推出后，全球主要互联网巨头陆续发布了与之功能类似的人工智能聊天产品。目前看来，一个基于大语言模型（LLM）、以聊天为交互模式的各种人工智能内容生成应用不断涌现的时代已经来临。

由于其强大的语言理解与文本输出能力，全球教育界对人工智能工具的关注达到了空前的高度。全球多所学校在其问世初期明令禁止学生使用人工智能工具完成学习任务和考试，以避免因使用人工智能工具而导致的剽窃问题。但近来，英国牛津大学、剑桥大学等24所顶尖高校解除了禁令，并联合发布了在校园中使用人工智能工具的全新原则①。但这种开放的态度多见于高等教育领域，中学教育界对此仍持保留观点：有以美国纽约市为代表的严格禁止派，也有以法国为代表的密切关注派。法国教育部虽没有明确禁止使用人工智能工具，但呼吁学生理性看待这种工具，并坚持认为使用人工智能工具不符合

① https://www.ithome.com/0/704/810.html

年轻人的利益[①]。

国内高校对此也热议不断。《中国外语》2023 年第 3 期在学论经纬和改革论坛板块中系统梳理了相关问题的研究成果，涵盖了语言智能、通用智能、文本翻译、创造性写作等方面，可见高校学者已经开始思考如何利用这一创新工具促进自身专业发展。《外语电化教育》2023 年第 2 期也开辟了语言智能与外语教育变革专栏，探讨在人工智能飞速发展的趋势下，中国外语教学的应对之策。参与这两期讨论的学者来自中国各大知名高校，他们大多对人工智能聊天工具持谨慎开放的态度，这与国外多数大学的观点不谋而合。然而，国内中学外语教学研究并没有对此做太多的探讨，与法语学科相关的研究资料尤为不足。

我们相信，教学工作应当与时俱进，在教学理念与教学方法上对科技的最新进展做出及时的回应。面对当下智能聊天工具的迅猛崛起，我们迫切需要思考其是否能够以及如何成为传统教学范式的有力补充。本文基于 2020 年修订版《普通高中法语课程标准》（以下简称《法语课标》）中的四大核心素养要求，聚焦中学法语学习的全过程，探讨分析人工智能聊天工具在中学法语教学中的应用场景和原则，旨在为人工智能聊天工具在中学法语教学中的融合探索现实可行的方案与路径。

一、应用场景

中学法语教学应遵循《法语课标》的指导原则，将四大核心素养的培养贯穿于每一个教学环节，从而实现立德树人的教育目标。因此，如果想将以 ChatGPT 为代表的人工智能聊天工具融入中学法语课堂，必须致力于推进这些核心素养的培养。

法语学科同其他外语学科一样，旨在培养学生语言能力、思维品质、文化意识和学习能力这四大核心素养。“语言能力是法语学科最具有学科特色的核心素养，涵盖了法语语言知识、语言技能以及在具体情境中的应用等方面”[②]，它是其他三项素养的基石，其重要性无须过多赘述。思维品质是在语言能力基础之上建立的，涵盖了批判性、创新性和多元性的中法双语思维能力。文化意识是培养学生跨文化交际能力的关键，它从关注语言现象本身延伸到关注语言文化内涵，是促进双语思维的重要途径之一。“学习能力是指获取知识与学习资源、管理与调控自身学习的能力。”[③]这一素养对于前三者的发展起着关键作用，也是学生形成终身学习习惯的重要因素。这四项核心素养相辅相成，紧密结合，不应在教学活动中被孤立对待。因此，在下文每一个应用场景中，我们都将以培养这四项核

---

① https://www.sciencesetavenir.fr/high-tech/intelligence-artificielle/chatgpt-comme-outil-de-triche-la-position-du-ministere-de-l-education-nationale_168793

② 节选自《普通高中法语课程标准（2017 年版）解读》19—20。

③ 节选自《普通高中法语课程标准（2017 年版）解读》22。

心素养作为教学目标，力求全面推进学生综合素养。

综合考虑中学法语教学的需求与痛点，以及当前人工智能聊天工具的发展现状，我们认为，在以下教学过程中应用人工智能聊天工具（如 ChatGPT、法语助手、Midjourney 等工具，下同）有助于提升现有教学模式的教学效果。我们也注意到，基于 AIGC 的创新目前正在全球范围内如火如荼地展开，随着更多智能聊天功能的引入，相信教学中的应用场景也会不断丰富。

（一）词汇预习

这是一个适合Ⅲ级及以上学生的课前自主学习活动。教师基于新课内容，布置预习词汇，要求学生了解生词的发音、词义及常见用法。教师通过课堂活动，检测学生对生词的掌握情况。

以下是一个针对《法语课标》教学案例 3[①] 的词汇预习作业，由 ChatGPT 辅助完成：

1. **Chef-lieu** : Il s'agit de la ville principale d'une division administrative comme un département, une région ou un canton. Par exemple, « Paris est le chef-lieu de la région Ile-de-France. »
2. **Entretenir** : Cela signifie maintenir quelque chose en bon état par le biais de travaux réguliers ou de soins. Par exemple, « Il est important d'entretenir sa voiture pour assurer son bon fonctionnement. »
3. **Rétabiliter** : Ce mot signifie restaurer quelque chose à un bon état ou rétablir quelqu'un dans ses droits, son honneur, sa réputation. Par exemple, « Le vieux château a été réhabilité et transformé en musée. »
4. **Artère** : Dans le contexte médical, il s'agit d'un vaisseau sanguin qui transporte le sang du cœur vers les autres parties du corps. Dans le contexte urbain, une artère peut être une grande rue ou une voie importante. Par exemple, « L'artère principale de la ville est souvent congestionnée pendant les heures de pointe. »
5. **Moyenâgeux(se)** : Cela se réfère à quelque chose ou quelqu'un qui rappelle le Moyen Age. Par exemple, « Le château fort, avec ses murs en pierre et ses tours, avait un aspect moyenâgeux. »
6. **Piéton(ne)** : C'est une personne qui se déplace à pied, en marchant plutôt qu'en utilisant un véhicule. Par exemple, « La rue est fermée à la circulation et réservée aux piétons le dimanche. »
7. **Incontournable** : Cela signifie quelque chose qui est tellement important ou impressionnant qu'il ne peut pas être ignoré ou évité. Par exemple, « La Tour Eiffel est un site incontournable pour tous ceux qui visitent Paris pour la première fois. »

Piéton(ne) peut être un adjectif?

Oui, le mot « piéton » peut également être utilisé comme adjectif pour décrire quelque chose qui est lié ou destiné aux personnes qui marchent. Par exemple, une « zone piétonne » est une zone d'une ville ou d'un quartier où les véhicules motorisés sont généralement interdits, laissant l'espace libre pour les piétons.

① 节选自《普通高中法语课程标准（2017 年版 2020 年修订）》57—59。

续 表

 *Pourriez-vous m'expliquer le Moyen Age en 100 mots?*

 Le Moyen Age, également connu sous le nom d'époque médiévale, s'étend du Ve au XVe siècle en Europe. Il commence avec la chute de l'Empire romain d'Occident et se termine à l'époque de la Renaissance et des Grandes découvertes. Cette période est souvent divisée en trois parties : le Haut Moyen Age, le Moyen Age central et la fin du Moyen Age. C'est une période marquée par la féodalité, les croisades, les épidémies comme la peste noire, mais aussi par de grands développements architecturaux et artistiques, dont les cathédrales gothiques.

在上述案例中,学生按照老师要求完成词汇预习作业。首先,学生要求智能聊天工具给出生词的词义和例句。在此过程中,学生发现 piéton 一词给出的是名词解释,与文中出现的形容词不符,因而追加了提问。学生还对 Moyen Age 一词产生了好奇心,请机器人做了简单介绍。在实践中,该项活动可能还会遇到其他问题,例如词义解释不符合上下文语境等情况。因此,在第一次布置类似作业前,教师要提醒学生批判性地看待答案,在理解的基础上发现问题并解决问题,而不是全盘接受。

相较于传统的词汇教学,智能聊天工具的介入一方面可以改变填鸭式的教学方式,提高思维品质、文化意识和学习能力在词汇教学目标中的比重,进而实现从教词汇到教如何学习词汇,帮助学生实现从死记硬背到多元思考、辩证分析的转变。另一方面,它"可以发挥在外语技能训练方面的优势,缩减外语课堂的基础技能教学,为教师赢得更多时间开展塑造学习者创造性思维的教学活动。"①

（二）看图说话

这是一个适合全级别的课堂学习活动。在低级别教学中,可以使用具象图片,如人物、物品、建筑等;在中级别教学中,可以使用叙事性图片;而在高级别教学中,可以使用抽象图片。

《法语课标》明确规定,学生需要具备看图说话的语言能力。在上海法语高考的听说测试中,该项能力也是重要的评估内容之一。事实上,看图说话并非训练语言表达能力的新方式。人工智能聊天工具诞生之前,教师就会利用图片素材考查学生的语言综合运用能力。但在实际操作中,往往会因为找不到合适的图像资料而烦恼。智能聊天工具强大的内容生成能力无疑有助于解决这一痛点。

以下是一张由 Midjourney 完成的定制图片,主题为"卧室"。教师基于所学内容,在课前请智能聊天工具绘制出四幅相近的卧室图片,并根据班级人数彩打出多份。课上,教师将图片分发给每位学生,学生只能口头描述自己图片上的内容,找到手持相同图片的同学

---

① 张震宇,洪化清.ChatGPT 支持的外语教学:赋能、问题与策略[J].外语界,2023,(2):42。

组成小组，一起讨论想象卧室的剩余空间，并合作完成以“卧室”为题的文字说明。

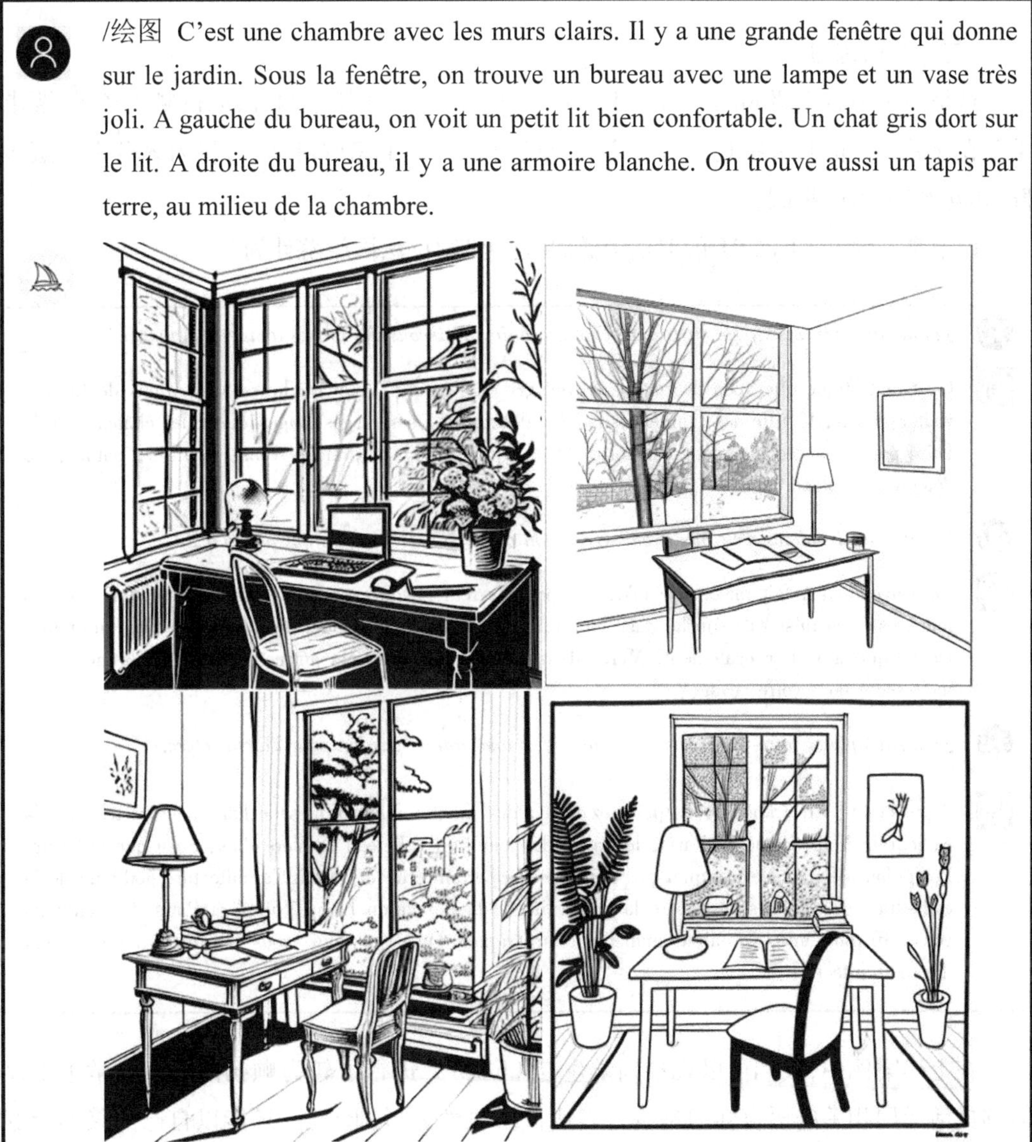

从上述案例中我们可以看出，Midjourney的绘图功能使用便捷，但其绘图能力还存在明显的短板。虽然能提供四张同主题的不同图片，但对文字的表现程度只能达到50%左右，后半段文字被完全忽略。故而，如果想用智能聊天工具设计个性化的看图表达练习，需要教师做好充分的预案，根据生成的图片灵活调整教学方式。此外，上述绘图效果在很大程度上与提示词(prompt)的合理性有着很大的关系。为了实现更好的生图效果，教师需要不断测试提示词。实际上，提示词工程(prompt engineering)是人工智能时代的重要

技能。当然,智能聊天工具的内容生成技术在飞速发展成熟,相信在不久的将来,教师可以利用智能聊天工具绘制出更精准的图片,从而更好地掌握学生的输出内容。

(三)会话练习

这是一个适合全级别的课后自主学习活动。教师基于所学内容,创设聊天场景,要求学生在课后与智能聊天工具进行特定主题的对话。学生完成对话后,将内容分享至班级群,相互点评,教师批阅。

以下是一段和 ChatGPT 的对话节选,主题为"制订法国旅游计划":

J'aimerais faire un voyage en France l'été prochain. Avez-vous des propositions à me donner?

C'est fantastique que vous prévoyiez de voyager en France! Voici quelques suggestions de lieux à visiter: Paris, la ville des Lumières; la Côte d'Azur avec ses plages magnifiques; les châteaux de la Loire pour une plongée dans l'histoire. Quel type de voyage préférez-vous: culturel, nature, ou détente à la plage?

La ville des Lumières n'est pas Lyon? C'est mon professeur de français qui nous l'a dit.

Vous avez tout à fait raison, je m'excuse pour l'erreur. Lyon est en effet surnommée «la ville des lumières», en raison de son héritage culturel et de son festival annuel des lumières. C'est un endroit magnifique à visiter également. Merci de m'avoir corrigé! Quels autres endroits en France vous intéressent pour votre voyage?

J'aimerais plutôt faire un voyage artistique. J'ai une grande passion pour l'architecture.

Super choix! En France, vous pourriez visiter des lieux emblématiques de l'architecture tels que la cathédrale Notre-Dame de Paris, le Palais du Louvre, le château de Versailles, ainsi que le Centre Pompidou à Paris. Ne manquez pas non plus l'opportunité de découvrir l'architecture gothique de la cathédrale de Chartres ou encore la modernité de la Fondation Louis Vuitton à Paris. Ces endroits vous offriront une véritable immersion artistique. Qu'est-ce qui vous attire particulièrement dans l'architecture?

在上述案例中,我们可以观察到学生与 ChatGPT 进行了较为顺畅的交流。学生不仅能够灵活运用相关的语言知识理解并表达自己的意图,大胆交流,还能以自己的兴趣爱好为导向,主动获取所需的文化知识。此外,在交流的过程中,学生始终结合自己所学进行分析和思考,并以质疑的态度从 ChatGPT 的详尽回答中找出与课堂所学相悖的内容。这类作业随机性、未知性很强,不仅可以较大程度地杜绝抄袭作业的可能性,而且可以激发学生的好奇心,鼓励他们运用已知去探索未知,同时培养学生积极思考、解决问题的能力。

在人机顺畅交流的背后,需要老师给予学生一定的帮助。首先,在第一次尝试人机会话时,教师可以事先设计指令模板,让学生复制到聊天框,由此开启畅聊模式。但要注意的是,指令的设计要结合学生的实际情况,如果是预备级或一级的学生,建议把机器人的回答字数控制在30词以内,以免增加学生的交流负担。其次,教师要预判学生在交谈中可能遇到的问题,提前帮助学生做好应对准备,例如在上面的案例中,如果学生不认识immersion这个词,可以用“Qu'est-ce que ça veut dire « immersion»?”进行提问。如果学生看不懂法语解释,可以让机器人进一步简化语言,甚至翻译成中文。再次,为了避免出现学生输出语言过于简单的情况,建议教师提出字数、内容等要求,鼓励学生多表达多输出。最后,人机对话不能取代真人互动。虽然人机对话对于不同性格的学生来说都很友好,能够让学生在放松的状态下大胆交流,但在学生熟悉话题后,应过渡到课堂即兴对话的练习中,体验真实的交流情境。

(四)辩论陪练

这是一个适合高级别的课后自主学习活动。教师基于所学内容,给定辩论主题,要求学生在课后与智能聊天工具围绕该主题展开辩论。

新课标的高阶级别注重培养学生通过思考,辩证、客观、全面分析问题的思维品质。人工智能聊天工具在训练学生批判性思维方面可以提供强有力的支持。它既可以为学生搜集相关话题的论点和实例,也可以提供一对一的模拟辩论演练。就前者而言,聊天机器人相当于搜索引擎的功能,根据指令提供相应的资料;就后者而言,聊天机器人相当于一个虚拟对手,学生可以就某个话题与之争论并了解反方的论点,同时向机器人学习反方的论证方式及论证素材。

在传统教学中,辩论通常以课堂教学形式进行。但因为时间和班级人数的限制,学生能操练的机会并不多。而聊天机器人则为学生提供了课后练习的机会。教师布置相应主题的作业,学生在完成和聊天机器人的虚拟辩论后,梳理正反方论据,形成辩论材料提交作业。教师可以根据学生的完成情况,进行点评;也可以组织真实的课堂辩论,提高现场辩论效果;还可以引导学生撰写同主题的议论文,帮助学生加深对该主题的理解。

以下是一段和ChatGPT辩论的节选,主题为“学生应该穿校服吗”。

Bien sûr, je serais ravi de vous aider. Commençons.
A mon avis, les élèves devraient porter des uniformes scolaires. Les uniformes mettent l'accent sur l'esprit d'équipe et l'uniformité, réduisent la pression des disparités socio-économiques et favorisent la concentration sur l'apprentissage. La tâche principale des élèves est d'apprendre, pas de montrer la mode.

Mais l'uniforme n'est pas le seul moyen de renforcer l'esprit d'équipe des élèves. On peut même dire que c'est le moyen le moins efficace. Les activités sportives telles que le match de football sont les meilleurs choix. De plus, l'uniforme ne peut pas éviter les disparités socio-économiques des élèves. Même s'ils ne comparent pas leurs vêtements, ils pourraient comparer leurs chaussures, leur cartable, leurs stylos, leurs lunettes... L'essentiel est d'apprendre aux élèves de ne pas tomber dans la comparaison malsaine. Je suis d'accord avec vous sur la tâche principale des élèves. Pourtant cela ne veut pas dire que les études doivent être leurs seules préoccupations. On ne peut pas les empêcher de manifester leur personnalité à travers leur tenue quotidienne.

续 表

	Bien sûr, l'esprit d'équipe peut être renforcé de différentes manières, y compris les sports. Cependant, l'uniforme crée un sentiment d'appartenance et d'égalité tout au long du jour scolaire. Les disparités socio-économiques existent, mais l'uniforme peut réduire leurs manifestations visibles. Enfin, exprimer la personnalité ne dépend pas uniquement des vêtements. Il existe de nombreuses autres façons, telles que les talents artistiques ou intellectuels, qui sont plus significatives.

在学习法语的过程中,学生还会遇到各式各样的问题,这些问题的答案是什么?除了传统的解决路径,智能聊天工具无疑提供了百科全书式的解决方案。它在这方面可以满足学生对法语、法国文化的好奇心和兴趣,实时解答他们的各种疑惑。在学生寻求智能聊天工具帮助前,教师要引导学生提出高质量的问题,以获得更准确的回答。在学生快速获取信息之后,教师要引导学生通过其他途径进行验证和批判性理解,警惕学生养成对智能聊天工具的依赖。

在技术层面,上述场景一、三、四既可以通过 ChatGPT 实现,也可以通过法语助手的对话功能实现。相较于前者,后者支持语音识别和朗读功能,也可以进行类口语会话。两者都有纠错和翻译功能,为学生的自主学习提供了语言保障。

以上这些应用场景只是抛砖引玉,教师可以结合人工智能聊天工具的特点,基于新课标中的四大核心素养,设计出适合自己学生的教学活动。但万变不离其宗,学生是学习的主体,教师扮演的是辅助引导的角色,而智能聊天机器人则是助教和伴读的工具。在新工具时代,无论学生,还是教师,都需要不断修炼新技能,熟练运用新工具,积极探索适合自己的新教法、新学法。

二、应用原则

人工智能的跨越式发展,在伦理层面为教育界带来了全新的挑战。随着人工智能应用场景的快速普及,以及应用深度的指数级提升,人工智能素养或许也会成为重要的核心素养。它不仅包含运用人工智能的关键能力,更涵盖了合乎技术伦理的正确价值观念。我们认为,在目前法律法规对该领域还未健全规范的当下,教师和学生在使用人工智能进行教学和学习活动的时候,应该自觉践行如下原则:

(一) 诚信原则

在中学阶段,应严令禁止学生利用聊天机器人代写作业或完成其他学习任务。在杜绝抄袭、舞弊行为的同时,学校也应与时俱进,调整教学、评估方式。

(二) 安全原则

师生在使用聊天机器人时,要遵循网络安全规范,不要泄露个人信息,注意保护个人隐私。同时,本着负责任的态度使用该项技术。家长、学校和社会三方都应该加强对学生的人工智能伦理教育。

（三）严谨原则

在使用人工智能聊天工具时,对聊天机器人提供的信息或答案要存疑,不要盲目轻信,并通过其他途径进行判断和验证。

（四）适度原则

聊天机器人虽然是很好的学习工具,但也兼具了娱乐功能。所以在使用时要适度。每次使用前须明确使用目的,合理安排使用时间,不要沉迷其中。

（五）平等原则

在合乎伦理道德使用的基础上,学校应给予师生平等使用智能工具的机会,尽可能保证校内教育的公平性。

（六）分享原则

随着人工智能领域的飞速发展及其在教育中的应用,各校之间应加强合作交流,分享优秀实践案例,不断提高教师队伍的人工智能素养。

人工智能正在诸多领域深刻影响着我们所处的世界。面对可能改变时代的技术革命,教育界必须发出自己的声音。本文以法语学科核心素养为指导思想,基于教学实践和AIGC技术现状,初步提出四个智能聊天工具在中学法语教学中的真实应用场景。在探索实践的过程中,我们也深刻体会到新技术、新媒介、新工具可能带来的潜在问题,并就此展开了对智能聊天工具应用原则的讨论。我们深信,面对不断演进的外部环境,教学工作的反思与迭代亦永无止境,本文对法语教学中智能聊天工具应用的探讨只是万里长征的第一步。

参考文献：

[1] 胡加圣,戚亚娟.ChatGPT时代的中国外语教育：求变与应变[J].外语电化教学,2023,(1)：3-6.

[2] 胡开宝,田绪军.语言智能背景下的MTI人才培养：挑战、对策与前景[J].外语界,2020,(2)：59-64.

[3] 胡壮麟.ChatGPT谈外语教学[J].中国外语,2023,(3)：1-3.

[4] 耿芳,胡健.人工智能辅助译后编辑新方向——基于ChatGPT的翻译实例研究[J].中国外语,2023,(3)：41-47.

[5] 郭茜,冯瑞玲,华远方.ChatGPT在英语学术论文写作与教学中的应用及潜在问题[J].外语电化教学,2023,(2)：18-23.

[6] 焦建利.ChatGPT助推学校教育数字化转型——人工智能时代学什么与怎么教[J].中国远程教育,2023,(4)：16-23.

[7] 焦建利,陈婷.大型语言模型赋能英语教学：四个场景[J].外语电化教学,2023,(2)：12-17.

[8] 李莉文.试析英语专业技能课程与批判性思维能力培养的关系[J].中国外语,2010,(6):68-73.
[9] 李颖,管凌云.生成抑或创新——聊天机器人应用与研发的本土化反思[J].中国外语,2023,(3):16-23.
[10] 刘凡,吕雨竹.网络环境下英语自主学习者批判性思维能力培养的策略[J].外语电化教学,2012,(3):56-61.
[11] 陆小飞,廖剑,许琪.教育机器人在外语口语教学中的应用研究现状及前瞻[J].外语界,2021,(1):11-19.
[12] 秦颖.人机共生场景下的外语教学方法探索——以ChatGPT为例[J].外语电化教学,2023,(2):24-29.
[13] 苏祺,杨佳野.语言智能的演进及其在新文科中的应用探析[J].中国外语,2023,(3):4-15.
[14] 王海洲.立德树人与核心素养[A].普通高中法语课程标准(2017年版)解读.高等教育出版社,2019.2.
[15] 魏爽,李璐遥.人工智能辅助二语写作反馈研究——以ChatGPT为例[J].中国外语,2023,(3):33-40.
[16] 杨敏,王文亚.ChatGPT的“理解”与“意义”:论其生成语言背后的形式、功能与立场[J].中国外语,2023,(3):24-32.
[17] 张震宇,洪化清.ChatGPT支持的外语教学:赋能、问题与策略[J].外语界,2023.(2):38-44.
[18] 中华人民共和国教育部.普通高中法语课程标准(2017年版2020年修订)[S].人民教育出版社,2020.5.

The Applications of Intelligent Chat Tools in Secondary School French Teaching

Shanghai Foreign Language School Affiliated to SISU Zhang Min

Abstract: ChatGPT, the epoch-making intelligent chat tool, was launched by the end of 2022 and immediately attracted worldwide attention. In the field of education, opinions on Artificial Intelligence Content Generation Technology (AIGC), represented by ChatGPT, vary greatly from country to country. This paper focuses on the four core competencies outlined in the new General High School French Curriculum Standards and examines the possible applications of intelligent chat tools in secondary school French teaching as well as the application principles that need to be adhered to.

Keywords: intelligent chat tools; secondary school French teaching; core competencies of the French subject

数字化教学游戏对中学西班牙语深度学习影响实探

上海外国语大学附属外国语学校东校　谭　铖

摘要： 数字化教学游戏能否助力深度学习，是教育信息化进程中亟须回应的关切之一。文章以上海某中学一个完整学期的西班牙语课程为例，基于 C 的语言教学应用，探讨数字化教学游戏对中学西班牙语学生深度学习的影响。研究发现：（1）中学西班牙语采用数字化教学游戏可以提升学生的深度学习水平；（2）该教学方式对参与度高的学生深度学习影响显著；（3）多主体互动式的数字化教学游戏更能促进学生深度学习水平的提升。

关键词： 数字化教学游戏；中学西班牙语；深度学习；影响水平

作者简介： 谭铖，女，上海外国语大学附属外国语学校东校西班牙语教师，中教一级。研究方向：西班牙语教学法，西班牙语智慧教学。电子邮箱：tancheng@ shisu.edu.cn。

一、研究背景

随着教育信息化的加速推进，以信息技术为支撑的数字化教学游戏愈发普及，中学西班牙语教学也在积极引入此类游戏化模式，用于增进语言教学的趣味性与互动性。虽然数字化教学游戏的形式价值得到广泛认可，但其实质效果一直备受质疑，尤其是它在助力深度学习上的有效性，成为教师和家长共同担忧的症结所在。相关研究基于游戏化教学的一般性应用，宽泛地指出数字化教学游戏不仅能提升学习动机，也能提升学习效益[①②]。然而，既有成果并未说明数字化教学游戏对于学习的提升是浅层的还是深度的[③④]，更鲜有专门讨论其对外语深度学习的影响，就此而言，数字化教学游戏对于中学西班牙语深度学习的有效性程度研究依旧是一项挑战。

---

① McGonigal, J. Reality is Broken: Why Games Make Us Better and How They Can Change the World [M]. New York: Penguin Press, 2011.

② García-Fernández, J., Fernández-Gavira, J., Sánchez-Oliver, A. J., & Grimaldi-Puyana, M. Gamificación y aplicaciones móviles para emprender: una propuesta educativa en la enseñanza superior [J]. International Journal of Educational Research and Innovation, 2017, (8): 248-259.

③ Foncubierta J. M., & Rodríguez, C. Didáctica de la gamificación en la clase de español [A]. La primera edición del Programa de Desarrollo Profesional [C]. Madrid: Editorial Edinumen, 2014: 1-8.

④ Contreras Espinosa, R. S., & Eguia, J. L. Experiencias de gamificación en aulas [M]. Barcelona: InCom-UAB Publicacions, 2017.

为探究西班牙语数字化教学游戏对中学生深度学习的影响，本文以上海某中学一个完整学期的西班牙语课程为例，基于C的语言教学应用，探究三个相关性问题：数字化教学游戏能否提升中学西班牙语学生的深度学习？它对何种类型学生的深度学习影响最大？采用何种形式的数字化教学游戏更能促进学生深度学习水平的提升？围绕这三个问题，文章提出以下三点假设：

（一）采用数字化教学游戏的中学西班牙语教学，可以提升学生深度学习水平；

（二）数字化教学游戏对学生个体影响不同，对参与度高的学生深度学习影响更为显著；

（三）数字化教学游戏的效果与选用形式有关，互动式游戏更能提升学生深度学习水平。

针对以上三点假设，笔者追踪并收集某校中预年级西班牙语学生一整个学期的测评成绩，主要考察学生在接受数字化教学游戏之后深度学习水平的变化趋势。

二、中学西班牙语数字化教学游戏设计

C在线互动教室在信息化教学中的使用愈发普遍，本研究采用了这一教学工具。C具有丰富的游戏化功能，依托C搭建起来的西语数字化教学游戏能够从多个方面支持学生的深度学习。一般而言，游戏化教学包含多重元素，大体上可分为三类：动力(dynamics)、机制(mechanics)和组件(components)[①]。笔者依据这一划分，结合中学西班牙语课程标准，设计了基于C的西班牙语数字化教学游戏场景(表1)。

表1　基于C的西班牙语数字化教学游戏场景

元素类别	C工具	作　　用
动力	勋章墙	进展——即时反馈设计，给参与者更多成就感
	多维评价系统	关系——相互评价，支持指定、随机、组内等方式
	成长反思	叙事——对课程、作业、练习中的错误建立反思库
	专注模式	约束——保障参与者课堂纪律
机制	学习小组	合作——制定本小组计划与作业
	抢答题	竞争——激发竞争意识

① Werbach, K., & Hunter, D. For the Win: How Game Thinking Can Revolutionize Your Business [M]. Philadelphia: Wharton Digital Press, 2012.

续 表

元素类别	C 工具	作用
机制	随机选人	机会——参与者有均等机会
	视频上墙	轮换角色——不同参与者轮番参与
组件	虎年奖杯	徽章——即时评价,丰富学习体验
	得分排行	排行榜——参与者成就可视化
	内容解锁	成就——参与者目标达成后才可显示
	授权云盘	赠予——与他人共享资源

作为此项教学设计中的基础概念之一,“深度学习”(Deep Learning)的核心理念是“促使深度参与、培育高阶能力、为迁移而学”①。美国 AIR 研究院围绕“深度学习”展开了系统性研究,构建了深度学习能力框架,区分深度学习的三大领域,即“认知领域”(cognitive domain)、“人际领域”(interpersonal domain)和“个人领域”(intrapersonal domain),并确定了与三大领域匹配的六项基本能力。② 本研究借鉴了这一理论框架,主要从“认知领域”入手考察深度学习,同时采用 Bloom 教育目标分类法,评测学生的高阶思维(表 2)。评测采用定量分析的方法,以前测、阶段二、阶段三、阶段四、后测这五次学生的高阶知识掌握水平为参照数据,通过评测问卷的方式收集数字化教学游戏开展过程中学生深度学习认知水平的量化结果。

表 2 学生深度学习评测方法

认知维度	评测依据	评测形式	评测效度	
			低阶思维→高阶思维③	
高阶知识水平	Bloom 教育目标分类	客观判断题 主观论述题	记忆 理解 应用	分析 评价 创造

① 祝智庭,彭红超.深度学习:智慧教育的核心支柱[J].中国教育学刊,2017,(5):36-45.

② Huberman, M., et al. The Shape of Deeper Learning: Strategies, Structures, and Cultures in Deeper Learning Network High Schools[M]. Washington: American Institutes for Research, 2014.

③ Anderson L. W., Krathwohl D. R., Airasian P. W., et al. A Taxonomy for Learning, Teaching, and Assessing: A Revision of Bloom's Taxonomy of Educational Objectives[M]. New York: Longman, 2001.

三、研究对象及编码

本文的研究对象为某校12名中预年级学生,他们的外语语种均为西班牙语—英语双外语。12名研究对象于C支持的数字化教学游戏环境中,进行了为期15周120课时的学习。此前,研究对象已接受过一学期的西班牙语课程学习(144学时),具有较为扎实的西班牙语基础语言运用知识。不过,此前的学习均为传统课堂模式,这一学期是他们首次采用游戏化学习模式修习西班牙语课程。

在正式开展教学前,笔者通过C对西班牙语课堂进行为期一周(8课时)的观察,侧重观察学生参与课堂互动情况。借助C平台每节课后生成的班级学生课堂参与活跃度数据,对12名学生的数据取平均数处理后,按照由大到小的顺序依次排列,按1—12进行编码。其中1—4号学生得分大于70分,参与活跃度最高,为第一组;5—8号学生得分在50—70之间,参与活跃度较高,为第二组;9、10号学生得分在40—50之间,课堂参与不太积极,为第三组;11、12号课堂参与得分小于40,课堂参与度最低,为第四组。需要说明的是,游戏化教学过程中学生并没有按照以上分组进行学习活动,分组仅作为教师回溯学生课堂互动与深度学习变化关系的参照。表3为12位学生分组与课堂参与活跃度方差分析表。

表3 组别与课堂参与得分方差分析

<table>
<tr><th>分组</th><th>学生编号</th><th>课堂参与得分</th><th>平均值</th><th>标准差</th><th>F</th><th>p</th></tr>
<tr><td rowspan="4">1</td><td>1</td><td>75</td><td rowspan="4">72.75</td><td rowspan="4">2.07</td><td rowspan="12">93.355</td><td rowspan="12">0.000**</td></tr>
<tr><td>2</td><td>74</td></tr>
<tr><td>3</td><td>71.2</td></tr>
<tr><td>4</td><td>70.8</td></tr>
<tr><td rowspan="4">2</td><td>5</td><td>64.4</td><td rowspan="4">59.55</td><td rowspan="4">3.62</td></tr>
<tr><td>6</td><td>60</td></tr>
<tr><td>7</td><td>57.8</td></tr>
<tr><td>8</td><td>56</td></tr>
<tr><td rowspan="2">3</td><td>9</td><td>47.8</td><td rowspan="2">45.7</td><td rowspan="2">2.97</td></tr>
<tr><td>10</td><td>43.6</td></tr>
<tr><td rowspan="2">4</td><td>11</td><td>35.6</td><td rowspan="2">33.9</td><td rowspan="2">2.4</td></tr>
<tr><td>12</td><td>32.2</td></tr>
<tr><td colspan="7">* $p<0.05$ ** $p<0.01$</td></tr>
</table>

利用单因素方差分析研究组别对于课堂参与活跃度的差异性,可以看出:不同组别样本对于课堂参与活跃度全部呈现出显著性($p<0.05$),即不同组别样本对于课堂参与活跃度均有差异性。具体分析可知:组别对于课堂参与活跃度呈现出0.01水平显著性($F=93.355$,$p=0.000$),平均值对比结果为“组1>组2;组1>组3;组1>组4;组2>组3;组2>组4;组3>组4”(图1),这表明以活跃度进行的组别划分有效。

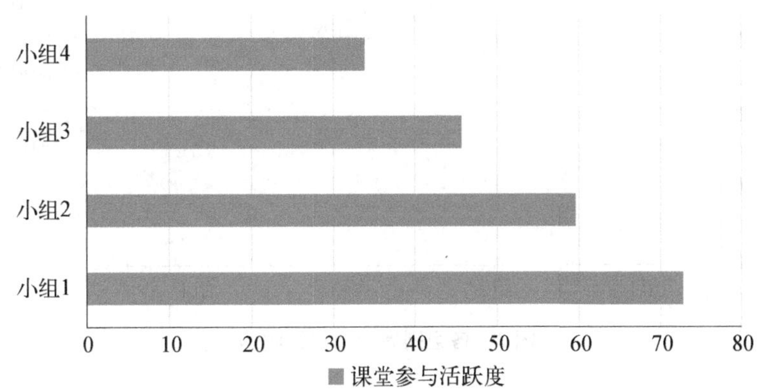

图1 各组别课堂参与活跃度对比

四、研究结果分析

(一)总体趋势分析:深度学习水平的整体提升

通过配对样本t检验分析学生深度学习认知水平变化情况。分析可知,通过一学期的数字化教学游戏,学生的西班牙语高阶知识水平产生显著的变化($p=0.000<0.01$)(详见表4);且效应值d为2.865,表明具有很大的效应(Cohen's $d>0.8$),说明西班牙语数字化教学游戏能显著提升学生深度学习认知水平。

表4 西班牙语高阶知识水平前后测对比情况

维　度	项	平均值	标准差	平均值差值	t	p	Cohen's d 值
高阶知识	前测	44.92	3.7	−13	−9.924	0.000**	2.865
	后测	57.92	5.6				
* $p<0.05$ ** $p<0.01$							

(二)组间差异分析:学生参与度与深度学习的关系

在明确数字化教学游戏对深度学习的影响后,验证第二条假设:数字化教学游戏对学生个体的影响不同,对参与度高的学生深度学习影响更为显著。为此,笔者绘制了四个小组各阶段高阶知识水平折线图(详见图2)。

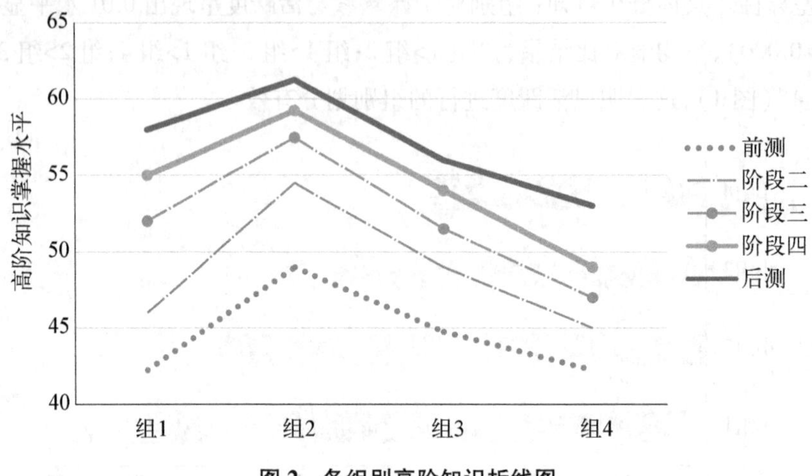

图2 各组别高阶知识折线图

由上图可知,四个小组五次数据均呈稳步上升趋势。阶段一和阶段二各小组平均高阶知识掌握水平得分为:组2>组3>组1>组4;从阶段三开始为组2>组1>组3>组4。由此可见,课堂参与活跃度排名第二的小组高阶知识水平在横向对比中始终处于最高水平;参与活跃度次低的第三组在阶段一、阶段二仅次于第二组,从阶段三开始被活跃度最高的第一组反超;活跃度最低的第四组始终处于最低的状态。

由此可见,课堂参与活跃度与数字化教学游戏的效果存在较为明显的相关关系。参与活跃度最高的第一组随着教学的推进,其深度学习水平的提升也呈现加速趋势,不仅反超第三组,还缩小了与第二组的差距,以此观之,第一组深度学习水平较之其他三组涨幅最大。

表5 组间方差分析结果

	组别(平均值±标准差)				p	Cohen's f 值
	1.0(n=4)	2.0(n=4)	3.0(n=2)	4.0(n=2)		
前测	42.25±0.96	49.00±2.16	44.75±1.77	42.25±4.60	0.012*	1.634
阶段二	46.00±1.41	54.50±3.87	49.00±1.41	45.00±7.07	0.032*	1.353
阶段三	52.00±4.16	57.50±5.69	51.50±2.12	47.00±8.49	0.207	0.846
阶段四	55.00±6.38	59.25±6.18	54.00±4.24	49.00±8.49	0.374	0.667
后测	58.00±4.97	61.25±5.85	56.00±4.24	53.00±7.07	0.407	0.64
* p<0.05 ** p<0.01						

根据表5,高阶知识掌握水平在不同活跃度组间差异降低。随着数字化教学游戏的推进,各组别高阶知识掌握水平整体呈上升趋势(平均值),同时p值由前测的组间显著性差异($p=0.012$)提升至后测的0.407,体现差异效应量的Cohen's f值也由前测1.634降至0.64。说明在数字化教学游戏的促进作用下,各组之间深度学习水平的差距也在缩小,学习共同体稳步形成,共同体内关系更加紧密。

(三)游戏形式分析:数字化教学游戏形式对深度学习的影响

为进一步探究不同形式的数字化教学游戏对不同参与度学生的影响,在教学开展过程中,笔者在四个不同阶段集中采用了四种不同形式的教学游戏,图3和表6可以较为清晰地呈现四个阶段各组高阶知识掌握水平变化情况:

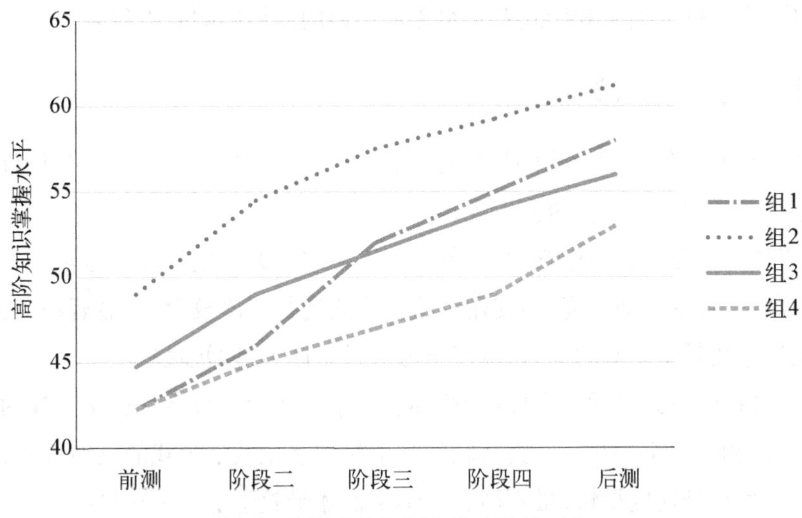

图3　各组高阶知识变化分阶段对比

由各组高阶知识掌握水平分阶段对比图可知,各小组在四个阶段表现出不同的发展特征,整体呈上升趋势,其中第三阶段(个人挑战类)上升最为缓慢。就各组而言,第一组在阶段二进步最大(13%);第二组和第三组学生在阶段一进步最为明显,提升率分别为11.2%、9.5%;第四组在阶段四进步幅度最大(8.2%)。表6为各阶段数字化教学游戏类型及组别影响关系。

表6　各组别分阶段数字化教学游戏类型

阶　　段	教学游戏类型	影响最为明显组别
前测—阶段一	竞赛类	第二组、第三组
阶段一—阶段二	合作类	第一组

续　表

阶　段	教学游戏类型	影响最为明显组别
阶段二—阶段三	个人挑战类	/
阶段三—后测	接力类	第四组

综合分析各阶段数字化教学游戏类型与组间进步比发现：不同类型对不同参与度的学习者影响作用不同。竞赛式教学游戏对课堂参与较为积极的第二组和不太积极的第三组影响最大；合作类教学游戏对课堂参与最为活跃的第一组影响最明显；对于课堂参与很不积极的第四组，接力类的教学游戏效果最佳。这三类游戏形式均属于多主体互动式游戏，与之相比，个人挑战类游戏形式对各组深度学习的总体影响并不显著。

五、结果讨论与改进策略

本研究依托 C 在线互动教室的技术特点，并结合认知领域的深度学习，设计了中学西班牙语数字化教学游戏场景。研究发现：

（一）采用游戏化方式的中学西班牙语教学，可以提升学生深度学习水平。数据分析表明，学生深度学习的认知程度，与使用游戏化形式进行西语教学，有显著相关关系，且随着学生接纳数字化教学游戏的深入，深度学习效果整体上呈增强趋势。

（二）这种教学方式对学生个体影响不同，与学习者参与数字化教学游戏的活跃度相关，但并非线性相关关系。互动较为活跃的学生对数字化教学游戏的反馈效果最为明显，最为活跃的学生提升速度最快，最不活跃的学生群体受教学游戏影响最小。

（三）学习者个性特征不同，最适宜的数字化教学游戏类型也有所不同。个人挑战类游戏形式对于深度学习的影响最不明显，双人竞赛、团队合作、轮流接力等多主体互动式游戏形式对于深度学习的提升有一定效果，但对于不同组别效果不一。需要根据学生群体的特征选择最为有效的数字化教学游戏方式，注意教学游戏的分层设计。

上述定量分析的结果表明，数字化教学游戏对学生深度学习有显著影响，但其影响效果并非均质，学生个体的参与和游戏形式的选用是其中值得注意的关键变量。如何让数字化教学游戏更好地助力中学西班牙语学生的深度学习？笔者基于教师视角的课堂参与式观察，提供了回应这一问题的三条改进建议：

第一，数字化教学游戏的设计应充分考虑学生的学情。这里的学情包括两方面，一是学习者已有的学习基础，二是学习者所在课堂的活跃程度。相较于前者，学生课堂活跃程度与教学游戏的效度关联更为紧密，活跃度高的学生参与数字化教学游戏的积极性相对更高，他们深度学习水平的提升幅度也最为明显，因此，让学生熟悉并迅速融入数字化教学游戏情境乃首要前提。这要求教师在进行教学游戏设计之初,应注重分层设计,不仅要对每个学生的学情有充分了解,还要据此对学习者的活跃度作出假想性的前置分类,针对不同类型的学生选用适宜的游戏形式,合理设定任务难度系数,侧重体验参与的过程,更好地激发学习者的参与热情。

第二,数字化教学游戏应注意趣味性与教育性的平衡。形式主义是导致游戏化教学失效的主要因素,一类是形式过于单一而失去趣味性,另一类是形式过于多变而淡化教育性。研究表明,清晰的游戏规则、明确的教学目标及有效的交互手段是实现教育性与游戏性协调的核心因素。① 教师在开展数字化教学游戏时,一方面要注重游戏形式的趣味性,避免重复或单一游戏导致的参与不足;同时也要注重让核心素养熔铸于游戏过程中,用游戏的形式达成教学目标。因此,在锚定教学目标后,教师自身要通过分解核心问题来设计活动顺序,围绕逻辑主线突显教学重难点,注意开展过程中贯穿整个单元和主题的“问题链”和“游戏链”,通过培养高阶思维提升学生的深度学习品质。

第三,数字化教学游戏应注重过程留痕和结果反馈。游戏化教学的突出优势是情境的构造与过程的体验,让学习者以玩乐的状态进行知识性学习,其导向目标虽被隐藏但并未消失,因此,在游戏体验结束之后,通过教学复盘掌握核心知识点进而实现教学目标显得极为必要。一方面,教师和学生应充分意识到过程留痕是教学复盘的基础,游戏化教学应注重资源的总结、积累与完善,把互动性资源整理成有西班牙语学科特点的学习“痕迹”,体现富有本学科特色的思维过程。另一方面,结果反馈是教学复盘的目的,教师应在游戏结束后引导学生复盘问题的提出,通过共同绘制思维导图等形式分解核心问题,理清问题解决过程中的逻辑链,为学生的思维发展提供基本框架。

总体而言,数字化教学游戏要想更好地助力深度学习,需要教师在教学设计上下功夫,不断改进教学游戏策略——立足现实学情展开构思,兼顾趣味性与教育性加以谋划,利用过程留痕和结果反馈实现目标。当然,数字化教学游戏始终只是一种辅助性工具,教育本质是一种艺术而非技术,它是鲜活生命的灵动表达,技术只是在有助于这类表达时才起到正向作用。将数字化教学游戏引入中学西班牙语教学,是面向技术、接纳技术、应用技术的一次长时段探索,需要一线教师共同持续的努力。

参考文献:

[1] 祝智庭,彭红超.深度学习:智慧教育的核心支柱[J].中国教育学刊,2017,(5):36-45.

[2] Anderson L. W., Krathwohl D. R., Airasian P. W., et al. A Taxonomy for Learning, Teaching, and Assessing: A Revision of Bloom's Taxonomy of Educational Objectives [M]. New York :

① Echeverria A., et al. A Framework for the Design and Intergration of Collaborative Classroom Games [J]. Computers & Education, 2011, (57): 1127-1136.

Longman, 2001.

[3] Contreras Espinosa, R. S., & Eguia, J. L. Experiencias de gamificación en aulas [M]. Barcelona: InCom-UAB Publicacions, 2017.

[4] Echeverria A., et al. A Framework for the Design and Intergration of Collaborative Classroom Games [J]. Computers & Education, 2011, (57): 1127 – 1136.

[5] Foncubierta J. M., & Rodríguez, C. Didáctica de la gamificación en la clase de español [A]. La primera edición del Programa de Desarrollo Profesional [C]. Madrid: Editorial Edinumen, 2014: 1 – 8.

[6] García-Fernández, J., Fernández-Gavira, J., Sánchez-Oliver, A. J., & Grimaldi-Puyana, M. Gamificación y aplicaciones móviles para emprender: una propuesta educativa en la enseñanza superior [J]. International Journal of Educational Research and Innovation, 2017, (8): 248 – 259.

[7] Huberman, M., et al. The Shape of Deeper Learning: Strategies, Structures, and Cultures in Deeper Learning Network High Schools [M]. Washington: American Institutes for Research, 2014.

[8] McGonigal, J. Reality is Broken: Why Games Make Us Better and How They Can Change the World [M]. New York: Penguin Press, 2011.

[9] Werbach, K., & Hunter, D. For the Win: How Game Thinking Can Revolutionize Your Business [M]. Philadelphia: Wharton Digital Press, 2012.

An Empirical Study on the Use of Digital Gamification in the Middle School Spanish Classroom. Effectiveness at the Cognitive Level of Deep Learning

Shanghai East Foreign Language School Affiliated to SISU　Tan Cheng

Abstract: Whether gamified teaching can help deep learning is one of the concerns that needs to be responded to urgently in the process of education informatization. Taking a full-semester Spanish course in a middle school in Shanghai as an example, this paper discusses the impact of gamification teaching on the deep learning of middle school Spanish students based on the language teaching application of C. The results found that: (1) the use of gamified teaching in middle school Spanish can improve students' deep learning level; (2) the teaching method has a significant impact on deep learning for students with high participation; (3) multi-subject interactive gamification teaching can promote the improvement of students' deep learning level.

Keywords: digital gamified teaching; Spanish at middle school; deep learning; level of effectiveness

当技术遇见西班牙语：数字化转型下的初中二外学科精准教学实践

上海市骏博外国语学校　任雨恬

摘要：本文以教育数字化转型和技术赋能精准教学为背景，以初中西班牙语二外课堂为案例，探讨了如何借助适切的技术工具实现学情分析、个性化分层教学和差异化评价的目标。笔者所就职的上海市某民办初中，正面临新的招生模式下出现的各种影响和挑战。借助教育数字化转型，通过学生学情诊断和精准教学策略的应用，笔者尝试构建了一种在二外课堂上较为有效的教学模式，提高了不同层次学生的西班牙语学习效果和教学质量。

关键词：教育数字化转型；技术赋能；初中西班牙语二外课堂；差异化分层教学设计

作者简介：任雨恬，女，现就职于上海市骏博外国语学校，承担初中西班牙语二外课程教学任务。研究方向：西班牙语语音习得研究，初中全员导师制度背景下的德育教学等。邮箱：18857231758@ 163.com。

一、引言

随着信息技术的迅速发展，教育领域正面临着前所未有的变革和挑战。这种变革在中国的初中教育中尤为显著，数字化转型和技术赋能已经成为不可逆转的趋势。为了促使教育迈向现代化，我国在促进基础教育高质量发展，优化优质教育资源配置方面，采取了很多重要措施。《国家中长期教育改革和发展规划纲要（2010—2020年）》提出要"加强优质教育资源开发与应用。加强网络教学资源体系建设。引进国际优质数字化教学资源。"①学校和教师们积极探索如何充分利用先进的技术手段，以提高教学效果，促进学生的全面学习发展。特别是在西班牙语作为第二外语的课程中，教师们面临着如何利用技术手段进行精准教学，满足学生个性化学习需求的重要课题。数字化教育平台和在线学习资源为教师们提供了丰富的工具和资源，使得教学过程更加灵活多样，能够针对不同学生的学习风格和能力水平进行个性化指导。

例如，徐美凤对芬兰的中小学信息化教育目标、实施特点作了研究，提出"数字化"与

① 国家中长期教育改革和发展规划纲要（2010—2020年）[EB/OL].（2010-07-29）[2021-04-10].http://www.moe.gov.cn/srcsite/A01/s7048/201007/t20100729_171904.html.

"AI+"将成为芬兰信息化教学的着力点和未来发展方向①;德罗兹季科娃-扎里波娃(Drozdikova-Zaripova)等人在混合式教学的现代教育技术当中引入"翻转课堂"模式帮助评估数字教育资源在教学中的有效性②;相关研究还通过使用教育软件和在线学习平台,利用交互式课件、语音和视频材料以及在线练习和测验创建虚拟语言环境,让学生通过与电子课本互动、参与在线讨论和合作项目,提高语言交流和合作能力,并组织虚拟的跨文化交流活动。

本文以初中西班牙语二外课堂为案例,深入研究了数字化转型下的学科精准教学实践。我们探索了如何利用适切的技术工具和方法,精准地分析学生的学情,设计个性化的教学方案,提供差异化的学习体验,并基于学生作业数据进行精准评价和改进策略。通过这一系列的实践,我们期望能够为西班牙语二外教学领域的数字化转型和技术赋能提供有益的借鉴和经验。

二、学情诊断与分析——学情诊断工具的应用

在数字化转型下的学科精准教学实践中,学情诊断工具发挥着关键的作用。通过学情诊断工具收集、分析和解读学生的个性化学习数据可以帮助教师在教学中全面了解不同学生的学习情况和差异,识别个性化学习需求和学习问题以调控教学方案;在教学后诊断学生学习效果以反思教学实效,从而实施精准教学,促进学生知识的迁移、能力的提升和素养的培养。③

首先,通过教育平台、在线测验和作业系统等数字化工具进行收集和记录学生的学习数据。教师借助数据,对学生的学习情况进行全面分析,了解他们的学习兴趣、学习风格和学习进度等方面的特点。

其次,通过运用数据分析技术,教师可以发现学生的学习偏好、知识掌握程度、困难点以及常见错误等方面的信息。这有助于教师准确把握学生的学习状况,了解他们的个体差异,发现他们在学习过程中存在的问题,并及时采取针对性的教学策略。

最后,基于学情数据的分析结果,教师可以针对不同学生的学习特点和需求,设计个性化的教学方案和学习任务。例如,对于掌握较好的学生,教师可以提供更深入和有挑战性的学习内容,以推动他们的学业水平进一步提升。对于掌握较差的学生,教师可以采用针对性的辅导措施,提供更多的练习和补充材料,帮助他们弥补知识漏洞。

此外,学情诊断工具还可以为教师提供实时反馈和跟踪学生的学习进展,帮助教师及

---

① 徐凤美.芬兰中小学信息技术教育目标、实践与特点[J].中国信息技术教育,2021,(20):94-98.

② Drozdikova-Zaripova, A. R., & Sabirova, E. G. Usage of Digital Educational Resources in Teaching Students with Application of "Flipped Classroom" Technology[J/OL]. Contemporary Educational Technology, 2020, 12(2): ep278. https://doi.org/10.30935/cedtech/8582.

③ 汤张艳.例谈初中英语单元视角下的学情分析路径——以译林版义务教育教科书《英语》九年级上册 Unit 3 Teenage problems 为例[J].教学月刊·中学版(外语教学),2023,(03):45-50.

时调整教学策略，满足学生的学习需求。

以下是笔者在初中西班牙语二外课堂中应用的学情诊断工具的具体描述：

（一）在线学习平台

针对国内缺少专业、完善的针对初中零基础学生学习西班牙语二外的网站这一现状，经过笔者自己和学生的体验和筛选，最终选择了国外某一功能齐全的在线学习平台（如图 1 所示）。该平台有以下特点：

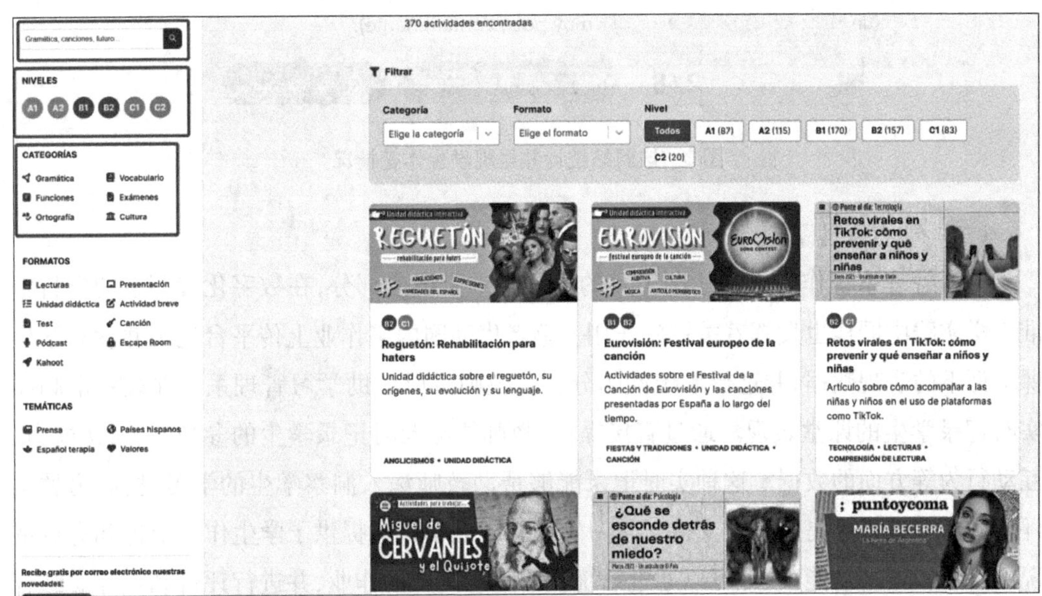

图 1　该网站展示

1. 多样化的活动

从单词、语法、阅读、写作、文化拓展和交际训练等几个不同的版块提供了丰富多样的活动，涵盖了从 A1 到 C2 的全层级的学习内容。这样的多样性可以满足学生的不同学习需求和兴趣，使他们能够选择适合自己的活动进行学习。

2. 强调交际能力

网站上的活动注重培养学生的交际能力，帮助他们掌握与他人进行有效沟通所需的语言技能。通过模拟真实的交际情境，学生可以学习如何用西班牙语进行日常对话、问候、介绍自己、提出问题等，从而提高他们的语言交际能力。

3. 方便精准监测

该网站通过统计学生的学习进度、答题情况、作业完成情况等数据，实现科学分析和直观呈现，可以帮助教师实时监测学生的学习进展和知识点的掌握情况，了解他们在不同学习阶段的掌握情况（如图 2 所示），更加精准地掌握学生的学习动态。

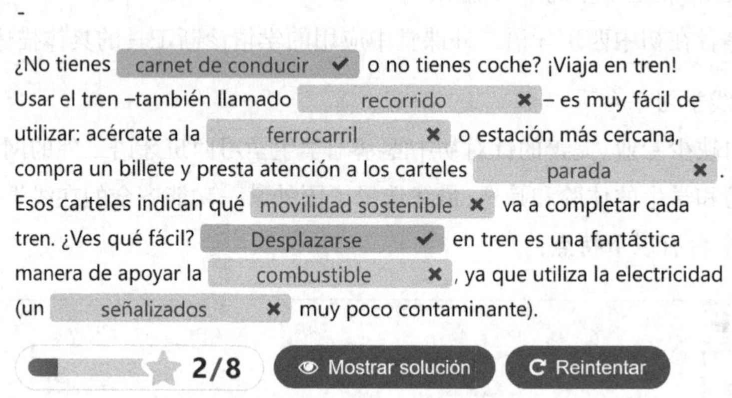

图2 该网站统计并呈现学生作答情况

（二）学习管理系统

学习管理系统作为学情诊断工具的另一个重要组成部分，在数字化转型下的学科精准教学实践中同样也发挥着关键的作用。笔者借助国内某作业上传平台记录并发布学生课上课下的表现数据，并进行系统性的分析。教师可以借助学习管理系统在教室电脑端实时记录学生的课堂表现。通过直接操作，教师能够及时记录学生的参与度、表达能力、互动行为等方面的数据。这种实时记录能够帮助教师深入洞察学生的学习过程，为教学评价和个性化指导提供有力支持。学习管理系统在手机端提供了学生作业上传和完成情况的查看和记录功能，教师可以通过系统获取学生提交的作业，并进行评价和点评。结合新课标学生评价体系，教师能够实时对学生进行打分和评价，以促进学生的自我反思和学习进步（如图3所示）。

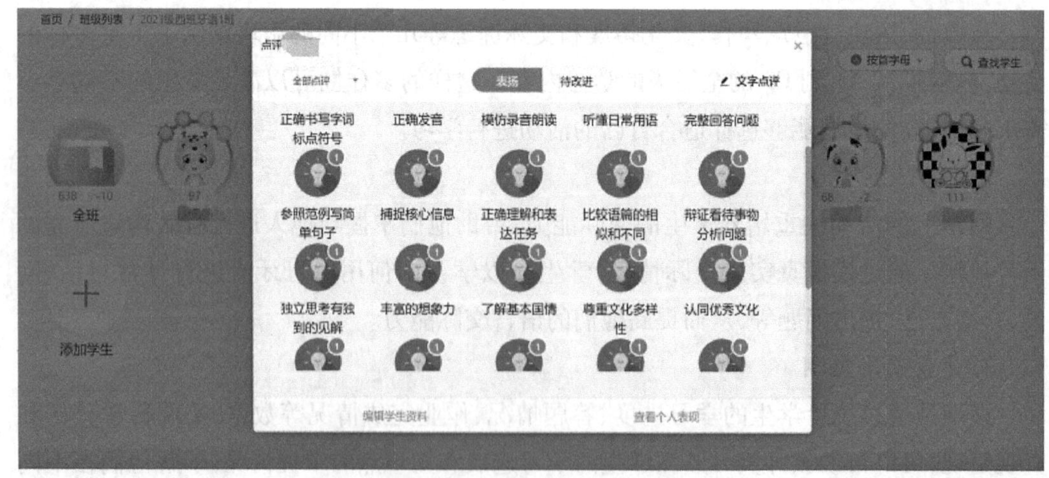

图3 该平台课上课下均可对学生进行评价

同时,教师可以一周或者一月导出系统对学生各方面表现所得数据的分析及变化曲线图等,可以明确直观地了解学生语言能力、学习能力、思维品质、文化意识方面的发展情况(如图 4 所示),这种定量分析和可视化展示有助于教师全面了解学生的学习状态和发展趋势,并为进一步调整教学策略提供指导,进而针对性地调整教学策略。

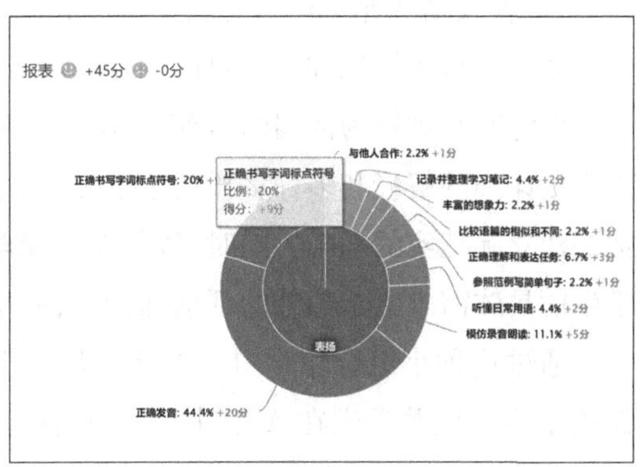

图 4　班级或个人表现图示

以上所述的学情诊断工具不仅为教师提供了大量的学生学习数据,还通过数据分析和解读,为教师提供了全面而精准的学情诊断信息。教师可以根据学情诊断结果,有针对性地制定教学计划和教学策略,帮助学生解决学习难题,提高学习效果。

三、精准教学策略的实施——个性化教学策略的设计

基于学情诊断工具所提供的学习数据和分析结果,教师针对不同学生的学习需求和问题设计了差异化、个性化的教学策略。通过分组合作、个性化指导等方式,教师能够满足学生在语言学习中的差异性需求,促进他们的全面发展。然而,教师在实施个性化教学时需要灵活运用不同的教学策略,并与学生进行有效的沟通和反馈,以确保教学效果的最大化。以下是笔者在初中西班牙语二外七年级课堂中应用的个性化教学策略的具体描述:

(一)差异化教学

七年级西班牙语二外班目前有 8 名学生。作为笔者任教学校在民办初中新招生政策之下招收的第二批学生,西班牙语二外班中分层现象严重,促使笔者推行分层教学的实践。

笔者综合考虑课堂表现、作业完成情况、考试成绩等因素,将学生分成 AB 两个 4 人小组。针对不同学习小组的学习特点和需求,采用差异化教学策略。

1. 小组合作学习

个性化教学并不意味着孤立的学习,其目的在于通过学生之间的互动和合作来实现

学习的个性化。在课堂中,笔者对 A、B 两个不同小组的学生提出不同层次的课堂目标和要求:

对于成绩优异的 A 组同学,笔者提供了更具挑战性的任务,以促进他们的深入学习和扩展能力。例如,要求 A 组同学深入研究某个主题,并进行进一步的探究和拓展。在此过程中,笔者鼓励 A 组同学进行自主学习和研究,同时为他们提供相关的参考资料和资源,以帮助他们深入挖掘和拓展自己的知识。

而针对基础较为薄弱的 B 组同学,教师则给予其书本知识点上更细致的辅导和指导,提供更详细的解释和多种多样的示范,鼓励组内合作共同探究解决问题和完成任务,帮助他们建立起扎实的基础。同时,教师在 B 组学生小组合作的同时进行个别辅导,根据每个学生的具体需求给予额外的帮助和指导,使每个学生都能得到适当的支持。

通过这种小组合作学习的方式,学生们得以相互交流和合作,共同解决问题,互相促进学习。优秀学生在 A 组小组合作中能够更进一步地展示自己的才华和独立研究能力,而基础相对较弱的学生在 B 组小组合作中能够得到更细致的指导和支持。这种差异化的教学策略有助于满足学生不同的学习需求,提高教学效果,并促进学生的全面发展。

简言之,小组合作学习在个性化教学中起到了重要的作用。通过设定不同层次的课堂目标和要求,为不同小组的学生提供差异化的教学策略,教师能够更好地满足学生的学习需求,促进他们的个性化学习和全面发展。当然,教师在实施小组合作学习时需注意合理分组和有效管理,确保学生之间的互动和合作能够顺利进行,并及时进行个别辅导和指导,以确保每个学生都能够取得进步。

2. 多元激发学习兴趣

为了激发学生的学习兴趣和动力,笔者结合学生的兴趣和喜好,设计了丰富多样的教学活动。例如,通过多媒体资源以及线下西班牙语文化体验活动等,将学习内容与生活体验相结合,使学生在愉悦的氛围中学习西班牙语,提高学习的主动性和积极性。与此同时,教师对不同学习能力的学生也提出不同的要求。

例如,教师在课间休息时分享的西班牙语歌曲,B 组的同学需要边听边记录课堂中学过的单词,不仅锻炼学生们对西班牙语信息的捕捉能力,还可以加深对这些单词的印象;而 A 组同学需要在听懂歌词大意的基础上,完成听后感想的随笔写作或者进行歌词的朗诵。

3. 个性化作业布置及反馈

针对不同小组的学习能力和学习需求,教师通过为 AB 学习小组分别建立不同的微信交流群来提供学习周和寒暑假期间个性化的作业布置和反馈。

平时作业：对于A组同学，教师更多地提供外刊新闻的节选、影视作品的选段等素材，尽可能减轻其笔头重复抄写的作业，转而帮助他们更多地从政治、经济、文化等不同的方面了解西班牙语国家的历史背景和文化底蕴，周末作业以小报制作、Vlog拍摄、配音练习或个人感想的表达为主；对于B组同学，教师则更多地关注基础单词、词组的读写和运用，作业以朗读和背诵的上交和纠正为主。

假期作业：教师以周为单位设计分层作业，用▲★等不同的符号标注对应分层（▲作业A层学生无须完成，★作业B层学生无须完成），学生根据符号自行对应需要完成的作业，并及时进行提交（如图5所示）。教师在统计作业完成情况时用“/”体现该学生无须完成的作业，用不同等第标识学生作业的完成情况并及时给到学生和家长反馈（如图6所示）。通过详细的评价和教师针对性的建议，帮助学生发现自己学习中的不足和错误，并

第一周 **7.3 -- 7.9**	▲抄写：1下书本 Lección 15 单词 【西语(包括词性)*2 中文*1】 Lección 15 P 60-61 课文 【西语*2 翻译*1】 Lección 15 P 62 课文 【西语*2 翻译*1】 ★朗读：每日西语听力米盖尔·埃尔南德斯《El sol, la rosa y el niño》跟读原文 【链接】 背诵： Lección 15 P 62 课文 【视频】 ★配音：每日西语听力《阿凡达》配音1《杰克的开篇自述》 【链接】
上传： **1. 上传截止时间 7.9 20:00** **2. 需按要求上传作业，特殊情况无法及时上传的需提前说明原因，否则以未完成记录。**	

图5 暑假分层作业设计

姓名	第一周 7.3 -- 7.9			
	▲抄写 单词+2篇课文	★朗读《El sol, la rosa y el niño》	背诵 P62课文	★配音《杰克的开篇自述》
学生1·A层	/	A	A	A
学生2·B层	/	/	A	A
学生3·B层	A+	/	A	/
学生4·B层	A	/	A	/
学生5·A层	/	A+	A	A
学生6·A层	/	A	A	A
学生7·B层	A	/	A-	/
学生8·A层	/	A-	A	A-

图6 暑假分层作业反馈

给予相应的指导和支持。个性化作业设计和反馈不仅帮助学生了解自己的学习状况，还激发了学生的学习动力和自主学习能力。

通过以上的个性化教学策略的设计与实施，我们实现了对学生的精准教学，促进了学生的个性化学习发展和全面素养的提升。同时，教师也可以根据学生的学习需求进行有针对性的教学改进，及时调整教学策略。这种反馈和调整机制有助于优化教学过程，提高学生的学习效果和学习体验。

四、结论

数字化转型背景下的学科精准教学实践是教育领域不可忽视的重要课题。在初中西班牙语二外课堂中，通过应用学情诊断工具、设计个性化教学策略以及基于学情诊断的作业评价与改进策略，取得了显著的教学效果。此外，数字化转型还促进了学生与西班牙语国家的文化和社区的互动，通过虚拟语言环境和跨文化交流活动，提高学生的语言交流能力和全球视野。

然而，技术赋能的学科精准教学实践仍然面临一些挑战。教师需要具备相应的技术素养和教学指导能力，不断更新自己的知识和技能，以更好地应对教学中的变革和创新。此外，教师在使用学情诊断工具和数字化平台时，需要注重数据的合理解读和隐私保护，确保教学过程的科学性和可靠性。

笔者相信在数字化转型的推动下，技术赋能的学科精准教学实践将在未来初中二外教育教学中取得更加广阔的发展和应用前景，教师可以不断创新教学模式，借助先进的技术手段和教学资源，为学生的学习发展提供更精准、个性化的支持和指导。同时，教师还可以通过与学生的紧密合作和有效反馈，不断改进教学策略，提升学科精准教学的质量和效果。

参考文献：

[1] 包薪韵.数字化资源在西班牙语教学中的应用[J].课程教育研究，2017，(52)：60 - 61.

[2] 傅雪晖，周永胜.西班牙语教学对智慧教学环境的需求探讨[J].中国现代教育装备，2022，(03)：9 - 11.

[3] 国家中长期教育改革和发展规划纲要(2010—2020 年)[EB/OL].(2010 - 07 - 29)[2021 - 04 - 10].http：//www.moe.gov.cn/srcsite/A01/s7048/201007/t20100729_171904.html.

[4] 汤张艳.例谈初中英语单元视角下的学情分析路径——以译林版义务教育教科书《英语》九年级上册 Unit 3 Teenage problems 为例[J].教学月刊・中学版(外语教学)，2023，(03)：45 - 50.

[5] 仵鹏波.初中数字化学习资源管理研究[D].广西民族大学，2022.

[6] 席建芳.西班牙语教学中数字化资源的运用研究[J].中国校外教育，2013，(22)：104.

[7] 徐凤美.芬兰中小学信息技术教育目标、实践与特点[J].中国信息技术教育，2021，(20)：94 - 98.

[8] 邹键.浅析“互联网+”背景下的西班牙语教学[J].科教导刊(中旬刊)，2019，(05)：102 - 103.

[9] 朱璇子.教育人工智能在高校西班牙语教学中的运用[J].大视野,2021,(06):68-70.

[10] Drozdikova-Zaripova, A. R., & Sabirova, E. G. Usage of Digital Educational Resources in Teaching Students with Application of "Flipped Classroom" Technology [J/OL]. Contemporary Educational Technology, 2020, 12(2): ep278. https://doi.org/10.30935/cedtech/8582.

When Technology Meets Spanish: Precise Teaching Practices of Secondary Foreign Language Subjects in Digital Transformation

Shanghai Junbo Foreign Language School　Ren Yutian

Abstract: This article takes the background of educational digital transformation and the use of technology to empower precision teaching, with a focus on the case of Spanish as a second foreign language in junior high school classrooms. It explores how appropriate technological tools can be utilized to achieve the goals of student learning analysis, personalized differentiated instruction, and differentiated assessment. The author works at a private junior high school in Shanghai, which is currently facing various impacts and challenges after admitting students through a lottery system for three consecutive years. Leveraging educational digital transformation, through the application of student learning diagnosis and precise teaching strategies, the author attempts to construct an effective teaching model in the second foreign language classroom, improving the Spanish language learning outcomes and teaching quality for students at different levels.

Keywords: digital transformation of education; technology empowerment; junior high school Spanish as a second foreign language class; differentiated and hierarchical teaching design

多语学习者外语学习个案对比研究
——以汉语母语单语者为例

上海外国语大学　苗雅菁

摘要：在当今日趋全球化、国际化的大背景下，社会上掀起一股语言学习的浪潮，除了基数庞大的、以英语为第二外语的双语者人群，我国逐渐出现了三语及以上的多语学习者。多语学习者的语言学习过程与传统的二语学习过程不尽相同，其包含着更复杂的语言和语际因素，应当作为独立领域进行研究。基于此，本文以7名汉语为母语且母语为单语的多语学习者为研究对象，通过对比其非母语语言学习情况，探究我国多语学习的过程特点及其影响因素，以拓宽多语学习的研究视野。

关键词：多语学习者；语言学习；动机

作者简介：苗雅菁，女，上海外国语大学俄罗斯东欧中亚学院硕士研究生。研究方向：俄语语言学、语言教育。电子邮箱：lunamo0112@ qq.com。

近年来，随着全球化趋势日益明显，国际交流愈发紧密，语言作为跨文化交际的重要工具和媒介，其作用越来越受到重视。根据马斯洛(Abraham Harold Maslow)提出的需要层次理论可知，越来越多的人在缺失需要得以满足的条件下，会进一步追求成长需要，这在一定程度上能够解释为什么二语甚至是多语学习者越来越多的现象。早在20世纪80年代末，三语习得就已脱离二语习得的整体框架，成为一个独立的研究领域(李淑杰，2016)。这足以证明，随着已掌握语言数量的增加，各非母语语言的学习过程是不同的，以单一的二语习得理论来解释所有的语言习得过程是片面的。母语者中心论被打破后，多语者本身逐渐成为多语研究的中心(单志斌，2021)。基于此，本文拟通过对7名以汉语为母语且母语为单语的多语学习者开展个案研究，将相关信息进行对比，使多语学习者本人成为研究的中心。

一、文献综述

多语现象于我国存在已久，但多语研究则在20世纪90年代兴起，直至2010年以来才呈现快速增长趋势，且研究主题多集中在多语教育现象分析、多语学习者语言学习过程探究上(单菲菲，2022)。我国是人口众多、语言众多、地域辽阔的多民族国家，因此大部分的多语研究是以少数民族的多语现象或不同地区的方言为主，较少涉及汉语单语母语者的多语现象。近几年来研究视角逐渐转变，在教育逐渐国际化的趋势下越来越多的学者开始关注“个人掌握多国语言”的现象。如戴曼纯、潘巍巍(2018)从国家语言能力建设视角对个人多语能力展开探讨,指出了个人多语能力发展的必然性,根据语言使用领域的需求和重视程度论述了个人多语能力的三级构成。修伟、田新笑(2019)总结了新文科背景下的“多语种+”卓越国际化人才培养论坛成果,对未来外语人才培养提出建设性意见。关辛秋等(2020)将国外相关研究方法专著译成汉语,引进到国内。王陈欣等(2021)基于投资模型与语言生态视角,通过内容分析、话语分析、问卷调查、访谈等研究方法对S高校的198名多语学习者进行研究,并从宏观、中观、微观层面依次分析了社会、高校、多语学习者的语言意识形态特征。束定芳(2022)指出了多语种人才培养的必要性和问题,对多语种教学提出相应建议等。

通过对文献的梳理得知,目前的多语研究仍以宏观和中观研究为主,即便是涉及微观视角的研究,也较少将研究中心放在多语学习者身上。基于此,本文拟将多语学习者本人置于研究中心,采取李嵬、梅丽莎·G.莫耶(2020)的多语研究方法,对其多语学习过程展开微观视角的研究。

二、研究设计

(一)研究对象

通过方便抽样法选取国内7名硕士研究生为研究对象。7名研究对象具有后天多语者的典型特征:无少数民族语言背景、义务教育时期的外语为英语、本科期间为非英外语专业或“英X”复语专业学生、外语的学习在国内完成。研究对象年龄均在21~30岁之间,已掌握语种和语种习得顺序有同有异,总体呈现一定的可比性,基本信息如表1所示。在语言掌握情况方面要求所有研究对象满足下列所有条件:

(1)母语为单语;

(2)母语为汉语;

(3)掌握三门及以上的外语;

(4)持有相应语种的等级证书(如英/法/俄语专业八级、日语N1、韩语TOPIK6级等)或至少完全掌握“听说读写”中的一项技能。

表1 研究对象基本信息

研究对象	性别	已掌握语种	在读专业与语言专业关系的远/近
S	女	汉语,英语,日语,韩语	远
J	女	汉语,英语,俄语,韩语	近

续　表

研究对象	性别	已掌握语种	在读专业与语言专业关系的远/近
L	女	汉语,英语,日语,法语	比较远
X	女	汉语,英语,法语,西班牙语,德语	比较远
Q	女	汉语,英语,俄语,日语	近
T	女	汉语,英语,法语,西班牙语	比较远
Y	男	汉语,日语,英语,韩语	近

（二）研究方法

参考李嵬、梅丽莎·G.莫耶(2020)的《双语和多语现象研究方法指南》,本研究拟仿照双语研究采取个案研究法,将案例与案例进行对比分析。因研究对象是多语学习者本人,故采用访谈法对 7 人的基本情况和语言学习信息进行搜集。访谈提纲以开放性问题为主,有助于研究对象主动提供更多、更全面、更细节的信息。访谈问题依据克拉申(Stephen D. Krashen)的二语习得理论设计,覆盖现状、输入前、输入中、输入后的全过程,具体如下:

（1）您目前的语言掌握情况如何?

（2）您学习多门语言的动机是什么?

（3）您采用何种语言学习方法学习外语?

（4）您认为掌握多门语言为您带来了什么?

（5）未来您还想继续学习新的语言吗?有的话是哪一门呢?

三、研究结果

通过对访谈信息进行记录、整理,保留关键信息、剔除冗余信息和无关信息后可得知:同一个学习个体在学习不同语言时的学习类型、学习动机是不同的;不同学习个体在学习同一门语言时的学习类型和学习动机可以相同,也可以不同,这也直接导致语言掌握程度的不同;语言本身的特点影响最终语言的习得情况;已掌握的所有其他语言都会参与新语言学习的过程。其中,S 的多语学习情况呈现显著差异,J、X、Q、T、Y 的多语学习情况相似,L 的多语学习情况介于前两种之间。由于个人的多语构成有差异(如“汉语+英语+法语+日语”或“汉语+英语+俄语+韩语”等),其实际内涵因多语学习者本身而定。通常情况下个人的多语能力具有不平衡性,即学习者不能像使用母语一样熟练掌握每一种语言的每一部分,且不同语言间的能力差异体现在语音、词汇、语法、语用以及语体风格等诸多方面（戴曼纯、潘巍巍，2018），这也在听说读写上有所体现。以 S、J 为例，将两人对 5 个访谈问题的回答按照现状、内部因素、外部因素 3 个板块分成“语言掌握情况”等共 8 个维度，并将二者的信息进行对比，具体如表 2 所示。

表 2　S、J 主要访谈信息对比

	S	J
语言掌握情况	英语：听说读写（精通） 日语：听说（精通），读写（熟练） 韩语：听（熟练），说（一般），读写（不掌握）	英语：听说读写（一般） 俄语：听说（熟练），读写（精通） 韩语：听读（精通），说（熟练），写（一般）
语言学习动机	外在动机：英语 内在动机：日语、韩语	外在动机：英语、俄语 内在动机：韩语
学习环境、学习方法	长期接触目的语母语者（英语、日语）的语音、语调，幼儿阶段从未接触过非母语者的目的语语音（如汉语母语者讲的英语或日语）； 在与目的语直接接触的视听过程中将目的语词汇与相对应的母语词汇建立联系； 在有大量先前经验的基础上进行语法学习	长期接触非母语者的目的语语音（如汉语母语者讲的英语或俄语），间断性接触目的语母语者（英语、俄语）的语音、语调； 通过背单词、语法课来进行词汇和语法的学习，以习题、考试等方式进行习得评价； 语言学习前先前经验较少，部分语言的先前经验为零
主导的内化学习过程	输入→反复有意义输入→内化为可理解输入→语言知识吸纳→建立母语与目的语的深层认知联系→习得→输出	输入→持续机械性输入→自行内化输入→语言知识吸纳→建立母语与目的语的表层认知联系→习得→输出
家庭环境支持	受到家庭环境的支持和鼓励	家庭环境对语言学习无明显影响
语言环境特点	有目的语环境参与	无目的语环境参与
初步接触语言	法语	日语
未来语言期望	俄语	希腊语

通过对比可得知，同为多语学习者，S 和 J 等人的学习情况大不相同，S 是较为典型的以第二语言习得为主的学习类型，J 等人则是较为典型的以第二外语学习为主的学习类型。例如，尽管 S 和 J 掌握的语言中都包括英语和韩语，且习得（学习）顺序相似，但因在习得环境、动机和方法上有显著差异，使得语言掌握情况也呈显著不同。与 J 相似，X、Q、T、Y 的学习方法均以教材为中心，辅之以视频、音频、文本等资料，整体上呈现典型的外语学习特征。而 L 则综合了二语习得和外语学习的特点。虽然没有从小就接触仿目的语环

境，但语言学习资源获取渠道较为便利，且有过国外交流经历，在习得环境、动机和方法等方面也表现出“二语习得+外语学习”混合式特征。此外，多语学习者发展出一门新语言的能力通常取决于外在的社会语言需求和内在的习得动力（戴曼纯、潘巍巍，2018：6），语言的功能也会影响该语言能力的发展。如J的俄语和韩语的听、说、读、写能力都良好，但因其在学术领域经常使用俄语，日常生活中大量接触韩语，使得J的俄语读写能力强于听说，韩语听说能力强于读写。

四、结果分析

综合上文提及的访谈问题、信息维度等，本文拟从输入前（动机）、输入中（语际）、输入后（多语学习者本人）三个维度对研究结果进行分析。

（一）动机三层次理论与多语学习

学习动机（motivation to learn）是指激发学习行为，使之导向一定学业目标，并维持这一行为的动力倾向（陈琦、刘儒德，2019）。学习一门外语时，学习者不仅要学习目的语的语音、词汇、词法、语法等语言项目知识，或多或少还要涉及目的语国家的政治、经济、文化、社会生活等领域。根据访谈信息得知，S和J的韩语、L和Q的日语、X的西班牙语等均是在本人未将其作为专业来进行学习的情况下，以自学方式为主习得的，且均达到较高水平，故不存在被动学习语言的情况。动机的产生作为语言学习的第一步，值得进一步探究，依据Dornei提出的外语学习动机三层次理论尝试对其进行解释。

从语言层次上来看，日、韩语属于汉字文化圈，对于汉语母语者来说，这两种语言的社会距离较近；日语同韩语的相似之处更多，如日、韩语同属黏着语，基本语序均为“主—宾—谓”，敬语系统都十分发达等；法语和西班牙语同属印欧语系的罗曼语族等，语言类型的相似性为S、X、T、Y的语际正迁移提供了条件。L和Q均大量接触了日语文化，随文化因素产生的内在兴趣激发了内部动机，进而促进了日语的习得。J、X的外语学习动机也以文化为主，若被文化产品背后的隐含价值所吸引，则很有可能激发语言学习动机。从学习者层次来看，所有研究对象均能从语言学习中获得满足感和成就感，并认为自己有一定水平的语言学能，自我效能感较强，愿意进行挑战性行为。这种对于自身能力的积极暗示极大增强了内部学习动机强度，使自学的行为得以持续，最终取得一定成效。从学习情景层次来看，以自学为主的方式极大降低了外界施加的压力和成绩带来的焦虑，学习过程最大限度地按照多语学习者本人的想法进行，自主选择感较高、自主需要得到满足，从而优化学习过程、削弱输入过程中的情感屏障，以达到习得的目的。

王陈欣等（2021）指出，语言学习者对外语学习的投入不仅仅是为了有所回报，部分人还会将其视作娱乐和消费以获得愉悦感和满足感。本研究进一步证实和拓宽了该结论。多语学习者能够将多门语言学到非常熟练或精通的程度,并非普通外语学习者的所谓“短暂接触过一段时间”,仍是“听不懂、不会读、说不出、写不了”的程度。从本研究中可以看出,在语言学习过程中,学习者本身是最关键的因素,“这门语言我是否想学、能学、有条件学”“我对这门语言的态度是什么”“学习这门语言能为我带来什么”等,对此类问题的回答直接关系到学习者是否愿意或继续学习一门语言。

（二）语际因素

先前的实证研究表明,母语和二语在三语习得过程中起到的作用是不同的,母语主要起到纠错的作用,二语则主要是工具作用(李淑杰,2016：27)。也就是说,在学习第三语言(或第三以上)时,学习者更多地借助于第二语言来辅助学习,而母语则用来衡量习得成果、判断正误。这一点在本研究中得到了进一步证实。当非母语达到一定水平,且各非母语语言的掌握水平接近时,非母语习得之间有相互促进的趋向,且这种倾向不论非母语的语言特点。例如,J 在学习俄语时,会将韩语作为媒介,反之在学习韩语时将俄语作为工具,而俄、韩语不论是在语言类型、语序、敬语系统还是语音语调上,都有很大差异,这在一定程度上降低了语言混淆的风险度;S 在学习日语时会借助于英语,Y 在学习韩语时会借助于日语,X 在学习德语时会借助于法语等,语言之间的相似性使得它们互相影响的可能性增加,有助于发生正迁移。这样的语际之间互相促进的现象是单一的二语习得中所没有的。

（三）多语者的独特之处

萨丕尔-沃尔夫假说(Sapir-Whorf hypothesis)指出,语言影响该语言使用者的思维方式。本研究进一步证实了该结论。通常情况下单语者的思维方式只受母语的影响,而多语者通过后天的学习掌握多门语言后,思维方式会有所改变。L 认为,掌握多种语言能够使自己在争议或矛盾事件中保持更为中立的立场,更理智地评价,做到“就事论事,就人论人”;Y 认为作为多语者会下意识地将不同国别的文化进行较为全面的对比,以更客观的角度审视问题。这与大众对于外语学习者“崇洋媚外”的偏见大相径庭。多语者会将文化与文化进行对比并分析,认识到某个文化的某部分是先进的,而不是全盘否定或全盘肯定某一文化。除此之外,J、X 和 T 认为,每多学习一门语言,就像打开了一个新世界,这个新世界激发着多语者进一步探索它的热情,使其更愿意多出去看看、多出去走走,见识到更多的东西。不断输入其他国家的语言文化,有助于开阔多语者的视野。在人际交往方面,Q 认为学习多门语言能够认识到不同国别或是有相同追求的朋友,进而不断优化多语学习者的语言学习,促进个人提升。

多语者会将文化与文化进行对比分析,认识到某个文化的某部分是先进的,而不是全盘否定或全盘肯定某一文化。他们能够维持不同语言之间的生态平衡,并且随时可以容纳新的语言,形成新的语言生态平衡。这些是在单一的二语习得中所没有的。

五、讨论与启示

母语为单语的多语学习者目前来说仍占极少数，从较具典型性的本研究中可得知，多门语言的学习既要依靠学习者自身，也得益于家庭环境，且前者发挥主要作用。不论是以二语习得类型为主还是以外语学习类型为主，学习者自身对语言学习这一行为的支配力都是最强的。根据 Dornei 的动机自我系统理论可知，如果学习者想要学会一门语言，那么理想自我就会产生强烈的学习动机以缩小现实自我和理想自我的差距。基于本研究，得出以下几点启示。

（1）充分发掘学习者的语言学能潜力，让学习者自行认识到自己的能力，提高语言学习的自我效能感；

（2）尊重学习者的个人想法，最大限度给予语言学习的选择权，满足其自主需要感，促进外部动机的内化；

（3）在尊重学习者想法的前提下，结合其自身情况和环境条件，协助学习者树立明确的学习目标；

（4）鼓励学习者接触不同语言的文化，培养其国际视野，感受文化中独有的语言魅力；

（5）尽可能给予学习者一定的支持，或不干涉学习者进行语言学习的行为。

六、结语

相对于二语学习者来说，多语学习者表现出显著的认知优势，后者在语言系统质量的改进和元语言意识的发展上要优于前者。元语言意识能够帮助学习者在语言学习过程中通过自觉对比来寻找语言间的共性和差异，以此采取适当的策略促进语言学习和语言交际（李淑杰，2016：29）。也就是说，学习者在多语学习收获的不仅仅是语言技能，还有元语言意识和学习的策略与技巧。本研究证实了先前研究的部分观点，从现状、输入前、输入中、输入后四个角度探究了多语学习的独特过程，得出了我国多语者外语学习的独特之处。

需要说明的是，个案研究难免会受到研究对象本身和数量的限制，且主观因素变量较难控制，研究结果在客观准确性上有所欠缺。此外，不同语言的学习过程大不相同，本研究无法把握其他语言组合的多语学习者的实际情况，未来可以从满足研究条件的不同语言组合、不同年龄段的多语学习者入手，进一步探讨多语学习过程的特点。

参考文献：

[1] 李嵬，梅丽莎·G.莫耶.双语和多语现象研究方法指南[M].关辛秋，董秀玲，耿兴岩，译.北京：商务

印书馆,2020.
[2] 陈琦,刘儒德.2019 当代教育心理学　第3版[M].北京：北京师范大学出版社,2019.
[3] 戴曼纯,潘巍巍.国家语言能力建设视角下的个人多语能力[J].语言文字应用,2018,(8)：2－11.
[4] 单非非.我国多语教育研究现状、问题及发展趋势[J].教育评论,2022,(1)：145－152.
[5] 单志斌.多语言系统与多语能力——多语研究综述[J].法语国家与地区研究,2021,(3)：18－24+90－91.
[6] 李淑杰.三语习得理论与多语复合人才的培养——以日韩语为例[J].外语教育研究,2016,4(4)：25－29.
[7] 束定芳.论多语种人才培养的必要性和可行性[J].外语教学与研究,2022,54(6)：912－921+961.
[8] 王陈欣,刘媛媛,金慧,等.语言意识形态对学习者多语学习规划的影响——基于语言生态视角[J].外语界,2021,(6)：54－62.
[9] 修伟,田新笑.聚焦"多语种+"人才培养,探索外语学科发展——新文科背景下的"多语种+"卓越国际化人才培养论坛综述[J].外语界,2019,(6)：70－72.

Comparative Research on Multilingual Learning: A Case Study on Mono-Native-Language Speakers of Chinese

Shanghai International Studies University　Miao Yajing

Abstract: Under the backdrop of globalization and internationalization today, language learning in today's society is gaining momentum. Aside from an existing large number of bilinguals mastering English as second language, China is also seeing a rise of multilinguals who's capable of three or more languages. The language learning process of multilingual people is different from that of bilinguals. The former includes more complicated linguistic and interlingual factors, hence deserves to be studied as an independent field. Based on all above, this paper studies the characteristics and influencing factors of multi-language learning process by comparing the language learning situations of seven multilingual learners with Chinese as their only native language to broaden the horizon of study on multilingual learning in China.

Keywords: multilingual learner; language learning; motivation

浅谈高中日语单词记忆方法

台州市外国语学校　沈夏艳

摘要：如何有效记忆单词，在高中日语学习阶段至关重要。本篇从高中日语的词汇构成进行分析，总结出高中日语词汇种类多、汉字发音多、汉字字形词义复杂、形似词汇多这四个记忆难点。并针对以上记忆难点，介绍了词群记忆法、故事串联法、拆词法、发音规则记忆法、构词记忆法这五个单词记忆方法，帮助高中生记忆单词。

关键词：高中日语；单词记忆方法；词群记忆；故事串联；拆词法

作者简介：沈夏艳，女，台州市外国语学校高中部日语教师。研究方向：高中日语教学。电子邮箱：632682797@qq.com。

新课标规定的高中日语的词汇量仅为2 300词[1]，加上考试部门（大纲制定专家组）认为比较贴近学生生活、比较常用而课标中没有的词语也就2 400词，比高考英语要求的3 500词，少了1 000多词。但即便如此，依然有很多高中生觉得记忆单词的负担很重。这很有可能是因为他们采取了死记硬背的记忆方式，这种方式不仅学习成本高产出低，而且容易打击学习日语的积极性。如何有效记忆单词，在高中日语学习阶段至关重要。笔者将结合自身教学经验，就如何有效记忆单词进行简单的介绍。

一、高中日语单词的难点分析

要解决单词记忆难题，首先要分析高中日语单词记忆的难点。笔者从日语的词汇构成进行分析，将高中日语单词难记的原因归纳如下。

（一）词汇种类多

日语词汇从来源来看，可分为「和語」（和语）、「漢語」（汉语）、「外来語」（外来语）。和语是日本本土的词汇，汉语是直接采用汉语或利用汉语创造的词汇，外来语主要是欧美单词音译过来的词汇，多用片假名表示。词汇来源多，使得日语词汇形态多样，形成记忆障碍。

（二）汉字发音多

日语中的汉字读音可分为「音読み」（音读）、「訓読み」（训读）、「熟字訓」（熟字

训）。音读是模仿汉字的发音，例如電話（でんわ）、早退（そうたい）。训读是日本本土固有的发音，适用于只借用汉字的形和义的词汇，例如人（ひと）、海（うみ）。熟字训不对应单个汉字，而是用特殊读法来标记整个单词，例如梅雨（つゆ）、芝生（しばふ）。此外，当两个单独的汉字结合成一个单词时，又会产生「音便」的现象。例如中国（ちゅうごく）的国（こく）发生了浊音便，心配（しんぱい）的配（はい）发生了半浊音便，列車（れっしゃ）的列（れつ）发生了促音便。这些复杂多变的发音增加了单词记忆难度。

（三）汉字字形、词义复杂

在字形方面，日语中除了与中文汉字一模一样的汉字之外，还存在与中文汉字字形有差异的汉字。例如步—步、真—真、過—过。这一类汉字，对高中生来说易受母语影响，记忆干扰较大。此外，日语中还有一些是模仿汉字的构字法创造的，日语叫作「国字」，例如畑、辻、峠等。这一类汉字字形复杂，识记难度大。在词义方面，日语中还存在与中文汉字字形一模一样，意思却南辕北辙的词，例如娘（女儿）、手紙（信）、丈夫（结实）等，这类词在记忆意思时，也容易受母语干扰。

（四）形似词汇多

在新课标词汇中存在很多形似义异、不易分辨的词汇。例如「気」相关的词组，気にする（介意）、気になる（在意）、気に入る（中意）、気が付く（注意到）等。此外，副词类的形似词汇更是单词记忆的一大拦路虎，例如がっかり（失望）、ぐっすり（酣睡状）、うっかり（不留神）、すっきり（舒畅）等。

二、几种有效的单词记忆方法

针对以上难点，一线教师在高中日语词汇教学中，可教授学生以下几种单词记忆方法。

（一）词群记忆法

入门阶段的日语学习对高中生来说还是比较容易的。但如果一直都是让他们按照五十音的顺序，或课文中单词出现的顺序去记忆单词，那么对他们来说记忆单词渐渐就会成为一件枯燥乏味的事。所以在他们有了一定基础的情况下，教师可以引导学生用词群记忆法去记单词。所谓词群记忆法，就是找到单词与单词间的内在联系，让学生学会用发散性的思维去记忆词群，而不是单个单词。词群可包括但不限于以下几种：

1. 同义或近义的和语、汉语、外来语

例如：

单 词	和 语	汉 语	外来语
饭	飯(めし)	ご飯(はん)	ライス
午饭	昼飯(ひるめし)	昼食(ちゅうしょく)	ランチ
洗	洗い	洗濯	クリーニング

2. 近义词、反义词、关联词、同音异义词等

例如：

单 词	近义词	反义词	关 联 词	同音异义词
スポーツ	体育、運動	/	テニス、サッカー、卓球、野球…	/
勉強	習う、学ぶ	/	テキスト、受験、試験、成績…	/
暑い	暖かい	寒い	夏、アイスクリーム、エアコン…	厚い、熱い

3. 属于同一个范畴的固定搭配

例如教师介绍表示穿戴的词群时，可以画一个简单的人体图示意图，然后把帽子をかぶる(戴帽子)、眼鏡をかける(戴眼镜)、服を着る(穿衣服)、ネクタイを締める(系领带)、ズボンを穿く(穿裤子)、靴を履く(穿鞋子)等固定搭配标注在示意图上。

(二) 故事串联法

兴趣是最好的教师。记忆单词若能先培养学习兴趣，则更容易使学生产生学习的动力，并且使单词记忆由枯燥乏味变得趣味盎然。针对一些形似义异的词汇，我们可以采取故事串联法，寓教于乐，不仅能加深学生对这类单词的印象，还能提高学生记背单词的积极性。例如上文提到的「気」相关的短语，可以进行如下的故事串联：有一天我在走楼梯的时候，听到你说「気を付けてください(请小心)」，从那天开始，我就「気になる(在意)」你。当你跟其他人谈笑风生，我有种「気にする(介意)」的「気がする(感觉)」。经过别人提醒，我终于「気が付く(察觉到)」，原来我是「気に入る(中意)」你。

(三) 拆词法

和语词汇基本都是跟日本人的日常生活密切相关的具体的事物等，大多发训读的音，因其与中国汉字发音完全不同，记忆难度相对较大，特别是一个汉字上有好几个假名的单词。此时，可使用单词拆分法，将假名较多的单词拆分成假名较少的单词，寻找内在的联系，提升单词记忆趣味性的同时也可加深对单词的印象，而且还能一次性记住多个单词，

一举多得。例如：

導く(みちびく)=道(みち)+引く(ひく)→引路,指导

汚い (きたない) =北(きた)+無い(ない)→脏得都找不到北了

蓄える(たくわえる)=多(た)+加(くわ)える→多加点东西就是储存

培う(つちかう)=土(つち)+飼(か)う→用土来饲养,培养

雷(かみなり)=神(かみ)+鳴(な)り→神鸣就是打雷

陥る(おちいる)=落(お)ち+入(い)る→落入,陷入,中计

遡る(さかのぼる)=坂(さか)+登(のぼ)る→爬坡为了逆流而上,往上追溯

快い(こころよい)=心(こころ)+好(よ)い→心情很好,就是高兴

(四) 发音规则记忆法

虽然日语的汉字发音种类多,但很多都是有规律可循的。厘清日语发音规则,能使单词记忆达到事半功倍的效果。

1. 汉语词汇发音规则

日语中的汉语词汇多从中国传入,因此大部分情况下发音读的音。因此,教师可以通过寻找汉字拼音与假名之间的联系,帮助学生搭建单词记忆的规律。例如拼音的韵母为"an,en,in,un,ian,uan"的汉语词,常发拨音「ん」。例如簡単(jian dan -かんたん)、自然(zi ran -しぜん)、新鮮(xin xian -しんせん)、単純(dan chun -たんじゅん)、新年(xin nian -しんねん)、援助(yuan zhu -えんじょ)。汉字拼音的韵母为"ang,eng,ing,ong,iang" 的汉语词,常发长音。例如空港(kong gang -くうこう)、性能(xing neng -せいのう)、向上(xiang shang -こうじょう)、十分(chong fen -じゅうぶん)。汉字拼音的韵母为a,e,i,o,u 的汉语词,常发短音。例如調査(diao cha -ちょうさ)、許可(xu ke -きょか)、批判(pi pan -ひはん)、規模(gui mo -きぼ)、温度(wen du -おんど)[2]。

2. 外来语还原发音法

日语当中的外来语主要是欧美单词音译而来,高中日语课标词汇中外来语约有 900 个,且大多数词汇是高中生在小初中阶段经常接触且很熟悉的词汇。因此在记忆外来语时,我们可以使用还原发音法,利用已知,学习新知。例如,「ランチ」还原成英语"lunch"就很容易记住了。但要注意的是,外来语被吸收到日语后,其发音也变得日式了,因此如果只是单纯地将外来语还原成英语,学生可能还是没办法记住单词。此时,教师可以引导学生去探索日式英语的发音规则,帮助学生在日式英语的发音和片假名之间建立起联系。例如:英语中的"L"和"R",都发的「ラ」音,"t""d"发「ト」、「ド」的音,"ti""di"发「チ」、「ジ」的音。[3]。具体也可参考图 1 曾文华在《现代日语发音规则的变化与外来语》中总结的发音对应表。[4]

	a	i	ɯ	e	o	jɯ
j	ヤ	イ	ユ	イエ	ヨ	
w	ワ	ウイ	ウ	ウェ	ウォ	
b	バ	ビ	ブ	ベ	ボ	
v	ヴァ	ヴィ	ヴ	ヴェ	ヴォ	
kw	クァ	クイ	ク	クェ	クォ	
l	シャ	シ	シュ	シェ	シヨ	
dʒ	ジャ	ジ	ジュ	ジェ	ジョ	
ts	ツァ	ツィ	ツ	ツェ	ツォ	
t	タ	ティ	トゥ	テ	ト	テュ
d	ダ	ディ	ドゥ	デ	ド	デュ
ɸ	ファ	フィ	フ	フェ	フォ	フュ
tʃ	チャ	チ	チュ	チェ	チョ	

图1 发音对应表

3. 几个常见的音便规则

日语单词中的音便现象是普遍存在的,及时向学生介绍常见的音便规则,有助于提高学生单词记忆的效率。

促音便一般发生在「か、さ、た、ぱ」行假名之前,除了外来语及个别特殊语气词之外。例如:実(じつ)+験(けん)=実験(じっけん)、欠(けつ)+点(てん)=欠点(けってん)、学(がく)+校(こう)=学校(がっこう)。

半浊音便一般发生在两个汉字组合成一个单词的情况。当前一个汉字的最后一个假名是「ん」,后一个汉字的第一个假名是「は」行的假名时,该行假名通常会转变为相应的「ぱ」行假名。例如:心(しん)+配(はい→ぱい)=心配(しんぱい)、先(せん)+輩(はい→ぱい)=先輩(せんぱい)、神(しん)+秘(ひ→ぴ)=神秘(しんぴ)。

另外,当两个单词组成一个复合词时,如果后一个词的第一个音是「か、さ、た、は」行的音时,往往会出现浊音现象。例如,心(こころ)+掛ける(かける)=心掛ける(こころがける)、人(ひと)+人(ひと)=人々(ひとびと)、国(くに)+国(くに)=国々(くにぐに)。[5]

（五）构词记忆法

1. 合成法

正如上文所提及的那样，日语中的汉语词汇绝大部分是音读的发音。因此只要知道单个汉字的音读，就可以合成新的词汇。例如，分别知道大（だい）、学（がく）、生（せい）的发音，便可以推测出大学（だいがく）、学生（がくせい）、大学生（だいがくせい）这几个单词的发音。另外，单词和单词之间也可以进行合成，形成新的复合单词。例如，外国語（がいこくご）、学校（がっこう）可以复合成外国語学校（がいこくごがっこう）。在此笔者建议一线教师，在初级阶段给高中生上单词课时，就可以有意识地给引导高中生单独记忆常见汉字的音读、训读发音，利用合成法去记汉语词汇，可以达到迅速扩充学生汉语词汇单词量的效果。

2. 派生法

所谓派生法就是添加单词的前缀或后缀构成新词的方法[6]。日语中的汉语词汇很多都是利用派生法被创造出来的。例如，前缀「非、不、未」可以派生出「非常識」「不足」「未解決」等词，后缀「化、的、性」可以派生出「映画化」「教育的」「安全性」等词。掌握派生前缀或后缀的意思，有利于高中生举一反三，对派生词进行系统的记忆。

三、总结

上述单词记忆方法旨在减少死记硬背，而注重让高中生了解日语的构词规律，增加丰富的联想，从而提高单词记忆的趣味性。经过一段时间的实践后，笔者所带的班级学生反馈，他们普遍对日语词汇有了较整体的认识，做阅读碰到新词汇时也逐渐具备了类推的能力，且在考卷中反映出来的词汇基础也有了较大的提升。笔者在教学实践中运用这些方法的效果较明显。

但正如莎士比亚所说的“一千个人眼中就有一千个哈姆雷特”。对每个人而言，行之有效的单词记忆方法各有不同。以上只是笔者经过教学实践后，列举的具有一定实用性，且有一定成效的方法。当然，肯定存在更好的记忆方法，等待我们去发掘。重要的是我们一定要在平时的教学过程中不断积累和总结，因材施教，针对学生的特点，授之以最适合的记忆方法。

参考文献：

[1] 中华人民共和国教育部.普通高中日语课程标准（2017年版2020年修订）[S].北京：人民教育出版社，2020：20－22.

[2] 王晰.浅谈日语汉语词汇发音的特点和规律[J].青年文学家，2010，(14)：163.

[3] 高晓华.外来语概述(一)[J].日语知识，1998，(7)：15－19.

[4] 曾文华.现代日语发音规则的变化与外来语[J].时代文学，2007，(3)：242－243.

[5] 古宦臣.日语常见音便分析[J].日语学习与研究,1982,(2):27-33.
[6] 陈凤群.高中生有效单词记忆方法探析[J].中小学教育,2012,(9):257.

Brief Discussion of Memory Methods of Japanese Words in High School

Taizhou Foreign Language School　Shen Xiayan

Abstract: How to effectively memorize words is crucial in the high school Japanese learning stage. This article analyzes the vocabulary composition of high school Japanese and summarizes four memory difficulties: multiple types of high school Japanese vocabulary, multiple pronunciations of Chinese characters, complex shapes and meanings of Chinese characters, and multiple similar vocabulary. And in response to the above memory difficulties, five word memory methods are introduced, including word group memory method, story concatenation method, word splitting method, pronunciation rule memory method, and word formation memory method, to help high school students remember words.

Keywords: high school Japanese; word memory methods; word group memory method; story concatenation method; word splitting method

重视听觉输入的日语教学模式探究

——以高中零起点日语初级阶段[①]教学为例

上海市甘泉外国语中学　胡怡芹

摘要：高中零基础日语学习者要在较短时间内学习大量词汇、语法等语言知识，学习进度快、强度大。为了学习上的方便快捷，他们尤其容易依赖视觉处理语言信息，导致听力能力低下。因此，如何在有限的课时内增加学生的日语听觉输入，提高听力能力是值得探讨的课题。本文提出重视听觉输入的日语教学模式，在零基础日语学习的初级阶段将课本的阅读语篇作为听力素材进行教学。在教学模式的设计上，遵循二语习得理论，并注重在日语实践活动中培养学生的日语学科核心素养。

关键词：听觉输入；高中零起点日语；二语习得；日语实践活动

作者简介：胡怡芹，女，上海市甘泉外国语中学日语教师。研究方向：第二语言习得、高中日语教学。电子邮箱：18717767256@163.com。

一、引言

与从初中开始就将日语作为第一外语的学生（以下称“高起点”学生）相比，高中零起点学生必须通过短短三年时间完成与前者相当的日语语言知识学习，这对学生与教师而言都是不小的挑战。高起点日语由于教学年限长，教师有较充足的时间进行听、说、读、写各项技能的指导，培养学生的日语综合理解与运用能力；而零起点不得不在短时间学习大量的语言知识，因此有限的课时多用于词汇、语法的解说与操练。经过高中三年的学习，零起点学生即使能在测验里的语言知识选择题中得到理想的分数，但听、说、读、写四项技能的综合运用能力往往逊于高起点学生。笔者还发现，零起点学生由于学习进度快、强度高，在平时的学习中为了方便快捷，更容易养成依赖视觉处理语言信息的习惯。例如处理词汇，尤其是汉字词时，容易依据字形获取意义，而忽略其读音；课外进行语篇的自主学习时也多用阅读的方式，较少进行语篇听力练习，这导致零起点学生在四项语言技能中，听力明显薄弱。听力能力的不足也影响了口语输出。尹松（2005）指出，中国日语学习者的

① 我国以日语作为第一外语的中学生里，既有从初中开始进行日语学习的，也有高中从零开始学习日语的。笔者称前者为“高起点”，称后者称为“零起点”。本文的“高中零起点日语初级阶段”指高中从零开始学习日语的一个半学期以内。

听力理解能力相比阅读理解能力而言处于劣势，其主要原因之一是中国学生认识汉字，容易依赖汉字的字形获取意义而忽略语音，导致听力时无法将语音与语义迅速联系起来。因此，对于中国学生来说，听力是较难的技能；而对于学习时间紧、任务重的高中零起点日语学生而言，听力能力提高的难度则更大。

针对以上现状，笔者认为有必要从高中零起点日语学习的初级阶段开始重视听觉输入，让学生从初期就养成"用耳朵学日语"的习惯，快速联系语音和语义，减少语言信息处理时的视觉依赖。Dunkel (1991)、尹松(2008)认为在语言学习的初级阶段尤其要注重听觉输入，在没有充足的听觉输入的条件下让学习者进行口头输出会阻碍语言学习。岡崎眸 & 岡崎敏雄(2001)也指出初级阶段应多通过听觉输入学习日语，为之后中高级阶段的学习打好基础。而高中零起点日语教学无法像高起点那样有较为充足的课堂时间进行听力训练。如何在课时有限的情况下增加学生的日语听觉输入是值得探究的课题。

二、重视听觉输入的教学模式的内涵

为了在有限的课时内尽可能增加学生的日语听觉输入，笔者尝试将课本中的阅读语篇也作为听力素材，让学生先听课文后读课文，以此帮助学生形成通过听觉输入学习日语的意识与习惯，减少对于视觉输入的依赖，提高听力理解能力。笔者任教学校的高中零起点日语初级阶段采用人民教育出版社出版的义务教育教科书《日语》的七、八、九年级三册[①]，其中的课文多为会话、记叙文或口头汇报，适合作为听力素材。

为了与一般意义上的听力教学，即用专门的听力教材或素材进行听力训练的教学相区分，强调用课本的阅读语篇作为听力素材的做法，本文所述教学模式未使用"听力教学"一词，而采用"重视听觉输入的教学模式"这一名称。本教学模式是指在高中零起点日语初级阶段，将课本中的阅读语篇作为听力素材开展听力活动的教学模式。

三、教学模式的设计

以下对教学模式的设计原则、教学语篇选取、教学流程及相关的二语习得理论依据进行说明，并整合成教学模式基本框架(图 1)。

(一) 教学模式设计原则

2017 年版《普通高中日语课程标准》(以下简称《课标》)中，对于"教学与评价的基本原则"有如下阐述："教学与评价的设计要有利于日语实践活动的开展，有利于进一步改善学习方式和教学方式。要运用好主题，设计好情境，通过任务驱动等方式引导学生关注

① 针对高中从零开始学习日语的学生，我校在高一学年使用义务教育阶段的教材，高二开始使用高中必修教材。

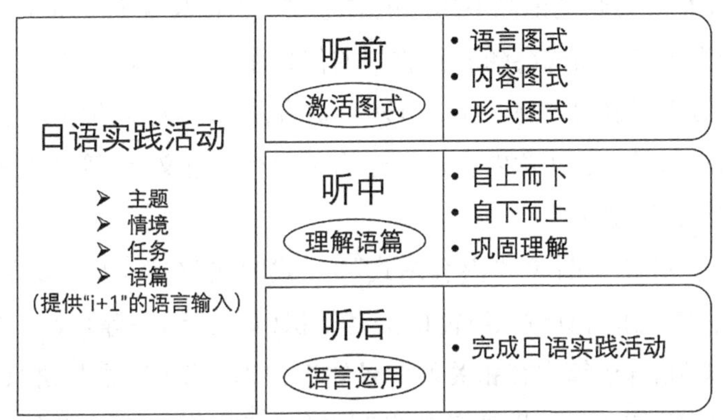

图 1　重视听觉输入的日语教学模式框架

语篇所承载的信息和逻辑关系,培养学生的思辨能力。"《课标》还建议,教学与评价的实施要"开展以主题为引领、情境为依托、语篇为载体、任务为驱动的日语实践活动",以此培养"语言能力""文化意识""思维品质""学习能力"四个方面的核心素养。

传统的"听语篇、回答问题、核对答案"式的机械操练不符合《课标》精神。教师应当把语篇融入具有真实情境的日语实践活动中,明确语篇理解的环节在整个实践活动中的定位,并根据主题、情境及语篇内容设计具体任务,让学生在完成任务、解决问题的过程中提升日语学科核心素养。尽管高中零基础日语学生需在较短时间内完成大量语言知识的学习,但日语实践活动仍是必要的。在参与日语实践活动的过程中,学生能够通过真实的情境与任务更好地理解与运用日语。因此,即使零基础日语的语言知识教学量大,教师也应当结合课文主题、学生学情以及实际教学安排灵活地设计日语实践活动。

（二）教学语篇选取

本教学模式依据 Krashen(1982)的"输入假说"进行教学语篇选取。Krashen(1982)的"输入假说"指出,理解是第二语言习得的基础。为了培养二语学习者的理解能力,应提供大量可理解的语言输入。可理解的语言输入具体指"i+1"的语言输入。"i"为符合学习者现有语言水平的语言输入,"1"指比学习者现有水平略高一级的语言输入。因此,选取的教学语篇要能够给学生提供"i+1"的日语输入,即要使学生能够根据已学语言知识及其他相关的背景知识听懂语篇大意、推测语篇内容。这样的语篇有助于促进语言习得。

（三）教学流程

本教学模式分为"听前""听中""听后"三个环节。下面对三个环节的主要做法及理论依据进行阐述。

1. 听前

在听语篇之前,设计能够激发学生各种"图式(schema)"知识的活动。在现代认知心理学中,“图式”指储存在长期记忆中的知识的总和。当接收视觉或听觉信息时脑中出现的记忆和想象即为图式。图式会随着接收到的信息而不断变化。在二语习得中,图式理论强调既有知识对于理解的影响。Long(1989)认为,语篇本身没有意义,只有当读者或听者通过自身的图式知识对于文章内容进行建构时才产生意义,语篇才能被理解。语篇的理解程度与既有知识紧密相关。

图式又可细分为“语言图式”“内容图式”“形式图式”(梁宁建,2003)。在本教学模式中,“语言图式”指理解听觉输入所需的语言知识(词汇、语法等)及语音知识(语调、节奏等);“内容图式”指与语篇内容相关的背景知识;“形式图式”指与语篇体裁、语篇结构相关的知识。先行研究普遍表明,听前激发听者的各种图式有助于理解。例如 Chiang & Dunkel(1992)以中国台湾学生为对象,分别选取与阿米什人、孔子儒家思想有关的两篇文章调查内容图式对听力理解的影响。结果表明,听有关孔子儒家思想的学生听力测试成绩更好。尹松(2002)在听前对新闻报道体裁的形式图式知识进行教学指导,结果显示指导之后学生对于新闻报道类听力成绩更好。金庭久美子(2004)听前给予学生单词提示,帮助学生建立语言图式,促进听力理解。

2. 听中

根据二语习得理论,信息处理模式有“自下而上”“自上而下”“交互模式”三种。针对听觉输入的信息,“自下而上”指以听觉信息处理单位由小至大的方式构建意义,即先处理最小单位单音、之后依次处理单词、词组、句子、段落,从而理解整个语篇。“自上而下”指听者依据自身的既有知识及语境进行推测、预测,随着听力过程的进行不断检验、修正推测与预测的结果,从而构建整个语篇的意义(尹松,2019)。“交互模式”指“自上而下”与“自下而上”交互作用的模式。先行研究表明,无论学习者的语言水平如何,“自上而下”与“自下而上”交互作用是较为普遍的现象(O'Malley et al., 1989; Field, 2005;尹松, 2005 等)。

因此在本教学模式中,教师可以基于教学目的设计不同的听力理解任务,既引导学生运用推测、预测等策略“自上而下”地把握语篇主旨,也帮助学生用“自下而上”的方式理解语句的细节信息,积累语言知识。若语篇难度偏大,仅靠听觉输入不足以理解时,还可辅以阅读、讨论等方式巩固、加深对语篇的理解。

3. 听后

听前、听中环节的主要目的是通过听觉输入进行语篇理解,听后环节则要基于已理解的语篇内容,完成日语实践活动,在用日语解决实际问题的过程中运用日语,进行日语输出。在从语言输入到语言输出的过程中,增强语言能力、文化意识、思维品质与学习能力。

四、教学模式的实践

笔者以八年级第4课课文『小さな発見』为例，对教学模式的具体实践进行说明。

1. 整体教学设计

第4课主题为中日两国用餐礼仪的异同，共有两篇课文（语篇1、语篇2）。语篇1『箸とスプーン』是会话，会话围绕中日两国用餐时筷子和勺子的不同用法展开；语篇2『小さな発見』是日记，日记中写了中国人金英珠去日本人美月家做客时注意到的中日用餐习惯的区别。基于笔者所在学校学生在暑假里有赴日 homestay 的交流项目，本课日语实践活动的总任务设定为"探究中日生活习惯和礼仪的异同，了解 homestay 时需要注意的礼仪，制作 homestay 礼仪手册，为暑期赴日 homestay 做准备"。虽然本课是八年级的内容，但授课对象是高中生，自学能力较强，语篇1以自学为主，课堂不做过多讲解。语篇2对于学生来说有未习得的日语表达，但笔者预测学生能够听懂大意，因此作为听力素材开展教学。

2. 听前

听前要激发学生的图式知识。本课课文结构清晰简单，日记的体裁也被学生所熟知，因此不设计激发形式图式的活动。在激发内容图式方面，笔者先提问"食事のマナーについて、中日の違うところは何ですか"，激发学生对于用餐礼仪的背景知识。之后展示课文中的两幅图片（图2），让学生观察这两幅图片的不同，猜测标题"小さな発見"的所指，以此对课文内容进行预测。在激发语言图式方面，清除妨碍学生理解的语言障碍，例如未习得的词汇和语法。本课课文的主要语法已学过，只有部分词汇需要听前补充。教师可以将生词列出并标音，在听前与听力过程中供学生参考。

图2　课文插图

3. 听中

听力过程中音频可播放多遍，让学生每一遍带着不同的任务和目的去听。本课课文听两遍，第一遍让学生完成表格填空（表1），听出美月家与金英珠家用餐习惯的两点不同，即金英珠的两个发现，由此把握语篇的主要内容。听完之后讨论表格填空的答案，明确答案之后让学生依据表格信息,用日语汇报金英珠发现的两处中日用餐习惯的不同。把表格信息转化成口头汇报语言,考验学生的口头组句能力及句间衔接的逻辑能力。教师可进行句型句式及连接词使用方面的指导,帮助学生更好地完成口头汇报。

表1 听力任务表

食事のマナー	美月さんの家	英珠さんの家
発見①		
発見②		

第二遍听力设置词组填空任务(图3),让学生聚焦语言形式。填空的设置要有目的性,例如将填空设在日汉字书写与读音、词语间的搭配、助词的使用等需要注意的地方。两遍不同的听力任务需要学生运用多种听力策略,"自上而下"模式与"自下而上"模式交互作用处理信息,以此促进听力理解。

みなさんは,＿＿＿＿ご飯を食べますか。＿＿＿＿ご飯を食べますか。わたしは先週,美月さんのうちに行って,ご飯を食べました。その時,わたしは＿＿＿＿をしました。美月さんの家族はみんな茶碗を持って,ご飯を食べました。わたしの家族はいつも＿＿＿＿,ご飯を食べます。

＿＿＿＿も違いました。うちでは箸を＿＿＿＿に置きます。置き方は縦です。＿＿＿＿,美月さんのうちでは皿や茶碗の前に置きます。置き方は＿＿＿＿です。

わたしたちは毎日ご飯を食べます。でも,＿＿＿＿＿＿＿＿はいろいろあります。その日,わたしは美月さんのうちでご飯を食べて,いろいろなことが＿＿＿＿。

图3 听力填空

听两遍之后,再通过影子跟读(shadowing)的方式对课文进行巩固。影子跟读要求练习者尽量模仿听到的语音进行即时或延时复述(玉井健,2005)。根据学生听力的情况,可引导学生看课文或不看课文进行影子跟读。一段时间的影子跟读训练可以改善语音语调、提高练习者语音和语义的联系能力、提高听力及口语水平、增加听力时的短时记忆容量(门田修平,2007)。

4. 听后

在听后活动中,学生进行拓展学习,完成本课日语实践活动的总任务。本课课文内容承载的信息量有限,为完成总任务,学生需要进一步了解在日本人家里做客的礼仪,发现中日生活习惯和礼仪的异同并制作 homestay 礼仪手册。笔者让学生采用小组合作的方式,分组调查"玄関から部屋に上がる時""食事をする時(调查课文中未涉及的)""トイレに行く時""お風呂に入る時"这几个不同场景下应说的话和注意事项,并在全班面前进行口头汇报。调查过程中学生可以通过外教了解日本礼仪,确认日语表达。汇报后进行评价反馈,学生依据反馈的结果对调查和汇报的内容进行必要的修改,最终制成参考性较强的礼仪手册。

五、结语

高中零基础日语学习者由于学习进度快、强度高,为了学习上的方便快捷,容易依赖视觉处理语言信息而导致听力能力低下。为了在有限的课时内尽可能增加学生的听觉输入,本文提出重视听觉输入的日语教学模式,在零基础日语学习的初级阶段将课本的阅读语篇作为听力语篇进行教学。在教学模式的设计上,遵循二语习得理论,并贯彻《课标》精神,在日语实践活动中培养学生的日语学科核心素养。

笔者在采用该教学模式半年后对授课学生(共 27 人)进行了问卷调查。对于"你是否喜欢将课文作为听力素材进行教学的方式"这一问题,16 人表示"喜欢";8 人表示"接受";3 人表示"不喜欢"。调查问卷还要求学生填写"喜欢""接受"或"不喜欢"的理由。经归纳,表示"喜欢"与"接受"的 24 人填写较多的理由是"有助于提高听力""听懂课文有成就感""听懂课文可以增强学习日语的自信""听懂时有成就感,听不懂时会沮丧"这 4 类。3 人"不喜欢"该模式的理由是"容易听不懂""上课紧张"。由此可知,对于信心不足、能力相对薄弱的学生而言,该模式下的日语学习仍然存在难度。如何帮助这些学生尽快适应"用耳朵学日语"的方式,如何对该教学模式进行优化,使其能帮助听力能力较弱的学生建立起学习日语的信心是今后需要解决的问题。

参考文献:

[1] Chiang C.S. & Dunkel P. The effect of speech modification, prior knowledge and listening proficiency on EFL lecture learning [J]. TESOLQuarterly, 1992, (26): 345 - 374.

[2] Dunkel P.A. Listening in the native and second/foreign language: toward an integration of research and practice [J]. TESOLQuarterly, 1991, (25): 431 - 457.

[3] Field J. Intelligibility and the listener: The role of lexical stress [J]. TESOLQuarterly, 2005, 39(3): 399 - 423.

[4] Long D.R. Second language listening comprehension: A schema-theoretic perspective [J]. The Modern Language Journal, 1989, (73): 32 - 41.

[5] Krashen S. Principles and Practice in Second Language Acquisition [M]. Oxford: Pergamon, 1982.

[6] O'Malley J. M., Chamot A. U., Kupper L. Learning comprehension strategies in second language acquisition [J]. Applied Linguistics, c1989, 10(4): 418 - 437.

[7] 梁宁建.当代认知心理学[M].上海教育出版社,2003.

[8] 尹松.日语听力教学法的实证性研究[M].上海译文出版社,2005.

[9] 尹松.日语专业初级阶段听力教学的可能性[J].外语教学理论与实践,2008,(2):50 - 54.

[10] 尹松.听力教学理论与口语听力教学研究综述[J].高等日语教育,2019,(4):13 - 26.

[11] 中华人民共和国教育部.普通高中日语课程标准(2017 年版 2020 年修订)[S].北京：人民教育出版社,2020.

[12] 尹松.パターン学習は理解を促進させるか[J].日本語教育,2002,(112)：35－44.

[13] 岡崎眸、岡崎敏雄.日本語教育における学習の分析とデザイン—言語習得過程の視点から見た日本語教育—[M].東京：凡人社,2001

[14] 門田修平.シャドーイングと音読の科学[M].東京：コスモピア,2007.

[15] 金庭久美子.リソースの活用を目指した授業—ニュース教材を利用した聴解授業[J].日本語教育,2004,(121)：86－95.

[16] 玉井健.リスニング指導法としてのシャドーイングの効果に関する研究[M].東京：風間書房,2005.

Investigation of Japanese Language Teaching Model Emphasizing Auditory Input A Case Study of Teaching Japanese Beginners in High Schools

Shanghai Ganquan Foreign Language School　Hu Yiqin

Abstract: Japanese beginners in high schools are required to acquire a considerable amount of vocabulary, grammar, and other language knowledge within limited time. Their learning progress is fast-paced and intensive. For convenience and efficiency, they often rely heavily on visual processing of language information, resulting in poor listening skills. Therefore, it is worth exploring how to increase students' auditory input in Japanese within limited class hours and enhance their listening skills. This paper proposes a Japanese teaching model that emphasizes auditory input by using reading passages from textbooks as listening materials. The design of this teaching model is grounded in second language acquisition theory and emphasizes the development of students' core competencies through practical activities using Japanese.

Keywords: auditory input; Japanese beginners in high schools; second language acquisition; practical activities using the Japanese language.

高中俄语教学中的汉、英语言迁移探讨

佛山市三水区北博德翰外国语学校　李京鸿

摘要： 现阶段，随着高中俄语教学研究的不断深入，母语（汉语）、英语对外语学习的影响越来越受到广泛重视。就零起点俄语学习而言，高中生在学习俄语时，其母语的语言系统早已形成，而最先接触的一外（英语）学习时长也达十年以上，这两者势必会对俄语学习造成影响，产生一定的正、负迁移。在高中俄语教学中，如何高效利用正迁移，防止或降低负迁移带来的影响，帮助零起点俄语学生破除学习障碍，是俄语教师必须面对和解决的问题。本文就汉、英二语对俄语的语言迁移，以及三者之间的部分对比进行剖析，以语言迁移理论为依据，探讨促进高中俄语教学实践的策略。

关键词： 语言迁移；正迁移；负迁移

作者简介： 李京鸿，女，北博德翰外国语学校高中俄语老师，现任南方俄语教育专业委员会副秘书长。研究方向：俄英语用研究、符号学研究。电子邮箱：newtimes1217@163.com。

一、语言迁移

语言迁移又被称为“语际影响”或“跨语言影响”。语言学家奥得林（Odlin）认为，语言迁移是指目标语和其他任何已经习得的（或没有完全习得的）语言之间的共性和差异所造成的影响[5]。目前笔者所在学校高中学生原一外为英语，所以多数学生在学习二外俄语的过程中，很大程度上是将新语种建立在原有语言（包括母语汉语）框架上的，也就是说，汉语、英语在日常俄语教学中不可避免的会产生一定的积极影响与消极影响，即正迁移（позитивный трансфер）与负迁移（негативный трансфер），尤其是在语音、词汇、语法这几个层面影响较大。研究三语间的迁移，能够更好地剖析俄语学习与教学的特点，指导俄语教学，助力提高教学质量。笔者将就日常教学中所发现的汉、英二语对俄语的语言迁移，以及如何调整策略面对此类迁移展开讨论。

汉语属于汉藏语系，是分析型语言；而英语和俄语同属印欧语系，是屈折语（俄语系斯拉夫语族，属东部语支，英语则为日耳曼语族，属西部语支），两者在语言形态上一样，故直接从英语语言知识导入俄语的学习会更为快捷，有很大的促进作用[4]。

二、汉英二语对语音的影响

（一）发音

汉语和英、俄语都有元音和辅音之分。元音是乐音，发音时声带振动，气流在口腔中不受阻碍而发出，如汉语的 a、e、o、i，俄语的[а]、[и]([j'и])、[у]、[э]、[о]、[ы]，英语的[a]、[e]、[i]、[o]、[u]。辅音发音时，气流在口腔中受到阻碍而发出，如俄语的[к]、[б]、[п]、[з]，英语的[k]、[b]、[p]，汉语的 b、p、f 等。英、俄语的发音比较靠后，多利用声带，而汉语的发音比较靠前，多利用舌、唇。

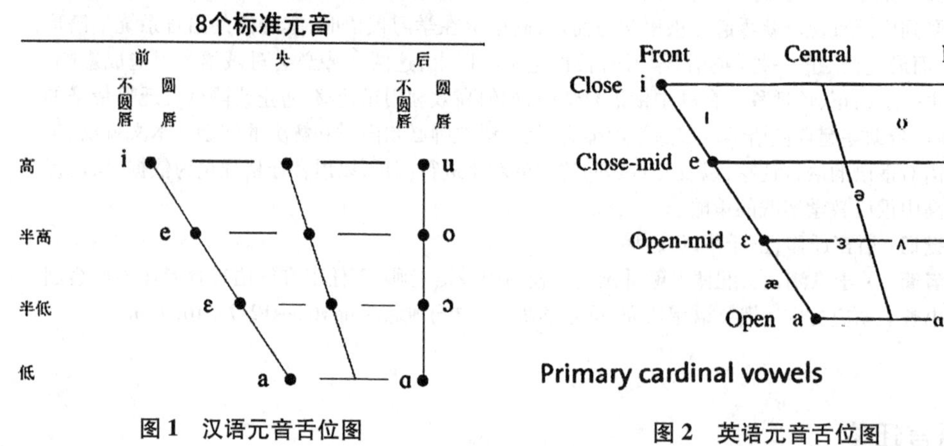

图 1　汉语元音舌位图

图 2　英语元音舌位图

Ряд—> ↓подъем	передний	средний	Средне-задний	Задний
Верхний	и	ы		у
Верхне-средний	$\text{и}^{\text{э}}$ ь	$\text{ы}^{\text{э}}$		
Средний	э	ъ		о
Средне-нижний			^	
Нижний		а		
По участию губ	нелабиализованные			лабиализованные

图 3、图 4　俄语元音舌位图

俄语和英语辅音发音规则相似，即清浊成对，通过声带振动与否即可判断。但在俄语中存在软辅音，其发音方式和硬辅音发音动作相同，发音时舌中部会有向硬腭处抬起的附加动作[3]。而汉语中的辅音按发音部位分为：双唇音、唇齿音、舌尖前音、舌根音等。而这三种语言发音部位不同，对于俄语生来说会造成一定的迁移。

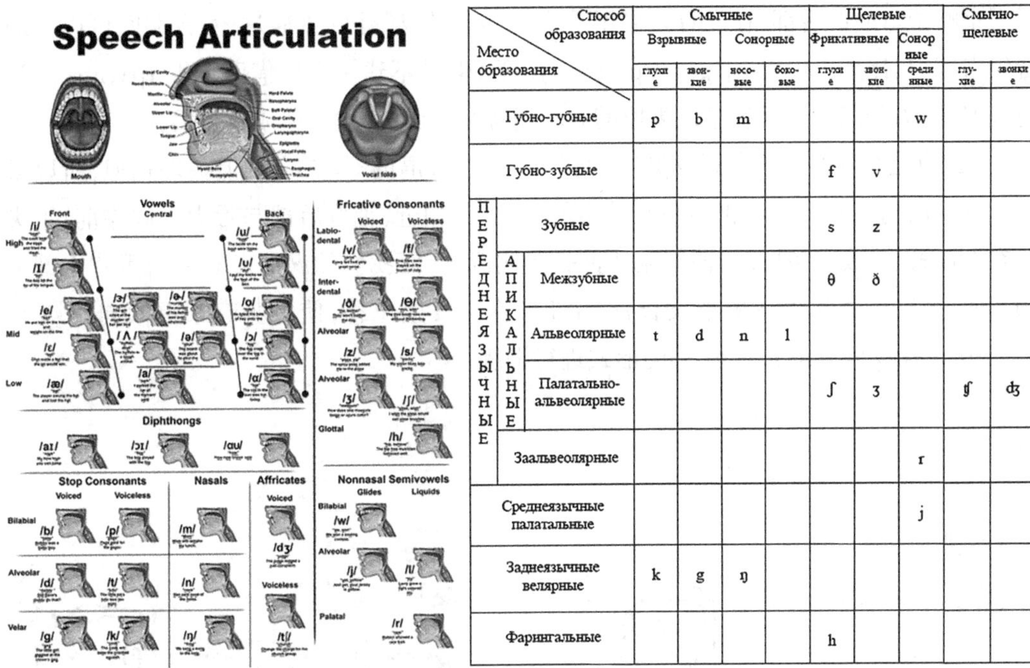

Место образования \ Способ образования	Смычные				Щелевые			Смычно-щелевые	
	Взрывные		Сонорные		Фрикативные		Сонорные		
	глухие	звонкие	носовые	боковые	глухие	звонкие	срединные	глухие	звонкие
Губно-губные	p	b	m				w		
Губно-зубные					f	v			
Переднеязычные: Зубные					s	z			
Переднеязычные: Апикальные: Межзубные					θ	ð			
Переднеязычные: Апикальные: Альвеолярные	t	d	n	l					
Переднеязычные: Апикальные: Палатально-альвеолярные					ʃ	ʒ		ʧ	ʤ
Переднеязычные: Заальвеолярные							r		
Среднеязычные палатальные							j		
Заднеязычные велярные	k	g	ŋ						
Фарингальные					h				

图 5、图 6　英语元音、辅音舌位对比图

1. 单音

俄语中有几个单音，学生很容易受到汉语发音的影响，产生负迁移，它们是：[ы]，[р]，[л]。

汉语中没有[ы]这个元音，对于初学者来说，很容易产生语际负迁移，将其发成英语的[ei]或汉语的复合元音<ei>。发[ы]时，需嘴唇保持不动，上下齿之间距离比[и]略大，舌尖从下门齿向后移，舌背高抬至硬腭后部，保持声带闭合振动。但很多初学者在发音时没有高抬软腭并关闭鼻腔通道，这就导致发音有所偏差。因此，在教学过程中，需要不断训练学生，让其借助镜子，观察发音时舌位的变化，做音节练习，比如：[ык]，[ых]；[ык]，[ы]等，直至正确为止。

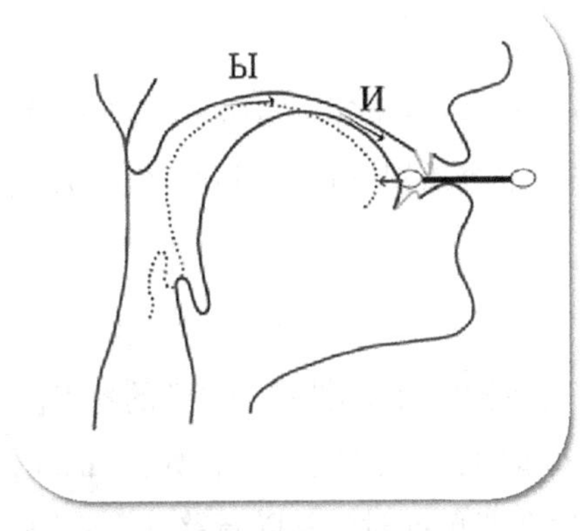

图 7　[ы]、[и]舌位变化

在现代汉语及英语中没有颤音的存在，所以[р]对于中国学生是一个挑战。发音时，舌尖略向上弯曲，使其在呼出的气流中自然、放松地颤动，同时舌背后部凸起，舌背中部下凹。但很多学生在发音过程中，容易出现以下几种情况：一种是舌头过于紧张僵硬而无法颤动；另一种是受英语影响，使卷曲的舌前部发成了[r]。老师可以让学生通过镜子观察略微弯曲的舌部,在发音前多用舌尖触碰上牙,感受气流通过;发音期间可以借助音组来练习,比如: ра－ар, ро－ор, ру－ур 等,但是不建议学生借助音组 тра,дра 来进行练习,因为后期很多学生难以去掉前面的辅音和后面的元音,造成错误发音。

[л]也是容易受汉语负迁移影响的音。[л]与汉语的<l>在音响上些许相似,所以常常发成汉语的<l>。但[л]的舌位与英文的[l]更为相近,舌背后部与舌尖一起靠前,舌尖贴在上齿背,形成阻碍屏障,使气流从舌头两侧流过,而我们的汉语发<l>时,舌背中部无须弯曲;还有一些学生在单独发长音[л]时,舌头发生位移,使之听起来更倾向于[у],[ы],所以建议以音组 л,а,ла 等的形式进行训练。

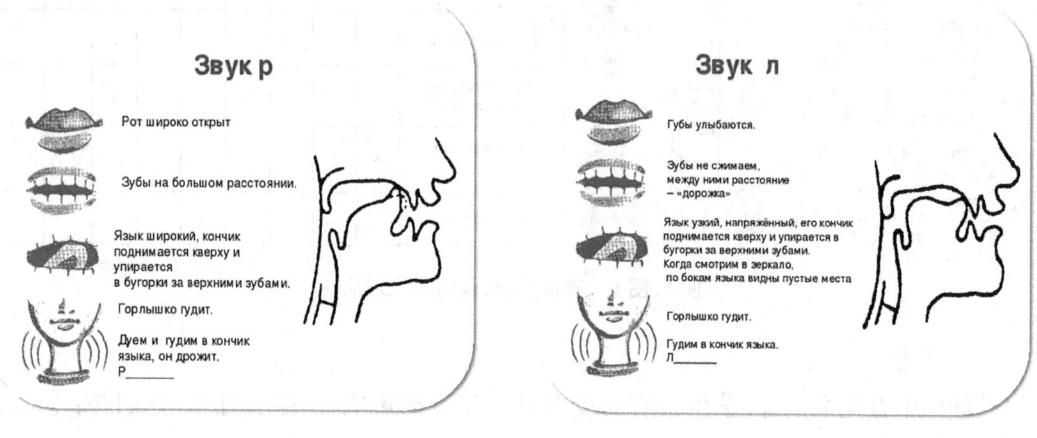

图8 [р]发音特点及舌位图　　图9 [л]发音特点及舌位图

2. 音组

在音组拼读方面,俄语也会受到一些汉英负迁移的影响,如音组 ка 会读成[ka],та 会读成[ta]。

音组 гк,гч 在发音时不是其本音,受 к,ч 影响,г 会读成[х],即[хк]、[хч],напр.: мягкий [м'ахк'иj'], лёгкий [л'охк'иj']。

ч 在 что 一词以及派生词中都读成[ш],如: что-либо,что-нибудь,что-то,чтобы 发音都是[ш]。而受到汉英语的影响,学生在发这个音时,很容易把[ш]的圆唇音发成片扁平方正的音。

(二) 重音

俄语重音是俄语语音系统中最为复杂的现象之一,有多样性、移动性和协调性的特点。

俄语中一些词汇虽词形相同,但因重音不同使得词汇语义完全不同,如: замок,мука,стоит,полки,дорога,руки 等。也正因如此,学生在背单词时经常随意移动重音,只记其字母拼写与词义,忽略词的重音位置。同样地,英文中有些词重音不同,语义就会发生变化，如 present，record。

汉语对俄语重音学习也会产生一定的干扰。中国人在说话时，一般只会注意字的声调，不会去注意词的重音位置[1]。在汉语语流中，重读音节占绝大多数，非重读音节只占极少数，如：大意（表义不同：表主要意思；表疏忽大意）。

俄语中部分名词和动词重音会根据语法形式发生位移，主要体现在词汇音节上重音的位移，如以下几种常见变化：

（1）单数第四格与复数第一格重音前移，напр.：рука，сторона，нога и т.д.

（2）单数第六格有 2 种形式，且音节重音不同，进而表意也不同，напр.：сад：о саде，в саду；берег：о береге，на берегу；лес：о лесе，в лесу；ряд：о ряде，в ряду и т.д.

（3）动词命令式与其复数第二人称字母相同，但可根据重音判断词义[1]，如：ходить：ходите，ходите；смотреть：смотрите，смотрите；спросить：спросите，спросите и т.д.

（4）在一些前置词短语中，重音会前移至前置词，напр.：за город，на дом，这里就和词汇原有重音不同，可根据语音学看成一个单词来拼读。

三、汉英二语对语法的影响

俄语和英语的语法比较复杂，都包含词法和句法两大部分，因此学生在学习时要熟练掌握其规则并进一步应用于实际交际中。

（一）词法

1. 前、后缀

（1）前缀：俄语和英语在构词方面相似度很高，都采用前缀构词法、后缀构词法和复合构词法等构词手段。比如说前缀，анти-，anti-表“反／防”，антифашистский（anti-fascist）；如：про-，pro-表“前／亲（支持）”，如：прокитайский（pro-Chinese）；супер-，super-表“超级／超越”，如：супермаркет（supermarket）；интер-，inter-，表“在……之间”，如：интернациональный（international）；транс-，trans-表“跨越／移动”，如：транспорт（transport），трансфер（transfer）；не-／без-，un-／dis-／ir- 表“不”，如：несчастливый（unhappy），неудобный（uncomfortable）等。

（2）后缀：-тель，-ец，-ч（щ）ик，-ор，-or，-er 表职业/职务，如：преподаватель，директор（director），покупщик；-изм，-ism 表“主义”，如：патриотизм（patriotism）；-ист，-ist 表“从事……的人/者”，如：турист（tourist）等。

2. 外来词的传入与应用

俄语中的外来词与国际词约占其总词汇数的五分之一，所以学生之前学过的不少英语词汇都可以在俄语词汇中找到对应的俄式写法，一些表政治、经济、科技、生活类词汇带来了正迁移，十分有利于学生进行单词记忆，如：саммит（summit）；спонсор（sponsor）；компьютер（computer），монитор（monitor）；гамбургер（hamburger），джаз（jazz）。这些英语外来词很大程度上节约了语言手段，丰富了俄语的表达手段，使语义更加明确。

俄语与汉语的语法存在很大差异。如一个普通俄语名词根据语法意义（性、数、格）会出现12种变化。而汉语、英语名词都没有性的语法范畴和形态标志[4]，除此之外，汉语还没有格的语法范畴和形态标志。

3. *名词语法范畴*

（1）性

在俄语中，名词性的范畴体现在其单数形式的阳、阴、中性结尾上；而汉英名词则没有这种性的划分，是通过男女、公母等词汇手段来表示的。

学生在学习时，往往很难理解共性名词。如班长（староста）一词，表男性时，其定语为阳性如：строгий староста，表女性时，定语则为阴性如：строгая староста，谓语在使用上也要根据其自然属性来判断。

（2）数

汉语名词没有数的范畴，只要在表人名词后面加"们"就可表多数概念，比如：同学们。

英、俄语名词一般都有数的形式，有单、复数之分，比如：санаторий－санатории，компания－компании，любопытство－любопытства；seminar－seminars，dialogue－dialogues 等。

有些名词的复数形式是不规则变化，比如：директор－директора，крестьянин－крестьяне；child－children，louse－lice 等。

英文中有些词单复数同形，比如：sheep，deer，cattle 等。

有些名词仅有单数形式（即对英语来说为不可数名词），比如：железо，сахар；milk。

有些名词仅有复数，比如：шахматы，брюки，сумерки；noodles，vegetables，scissors。

（3）格

在汉语中，名词没有"格"的范畴，但可用其他方式表示俄语中6个格的不同含义[1]。而在俄语中，格变化在名词的词尾，学生比较难理解，这部分很容易造成汉语负迁移，俄语有主格、所有格、给予格、宾格、工具格（相当于汉语表被动意义的状语或方式意义的状语）、前置词格（相当于汉语的介词词组），且对应着单复数形式，共12种格变化[1]；英语的一般名词只有通格和所有格，其主格和宾格没有形式上的变化，主要通过在句子中的作用和位置来确定的所有格是在词后+'s 表示。

学生受汉、英语负迁移影响，在表述时经常不变格，比如：Дочка слушать музыка. 认为只要词序正确即可表义。

4. 动词的语法范畴及选择应用

（1）动词语法范畴及形态变化

在俄语中，动词表行为或状态，有体、式、时、人称、数的变化。这些不同范畴的变化使得动词行为表意发生变化。而汉语中的动词不存在此类变化，所以很容易产生负迁移，但在英语中动词有和俄语一样的语法范畴表达，这就对教学产生了一定的正迁移。

这里我们可以举个例子，比如说动词“做”，делать（нсв.）：наст.вр.：делаю，-ешь，-ет，-ем，-ете，-ют；прош.вр.：делал，-ла，-ло，-ли；буд.вр. +быть 形式；повел.：делай（те）；св.：сделать；прич. действ.：делающий（-ая，-ое，-ие），делавший（-ая，-ое，-ие）；прич. страд.：делаемый（-ая，-ое，-ые），деланный（-ая，-ое，-ые）；деепр.：делая，делав.

以上这些复杂多变的形式都需要学生花费大量的时间去掌握。

（2）动词体的选择

英：普通体、进行体、完成体。

汉：对于体的分类有不同说法，“了”表完成体，“过”表经历体，“着”表进行体/持续体。

俄：完成体、未完成体。

俄语中有些对偶动词，其完成体表动作的结果，未完成体表动作的过程。在汉语中表示“死、走进、达到”等都是结果性动词，只表动作的结果，而不能表示动作的过程。如汉语中不能说奶奶正在死着[1]。但俄语可用未完成体表一次动作的具体过程，比如：Почему ты не ***смотрел*** на меня，когда я ***проходил*** мимо. Why didn't you ***look at*** me when I ***walked by***？（英语正迁移）但受汉语影响，部分学生会忽视未完成体的动作过程之意，而选用完成体动词。

汉语中若在句尾加“了”，可表一般结果存在意义，比如：这份报纸我看完了。俄语、英语动词的完成体在表示“过去完成”的行为时与汉语用法一致，但表示“持续了一段时间但并未结束”/“将有所变”时，和汉语的“了”就有差异了，比如：Я изучаю русский язык уже третий год. I have been studying Russian for the fifth year. 再如：Сегодня вечером я уезжаю на командировку. I'm leaving for a business trip tonight.

（3）动词的应用与搭配

俄语中的动词一般都会有固定的接格关系，比如：добиваться / добиться чего，мешать / помешать кому-чему，читать / прочитать что，увлекаться / увлечься кем-чем，有的需要加固定前置词，比如：относиться к кому-чему，рассердиться на кого，смеяться над кем-чем 等。这一点在英文中有很好的正迁移，比如：agree with，ask for， break out, believe in и т.д.。

（二）句法

汉语中没有从句的概念，而英语和俄语都有从句的概念，所以对于零基础俄语生，以英语的从句进行导入十分利于学生学习俄语从句，那么我们将以下列例句为切入点，对比英俄从句之间的正迁移。如：

1. 英：宾语从句—俄：补语从句

（1）that – что, чтобы，如：

Мама сказала, что она вчера не должна была работать.

Mama said that she wasn't scheduled to work yesterday.

（2）who / whom – кто; whose – чей; which – какой; what – что; where – где / куда / откуда; when – когда，如：

Он хочет знать, куда ты собираешься направиться.

He wants to know where you are taking the craft.

2. 英：时间状语从句—俄：时间状语从句

when – когда, while – пока, as – по мере того как, before – прежде чем, after – перед тем как, since – после того как, as soon as – как только，如：

Когда ты приедешь, я буду знать обо всех передвижениях по дороге.

When you come back, I should know everything that moved upon the road.

Попросите её позвонить Андрею, как только она придет домой.

Please ask her to call Andrei when she gets home.

3. 英：原因状语从句—俄：原因状语从句

because, as, since – потому что, так как, благодаря тому что，如：

К сожалению, я не могу тебе помочь, потому что не понимаю, что ты говоришь.

I'm afraid I can't help you, because I can't understand what you're saying.

4. 英：定语从句—俄：定语从句

that, which – который, что，如：

Так где мешок, который доставили из «Аллеманде»?

So, where's the bag that was dropped off from the «Allemand»?

四、交际中教学策略的实施

从上述例证中我们不难发现，在俄语教学过程中，汉语、英语经常会相互交叉影响，所造成的迁移是不可防止的。我们可以正确利用正迁移，特别是英语的正迁移，比如利用英语词汇记忆俄语单词，理解句意，培养俄语语感，以求达到事半功倍的效果。

同时教师在教学中无须急于求成，要根据当前学生水平和需求营造合适的学习环境（如生动具体的语篇情景），有效地提升教学质量，做到心中有数、有的放矢，帮助学生积极构建自己的语言新知识，引导他们逐步学会运用俄语思维，将语言学习变被动为主动。在为学生纠错时，要注意引导学生做好分层反思，即题中反思、模块反思、阶段反思；出现的共性问题可以总结起来，在不脱离教学实践的前提下，让学生小组合作共同研讨，进行实效自我思考，意识到出错根源，从根本上改正，形成深层记忆。

五、结论

总之，在日常俄语教学过程中，教师们必须利用有效的教学策略，合理运用汉、英二语对俄语教学的正、负迁移影响，帮助学生克服语用干扰，及时对学习者的语用错误进行纠正，将语言知识与国情文化有机结合，以进一步激发学生学习俄语的兴趣，逐步培养学生的语感及俄语思辨能力，做到扬长避短，达到事半功倍的学习效果。

参考文献：

[1] 王琼.语言迁移理论及俄语教学实践[D].吉林：东北师范大学，2006.
[2] 吴亚男.语言迁移视角下的零起点俄语教学[J].学园，2014，(3)：53-54.
[2] 徐泽城.汉俄交替传译中的语际负迁移现象及应对策略[D].上海：上海外国语大学，2018.
[4] 张会森.俄汉语对比研究[M].上海：上海外语教育出版社，2004，(34).
[5] Odlin, T. Language Transfer: Cross-linguistic Influence in Language Learning [M]. New York: Routledge, 2008.

Discussion on the language transfer of Chinese and English in high school Russian teaching

Foshan Beibo Dehan Foreign Languages School Li Jinghong

Abstract: At this stage, with the continuous deepening of Russian teaching and research in high school. The influence of mother tongue (Chinese) and English on foreign language learning has been paid more and more attention to. As far as zero-start Russian learning is concerned, when high school students learn Russian, their mother tongue language system has already been formed. And the first foreign language (English) learning time is more than ten years. So, these two are bound to have an impact on Russian learning, resulting in a certain positive and negative transfer. In high school foreign language teaching, we focus on how to make more efficient use of the positive transfer, concentrate on preventing and reducing the impact of negative transfer, and enable zero-start Russian students to break down learning obstacles which are all problems that Russian teachers must face and solve. This article analyses the language transfer of Russian in Chinese and English and the comparison between them. Based on the language transfer theory, it discusses the strategy of promoting the practice of Russian teaching in high school.

Keywords: language transfer; positive transfer; negative transfer

发现学习法在高中俄语教学中的应用探究

北京外国语大学附属中学　李　丽

摘要:《普通高中俄语课程标准》(2017 版 2020 年修订)指出,高中俄语教学旨在落实立德树人的根本任务,促进学习者语言能力、文化意识、思维品质、学习能力的多维发展。高中俄语在中学俄语学习中处于夯实基础、实践应用与拓展拔高的阶段,将发现学习法应用于高中俄语教学,可以打破教师的"独白"模式,聚焦学习者能动性和自主精神的培养,促使教与学方式发生真正转变,符合俄语学科核心素养的发展要求。

关键词: 发现学习法;自主精神;核心素养

作者简介: 李丽,女,北京外国语大学附属中学俄语教师。研究方向: 俄语语言学和中学俄语教学。电子邮箱: lilibnu7@ 163.com。

一、发现学习法的相关理论研究

发现学习法是由美国著名的教育心理学家布鲁纳提出的,他以皮亚杰的结构主义心理学为依据,提出了结构课程论。布鲁纳认为,学习过程包括三个几乎同时发生的过程:获得新信息、转换新信息和评价新信息,即获取新信息后,将其进一步分析和推广,并转换为新信息,使其适合于新的任务,最后评价、检查加工信息的方式是否适合新任务。[3] 从这个层面看,学习者是信息的捕捉者、加工者和评价者,是积极参与其中的学习的主人,而不是被动的接受者。

同时,布鲁纳还认为,学生在学习基本结构的同时,还要掌握学习该学科的基本方法,其中发现的方法和发现的态度是最为重要的。布鲁纳指出,用自己的头脑亲自获得知识的一切形式都可以称为发现学习。[4] 由此可见,在学习过程中,学习者在掌握该学科基础知识的基础上了解学科的基本框架和基本结构,并在教师的帮助下能主动发现并积累学科学习方法,巩固学习成果,从而培养学科思维,发展自主探究的学习能力,提升自身思维品质,建构完善的学科知识体系。

二、发现学习法在高中俄语教学中的应用

所谓发现学习法就是让学生独立思考、改组材料、自行发现知识、掌握原理的过程[2]。

高中俄语在中学俄语学习中处于夯实基础、实践应用与拓展拔高的阶段,学习者在进入高中阶段时已掌握了一些基础的俄语知识,同时学习能力和思维品质也进入了飞速提升的时期。因此,将发现学习法应用到高中俄语教学中,有利于学生完成对基础知识和基本结构的系统性梳理,增强学生的学习兴趣,举一反三,激发学生的创造性思维,提高归纳总结的思维品质。该模式在俄语教学中的应用大致可分为四个环节:创设情境—合作学习—迁移创新—小结评价。

(一)发现学习法在语法教学中的应用

俄语语法是俄语教学中难度较大的部分,在高中阶段涉及名词、形容词、代词单复数变格,动词的体、变位、时态,数词的分类和变格,前置词的意义和用法,形容词、副词的比较级和最高级以及各种复合句的意义和用法等内容。面对纷繁复杂的语法规则,学习者在没有系统理解和掌握基本规律前经常会有很多疑惑,并且很难理解和记忆这些与汉语思维迥然不同且变化复杂的规则,更谈不上在恰当的语境中灵活运用。在这种情况下,与教师直接教授和学生死记硬背不同,发现学习法的应用可以有趣且高效地解决这一难题。

例如,在学习条件从句时,教师可以先给出两组例句,如:

1) Если у тебя болит зуб, тебе надо пойти к зубному врачу.

Если вы не будете заниматься спортом, то вы будете болеть.

2) Если бы всё, что блестит, было золотом, золото стоило бы дешевле.

Если бы друзья были рядом, они бы помогли.

教师可以通过引导学生理解句意,找出这两组条件从句的不同(一组现实,一组虚拟)。接着,教师可以在此基础上展示一些关键的标志,让学生通过小组讨论找出不同之处,初步总结出两类从句的基本规律:

1) **Если** у тебя болит зуб, тебе надо пойти к зубному врачу.

Если вы не будете заниматься спортом, **то** вы будете болеть.

2) **Если бы** всё, что блестит, было золотом, золото стоило **бы** дешевле.

Если бы друзья были рядом, они **бы** помогли.

最后,教师可以选择几组同学展示自己的自主学习成果,帮助他们汇总记录,引导他们完成最终的归纳和小结。这时,学习者在自主探究的过程中找到了自己信服的规律又获得了老师的认可,收获了学习兴趣和满足感,同时提升了自身语言能力、思维品质和学习能力。在发现学习的过程最后,教师还可以创设生动的语言情境,引导学生在情境中进一步巩固并运用新获得的语法知识,完成知识迁移,发展俄语思维。例如,针对本例的语法点可以设置这样的情景:1)如果你的期末考试成绩特别理想,你会想要什么奖励?2)如果你是校长,你会如何安排学生的学习生活?由此可见,创设情境—合作学习—迁移创新—小结评价这四个阶段可以根据具体的教学情境灵活变换，在此过程中保障学生在课堂学习中的主体地位，给予他们足够的自主学习空间。

（二）发现学习法在阅读练习中的应用

阅读是外语学习的重要环节，阅读不仅能体现出学习者捕捉信息、概括大意的能力，而且更能体现出已掌握词汇量的多少、语法素养的优劣以及阅读品质的高低。在课内阅读之前，教师可以通过布置课前任务引导学生进行分层预习，针对学习吃力的同学，可以鼓励他们语音打卡，而对于学有余力的同学则可以引导他们借助网络搜索与话题语篇相关的新材料和新信息，并完成有效的信息提取。在课堂阅读的过程中，可以将学生进行合理分组，在划分段落大意的基础上简要介绍每一部分的内容，或结合课前任务谈谈对该主题的理解，或通过对比找出异同点，或引导他们思考背后隐含的文化含义等。在此过程中运用发现学习法引导学生完成对已知语篇的阅读、理解，并在此基础上进行适当的迁移和创新。例如，在节日主题的学习中，教师可以在课前阅读环节提供给学生一些语言纯正、难度适中的课外阅读材料，分别从俄罗斯新年、中国春节和俄罗斯人眼中的中国春节三个角度进行扩展阅读，并鼓励学生查阅工具书和其他网络资料开展个性化阅读。课上，学生在提取、整合课内课外信息后，以小组为单位，围绕节日筹备和节日庆祝讲述俄罗斯人如何过新年和中国人如何过春节，并深入挖掘节日符号的文化含义。在课堂活动的设计中以俄语新高考的变化为导向，在听说及写作练习中充分发挥主题词汇的积极作用，让学生在教材话题词汇的基础上，吸收到遣词造句、段落衔接、谋篇布局等更多新内容，为写作练习的顺利开展奠定坚实基础。

然后，教师展示新年前孩子们收到来自俄罗斯小伙伴和住家父母的两段祝福视频，通过多模态语篇创设情境，使学生在贴合生活情景的语境中进行应用文写作训练，完成主题词汇与表达的迁移与运用，完成较为系统的语言输出。

（三）发现学习法在写作训练中的应用

发现学习法在写作训练中最常用到的情形是相同应用文体间的类比发现。例如，新年前，宋达给曾访学过的俄罗斯某中学校长发了一封节日贺卡：

1

Уважаемый Сергей Вячеславович!

Поздравляю Вас с наступающим Новым годом!

Пусть новый 2023 год будет годом творческих побед, благополучия и исполнения желаний!

Желаю Вам здоровья и гармонии в душе, мира и взаимопонимания в семье!

Сун Да

2

> Уважаемый Сергей Вячеславович!
>
> Разрешите мне поздравлять тебя с наступающим Новым годом!
>
> Пусть новый 2023 год будет годом творческих побед, благополучия и исполнения желаний!
>
> Желаю тебе здоровья и счастья, и хорошо сдать экзамен!

老师可以提前准备两篇如上图所示同一文体同一主题的两篇不同版本的例文,其中,一篇是较为规范的,另一篇则在修辞色彩或格式等方面存在问题,然后给学习者展示出来,引导他们阅读思考、比较哪一篇写得规范得体并列举出自己的依据,尤其要注意两个例文中措辞不同的地方。

接下来让学生找出较好文章中的核心词汇,将其一一列出,引导学生进一步巩固,树立正向引导。然后引导其发现此种应用文体的修辞手法和写作特点,积累此类应用文体常见词汇和常见句型,并能在语境中得以恰当运用。最后创设类似的节日语境,使学生再次在语境中运用所学完成迁移创新,同时设置多维度的评价量规,通过内容与结构、词汇、表现力等维度进行自评和互评,提升自我反思及评价意识。

三、发现学习法在高中俄语教学中的实践意义

外语教学应以学生为中心,重视学生的主动性,调动其积极性,在学习语言规则和结构时,教师应运用发现学习法指导学生自己去发现、总结、归纳,让学生在理解语言知识和规则的基础上操练外语,在有意义的情景中操练外语、运用外语,从而达到真正掌握外语的目的[2]。发现学习法在高中俄语教学中具有重要的实践意义,有利于学生理解和记忆知识,有效提高学生学习的积极性,培养学生的创造性思维;让学生从学习知识到学会学习,从被动学习到主动探究,最终逐渐掌握俄语学科的基本结构和内在知识结构性,在头脑中形成系统、完善的知识体系。

四、小结

综上所述,发现学习法重视学习者的学习自主性,重视内在兴趣和思维品质的培养,强调认知结构的作用,在高中俄语教学中有极大的应用空间。需要指出的是,发现学习法的应用要求教师必须遵循外语学习的基本规律和该学段学生的认知特点,要求教师引导学生通过阅读、观察、思考、讨论、自我表达、小结和评价等各种途径灵活运用所学去发现问题、解决问题,最终实现教与学方式的根本变革,创造出有序、有思、有情、有获的"四有"新课堂。因此,相较于直接教授法而言,发现学习法对教师的教研水平和学习者的综

合素质都提出了更高的要求，需要两者的密切配合，才能产生热烈的化学效果。

参考文献：

[1] 中华人民共和国教育部.普通高中俄语课程标准(2017版2020年修订)[S].北京：高等教育出版社，2020.

[2] 刘娟、黄玫主编.普通高中俄语课程标准(2017年版)解读[M].高等教育出版社.2018.

[3] 马思思.布鲁纳教育理论在数学教学上的应用[J].科学咨询(教育科研)，2023，(04)：113－115.

[4] 杨晶.布鲁纳结构主义教学理论对英语学科教学的启示[J].科教导刊，2009，(2)：91－92.

Developing High School Russian Learners' Key Competencies through the Discovery Learning Method

The Affiliated High School of Beijing Foreign Studies University　Li Li

Abstract: The Curriculum Standards for High School Russian outlines new curriculum objectives, i.e., development of key competencies, including language ability, thinking traits, cultural awareness and learning ability. These new objectives have placed new demands on teaching. Thus it is important to adopt effective teaching methods to help students learn and apply basic knowledge and skills, while at the same time developing key competencies. The present study argues that an effective method is the discovery learning method, in that it changes the teacher's role from 'lecturer' to 'guide', encourages active learning and improves learner automomy. It also contributes to the on-going reform of classroom teaching and learning under the competency-oriented paradigm.

Keywords: discovery learning method; autonomous spirit; core competencies

核心素养视域下的形成性评价手册研究

——基于高中西班牙语教学

上海外国语大学闵行外国语中学　贾梦真

摘要：作为我国基础教育阶段的重要学科，西班牙语注重以人为本，培养学生的核心素养。本文以《普通高中西班牙语课程标准》为指导，依据形成性评价以及核心素养理论创建高中西班牙语课程形成性评价手册。在此基础上利用“班级优化大师”，通过线上、线下多模式多主体评价方式记录学生西语学习数据，生成评价档案。借助线上档案及对学生、家长的访谈，验证基于核心素养的评价手册在课堂中实施的有效性。

关键词：学科核心素养；高中西班牙语；形成性评价手册；班级优化大师

作者简介：贾梦真，女，上海外国语大学闵行外国语中学西班牙语教师。研究方向：初高中西班牙语，科技赋能外语教学以及外语教学评价研究。电子邮箱：1600411794@ qq.com。

本文以《普通高中西班牙语课程标准(2020 年版)》(以下简称《课标》)为导向，聚焦核心素养语境下西班牙语课程形成性评价手册的创建，并基于实践对其进行调整和优化。在课堂实施过程中借助“班级优化大师”平台，运用形成性评价手册对学生的表现进行评价。首先，在课堂教学过程中教师主要对学生课堂表现、三分钟演讲、课后作业以及课外拓展实践等方面进行记录，并将相关信息上传到“班级优化大师”平台。其次，将相关信息进行存档以生成学生个人档案表并通过对学生、家长的访谈进一步论证形成性评价手册在西班牙语教学中的有效性。本研究重点讨论形成性评价对教学的影响：一方面论证形成性评价是否有助于学生发现自己的优势和不足，引导学生调整学习方法，培养自主学习能力；另一方面论证形成性评价最终形成的反馈报表是否有助于教师及时调整教学进度和教学方式。

一、有关形成性评价的理论研究

形成性评价最早由美国教育学家米歇尔·斯克里芬在开发课程时提出，并由本杰明·布鲁姆将其引入教学领域(曹妍等，2013)。艾伦·C(2009)等指出形成性评价是在课程开发的过程中收集相关证据，为更好地修订课程计划而进行的一系列活动。该评价在教学进程中开展，能够对学生知识掌握和能力发展的情况进行及时的测评，其形式包括对学生的提问、书面测验、作业批改等。王道俊等(2016)认为,其目的不在于成绩的评定,而是使师生都能及时获得反馈信息,更好地改进教与学,以促进教师和学生的发展。教师采用形成性评价方式及时对学生的学习情况进行反馈,让学生能够及时了解自己的学习情况,这极大保证了课堂教学目标的达成,并能够提高学生们的自我效能感,促进其能力发展(张生,2008)。教师参与课堂形成性评价,不仅可以检测是否达到了预期的目标,而且还可以记录未曾预料到的结果,并根据这些反馈对课程计划做出调整和修改。综上,本研究认为形成性评价应用于整个教学过程中,具有形式、主体和内容多元化特点,旨在帮助学生们找到符合自己个性的学习方法,并帮助教师及时调整课程内容。

二、基于核心素养的高中西班牙语课程形成性评价手册的构建

评价在本质上是判断课程和教学计划能在多大程度上实现教学目标的过程,为此评价内容应该包含两方面:第一,教学目标的实现程度;第二,学生的学习状态(进步或退步)。《课标》要求从语言能力、文化意识、思想品质和学习能力四个方面提升学生西班牙语核心素养。在实施过程中,教育工作者要将宏观的教学目标进行细化,使教学目标、教学内容和评价内容能够有机地融合,从而达到教育目标、核心素养、教学目标、评价内容的一致性。

(一)《普通高中西班牙语课程标准》

为了培养学生的核心素养,我们设计了形成性评价手册,旨在实现教学、学习和评价的紧密连接,从而更深层次地达成"教—学—评"一致性的目标。《课标》强调评价不应仅仅基于印象或一次活动,而应为学生提供充分展示自己的机会。同时,也要关注那些具有独特思想的学生,帮助他们培养自评和互评的能力。此外,《课标》指出教师应采用多种方式观察和检测学生核心素养的发展情况,包括学生在课堂教学中的参与程度、与教师和同学的互动情况以及对语言知识的灵活运用能力等,因此以上方面都应纳入考核评价范围。

笔者所在学校高中西班牙语课程的形成性评价手册是基于《课标》对不同阶段语言活动、知识、思维能力以及学习策略的学业要求而设计的。《课标》详细描述了必修Ⅰ到Ⅳ四个阶段的核心素养要求,这些标准和能力要求是构建评价手册的参考依据。同时,《课标》对教学评价提出了一系列要求,包括以核心素养为出发点,发挥学生主体作用,应用多种评价方式和手段,关注学生的持续发展以及个体差异。教学评价的内容包括课堂评价、作业评价、单元评价和期末评价。

(二)西班牙语学科核心素养

西班牙语学科核心素养主要包括"语言能力""文化意识""思维品质"和"学习能力"四个方面。这四个方面是不可分割的一个整体。核心素养不是静态的,而是动态的,其目

的是帮助学生形成优秀的必备品格和关键能力。为了设置便于操作的形成性评价手册,我们深入研究《课标》对于核心素养四个方面的具体描述,从中提取与之对应的二维评价指标。如下图所示,“语言能力”具体从习得建构、表达交流和感知积累三个方面进行表述;“思维品质”可以从观察辨析、归纳推理和批判创新三个方面进行表述;“文化意识”可以从比较批判、调试沟通和感悟内化三个方面进行表述;“学习能力”可以从乐学善学、选择调控和合作探究三个方面进行表述。语言能力、学习能力、思维品质和文化意识这四个核心素养在西班牙语教学中环环相扣,因为只有关注到学生核心素养各个方面,才可以培养全面发展的人。

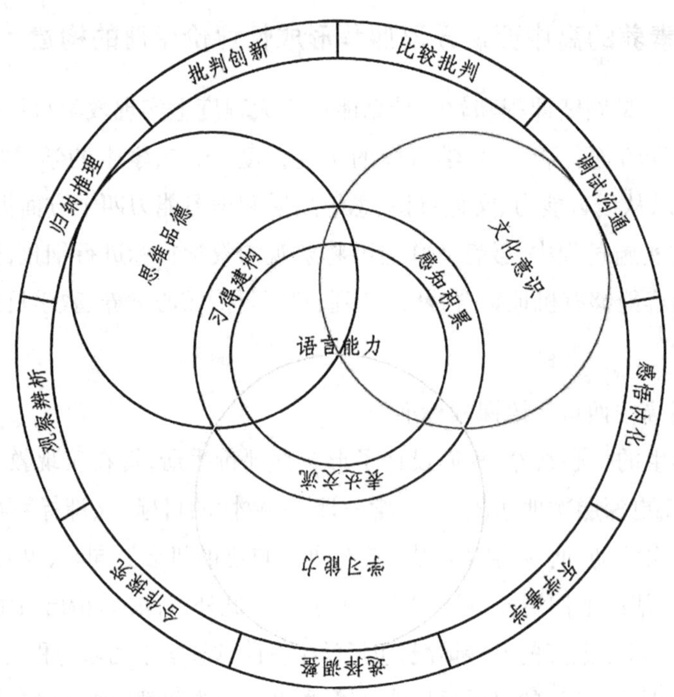

图1 西班牙语核心素养动态图示(自制图表)

《课标》对学科核心素养进行分级描述,以协助教师在不同教学阶段根据学情及时完善评价手册,使手册具备发展性。核心素养的四个维度在不同阶段呈现螺旋式上升的特点。这就要求形成性评价手册在设计上要贯彻以学生发展为中心的原则,要使形成性评价手册具有导向性、诊断性和激励性的特点。

三、评价手册内容

评价手册的制定并非一蹴而就,而是课题组成员依据学校的实际情况,在理论研讨、具体实施、反馈与总结各个环节不断打磨才呈现出的成果。2021年11月课题组制定了第一套评价指标，经过两个月的实践我们发现指标体系操作复杂，收集的数据不具价值。为此课题组进一步深入研究各学科核心素养要求，于2022年2月对评价指标进行了第二次改版，这一次我们针对不同外语学科制定了不同的、个性化的形成性评价指标，并借助“班级优化大师”对形成性评价数据进行记录。另外，我们还制作了多语种特色奖励卡、奖章，并定制了学生和教师版的“形成性评价手册”，旨在增加评价指标的可操作性。通过四个月的实践，2022年6月，我们基于学生和家长的反馈意见，对形成性评价指标进行了第三次完善。

西班牙语课程校本评价手册从三分钟演讲、课堂表现、作业表现、课外拓展性学习和活动实践几个层面设置形成性评价指标。教师可以使用评价手册在日常教学中完成评价与反馈，在指导学生调整学习策略的过程中完善教学细节，积极进行教学方法的改进。为了方便评价手册的实施，教师会将评价内容按照核心素养的四个方面标注成不同颜色并上传至“班级优化大师”平台。

（一）西班牙语课程之三分钟演讲形成性评价指标

课前三分钟演讲在西班牙语学习过程中扮演着培养学生表达性技能的关键角色。高中西班牙语课程涵盖了《课标》的Ⅲ、Ⅳ级内容，对应的语言表达性技能要求包括结合相关主题进行简短的主题演讲，确保观点基本明确、逻辑清晰、语音准确、语调自然。同时，在学习策略方面，《课标》强调学生应积极主动地运用电子及其他学习工具进行预习和复习，进一步丰富个人语言学习资料。因此我们制定的评价指标不仅基于核心素养四个方面，还根据《课标》要求和学生情况进行了具体细化，从而得到图2所示的指标内容。该活动形成性评价指标除了考查学生的语言能力外，还考查学生的思辨能力、文化包容、资源获取等综合能力。

（二）西班牙语课程课堂表现形成性评价指标

依据西班牙语学科核心素养，课堂表现形成性评价应该包含多主体，采取多样性的方式从多维度进行评价。在二维评价指标基础上，我们根据《课标》对不同阶段学生的要求从核心素养四个方面出发，设置了具体的评价细则。其中，语言能力方面主要考查学生西语表达的准确度、对已学知识的迁移应用能力；思维品质方面主要考查学生对于语篇逻辑思维的整体把握以及学生敢于并善于表达自己观点的能力；文化意识方面除了考查学生对于西语国家文化的理解和包容以及主动进行文化对比的能力之外，还要求学生能认同我国优秀文化，并主动用西语讲好中国故事；学习能力则重点考查学生的学习方法、学习策略、团队合作精神以及课堂参与的积极性。在此基础上，我们建立了具体的加分、减分项评价指标，以更全面、准确地评估学生的课堂表现和核心素养的发展。

（三）西班牙语课程作业表现形成性评价指标

作业评价在教学过程中扮演着至关重要的角色。通过作业评价，教师能够及时了解学生对所学知识的理解程度以及语言能力的发展水平，从而为检验教学效果、发现和诊断学生学习问题、调整和改进教学提供有力依据。教师需深刻认识到作业设计要有助于学生巩固语言知识和技能，帮助学生有效运用学习策略以及能够激发学生的学习动机。

因此，作业设计需关注单元教学目标和课时教学目标，秉承精选、精练的原则。作业应少而精，既与课堂内容相得益彰，又能与实际生活紧密相关，使学生在多样化的作业任务中提升语言和思维能力，充分发挥潜能。同时，教师需要关注每个学生的具体学习状况和能力，实施分层设置的作业设计。

在布置和批改作业的过程中，教师应参照标准进行评价，并能够提供书面评语和有针对性的反馈。另外，还要特别关注课后作业的纠正，注重学生成长过程，以促进良好学习习惯的培养和正确学习态度的树立。这一系列措施将有助于全面提升教学质量，推动学生在语言学习中更进一步。

（四）拓展学习与活动实践的形成性评价指标

课外拓展学习与活动实践作为西班牙语课程作业的一部分，相较于其他课时以及单元作业类型，更能充分展现学生的自主学习能力以及对西语学习的兴趣和态度。在评价方法的制定上，需要根据该指标并结合具体活动类型进行灵活调整。同时，教师还应考虑与学校德育部门的奖励制度相结合，对学生的活动给予鼓励和及时反馈，以促进学生的进一步发展。

四、评价手册的实施

在实施高中西班牙语课程形成性评价手册的过程中，我们采用了线上、线下相结合的方式，同时注重教师、学生、家长以及学校德育部门等多方主体的共同参与。在评价过程中每位学生都将会得到一份形成性评价手册，实施前期教师会提前引导学生对手册内容进行逐项解读，使每位学生都能了解手册的各项指标及其相应要求，确保学生在实施前对手册有清晰的认知。

此外，教师会根据西班牙语核心素养的四个方面，在“班级优化大师”平台用不同颜色的图标导入相关评价指标。在课堂教学中教师会提前发放形成性评价手册，并对学生课堂表现、课后作业以及特色活动作出评价。课后，教师会收集形成性评价手册，并将评价的数据上传至“班级优化大师”平台，为每位学生生成一个成长档案。以下是评价手册实施的具体特点：

（一）多主体参与

学生们人手一本的“形成性评价手册”除了包含上文描述的课程各个环节的具体评价指标细则外，还包含“每周表现荣誉墙”。具体呈现形式如下：

表 1　每周荣誉墙（自制表格）

姓名：	班级：		分数：	周次：
未来的你，一定会感谢现在努力拼搏的自己！				
本周目标				
课程	三分钟演讲	课堂表现	课后作业	拓展学习与活动实践
西班牙语				

此外，教师还会为学生提供每周自我评价、同学互评和家长评价的机会。在各类活动中，教师使用不同颜色的印章来代表核心素养得分的情况，其中红色代表文化品格，蓝色代表语言能力，绿色代表思维品质，黄色代表学习能力。

每周，学生将根据自己的具体表现、本周目标以及教师给予的盖章情况对自己进行评价。同时，他们还可以在课堂活动中记录同学对自己的评价。家长则根据学生每周的学习状态、作业完成情况以及其他主体的相关评价对学生进行评价。

教师也可采用多种途径实施评价，其中不仅包括面对面评价、书面评语和课堂口头评价，还能够通过“班级优化大师”平台实时评价学生的课堂表现。

（二）线上线下多模式结合，形成常态化数据记录

教师会根据西班牙语核心素养的四个方面，从评价手册中提取具体的评价指标。然后，他们会利用“班级优化大师”平台的“编辑点评标签”功能，上传评价类目，包括课前三分钟评价、作业表现评价和课堂表现评价。接着，教师会点击“表扬”或“待改进”图标，上传具体评价指标，并对这些指标进行评分。在课前，教师会迅速打开“班级优化大师”平台，确保其以悬浮窗的形式存在于电脑屏幕上，以保证教师在课上能够对学生进行实时监测和评价。

在课前“三分钟演讲”活动中，不仅需要教师对学生进行的口头评价，还需要学生根据评价手册指标进行互评、撰写评语和评分，并在课后将这些评价材料一同提交给教师。教师在收到反馈信息后，将其拍照上传至“班级优化大师”平台并存档。在学生的个人档案中，详细记录了每次学生得分、失分的具体原因，以及教师上传的评价内容。

通过对比相关评价的反馈信息，学生们能进一步发现在学习过程中存在的优势和不足，并进行改进和强化。这一过程有助于提升学生的反思和纠错能力，培养他们良好的学

习习惯。最终,这个系统化的评价机制促使学生更全面地认识自己在演讲能力上的表现,为他们的学术发展提供了有力的支持。

教师将多维评价指标上传至“班级优化大师”平台,并根据这些指标进行作业的布置和批改。这一措施既能迅速了解学生作业提交情况,又能将学生作业进行存档,为学生开展后续分析提供便利。同时,教师可依据多维度评价指标对学生作业进行全面评价,并及时提供反馈。由于“班级优化大师”与“希沃白板”共享一个系统,因此可直接将希沃课件上传至作业平台,供学生预习和复习使用。此外,教师还能通过“班级优化大师”平台采用视频、文档、问卷、链接、图片等多种方式布置作业。“班级优化大师”平台的家长端也能够及时收到学生作业情况的反馈信息,从而更好地了解学生的学习状况。

拓展学习与实践活动的形成性评价包含了两个主要方面:一方面,它涵盖了学生在各个平台上的学习记录,其中包括在“每日西语听力”上的配音以及“Quizlet”上的单词打卡记录;另一方面,形成性评价还包括在班级“微信公众号”上展示的内容,其中涉及各项赛事的参赛结果、日常朗诵以及西语视频创作等。这些多样化的活动形式不仅有助于促进学生的自主学习、合作学习和探究学习,而且能够激发学生的创新性思维。

（三）评价手册阶段性反馈与讨论

当谈到对学生语言学习的促进作用时,形成性评价手册的影响不仅表现在上文报表所呈现的数据中,也体现在学生和家长的访谈结果中。以下是部分访谈内容的整理:

问:在西语学习中,对你帮助最大的环节是什么?

学生A:选择西班牙语作为高考学科,从零开始,让我觉得很新鲜。每次上课看到积分上升都会让我感到很开心,也很有成就感。我最喜欢的是看到自己的演讲得到大家认可,并且收到评价。这些评价为我下次演讲的准备提供了指导。

问:你觉得形成性评价手册对你的语言学习有什么促进作用?

学生B:我一直觉得自己不是天生的语言学习者,选择学西语也是因为英语不太好。但当我看到这些评价条目时,我眼前一亮,觉得即使成绩不好,也可以通过其他方式来弥补。我喜欢创作和分享,所以我会花很多时间练习,读好一首诗或录好一个视频。慢慢地,我发现自己可以参加比赛并且获奖,这让我感到非常惊喜!

问:您觉得孩子西语学习以来最大的成长是什么?

家长C:我家孩子一直很喜欢钻研,但一直不太自信,不喜欢在公众场合演讲。刚开始演讲的时候分数并不高,但在“班级优化大师”平台上看到大家的评价后,我和孩子便开始一起认真准备每一次的演讲。在老师和我的鼓励下,孩子逐渐变得更加大胆。看到自己的进步得到大家的夸赞和高分,他越发有了语言表达的自信。现在我常常看到他练习西语,为他的成长感到非常高兴。

通过“班级优化大师”软件，根据作业批改和演讲评价，笔者生成了西班牙语班级及一位学生的阶段性报表（参见图2）。在整体报表中，作业优秀及良好情况占比58%，表明学生们整体作业完成情况良好，表现出较认真的学习态度。评语部分则针对学生课前演讲和课堂活动展示进行评价，依据为前期制作的学科核心素养评价手册。报表反映出学生们在语言展示活动中语言能力得到了锻炼，能够关注表达的逻辑性和正确的价值引导，同时也注意时间的控制和有益的互动。同时还可以看出学生们在文化认同与宣扬、充分发挥想象力等方面的能力有待进一步提高。

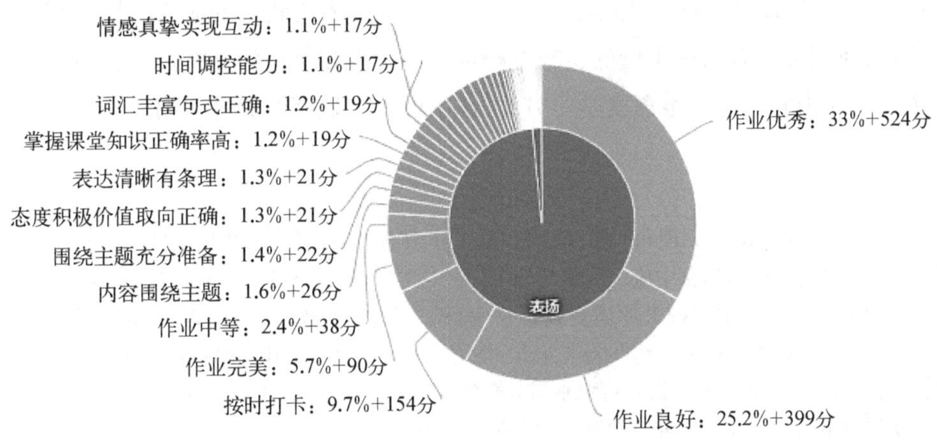

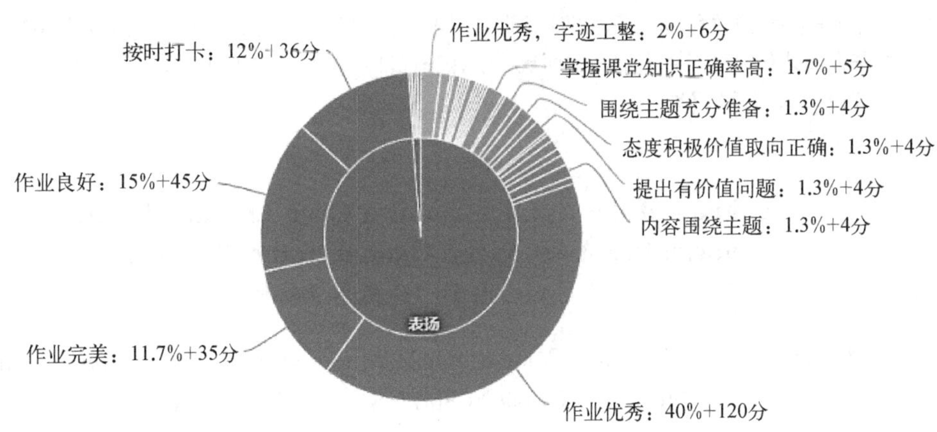

图2　生成线上评价报表

五、结论

经过上述研究和分析，我们初步得出以下结论：

1）我们基于《西班牙语课程标准》、学科核心素养理论以及形成性评价理论构建了西班牙语的教学评价体系。该体系涵盖了三分钟演讲、课堂表现、课堂作业评价以及拓展学习与实践活动四个层面。

2）在评价手册的指导下，教师、同学、学生本人以及家长这四个主体参与了评价，实现了评价主体的多元化。我们将西班牙语教学评价指标体系与“班级优化大师”的线上评价功能相结合，实现了线上线下的有机结合，使评价数据呈现可视化效果。由线上记录生成学生和班级档案可以促进学生的可持续性发展，并协助指导教师调整教学方法，更有效地进行班级管理。

3）通过对形成性评价数据形成的报表展示以及对学生成长轨迹的研究，结合对学生和家长的访谈，我们可以看出该手册的实施过程得到了学生和家长的支持。此外，在激发学生的自主学习能力和促进学生深度学习方面，该手册具有显著的促进作用。

参考文献：

[1] 艾伦·C., et al.课程：基础、原理和问题[M].柯森，主译.江苏教育出版社.2009：347－348.
[2] 曹妍等.形成性评价在医学教育中应用现状与分析[J].中国高等医学教育.2013,(02)：23+62..
[3] 教育部关于印发《普通高中学校办学质量评价指南》的通知.中国政府网.(2022.01.05)[2022.12.30]. http：//www.moe.gov.cn/jyb_xwfb/gzdt_gzdt/s5987/202201/t20220110_593455.html
[4] 施良方.课程理论-课程的基础、原理与问题[M].教育科学出版社.2016：153－154.
[5] 覃兵.课堂评价策略[M].北京：北京师范大学出版社.2010：10－42.
[6] 王道俊等.教育学[M].人民教育出版社.2016：247.
[7] 张生.混合式学习环境下基于学习活动的形成性评价的理论与实践[D].东北师范大学.2008：126.
[8] 中华人民共和国教育部.义务教育英语课程标准(2022版)[S].北京师范大学出版社.2022：52－60.
[9] 中华人民共和国教育部.普通高中西班牙语课程标准(2017版2020年修订)[S].人民教育出版社.2020：4－6,48,67－68.

A Study of the Application of a Core Literacy-Based Formative Assessment Manual to the Teaching of Spanish in High Schools

Minhang Foreign Language Middle School Affiliated to Shanghai International Studies University (SMFMS) Jia Mengzhen

Abstract: Spanish holds a significant position in China's primary and secondary education, emphasizing a human-centered approach and fostering essential skills among students. This study is guided by the General High School Spanish Curriculum Standard, undertaking the development of a formative evaluation manual for high school Spanish courses. This manual is grounded in both formative evaluation theory and core literacy principles. Building upon this foundation, we leverage the "Class Optimizer" tool to meticulously capture the process data of

Spanish learning. Utilizing a multi-mode and multi-subject evaluation approach, both online and offline, we compile comprehensive evaluation files. The effectiveness of the core literacy-based evaluation manual is then validated through the integration of online archives and interviews conducted with students and parents, offering insights into its impact within the classroom setting.

Keywords: disciplinary core literacy; high school Spanish; formative evaluation manual; "Class Optimizer"

浅谈混合式教学模式下的法语教学评价体系

上海市光明中学　周惜梅

摘要：信息化的时代背景下，线上教学已经成为教学的必要和重要的组成部分，线上线下相结合的混合式教学模式已经成为当代教学不可逆的趋势。在此背景下，针对传统教学的评价体系亟须与时俱进。本文首先阐明了混合式教育模式的定义和特点，然后讨论了如何建构适应混合式教学的法语教学评价体系，最后从学生和教师两个维度论述了新的评价体系的积极作用。

关键词：混合式教学模式；法语教学；形成性评价；多元评价；在线教学平台

作者简介：周惜梅，女，上海市光明中学法语一级教师。研究方向：中学法语教学和法国文化。电子邮箱：2482540685@ qq.com。

2018 年教育部发布的《教育信息化 2.0 行动计划》指出："站在新的历史起点，必须聚焦新时代对人才培养的新需求，强化以能力为先的人才培养理念，将教育信息化作为教育系统性变革的内生变量，支撑引领教育现代化发展，推动教育理念更新、模式变革、体系重构，使我国教育信息化发展水平走在世界前列，发挥全球引领作用，为国际教育信息化发展提供中国智慧和中国方案。新时代赋予了教育信息化新的使命，也必然带动教育信息化从 1.0 时代进入 2.0 时代。"国家对于教育信息化的重视，使得线上线下相融合的混合式教育模式成为时代的要求和趋势。近年来的新冠疫情又成为混合式教学的催化剂，使得混合式教育模式在中学法语教学中得到了广泛应用。

2020 年国务院印发《深化新时代教育评价改革总体方案》的通知，要求"完善立德树人体制机制，扭转不科学的教育评价导向，坚决克服唯分数、唯升学、唯文凭、唯论文、唯帽子的顽瘴痼疾，提高教育治理能力和水平，加快推进教育现代化、建设教育强国、办好人民满意的教育。"这表明传统的重分数轻过程的评价体系存在弊端，新时代的教育要求评价体系更关注学生的全面发展。如何在混合式教学的大趋势下，利用信息化手段建构更完善的评价体系的研究迫在眉睫。

本文从三部分对混合式教育模式下的中学法语教学评价体系进行探讨：第一部分梳理混合式教学模式的定义及其特点；第二部分讨论如何在混合式教学模式下建构新的评价体系，笔者提出必须坚持形成性评价与终结性评价相结合，且以形成性评价为主，要打破单一的教师评价，让学生参与到评价中来，并且还要以电子档案袋取代传统的纸质档案袋，更翔实全面地记录学生的成长过程；第三部分从学生和教师两个维度阐述新的评价体系对于提高学生自主学习能力的作用以及对于改进教师教学方法的积极作用。

一、混合式教学模式的定义和特点

在研究混合式教学模式下的评价体系前，我们有必要先梳理何为混合式教学模式，混合式教学模式具备哪些不同于传统线下教学的特点。

（一）混合式教学模式的定义

广义的混合式教学模式是指在教学过程中使用了信息技术的教学模式。在这个层面上，教师在课堂中使用互联网上的慕课、微课、文本、视频、课件等多种教学资源也可以被定义为混合式教学。这种方式利用信息技术丰富了线下课堂的内容，可以帮助教师更好地组织线下教学。

狭义的混合式教学模式是将线上网络教学和线下课堂教学有机结合，融合传统课堂教学和现代网络教学的优点组织教学活动，使课堂从校内延伸至校外，学生可以在课后通过互联网获取学习资源和课程内容，同时还可以通过线上交流平台与教师和同学们进行交流和互动。

广义的混合式教学在笔者看来，信息技术只是为教师的上课内容提供了辅助，本质上还是线下教学。因此本文讨论的混合式教学模式为狭义的混合式教学，即线上网络教学和线下课堂教学有机结合的模式。

（二）混合式教学模式的特点

混合式教学模式结合了传统课堂和线上网络，打破了时间和空间的限制，具备以下三个特点：

1. 教学方式更为灵活。传统线下教学受限于时间（上课的固定时长）和空间（课堂），教师以讲授的教学方式为主，教师的“教”是课堂的主体，师生之间、生生之间没有足够的沟通时间。线上网络的引入，使得课堂在空间上走出教室，走进了家家户户；时间上更是打破了40分钟的限制，学生随时随地可以学习，师生之间、生生之间也可以充分交流沟通。这种时间和空间的衍生，使得学生可以在课前利用互联网自学一些相对简单的内容，课堂上教师有更充分的时间与学生深入探讨，课后通过互联网学习和交流，便于教师答疑，还可以布置小组活动、项目化作业等需要学生相互协作的任务。教学方式从传统的教师讲授为主，拓展为学生自学、小组讨论、个别答疑等多种形式。

2. 学生的自主性加强。传统线下教学模式下，由于课堂的大部分时间被教师占用，人数众多的学生拥有的发言时间有限，只有少部分学生能有机会在课堂上与教师互动，大部分学生只是被动地“听课”，缺乏课堂的参与感和表现机会，这种模式很难激发学生的积极主动性和创新意识。在混合式教学模式下的法语课程教学中，学生可以通过线上平台自主学习并提交作业，同时可以在课堂上和教师以及同学互动交流，还能利用信息化手段与同学协作完成项目化作业。这种双重教学方式可以有效地激发学生的学习热情和积极性，提高学生的学习自觉性。

3. 在线教学平台发挥重要作用。传统线下教学模式下，教师只是把互联网作为教学资料的来源之一，但混合式教学模式下，教师充分利用在线教学平台，将其作为课堂的延伸。在线平台可以提供多种形式的学习资源，例如录制的课程、PPT 讲义、相关音视频等等。这些资源可以帮助学生课前自学相关内容，也可以帮助学生课后消化所学内容。在线平台还可以根据学生的学习表现和需求，为他们制定个性化的学习计划。例如，平台可以根据学生的弱项和学习难点，推荐适合的学习资源和测试，从而帮助学生更好地克服困难和提高成绩。此外，在线平台还提供各种形式的测验和评估工具，例如自动化测试、作业提交系统、数据分析等等。这些工具可以帮助教师更精细地掌握学生的学习情况和表现，并且可以根据学生的表现及时给予反馈和指导。

二、建构混合式教学模式下的法语教学评价体系

传统的重分数轻过程的评价模式存在诸多弊端，不符合国家“立德树人”的教育目标。在混合式外语教学模式下，我们要充分利用信息化手段建构形成性评价和终结性评价相结合、多元评价主体的评价体系，更全面地评价学生，以适应新时代的要求。

（一）传统评价体系的弊端

形成性评价是指在学习过程中，对学生的学习情况进行动态评估，及时发现和纠正学生的问题，帮助学生在学习中不断进步。终结性评价是指在学习结束后，对学生整个学习过程进行评价，总结学生的学习成果和表现。

传统的评价体系以终结性评价为主，重结果轻过程，存在以下几个弊端：

1. 评价方式滞后于教学过程。教学评价主要以期中、期末考试成绩作为评价依据，但组织期中、期末考试时，教学工作已经完成，虽然分数能在一定程度上反映教学效果，但无法对教学起到积极的促进作用，只能发现问题而无法解决问题。

2. 重分数的评价方式会严重伤害学习上相对困难的学生。这部分学生虽在学习上暂时落后，但很可能在其他方面有其闪光点，唯分数论的片面评价方式使得这部分学生很难在学校获得成就感和价值感。

3. 不符合“新课标”要求的核心素养。按照 2017 年《普通高中法语课程标准》规定，法语学科核心素养主要包括语言能力、思维品质、文化意识和学习能力。传统的评价体系

不重视学生的思维品质、文化意识和学习能力的评价，甚至在最基本的语言能力方面，传统的评价也是不全面的。法语课程需要注重“听、说、读、写”训练，而传统教学评价主要集中在“写”的评价，缺乏对于“听、说、读”环节的评价，不能全面评价学生的语言能力。

（二）混合式教学模式下的法语教学评价体系的模型

笔者根据教学实践，尝试建构混合式教学模式下的法语教学评价体系。法语课程教学过程可分为课前自主学习、课堂交流学习和课后巩固学习三个部分，其中课堂交流学习为线下教学模式，而课前自主学习和课后巩固学习主要利用线上模式，每个部分均通过细分的教学任务来实现。笔者以外语教学与研究出版社《法语》（修订版）第一册第 15 课《吃在法国》课程教学为例，结合钉钉平台，设计法语教学课程评价体系如下：

评价模块	教学阶段	教学内容	评价标准	评价方式	电子档案袋
形成性评价	课前自主学习	观看钉钉平台上教师发布的法国美食视频	是否自主学习	学生自评 教师评价	电子文档形式保存
		自学本课词汇（预习）	能否准确朗读	生生互评 教师评价	
	课堂交流学习	讨论美食视频	是否积极参与讨论，能否进行中法饮食文化比较	生生互评 教师评价	纸质记录后整理成电子文档保存
		学习新课文	是否认真听课	教师评价	
		总结本课知识点	能否回答相关问题，是否具备知识迁移能力	教师评价	
	课后巩固学习	独立完成个人作业	是否掌握本课知识点	教师评价（利用平台的自动阅卷功能）	电子文档形式保存
		协作完成小组项目化作业：制作小视频介绍法国某地的美食	能否按时按要求完成小组作业，作业能否体现创新意识，是否具备团队合作意识等	生生互评 教师评价	
终结性评价	期中期末考试	本学期教学内容	具体分数或等第	利用平台做数据分析； 教师评价	线上导出分析数据，以电子文档形式保存

（三）混合式教学模式下的法语教学评价体系的特点

上述的法语教学评价体系模型具有以下四个特点：

1. 形成性评价和终结性评价相结合，且以形成性评价为主。评价贯穿了教学的全过程，在课前、课堂中和课后的三个阶段均伴随有形式多样的评价，而期中、期末的终结性评价还可以借用信息化手段进行精细化的数据分析，帮助教师更好地完成考试质量分析。教师对于学生的学习情况可以有更及时和更全面的了解。

2. 评价主体多元化。从单一的教师评价拓展为学生自评、生生互评，学生直接参与到评价中来，可以激发学生的学习主动性，也能让学生对于评价标准有更加具体的了解，有助于提高他们的积极性。

3. 评价内容多元化。根据“新课标”的要求，可以将语言能力、思维品质、文化意识和学习能力融入评价标准中，实现知识、能力、素质的全面评价，关注学习者学习过程及个体的进步程度，充分挖掘每个学生的闪光点，调动学生的学习积极性。

4. 电子档案袋评价取代了传统的纸质档案袋。档案袋评价是一种比较传统的评价方式，但是传统的纸质档案袋已经无法满足现代教学的需要。利用信息化手段建立电子档案袋是十分必要的，也是非常便捷的。此外，电子档案袋还可以保存图片、音视频等多模态的资料，内容更加丰富生动。

三、新的评价体系对于学生和教师的作用

利用信息技术手段，建构过程性评价和终结性评价相结合、多元评价的评价体系，能够使学生和教师及时发现教学过程中的问题，及时调整教学，从而对教学形成积极有效的促进作用。

（一）提高学生的自主学习能力

混合式教学模式下的新评价体系可以多方面促进学生的自主学习意识，提高其学习能力，主要表现在：

1. 新的评价体系下，评价贯穿教学的全过程，学生可以在学习过程中随时通过形成性评价的结果调整自己的学习进度和学习方法，也可以通过终结性评价结论衡量自己的学习效果和学习质量，两者相结合有利于学生清晰地掌握自身的整体学习情况，从而提高学生的积极主动性和自主学习能力。

2. 学生以自评和互评的方式参与评价，一方面可以让评价的维度更加多样，不仅有学业成果的评价，也可以包含学习态度、表达能力、团队协作能力等方面的评价，另一方面可以让学生对于评价标准有清晰的认识，提高学生的自主意识。

3. 电子档案袋取代传统的纸质档案袋，可以为每位学生记录其完整的成长轨迹，方便

学生了解自己的优缺点，反思存在的不足，为其制定新的学习目标及规划提供依据。

（二）帮助教师改进教学方法和策略

在混合式教育模式下，教师的角色也发生了一定的转变。传统的面授教学中，教师是知识的传授者和监督者；而在混合式教育模式下，教师不仅是知识的传授者，更是学生的引导者和指导者，线下传授知识，线上引导学生更好地利用线上资源进行学习，并及时给予反馈和建议。新的评价体系对于教师改进教学具有重要的作用，主要体现在以下两方面：

1. 可以帮助教师更好地掌握学生的学习状况和水平，针对学生的不同需求和能力制定相应的教学计划。由于混合式模式下形成性评价的比重大幅度提高，教师可以在评价过程中及时发现和指出学生的问题，采取针对性的措施予以解决，提高教学效果。比如学生发的音频作业，教师可以直接用语音给予点评，指出优缺点。若学生朗读不佳，教师可以在点评时示范朗读，让学生及时订正（再读一遍）。过程性评价的及时性可以让学生在第一时间发现和解决问题，发现一个解决一个，提高效率的同时避免问题的堆积；同时线上一对一的纠正还可以弥补大班课上逐个发言时间不够的问题。此外，教师还可以挑选好的作业，通过点评优秀的方式展示给全班，鼓励同学们观摩学习优秀作业，有助于班级形成良性的相互学习的风气。

2. 可以促进教师的专业成长，提高其教学水平。教师可以通过对学生的评价和反馈来反思自己的教学方法和策略，发现不足之处，从而调整教学内容和方式，不断提高自己的教学能力和水平。相比传统的线下批改作业，线上平台的数据统计和分析功能更加准确和强大。如果学生出现集中性的错误问题（该题错误率触发阈值，比如30%），教师要反思是否上课的时候讲解不到位，在下一次课堂上换一种表述方式重新讲授这个知识点，讲解后，教师可以再布置一些同类型题目，根据学生反馈的正确率来检验课堂效率，以此往复，直到集中性问题变为个别性问题。在此过程中，教师根据学情不断改进自己的教学方式，完成与学生的磨合。

四、结束语

混合式教学模式在今天已成为不可阻挡的趋势，我们要充分利用混合式教学得天独厚的条件，把线上和线下教学的优势结合起来，建构更完善的评价体系以促进教学，落实“立德树人”的根本任务。混合教学模式下的评价体系从传统的终结性评价为主转变为形成性评价和终结性评价相结合，且以形成性评价为核心，重结果更重过程。形成性评价可以及时地反映教学中存在的问题，能够使学生更加及时地了解自己的学习进展和不足之处，从而有针对性地提高学习效果；同时也能够帮助教师更好地了解学生的学习情况，及时调整教学策略，提高教学效果。此外，新的评价体系要打破单一的教师评价，通过学生自评和生生评价，让学生参与到评价中来，使得评价主体多元化。学生在参与评价的过程中可以提高对于评价标准的认识，并增强学习的主动性和自觉性。此外，评价的内容也要多元化，打破以往的唯分数论，关注学生的全面发展和个体的相对进步，让每个学生都能在学校获得价值感。最后，要用电子档案袋取代传统的纸质档案袋，为每位学生记录其完整的成长轨迹，方便学生了解自己的优缺点，反思存在的不足，为其制定新的学习目标及规划提供依据。同时，教师也可以通过电子档案增加对学生的了解，进而提出有针对性的指导意见。

在具体实操层面，需要注意评价标准的明确性、公正性、有效性等问题。此外，线上教学在校外进行，需要引导学生正确使用网络，不能让线上教学成为学生沉迷网络、沉迷游戏的借口。信息技术是有力的工具，工具本身没有善恶，教师必须善用工具，才能让其发挥正面积极的作用。

参考文献：

[1] 中华人民共和国教育部.普通高中法语课程标准（2017 年版 2020 年修订）[S].北京：人民教育出版社，2020.

[2] 中华人民共和国教育部.教育信息化 2.0 行动计划[EB/OL].[2018－06－10]. http：//www.moe.gov.cn/srcsite/A16/s3342/201804/t20180425_334188.html.

[3] 中共中央 国务院印发《深化新时代教育评价改革总体方案》[EB/OL].[2021－03－04]. http：//www.gov.cn/zhengce/2020-10/13/content_5551032.htm.

[4] 刘紫玉.混合式教学学习效果评价指标体系的构建[J].教育教学论坛，2018，(2)：145－146.

[5] 黄伟.线上线下混合式教学改革探索[J].科学咨询，2021，(14)：149－150.

[6] 郭建东.混合式教学评价指标体系的构建与应用研究[J].成人教育，2020，(12)：19－25.

[7] 何克抗.建构主义——革新传统教学的理论基础(一)[J].电化教育研究，1997，(3)：29－31.

[8] 何克抗.从“翻转课堂”的本质，看“翻转课堂”在我国的未来发展[J].电化教育研究，2014，(7)：5－16.

[9] 郑庆华.运用教学大数据分析技术提高课堂教学质量[J].中国大学教学，2017，(2)：15－18，39.

[10] 冯晓英，等.国内外混合式教学研究现状述评：基于混合式教学的分析框架[J].远程教育杂志，2018，(3)：13—24.

[11] 佟玲.混合式教学模式下的多元化外语教学评价体系研究[J].海外英语，2021，(24)：5－6.

[12] 尹成瑞.基于网络教学平台的混合式教学课程建设探究[J].课程教育研究，2020，(16)：250－251.

A Preliminary Study on the Evaluation System of French Teaching under the Blended Teaching Mode

Shanghai Guangming High School　Zhou Ximei

Abstract: Under the background of information age, online teaching has become a necessary and important part of education, and the hybrid teaching mode combining online and offline has become the trend of contemporary teaching. In this context, the evaluation system for traditional teaching urgently needs to keep pace with the times. This paper begins by clarifying the definition and characteristics of the blended education model, then discusses how to construct an evaluation system for French teaching that is suitable for the new era, and finally discusses the positive effects of the new evaluation system on both teachers and students.

Keywords: blended teaching mode; French teaching; formative evaluation; multiple evaluation; online teaching platform